SAS를 활용한

비모수통계학

김성호 지음

nonparametric statistics
using **SAS**

자유아카데미

통계학의 대상은 모집단이 알려진 경우와 알려지지 않은 경우로 나뉠 수 있다. 알려진 경우로는 정규모집단, 이항모집단 등을 들 수 있다. 이들에 대한 추론방법을 모수통계학이라고 한다. 대부분의 통계학 개론이나, 여러 분야의 통계학 응용에서는 모수통계학에 대한 것들이 대부분이다. 반대로, 정확한 모집단을 유추하기 어려운 경우, 단지 연속형 모집단이나, 대칭인 모집단 등을 가정할 수 있다. 이들을 추론하는 것을 비모수통계학이라고 한다. 상대적으로 비모수통계학은 일반화되지 않았다. 이들에 대한 이해가 필요함을 알 수 있다.

대부분의 통계학 책들은 모수통계학에 대해 집중적으로 기술되어 있다. 예를 들면, 연속인 경우는 정규모집단으로, 이항모집단은 이항분포로 간주하고 추론한다. 모평균에 대한 추론은 표본평균, 모비율은 표본비율을 이용한다. 그러나 주어진 자료들의 분포가 다른 경우에는 이런 모수적 방법은 잘못된 결론에 도달하게 된다. 다양한 통계적 방법들을 고려해야 한다. 이런 이유로 비모수통계학은 의학, 자연과학, 사회과학, 인문과학 등의 여러 분야에서 새롭게 조명을 받고 있다. 이 책은 비모수통계학을 통계 패키지인 SAS를 이용하여 쉽게 익힐 수 있는 길잡이로서 제 역할을 할 것이다.

많은 통계 패키지가 개발되고 사용되고 있다. 최근에는 R 패키지가 통계 패키지와 더불어 사회과학의 전 분야에서 사용되는 소프트웨어로서 큰 발전을 하고 있다. 하지만 아직 통계 패키지로서 교육계와 산업계에서 가장 많이 사용되는 것은 SAS이다. SAS는 가장 광범위하게 통계학의 전 분야에서 이용되는, 오래되었으며 실용적인 패키지이다. 부록 A에 SAS의 간단한 문법과 이용법을 첨부하였다.

SAS를 이용한 비모수통계학 교재가 없어 이 책을 쓰게 되었다. 모쪼록 많은 사람들이 이 책을 통해 비모수통계학의 이해를 하는 데 도움이 되었으면 한다. 출간 후에라도 수정사항이 있을 경우에는 홈페이지(www.freeaca.com) 자료실에 제공 예정이다. 그동안 이 책을 출간하는 데 도움을 주신 자유아카데미 출판사 여러분께 깊은 감사를 드린다.

2014년 12월
저자 김성호 씀

차 례

제 1 장 서 론

제 2 장 일표본 위치문제

제 3 장 이표본 위치문제

제 4 장 이표본 척도문제

제 5 장 분포함수문제

제 6 장 일원배치법

제 7 장 이원배치법

제 1 장 서 론

통계학은 다루는 내용에 따라 기술통계학(descriptive statistics)과 추측통계학(inferential statistics)으로 나뉜다. 즉, 기술통계학은 자료를 기록하고, 정리하며, 모집단이 갖고 있는 특성을 요약하기 위해 그림과 또는 대푯값, 산포도, 분포 등 모수들의 통계량들을 계산하는 것이다. 이 분야는 컴퓨터의 비약적인 발전을 통해, 탐색적 자료분석(exploratroy data analysis)이라는 분야로 발전을 거듭하고 있다.

추측통계학은 모집단에 대한 추론을 얻어진 표본을 가지고 추론한다. 주로 추측통계학에서 다루는 문제는 추정(estimation)과 통계적 가설검정(statistical hyperthesis testing)의 문제들이다. 이들의 대상은 위치문제(평균), 척도문제(분산), 회귀분석, 분산분석, 상관분석 등이 있다.

이런 추측통계학은 모집단의 정보가 얼마인가에 따라 접근 방법이 달라진다. 모수통계학과 비모수통계학으로 나뉜다. 모수통계학은 특정한 분포를 갖는 모집단하에서 통계적 추론을 하는 방법이다. 예를 들어 한 모집단의 위치문제에 있어서 평균을 모수로 고려할 때, 만일 모집단이 정규모집단인 경우는 표본평균이 평균의 최량의 추정량이라고 잘 알려져 있다. 대부분의 수리통계학 책들이 모수통계학임을 알 수 있다.

반면, 비모수통계학은 특정한 모집단의 분포함수를 가정할 수 없을 때 주로 사용하는 통계적 추론이다. 예를 들면, 중심극한정리에 의해 언제나 표본평균은 모평균에 확률적 수렴해 감에 따라 좋은 추정량이 된다. 그러나 표본평균이 정규분포에 느리게 수렴하거나 이상점들이 있을 때에는 다른 접근 방법이 필요함을 알 수 있다. 즉 모집단이 정규모집단이라 가정할 수 없는 경우이다. 즉, 특정한 모집단을 가정할 수 없고, 단지 연속형 모집단과 또는 대칭성을 가정하는 경우를 비모수적 방법이라 한다. 기본적으로 모형을 가정하는 것이 다름을 알 수 있다. 먼저 모수적 모형과 비모수적 모형의 차이를 비교하여 보자.

1.1 비모수적 방법

모수적 방법은 얻어진 관측값들,

$$X_1, \ldots, X_n \sim i.i.d.\ f(x\,;\theta) \tag{1.1}$$

의 특정한 pdf, $f(x\,;\theta)$는 미지의 모수(θ)를 포함하는 경우이다. 이 결합 pdf의 형태는 알지만, 단지 모수만을 모른다. 두 개의 모수적 통계모형의 예를 보면,

(1) 포아송 모형은 관측값들이 공통의 모르는 평균 θ를 가지는 포아송 분포의 확률표본들이다. $(X_1, .., X_n \sim i.i.d.\ Poison(\theta))$

(2) 정규모형은 관측값들이 공통의 모르는 평균 μ와 분산 σ^2을 가지는 정규분포의 확률표본들이다. $(X_1, ..., X_n \sim i.i.d.\ N(\mu, \sigma^2))$

위의 첫 번째 모형의 θ와 두 번째 모형의 μ와 σ^2는 모수들이다. 모수적 방법에서는 얻어진 확률표본들의 함수인 통계량들을 만들어 모르는 모수들을 추론하는 것이다.

비모수적 통계모형은 얻어진 관측값들의 결합 pdf에 대한 어떤 가정도 없는 경우와 약한 가정을 가진 경우를 말한다. 즉, 모집단에 대한 정보가 부족한 경우이다. 단지 관측값들은 연속형 확률분포를 갖는 확률표본들이란 가정뿐이다. 때로는 대칭성을 추가로 가정하는 경우도 있다. 모형의 가정에 덜 민감한 통계적 방법이다. 즉,

$$X_1, .., X_n \sim i.i.d.\ f(x\,;\theta) \tag{1.2}$$

로 단지 연속형 $p.d.f.$인 $f(x\,;\theta)$를 가지고, θ는 그 모집단의 중앙값인 경우이다. 이 경우에는 로지스틱 분포, 이중지수분포, 정규분포, 카우치 분포 등을 모두 포함하는 것이 비모수적 통계모형이다. 그리고 때로는 검정통계량과 신뢰구간들이 모집단의 분포에 전혀 영향을 받지 않는 경우이다.

비모수적 통계모형의 추론방법으로 비모수적 방법과 분포무관 방법이 있다. 비모수적 방법은 두 개 이상의 분포함수를 포함하는 분포함수집합에서 성립하는 추론방법이다. 즉 특정한 분포를 따른다는 가정 없이 상당히 완화된 모집단의 분포가 연속이라든가 대칭이라는 가정만을 한다. 여러 개의 모집단을 포함하는 방법을 찾는 것이다.

분포무관 방법이란 검정법이나 신뢰구간이 모집단의 분포함수에 전혀 영향을 받지 않는 분포무관임을 나타낸다. 그러나 비모수적 방법이 전부 분포무관은 아니다.

이 두 방법들이 주로 사용하는 통계량들은 관측값들의 부호(sign)와 순위(rank) 또는 부호순위에 함수인 점수(score)이다. 관측값 대신 부호와 순위만 사용하면 정보의 손실이 있으리라 예상되나, 많은 경우 심각하지 않다. 오히려 모집단에 대한 정확한 정보가 없이 모수적 통계모형을 가정하는 경우보다 효율이 높을 수 있다. 자료가 원자료(raw data)인 경우도 적용가능하다. (A, B, C, D, F와 −, +, ... 등등)

단점으로는 비모수적 통계추론에서 사용되는 통계량의 분포가 복잡하여, 극한분포에 의존하는 경우가 많아 일반적으로 사용하는 데에 어려움을 겪을 수 있다. 그리고, 비모수 통계추론에 사용되는 통계량의 계산은 단순하고, 많은 반복이 필요한 지

루한 연산이 필요한 경우가 있다. 그러나 많은 경우에 정규분포하의 방법과 비교했을 때 주어진 표본이 정규분포에 따를 때에도 검정력에 큰 손실이 없으며, 정규분포와 다른 분포일 경우에는 비모수적 방법의 효율이 정규분포의 방법보다 좋은 경우가 많다.

1.2 통계적 추론 소개

모수통계학과 비모수통계학의 추론 방법들에 대해 알아보자. 어떤 것이든, 통계적 추론은 추정론과 가설검정론으로 나뉜다. 그리고 추정은 점추정과 구간추정(신뢰구간)으로 분리된다. 이 절에서는 이들을 간단히 알아보자.

■ 추정론

모집단의 추론은 n개의 확률표본을 얻어서 한다. 이는 집단을 특징 지우는 모수들을 추론하는 것이다. 모수들로는 모평균, 모분산, 모비율등이 있다. 이를

$$X_1, .., X_n \quad \sim i.i.d.\ f(x:\theta),\ \theta \in \Omega \tag{1.3}$$

라 쓴다. θ는 모수를, Ω는 모수공간을 의미한다.

얻어진 확률표본의 함수인 통계량, $\hat{\theta}(X_1, .., X_n)$을 점추정량이라 한다. 이를 가지고 모수 θ를 점추정한다. 이때 점추정량이 가져야 할 바람직한 성질들이 있다. 이는

(a) 불편성(Unbiasedness), $E(\hat{\theta}) = \theta$

(b) 일치성(Consistency), $\hat{\theta} \to^p \theta$

(c) 최소분산성, 모든 불편추정량 중에서 최소의 분산

등이다. 위의 세 가지 성질들을 갖는 점추정량을 찾는 것이 점추정의 목표이다. 이런 추정량을 최량추정량(best estimator)이라고 한다. 모수통계학에서는 Lehmann-Scheffe 정리에 의해 추정량 $\hat{\theta}$이 θ에 대한 완비충분통계량의 함수로 불편추정량이면, 위의 세 가지 성질들을 모두 가짐을 알 수 있다. 예를 들면, $X_1, ..., X_n \sim i.i.d.\ N(\mu, \sigma^2)$인 경우 $\hat{\mu} = \overline{X}$는 μ의 최량추정량이 된다.

그리고,

$$P(L(X_1, .., X_n) < \theta < U(X_1, .., X_n)) = 1 - \alpha \tag{1.4}$$

일 때,

$$(L(X_1, ., X_n), U(X_1, ., X_n)) \tag{1.5}$$

를 θ의 $100 \times (1-\alpha)\%$ 신뢰구간이라 정의한다. 이는 랜덤 구간이다. 실제로 실현값들을 얻어서 만든 $X_1 = x_1, .., X_n = x_n$의

$$(l(x_1, .., x_n), u(x_1, .., x_n)) \tag{1.6}$$

도 신뢰구간이라고 한다. 이 신뢰구간의 의미는 확률적으로 해석하면 안 된다. 이는 통계적으로 해석해야 한다. 즉, N번의 확률표본을 얻어서 신뢰구간을 만들면, θ를 적어도 $N \times 100(1-\alpha)$번 포함한다는 의미로 받아들여야 한다.

■ 통계적 가설검정론

모집단에서 추출한 확률표본들을 가지고, 모집단의 모수 또는 분포의 형태에 대한 가설들을 검정하는 것을 통계적 가설검정론이라 한다. 가설은 두 가지로 H_0이라 표현하는 귀무가설(null hyperthesis)과 H_1이라 표현하는 대립가설(alternative hyperthesis)이 있다. 이를 모수공간에서 표현하면, 확률표본
$X_1, ..., X_n \sim i.i.d.\ f(x : \theta),\ \theta \in \Omega$에서,

$$H_0 : \theta \in \Omega_0 \text{ v.s. } H_1 : \theta \in \Omega_1 \text{에서 } \Omega_0 \cup \Omega_1 = \Omega\ ,\ \Omega_0 \cap \Omega_1 = \varnothing \tag{1.7}$$

이다. 가설검정의 결과는 반드시 대립가설 H_1을 채택하거나(H_0을 기각한다), 대립가설 H_1을 채택치 못하는 것이다. 즉, 우리의 관심은 오직 대립가설에 있다. 귀무가설을 채택한다는 것은 아무 의미가 없다. 그리고 한 검정법은 한 기각역(H_0의 기각역 $\Leftrightarrow$ H_1 채택역)에 의해 결정된다. 즉 한 검정법을 만들라는 것은 한 기각역을 결정하라는 것과 같다.

예 1.1

한 마법사가 투시능력이 있다고 주장한다. 이를 검정하기 위해 10번의 독립적인 동전던지기에서 엎어진 동전의 앞면 맞추기를 하자. 이때 X_i 를 i번째 던지기에서 맞추면 1, 아니면 0이라 하자. 즉

$$X_1, \ldots, X_{10} \sim i.i.d.\ Bin(1:\theta),\ \theta \in [0,1] \tag{1.8}$$

이라 할 수 있다. 이를 가설들로 표현하면,

$$H_0 : \theta = \frac{1}{2}\ v.s.\ H_1 : \frac{1}{2} < \theta \leq 1 \tag{1.9}$$

이다. $\Omega_0 \in (\theta : \theta = \frac{1}{2})$이고 $\Omega_1 \in \left(\frac{1}{2} < \theta \leq 1\right)$이다.

이때 $H_0 : \theta = \frac{1}{2}$와 같이 한 모수를 가리키는 가설을 단순가설(simple hyperthesis)이라고 하고, $H_1 : \frac{1}{2} < \theta \leq 1$와 같이 모수들의 집합을 나타내는 가설을 복합가설(composite hyperthesis)이라고 한다. 이 경우 마법사의 특수한 능력을 대립가설에 두었다. 10번에 가깝게 맞추면 대립가설을 강하게 증거한다고 할 수 있다. 즉, 이 검정법은 기각역이 $C = \left(\underline{x} : \sum_{i=1}^{10} x_i \geq c\right)$의 형태를 가짐을 알 수 있다.

검정에는 두 가지 오류가 있을 수 있다. H_0이 참인데 H_0을 기각하는 오류(제1종 오류)의 최대 확률을 유의수준(level of significance) α라 하고, H_1이 참일 때, H_1을 기각하는 오류(제2종 오류)의 확률을 β라 한다. 그러므로 H_1이 참일 H_0을 기각할 확률은 $1-\beta$이다. 이를 검정력(power)이라 한다. 만일 H_1의 가설이 복합가설일 때는 모수값이 변화에 따라 검정력이 변화한다. 이를 검정력 함수(power function)라고 한다. 이들을 요약하면 표 1.1과 같다.

표 1.1 가설검정에서 네 가지 가능한 확률

실제현상 / 의사결정	H_0 참	H_1 참
H_0 채택	옳은 결정의 확률($1-\alpha$)	제2종 오류의 확률(β)
H_1 채택	제1종 오류의 확률(α) (유의수준)	옳은 결정의 확률($1-\beta$) (검정력)

두 종류의 오류의 확률이 0에 가까게 갖는 검정법을 찾기 원한다. 즉 α와 β가 동시에 0에 가까운 검정법을 원한다. 그러나 이는 실제로 불가능하다. 예를 들면, 어

떤 판사가 얻어진 증거들을 가지고 용의자를 판결할 때, 즉,

$$H_0 \ : \text{무죄} \quad \text{v.s.} \quad H_1 \ : \text{유죄}$$

를 검정해야 한다고 하자. α를 작게 하면(무죄인 용의자를 유죄로 판결할 확률을 작게 하면), β(유죄인 사람을 무죄로 판결할 확률은 커진다). 이와 같이 두 오류가 일어날 확률을 동시에 작게할 수 없음을 알 수 있다. 그래서 유의수준 α를 작은 값 0.05, 0.01로 고정시켜 놓고, β를 최대한 작게 하는 검정법(또는 검정력(1-β)을 최대화시키는 검정법)을 찾는 것이다. 이를 유의수준 α를 갖는 최대검정력 검정법(Most Powerful test with α)이라 하는 것이다.

이러한 이유로 검정법은 기각역을 유의수준을 0.05나 0.01로 정하고, 이에 따르는 검정통계량의 범위를 정하는 것이 통계적 가설검정법인 것이다. 기각역은 유의수준의 값에 의존함을 알 수 있다. 위의 [예 1.1]에서, 기각역

$$C = \left(\underline{x} : \sum_{i=1}^{10} x_i \geq c \right)$$

의 c는 유의수준값에 따라 다름을 알 수 있다. c=8이면 유의수준은 0.0547이고, c=9이면 유의수준은 0.0107이다. 이 경우 정확한 5%의 유의수준을 갖는 기각역은 존재하지 않는다. 그리고 표본에서 얻은 검정통계량의 관측값에 대하여 귀무가설 H_0을 기각할 수 있는 최소의 유의수준을 유의확률을 p-값이라 정의한다. 이를 가지고 귀무가설 H_0의 기각여부를 결정한다. 위의 [예 1.1]에서 8번 맞추었다면 p-값은 0.0547이 된다. 이는 만일 유의수준을 α=0.05로 정했다면, 이는 귀무가설 H_0을 기각치 못한다. 이 경우 실제의 유의수준은 0.0107로, 정확한 유의수준 α=0.05를 갖는 검정법은 존재치 않는다. 이를 검정법의 보수성을 갖는다고 한다.

1.3 통계적 가설검정법의 절차

비모수 통계적 추론에서는 우선 가설검정을 위한 검정통계량을 정해, 이를 가지고 검정을 실시한다. 그리고 이에 따라 검정통계량을 이용해 얻어진 점추정량과 구간추정량을 추론한다. 여기서 비모수 통계적 추론은 먼저 통계적 가설검정법이 중요하다. 이의 절차를 네 단계에 걸쳐 알아보자.

(1) 모집단의 용어로 가설들을 설정한다.

먼저 검정하고자 하는 가설을 대립가설로 정하고, 귀무가설은 현재 사용되는 일반적인 통념을 놓는다. [예 1.1]에서는 H_0 : 마술사는 보통사람이다 v.s. H_1 : 마술사는 특별한 능력을 가졌다. 이를 통계적 용어로 표현하면

$$H_0 : \theta = \frac{1}{2} \quad \text{v.s.} \quad H_1 : \frac{1}{2} < \theta \le 1 \tag{1.10}$$

이다.

(2) 검정통계량을 선정한다.

일반적으로 모수에 대한 최량통계량이 있다면 이를 가지고 하지만, 비모수적 추론에서는 부호, 순위 또는 부호와 순위에 기초한 점수를 가지고 선택한다. [예 1.1]의 경우는 검정통계량 C 를 10번 중 맞춘 횟수라 정의할 수 있다. 이때 C는 모수 n과 p를 갖는 이항분포에 따름을 알 수 있다. 귀무가설 H_0이 사실이라면 $P(C \ge 9) = 0.0107$ 이다.

(3) 가설들을 채택 또는 기각을 결정할 검정통계량의 값의 기준을 만들어야 한다. 즉, 기각역(귀무가설을 기각할 영역)을 선정해야 한다. 유의수준은 자연히 정해진다. [예 1.1]의 경우는 기각역을 $C = \left(\underline{x} : \sum_{i=1}^{10} x_i \ge 9 \right)$라 정하면, 유의수준은 0.0107 이 된다. 통상적으로 유의수준은 5%로 정한다. 부호검정의 경우는 정확한 유의수준을 갖는 기각역이 없다.

(4) 모집단으로부터 얻어진 확률표본의 값으로 검정통계량의 값을 얻어서, 대립가설 H_1을 채택할 것인지 아닌지를 결정해야 한다. [예 1.1]에서 만일 마술사가 8번 맞추었다면 이는 기각역에 속하지 않으므로, 대립가설 H_1를 채택하지 못한다. 즉, 마술사가 특별한 투시능력이 있다고 할 수 없다는 통계적 추론의 결론이다.

NOTE 그러나 귀무가설 H_0이 사실일 때 $P(C \ge 8) = 0.0547$ 이므로, 만일 유의수준을 5.47%로 한다면 8번 맞춘 것은 기각역에 속하므로, 귀무가설을 기각하고 대립가설 H_1를 채택한다. 즉 마술사가 특별한 투시능력이 있다고 할 수 있다. 그러나 통상적으로 사용하는 5% 유의수준으로 한다면, 기각역에 속하지 않으므로 대립가설 H_1를 채택하지 못한다.

이와 같이 검정통계량의 관측값에 대해 귀무가설 H_0을 기각시킬 수 있는 최소의 유의수준을 p-값(p-value) 또는 유의확률(significance probability)이라 한다. 위의 경우의 p-값은 0.0547임을 알 수 있다.

그러므로 가설검정을 할 때 유의수준 α를 미리 정하지 않고, p-값을 가지고 추론하는 경우가 많다. 만일 p-값이 유의수준보다 작으면 귀무가설을 기각하고, 크면 귀무가설을 기각치 못한다.

NOTE 검정법은 아래의 수식 (1.11)의 양쪽검정(two-sided test)과 수식 (1.12)와 수식 (1.13)의 한쪽검정(one-sided test)이 있다.

(i) $H_0 : \theta = \theta_0 \ v.s. \ H_1 : \theta \neq \theta_0$ (1.11)

(ii) $H_0 : \theta = \theta_0 \ v.s. \ H_1 : \theta > \theta_0$ (1.12)

(iii) $H_0 : \theta = \theta_0 \ v.s. \ H_1 : \theta < \theta_0$ (1.13)

1.4 효율

모수적 추론에서는 추정법과 검정법 모두 비교하는 방법은 많은 집합 안에서 유일한 최적의 방법을 구하는 데 있었다. 그러나 비모수적 추론에서는 특정의 모집단이나 그의 분포를 가정할 수 없으므로 유일한 하나의 방법을 찾지 못 한다. 단지 새롭게 개발된 추정법과 검정법을 이전의 것과 비교하는 방법밖에 없다. 즉 두 개씩만 비교한다. 이를 점근상대효율(asymptotic relative efficiency; ARE)이라 한다.

추정량의 점근상대효율을 먼저 살펴보자. 모수의 두 추정량을 $\hat{\theta}_1$, $\hat{\theta}_2$의 점근상대효율은 그 분산의 비의 극한값으로 정의한다. 즉, $\hat{\theta}_1$의 $\hat{\theta}_2$의 점근상대효율

$$ARE(\hat{\theta}_1, \hat{\theta}_2) = \lim_{n\to\infty} \frac{var(\hat{\theta}_2)}{var(\hat{\theta}_1)} \tag{1.14}$$

이라 정의한다. $ARE(\hat{\theta}_1, \hat{\theta}_2)$이 1보다 크면 $\hat{\theta}_1$이 $\hat{\theta}_2$보다 더 효율적인 추정량이 된다. 구간추정량의 경우도 같은 신뢰계수를 갖는 두 신뢰구간의 점근상대효율은 두 신뢰구간의 길이의 제곱의 역비로 정의한다. 구간의 길이가 짧을수록 효율이 좋다한다.

검정법의 상대효율을 살펴보면, 같은 가설들을 검정하는 검정법 T_1, T_2가 있을 때, 상대효율의 정의는 유의수준과 모분포가 동일한 조건하에서 같은 수준의 검정력을 얻기 위해 필요한 표본크기의 비율로 정의한다. 즉, T_1의 T_2에 대한 상대효율 $= \dfrac{n_2}{n_1}$, 여기서 n_1, n_2는 각기 검정법 T_1, T_2에서 필요로 하는 크기다.

예 1.2

같은 귀무가설과 대립가설을 검정하는 두 개의 검정법이 있다. 두 검정법은 $\alpha=0.01$이고, $\beta=0.14$이다. 첫 번째 검정법의 두 오류의 확률을 얻기 위한 표본의 크기가 75이고, 두 번째 검정법의 경우는 50이다. 첫 번째 검정법의 두 번째 검정법에 대한 상대효율은 $\dfrac{50}{75} = 0.67$이다.

그러나 복합대립가설에서는 상대효율을 구하기 쉽지 않다. 고정된 같은 유의수준을 갖는 복합대립가설에 대한 두 가지의 검정법을 고려하자. 표본의 크기 n_1이 커지면 검정력이 커지나, n_1의 변화에 따라 대립가설의 모수를 귀무가설의 모수로 이동시키면 검정력을 일정수준으로 유지시킬 수 있다. 여기에 비교하고자 하는 두 번째 검정법이 첫 번째 검정법과 유의수준 및 검정력이 같은 수준으로 유지되도록 하기 위한 표본의 크기를 n_2라고 할 때, 두 표본의 크기의 역비 $\lim_{\theta_1 \to \theta_0} \dfrac{n_2}{n_1}$을 검정법 1의 검정법 2에 대한 점근상대효율이라 정의한다. 이를 피트만 상대효율이라고도 한다.

1.5 모수의 종류

통계학에서는 모집단의 특성을 나타내는 모르는 상수를 모수(parameter)라고 한다. 통계적 추론은 이 모수의 공간(parameter space)에서 얻어진 확률표본들로 모수에 대한 추정과 검정을 실시한다. 비모수통계학이라고 해서 모수들과 연관이 없는 것이 아니라, 보다 포괄적인 모수를 정의하고 추론한다. 보통 모수는 위치모수(location parameter)와 척도모수(scale parameter) 그리고 형태모수(shape parameter)로 이루어진다.

먼저 모집단의 pdf가

$$f(x) = g\left(\frac{x-\theta_1}{\theta_2}\right)\frac{1}{\theta_2} \tag{1.15}$$

이면, θ_1은 위치모수, θ_2는 척도모수라 한다. 예를 들면, $X \sim N(\mu, \sigma^2)$일 때,

$$f(x) = \frac{1}{\sqrt{2\pi\sigma^2}} e^{-\frac{(x-\mu)^2}{2\sigma^2}} = g\left(\frac{x-\mu}{\sigma}\right)\frac{1}{\sigma}, \tag{1.16}$$

g(z)는 표준정규분포의 pdf로 표현할 수 있으므로, 정규모집단의 평균은 위치모수이고 분산은 척도모수임을 알 수 있다. 위치모수의 변화에 따라 pdf의 형태가 좌우로 모양은 변치 않고 이동한다. 아래의 그림 1.1은 분산이 1인 정규분포에서 평균이 0에서 2로 변할 때의 pdf의 형태를 나타낸다.

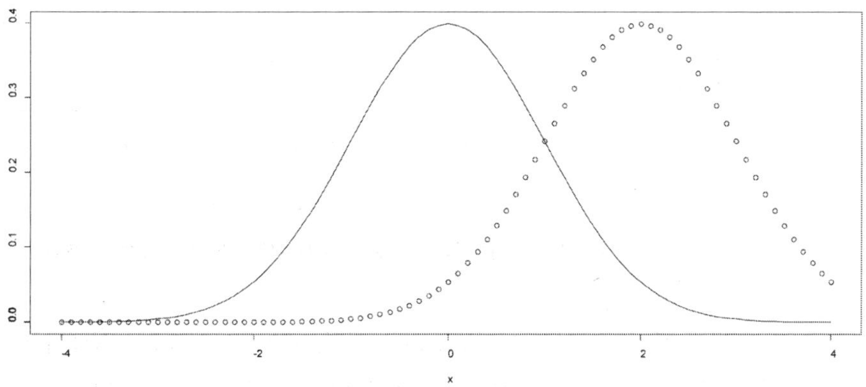

그림 1.1 정규분포에서 평균의 변화에 따른 pdf의 형태의 변화

척도모수는 pdf의 형태가 위치모수는 변하지 않고, 척도모수에 따라 퍼짐의 정도만 달라지다. 다음의 그림 1.2는 평균이 0인 정규분포에서 표준편차가 1과 4인 pdf를 그린 것이다.

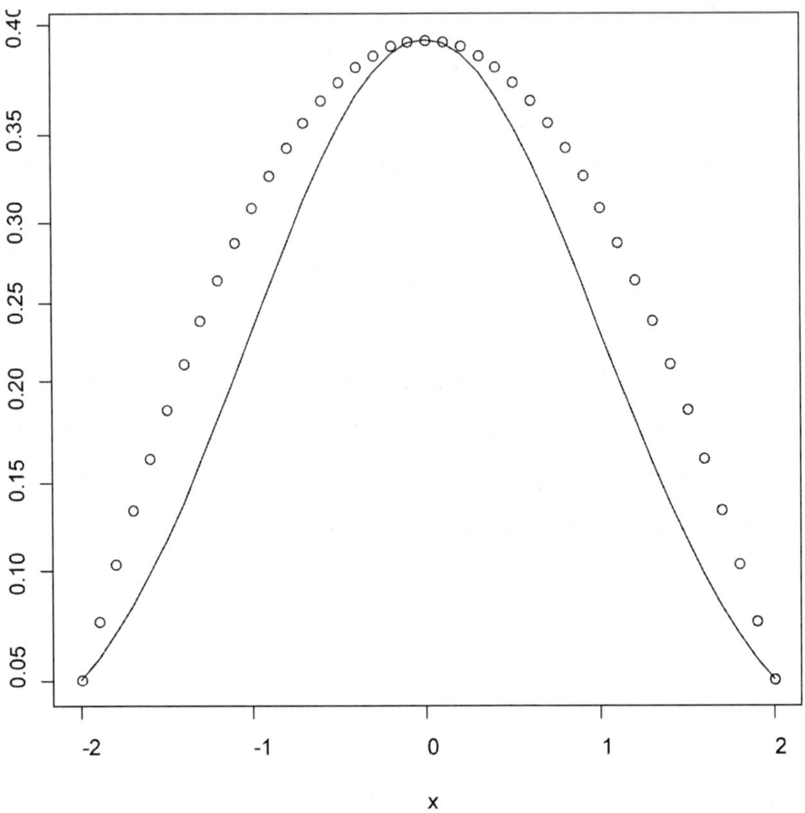

그림 1.2 정규분포에서 표준편차의 변화에 따른 pdf의 변화

그리고 감마 pdf의 β는 척도모수이지만, α는 오직 pdf의 형태만 변하게 하므로 형태모수라고 한다. 이항분포의 p와 포아송 분포의 평균도 형태모수에 속한다.

위치문제는 위치모수의 문제로 그 집단의 대푯값을 추론하는 것이다. 척도모수의 경우는 그 집단의 퍼짐의 정도를 다룬다. 2장은 일표본 위치문제로 한 모집단의 대푯값을 다루고, 3장은 두 모집단의 대푯값들을 비교한다. 그리고 4장은 이표본 척도문제로 두 모집단의 퍼짐의 정도를 비교하는 비모수적 방법들을 고려한다.

SAS의 기본 문법과 적용 예들이 부록 A에 수록되어 있으니 참고하기 바란다.

연습문제

1. 한 새로운 교수법을 기존의 것과 비교하는 검정을 실시하려고 한다. 다음을 답하라.

(1) 적당한 귀무가설과 대립가설을 설정하라.

(2) 이 문제의 유의수준을 말하라.

(3) 이 문제의 검정력은 무엇인가?

2. 한 마술사가 있다. 특별한 투시능력이 있다고 한다. 이를 검정하기 위해 5번의 독립적인 실험을 하였다. 5번 모두 맞추면 인정하려고 한다. 다음을 답하라.

(1) 위의 실험을 통계적 가설 검정의 용어로 표현하라.

(2) 제1종 오류의 확률 α를 구하라.

(3) 검정력 함수를 구하라.

3. α=0.05, β=0.30의 첫 번째 검정법 표본크기는 40이다. 그리고 첫 번째 검정법의 두 번째 검정법에 대한 상대효율이 0.75일 때, 두 번째 검정법의 표본크기를 결정하라.

4. 검정법 T_1의 검정법 T_2에 대한 점근상대효율이 $\dfrac{3}{\pi}$이고, 검정법 T_3의 검정법 T_2에 대한 점근상대효율은 $\dfrac{2}{\pi}$이다. 검정법 T_1의 검정법 T_3에 대한 점근상대효율을 구하라.

제2장 일표본 위치문제

2.1 서론

한 모집단의 대푯값, 즉 위치모수(중앙값)의 추론을 고려해 보자. 예를 들면, 대한민국 국민들의 평균 몸무게를 알려고 한다. 이를 위해 대한민국을 가장 잘 대표하는 랜덤표본들을 추출해서 이를 추론한다.

모집단으로부터 $X_1, ..., X_n$의 n개의 확률표본($i.i.d.$)을 얻었다. 각기의 자료를 선형모형화시키면,

$$X_i = \theta + \epsilon_i \ , \ \text{i=1,.., n} \tag{2.1}$$

이다. 이때 θ는 모르는 위치모수이고, ϵ은 오차항이다. 이 오차항들은 상호독립이고, 동일한 연속분포 $F(x)$에 따른다고 가정한다. 즉,

$$\epsilon_1, ..., \epsilon_n \sim i.i.d.\ F(x), a < x < b. \tag{2.2}$$

이런 모형에서 X의 분포함수는 $F(X_i \le x) = P(\epsilon_i \le x - \theta) = F(x - \theta)$이다. 이는

$$X_1, ..., X_n \sim i.i.d. F(x - \theta) \tag{2.3}$$

으로 표현될 수 있다. 이 같은 가정들을 요약하면 다음과 같다.

■ 모형과 가정들

$X_1, ..., X_n \sim i.i.d. F(x-\theta)$, 위치모수 θ를 갖는 연속형 모집단에서의 n개의 확률표본들이다.

(1) $X_i = \theta + \epsilon_i$,i=1,.., n, 선형모형으로 표현한다.

(2) $\epsilon_1, ..., \epsilon_n \sim i.i.d.\ F(x)$, 오차들은 연속형이고, 상호독립이고, 공통분포를 갖는다.

모르는 위치모수 θ에 대한 추론의 경우를 다음의 예 2.1과 예 2.2를 통해 살펴보자.

예 2.1

랜덤하게 선택된 10명의 자연계열 신입생들에게 심리검사를 실시한 결과, 책임감에

대한 점수가 다음과 같이 나타났다. 28.5 25.2 28.7 41.0 29.1 32.3 37.7 39.9 26.8 28.8. 평균점수에 대해 추론하려고 한다. 평균점수의 점추정과 평균점수가 30점 이상일 것이란 것을 검정해 보자.

예 2.2

한 병원에서 환자가 진료를 기다리는 시간이 20분 이상이라고 주장하는 이가 있다. 이를 살펴보기 위해, 10명의 환자들을 랜덤하게 추출하여 기다리는 시간을 재 보았다. 10, 12, 21, 23, 22, 23, 22, 24, 21, 22. 이 자료로부터 환자가 기다리는 평균시간의 점추정과 평균시간이 20분보다 많이 기다리는가를 검정해 보자.

위치모수 θ에 대한 한쪽검정(one-sided test)과 양쪽검정(two-sided test)의 귀무가설(null hyperthesis)과 대립가설(alternative hyperthesis)을 다음과 같이 세울 수 있다.

$$\text{(i)}\ H_0 : \theta = \theta_0\ v.s.\ H_1 : \theta > \theta_0 \tag{2.4}$$

$$\text{(ii)}\ H_0 : \theta = \theta_0\ v.s.\ H_1 : \theta < \theta_0 \tag{2.5}$$

$$\text{(iii)}\ H_0 : \theta = \theta_0\ v.s.\ H_1 : \theta \neq \theta_0 \tag{2.6}$$

■ **모수적 방법**

대표적인 모수적 방법으로 정규모집단의 모평균에 대한 추론이다. 표본평균이 모평균의 최량 점추정량이라고 알려져 있다. 그리고 구간추정도 표본평균을 이용한 중심축량(pivotal quantity)으로 얻을 수 있다. 즉, $\epsilon_1, \ldots, \epsilon_n \sim i.i.d.\ N(0, \sigma^2)$인 경우,

$$Z = \frac{\overline{X} - \theta}{\sigma / \sqrt{n}} \sim N(0,1) \tag{2.7}$$

의 중심축량을 이용해서 위치모수 θ에 대한 $100 \times (1-\alpha)\%$ 신뢰구간을 아래와 같이 구한다.

(i) 분산을 알 때, $\left(\overline{X} \pm z_{\frac{\alpha}{2}} \frac{\sigma}{\sqrt{n}}\right)$

(ii) 분산을 모를 때, $(\overline{X} \pm t_{\frac{\alpha}{2}}(n-1)\frac{s}{\sqrt{n}})$이다. ($s$는 표본표준편차이다.)

이때 $z_{\frac{\alpha}{2}}$는 표준정규분포의 상위 $100 \times (\frac{\alpha}{2})\%$ 백분위수이고, $t_{\frac{\alpha}{2}}(n-1)$은 (n−1) 자유도를 갖는 스튜던트 t 분포의 상위 $100 \times (\frac{\alpha}{2})\%$ 백분위수이다.

다음으로 통계적 가설검정도 아래와 같이 두 가지로 경우로 나눠 고려한다.

(a) 분산을 알 때: 귀무가설이 사실일 때, $Z = \frac{\overline{X} - \theta_0}{\sigma / \sqrt{n}} \sim N(0,1)$이므로, Z-검정

(i) $H_1 : \theta > \theta_0$일 때, $Z > z_\alpha$이면 H_0을 기각

(ii) $H_1 : \theta < \theta_0$일 때, $Z < -z_\alpha$이면 H_0 기각

(iii) $H_1 : \theta \neq \theta_0$일 때, $|Z| > z_{\frac{\alpha}{2}}$이면 H_0을 기각

(b) 분산을 모를 때: 귀무가설이 사실일 때, $T = \frac{\overline{X} - \theta_0}{s / \sqrt{n}} \sim t(n-1)$이므로, T-검정은

(i) $H_1 : \theta > \theta_0$일 때, $T > t_{(\alpha)}(n-1)$이면 H_0을 기각

(ii) $H_1 : \theta < \theta_0$일 때, $T < -t_{(\alpha)}(n-1)$이면 H_0을 기각

(iii) $H_1 : \theta \neq \theta_0$일 때, $|T| > t_{\frac{\alpha}{2}}(n-1)$이면 H_0을 기각

$F(x)$가 정규분포가 아닌 경우(예를 들면, Cauchy, 로지스틱, 이중지수분포 등등) 또는 표본의 크기가 작아서 모집단의 분포를 특정한 분포로 가정하기 어려운 경우가 있다. 이런 경우, 위의 정규분포 가정의 모수적 방법을 이용하면 구간추정에서 신뢰구간의 길이가 길어진다. 그리고 검정에서는 검정력이 떨어지게 된다. 모집단의 분포와 무관한 비모수적 분포무관 추론법이 필요하다.

대표적인 비모수적 분포무관검정으로 부호검정과 윌콕슨 부호순위검정이 있다. 그리고 이들에 근거한 추정과 검정 등의 통계적 추론에 대해 살펴보려한다.

2.2 부호검정(부호검정과 그에 기초한 추정)

부호검정은 가장 간단하고 오래된 일표본 위치문제의 한 검정법이다. Fisher(1925)에 의해 처음 소개되었다. 간단하게 사용하기 쉬운 점 때문에 현재까지 유용하게 사

용되고 있다. 기본적인 아이디어는 다음과 같다. $X_1, \ldots, X_n$ 중 θ_0보다 큰 것들이 많으면 $H_1: \theta > \theta_0$에 대한 강한 증거를 제시하고, 반대로 적으면 $H_1: \theta < \theta_0$에 대한 증거를 나타낸다고 할 수 있다. 또는 너무 많거나 적으면 $H_1: \theta \neq \theta_0$에 대한 증거를 보여 준다. 부호검정통계량은 $X_1, \ldots, X_n$ 중 θ_0보다 큰 것들의 개수이다. 이를 통계적인 용어로 유의수준 α인 부호검정 절차로 표현하면 다음과 같다.

1. 검정통계량

$$B = \sum_{i=1}^{n} \psi_i \tag{2.8}$$

여기서 ψ_i는 다음과 같이 정의되는 지시함수(indicator function)이다.

$$\psi_i = \begin{cases} 1, X_i > \theta_0 \\ 0, X_i \le \theta_0 \end{cases} \tag{2.9}$$

B는 θ_0보다 큰 관측값들의 개수를 말한다. H_0하에서 (즉, θ_0이 중앙값) B는 이항분포, $b(n, \frac{1}{2})$에 따름을 알 수 있다.

2. 검정법

(i) $H_1: \theta > \theta_0$일 때, $B \ge b(\alpha, n, \frac{1}{2})$이면 H_0을 기각

(ii) $H_1: \theta < \theta_0$일 때, $B < b(1-\alpha, n, \frac{1}{2})$이면 H_0 기각

(iii) $H_1: \theta \neq \theta_0$일 때, $B \ge b(\alpha/2, n, \frac{1}{2})$ 또는 $B < b(1-\alpha/2, n, \frac{1}{2})$이면 H_0을 기각

$b(\alpha, n, \frac{1}{2})$는 표본크기 n, 성공의 확률 $\frac{1}{2}$인 이항분포 $b(n, \frac{1}{2})$의 상위 $100 \times (\alpha)\%$ 백분위수로서, $P_0\left(B \ge b(\alpha, n, \frac{1}{2})\right) = \alpha$를 만족하는 값으로 부록 B 표 5에 수록되어 있다. 그리고 이항분포의 확률변수는 언제나 정수들만 가지므로,

$$\alpha = P_0\left(B < b(1-\alpha, n, \frac{1}{2})\right) = P_0\left(B \le b(1-\alpha, n, \frac{1}{2}) - 1\right) \tag{2.10}$$

의 관계를 갖는다.

참고 귀무가설 H_0하에서 B는 평균 $\frac{n}{2}$에 대해 대칭이고, 그의 pdf는 $f(b)=f(n-b)$이다. 이를 가지고,

$$b(1-\alpha, n, \frac{1}{2}) = n+1-b(\alpha, n, \frac{1}{2}) \tag{2.11}$$

의 관계식을 얻을 수 있다. 부록 표 5는 상위 백분위수($b(\alpha, n, \frac{1}{2})$)만 기록되어 있다. 그러므로 하위 백분위수($b(1-\alpha, n, \frac{1}{2})$)는 부록 B 표 5의 상위 백분위수로 얻는다.

3. p-값

검정통계량의 관측값에 대해 귀무가설 H_0을 기각시킬 수 있는 최소의 유의수준을 p-값(p-value) 또는 유의확률(significance probability)이라고 한다. 가설검정을 할 때, 유의수준 α를 미리 정하지 않고 p-값을 가지고 추론하는 경우가 많다. 만일 p-값이 유의수준보다 작으면 귀무가설을 기각하고, 크면 귀무가설을 기각치 못한다.

(i) $H_1 : \theta > \theta_0$일 때, $P_0(B \geq x) = p$-값이고, x는 B의 관측값이다.
(ii) $H_1 : \theta < \theta_0$일 때, $P_0(B \leq x) = p$-값이고, x는 B의 관측값이다.
(iii) $H_1 : \theta \neq \theta_0$일 때, $x \geq n/2$일 때, $2\,P_0(B \geq x) = p$-값, x는 B의 관측값이고,

$x < n/2$일 때, $2\,P_0(B \leq x) = p$-값이고, x는 B의 관측값이다.
$P_0(B \geq x)$과 $P_0(B \leq x)$의 확률값은 부록 B 표 5에서 얻는다.

4. 대표본근사($n > 25$)

표본의 크기가 25개 이상이면 부록 B 표 5에서 백분위수를 찾을 수 없다. 이때 중심극한정리에 의해 귀무가설 H_0하에서, B의 극한분포는 $N(\frac{n}{2}, \frac{n}{4})$이다. 표준화된

통계량, $Z_B = \dfrac{B - n/2}{\sqrt{n/4}}$ 을 가지고 Z 검정을 실시한다.

(i) $H_1 : \theta > \theta_0$ 일 때, $Z_B > z_\alpha$ 이면 H_0을 기각

(ii) $H_1 : \theta < \theta_0$ 일 때, $Z_B < -z_\alpha$ 이면, H_0 기각

(iii) $H_1 : \theta \neq \theta_0$ 일 때, $|Z_B| > z_{\frac{\alpha}{2}}$ 이면 H_0을 기각

5. 동점처리

θ_0과 같은 관측값이 있는 경우는, 표본크기를 그 개수만큼 줄인 다음 부호검정을 실시한다. 관측값들 간에 같은 값인 경우는 아무런 영향을 주지 않는다.

6. 부호검정에 기초한 추정

검정통계량 B는 귀무가설 H_0하에서 이항분포 $b(n, \frac{1}{2})$에 따르므로, 평균 $\mu = \frac{n}{2}$에 대하여 대칭인 분포를 갖는다. 추정량 $\hat{\theta}$은 부호검정통계량 B에 θ_0 대신 대입하면 $\mu = \frac{n}{2}$ 값을 갖는 추정량이 직관적으로 타당하다고 할 수 있다. 그래서 $\hat{\theta}$을 관측값들의 중앙값으로 한다. 순서통계량은 어느 모집단의 확률분포의 모수에서든 충분통계량으로 모집단의 많은 정보를 갖는다. 부호검정에 기초한 추정하는 방법들을 순서로 살펴보면 다음과 같다.

(i) 관측값들 $X_1, \ldots, X_n$ 을 크기 순서로 나열하여, $X_{(1)} \leq \cdot\cdot \leq X_{(n)}$ 인 순서통계량으로 만든다.

(ii) 부호검정에 기초한 모수 θ의 추정량 $\hat{\theta}$은 관측값들의 중앙값으로 추정한다.
$\hat{\theta} = \text{Med}\ \{\ \hat{\theta} = med\left(X_i, i = 1, \ldots, n\right)$. 즉, $n = 2k+1$ 일 때, $\hat{\theta} = X_{(k+1)}$, $n = 2k$ 일 때, $\hat{\theta} = \dfrac{X_{(k)} + X_{(k+1)}}{2}$ 을 점추정량으로 한다.

(iii) 중앙값 θ의 부호검정에 기초한 분포무관 신뢰구간은 $\left(X_{(C_\alpha)}, X_{(n+1-C_\alpha)}\right)$이고, 이때

$$C_\alpha = (n+1) - b(\frac{\alpha}{2}, n, \frac{1}{2}) \text{이다. } \left(\theta_L = X_{(C_\alpha)}, \theta_U = X_{(n+1-C_\alpha)}\right) \quad (2.12)$$

임을 알 수 있다.

참고 만일 θ가 중앙값일 때,

$$\begin{aligned} 1-\alpha &= P_0\left(X_{(C_\alpha)} \le \theta \le X_{(n+1-C_\alpha)}\right) \\ &= P_0(C_\alpha \le B \le n - C_\alpha) \end{aligned} \tag{2.13}$$

임을 증명할 수 있다. 이에 대한 논의는 아래에서 증명하려고 한다.

NOTE $X_1, \ldots, X_n \sim i.i.d. F(x)$, 연속형일 때, 이를 크기 순서로 나열하면,

$$X_{(1)} \le \ldots \le X_{(n)} \tag{2.14}$$

인 순서통계량이다. $X_{(r)}$을 r번째 순서통계량(order statistics)이라고 한다. $X_{(r)}$의 분포함수는 $F(x)$가 아님을 알 수 있다. 즉,
$F_r(x) = P\left(X_{(r)} \le x\right)$ = P{$X_1, \ldots, X_n$ 중 적어도 r개가 x보다 작거나 같을 사건} 이므로,

$$F_r(x) = \sum_{i=r}^{n} \binom{n}{j} F(x)^j \left[1 - F(x)\right]^{n-j} \tag{2.15}$$

이다. 부분적분을 이용하면 다음과 같은 결과를 얻는다.

$$\begin{aligned} F_r(x) &= \sum_{i=r}^{n} \binom{n}{j} F(x)^j \left[1 - F(x)\right]^{n-j} \\ &= \int_0^{F(x)} \frac{n!}{(r-1)!(n-r)!} u^{r-} (1-u)^{n-r} du \end{aligned} \tag{2.16}$$

이를 미적분의 근본원리에 의해 분포함수의 미분치인 pdf를 구하면, 아래의 확률밀도함수,

$$f_r(x) = \frac{n!}{(r-1)!(n-r)!} F(x)^{r-1} \left[1 - F(x)\right]^{n-r} f(x) \tag{2.17}$$

를 얻는다.

다음과 같이 수식 (2.18)의 좌변의 사건은 우변의 두 개의 상호배반적인 사건으로 나눌 수 있다.

$$\left(X_{(C_\alpha)} \le \theta\right) = \left(X_{(C_\alpha)} \le \theta, X_{(n-C_\alpha+1)} \ge \theta\right) \\ \cup \left(X_{(n-C_\alpha+1)} < \theta\right), \tag{2.18}$$

이를 가지고 확률식으로 표현하면, 다음의 수식 (2.19)를 얻을 수 있다.

$$P\left(X_{(C_\alpha)} \le \theta \le X_{(n-C_\alpha+1)}\right) \\ = P\left(X_{(C_\alpha)} \le \theta\right) - P\left(X_{(n-C_\alpha+1)} < \theta\right) \tag{2.19}$$

이를 위의 수식 (2.16)의 $X_{(r)}$의 분포함수의 공식을 이용하면,

$$P\left(X_{(C_\alpha)} \le \theta \le X_{(n-C_\alpha+1)}\right) = \sum_{i=C_\alpha}^{n-C_\alpha} \binom{n}{i} F(x)^i \left[1-F(x)\right]^{n-i} \tag{2.20}$$

이다. 이는 만일 $H_0 : \theta = \theta_0$이 사실이면 B는 $b(n, \frac{1}{2})$이므로, $\sum_{i=C_\alpha}^{n-C_\alpha} \binom{n}{i} (\frac{1}{2})^n$ 이므로, $P(c_\alpha \le B \le n - c_\alpha)$와 같다. 즉,

$$1-\alpha = P_0\left(X_{(C_\alpha)} \le \theta \le X_{(n+1-C_\alpha)}\right) \\ = P_0\left(C_\alpha \le B \le n - C_\alpha\right) \tag{2.21}$$

임을 증명할 수 있다.

NOTE 표본의 크기가 클 때, 위의 $C_\alpha \cong -z_{\frac{\alpha}{2}} \sqrt{n/4} + n/2$로 가까운 정숫값을 선택하여 근사 신뢰구간을 구한다. 이는 $E_0(B) = \frac{n}{2}$, $Var_0(B) = \frac{n}{4}$를 가지고 정규근사에 의해 얻는다.

예 2.1

랜덤하게 선택된 10명의 자연계열 신입생에게 심리검사를 실시한 결과 책임감에 대한 점수가 다음과 같이 나타났다. 28.5 25.2 28.7 41.0 29.1 32.3 37.7 39.9 26.8 28.8. 평균점수가 30점인지를 유의수준 $\alpha = 0.05$로 검정해 보자. 그리고 평균점수에 대한 점추정과 구간추정을 구해 보자.

[풀이]

(1) 검정.

먼저 귀무가설과 대립가설을 다음과 같이 설정한다.

$$H_0 : \theta = 30 \ v.s. \ H_1 : \theta \neq 30 \tag{2.22}$$

위의 자료에서 30보다 큰 관측값의 개수는 $B = 4 < \frac{n}{2} = 5$이므로 부록 B 표 5에서 n=10일 때, $P_0(B \leq 4) = 0.3770$이므로 p-값은 p=2*$p = 2 \times 0.3770 = 0.7540$이 된다. 이는 귀무가설을 기각치 못함을 나타낸다. 참고로 B 통계량의 표준화된 값은,

$$Z_B = \frac{B - E_0(B)}{\sqrt{Var_0(B)}} = \frac{4 - 10/2}{\sqrt{10/4}} = -0.632 \tag{2.23}$$

$|Z_B| = 0.632 < z_{0.025} = 1.96$이므로, 유의수준 5%에서 귀무가설을 기각할 수 없다.즉, 평균점수가 30이 아니라고 할 수 없다.

(2) θ의 추정량 $\hat{\theta}$

관측값의 개수 n이 짝수이므로, $\hat{\theta} = \frac{X_{(5)} + X_{(6)}}{2} = 28.95$이다.

(3) θ의 분포무관 신뢰구간

θ의 95% 신뢰구간을 구해 보자. $1 - \alpha = 0.95$이므로 $\frac{\alpha}{2} = 0.025$가 되지만, 부록 B 표 5에서 $b(0.025, 10)$을 만족하는 값을 찾을 수 없으므로 가장 가까운 값 $\frac{\alpha}{2} = 0.0107$를 선택한다. $b(0.0107, 10) = 9$이므로, $C_{0.0214} = 10 + 1 - 9 = 2$로부터, θ의 97.86% 분포무관 신뢰구간은 (θ_L, θ_U)의 값은 다음과 같다. $(\theta_L = X_{(2)} = 26.8, \theta_U = X_{(9)} = 39.9)$. 이 신뢰구간의 결과는 위의 검정의 결과와 일치함을 알 수 있다.

예 2.2

한 병원에서 환자가 진료를 기다리는 시간이 20분보다 많다고 한다. 이를 증명하기 위해 10명의 환자들을 랜덤하게 추출하여 시간을 재 보았다. 10, 12, 21, 23, 22, 23, 22, 24, 21, 22. 이 자료로부터 환자가 기다리는 평균시간의 점추정과 20분보

다 많이 기다리는가를 유의수준 $\alpha = 0.06$로 검정해 보자.

[풀이]

(1) 검정. 먼저 귀무가설과 대립가설을 다음과 같이 설정한다.

$$H_0 : \theta = 20 \ v.s. \ H_1 :> 20 \tag{2.24}$$

위의 자료에서 20보다 큰 관측값의 개수는 $B = 8 > \frac{n}{2} = 5$이므로, 부록 B 표 5에서 n=10일 때, $P_0(B \geq 8) = 0.0547$이므로, p-값은 p=0.0547이 된다. 이는 귀무가설을 기각한다. B 통계량의 표준화된 값은,

$$Z_B = \frac{B - E_0(B)}{\sqrt{Var_0(B)}} = \frac{8 - 10/2}{\sqrt{10/4}} = 1.897 \tag{2.25}$$

$|Z_B| = 1.897 > z_{0.030} = 1.88$이므로, 유의수준 6%에서 귀무가설을 기각한다. 즉, 평균적으로 진료를 기다리는 시간은 20분 이상이라고 할 수 있다.

(2) θ의 추정량 $\hat{\theta}$

관측값의 개수 n이 짝수이므로, $\hat{\theta} = \frac{X_{(5)} + X_{(6)}}{2} = 22$이다.

(3) θ의 분포무관 신뢰구간

θ의 95% 신뢰구간을 구해 보자. $1 - \alpha = 0.95$이므로 $\frac{\alpha}{2} = 0.025$가 되지만, 부록 표 5에서 $b(0.025, 10)$을 만족하는 값을 찾을 수 없으므로 가장 가까운 값 $\frac{\alpha}{2} = 0.0107$를 선택한다. $b(0.0107, 10) = 9$이므로, $C_{0.0214} = 10 + 1 - 9 = 2$로부터, θ의 97.86% 분포무관 신뢰구간은 (θ_L, θ_U)의 값은 다음과 같다. $(\theta_L = X_{(2)} = 12, \theta_{U=} X_{(9)} = 23)$. 이의 결과는 유의수준의 차이로 일어난다.

NOTE [예 2.2]의 경우, 만일 모집단이 중앙값에 대칭이면, 위의 검정은 잘못된 결론을 내린 것이다. 관측값들이 10과 24 사이의 중앙값은 17.5 정도로 20보다 작을 것으로 추측되기 때문이다. 이와 같이 부호검정은 부호만 가지고 추론해서, 잘못된 결론에 도달할 수 있다. 이를 보완한 것이 다음 절의 윌콕슨 부호순위 검정으로, 부호와 더불어 관측값들의 크기도 같이 고려하는 것이다.

2.3 윌콕슨 부호순위검정(부호순위검정과 그에 기초한 추정)

부호검정은 관측값과 위치모수의 차이, $X_i - \theta_0$에 대한 부호만을 검정에 이용하였다. 그러나 [예 2.2]에서 나타난 것과 같이 부호뿐 아니라, 차이의 크기도 추론에 이용해야 잘못된 결론을 막을 수 있음을 알 수 있다.

일표본위치문제에 가장 널리 사용되는 Wilcoxon(1945)에 의해 제안된 윌콕슨 부호순위검정(Wilcoxon signed rank test)은 관측값이 θ_0보다 어느 정도 크고 작은지에 대한 관측값의 상대적인 크기도 고려하여 검정하는 방법이다. 즉, 윌콕슨 부호순위검정은 $X_i - \theta_0$에 대해 단지 부호뿐만 아니라, 상대적인 순위까지 고려하여 검정한다. 가정은 모집단이 위치모수 θ에 대해 대칭임을 더한다.

■ 모형과 가정들

$X_1, \ldots, X_n \sim i.i.d. F(x-\theta)$, 위치모수 θ를 갖는 연속형 모집단에서의 n개의 확률표본들이다. 부호검정의 경우에 대칭성의 가정을 추가한다. 즉 다음과 같이 가정한다.

(1) $X_i = \theta + \epsilon_i$,i=1,.., n, 선형모형으로 표현한다.

(2) $\epsilon_1, \ldots, \epsilon_n \sim i.i.d.\ F(x)$, 오차들은 연속형이고, 상호독립이고, 공통분포를 갖는다.

(3) $X_1, \ldots, X_n$ 들은 위치모수 θ에 대칭인 랜덤표본들이다.

1. 검정통계량

$Y_i = X_i - \theta_0$를 구해서, 이들의 절댓값들 $|Y_1|, \ldots, |Y_n|$ 들의 순위 R_i^+를 구한다. 이때 순위는 크기 순서로 1부터 n까지 순위를 부여한다. 윌콕슨 부호순위검정통계량은 이들의 부호순위들의 합이다. 즉, θ_0보다 큰 관측값들 X_i들에 부여된 순위들의 합으로 다음과 같이 정의한다.

$$W^+ = \sum_{i=1}^{n} \psi_i \cdot R_i^+ \tag{2.26}$$

여기서 ψ_i는 다음과 같이 정의되는 지시함수(indicator function)이다.

$$\psi_i = \begin{cases} 1, & Y_i > \theta_0 \\ 0, & Y_i \le \theta_0 \end{cases} \tag{2.27}$$

2. 검정법

(i) $H_1 : \theta > \theta_0$일 때, $W^+ \ge w^+(\alpha, n)$이면 H_0을 기각

(ii) $H_1 : \theta < \theta_0$일 때, $W^+ < w^+(1-\alpha, n)$이면 H_0을 기각

(iii) $H_1 : \theta \ne \theta_0$일 때, $W^+ \ge w^+b(\alpha/2, n)$ 또는 $W^+ < w^+(1-\alpha/2, n)$이면 H_0을 기각

$w^+(\alpha, n)$는 H_0하에서 부호순위통계량 W^+의 분포의 상위 $100 \times (\alpha)\%$ 백분위수로서, $P_0\left(W^+ \ge w^+(\alpha, n)\right) = \alpha$의 분포를 만족하는 값으로 부록 B 표 6에 수록되어 있다. W^+는 정수들만 취하므로,

$$\alpha = P_0\left(W^+ < w^+(1-\alpha, n)\right) = P_0\left(W^+ \le w^+(1-\alpha, n) - 1\right)$$

의 관계를 갖는다.

참고 W^+는 귀무가설, H_0이 사실이란 가정에서 그의 평균 $\frac{n(n+1)}{4}$에 대해 대칭이므로,

$$W^+(1-\alpha, n) = \frac{n(n+1)}{2} - w^+(\alpha, n) \tag{2.28}$$

관계식을 얻을 수 있다. 부록 B 표 6의 상위백분위수으로부터, 하위백분위수는 위의 관련식으로부터 얻을 수 있다.

3. P-값

검정통계량의 관측값에 대해 귀무가설 H_0을 기각시킬 수 있는 최소의 유의수준을 p-값(p-value) 또는 유의확률(significance probability)이라고 한다. 가설검정을 할 때, 유의수준 α를 미리 정하지 않고 p-값을 가지고 추론하는 경우가 많다. 만일 p-값이 유의수준보다 작으면 귀무가설을 기각하고, 크면 귀무가설을 기각치 못한다.

(i) $H_1 : \theta > \theta_0$일 때, $P_0(W^+ \ge x) = p$-값이고, x는 $W+$의 관측값이다.

(ii) $H_1 : \theta < \theta_0$일 때, $P_0(W^+ \le x) = p-$값이고, x는 W^+의 관측값이다.

(iii) $H_1 : \theta \ne \theta_0$일 때, $x \ge \frac{n(n+1)}{4}$ 일 때 , $2\,P_0(W^+ \ge x) = p-$값, x는 W^+의 관측값이고, $x < \frac{n(n+1)}{4}$ 일 때, $2\,P_0(W^+ \le x) = p-$값이고, x는 W^+의 관측값이다. $P_0(W^+ \ge x)$과 $P_0(W^+ \le x)$의 확률값은 부록 B 표 6에서 얻는다.

참고 부록 표 6의 작성원리를 알아보자. n=3인 경우는 귀무가설이 사실이라는 가정하에서, 8개의 배열들은 등확률을 가지고 각기의 배열들의 W^+의 값들을 구하면 아래와 같다.

표 2.1 윌콕슨 부호순위통계량의 배열표

R_i^+ 1	2	3	W^+
−	−	−	0
+	−	−	1
−	+	−	2
−	−	+	3
+	+	−	3
+	−	+	4
−	+	+	5
+	+	+	6

즉, W^+의 분포는 관측값의 분포와 무관한 분포를 다음과 같이 갖는다.

표 2.2 윌콕슨 부호순위통계량의 확률표

x	0	1	2	3	4	5	6
$P_0(W^+ = x)$	$\frac{1}{8}$	$\frac{1}{8}$	$\frac{1}{8}$	$\frac{2}{8}$	$\frac{1}{8}$	$\frac{1}{8}$	$\frac{1}{8}$

위의 [표 2.2]로부터 부록 B 표 6의 결과들,

$w^+(\frac{1}{8},3) = 6$, $w^+(\frac{2}{8},3) = 5$, $w^+(\frac{3}{8},3) = 4$, $w^+(\frac{5}{8},3) = 3$,

$w^+(\frac{6}{8},3) = 2$, $w^+(\frac{7}{8},3) = 1$, $w^+(1,3) = 0$

들을 얻을 수 있다.

4. 대표본근사($n > 15$)

표본의 크기가 15 이상이면 부록 B 표 6에서 백분위수를 찾을 수 없다. $H_0 : \theta = \theta_0$ 하에서 W^+의 통계량은,

$$E_0(W^+) = \frac{n(n+1)}{4} \text{와 } Var_0(W^+) = \frac{n(n+1)(2n+1)}{24} \tag{2.29}$$

이므로, 중심극한정리에 의해 Z 검정통계량,

$$Z_{W^+} = \frac{W^+ - E_0(W^+)}{\sqrt{Var_0(W^+)}} \tag{2.30}$$

으로 Z 검정을 실시한다. 즉,

(i) $H_1 : \theta > \theta_0$일 때, $Z_{W^+} > z_\alpha$이면 H_0을 기각

(ii) $H_1 : \theta < \theta_0$일 때, $Z_{W^+} < -z_\alpha$이면, H_0을 기각

(iii) $H_1 : \theta \neq \theta_0$일 때, $|Z_{W^+}| > z_{\frac{\alpha}{2}}$이면 H_0을 기각

5. 동점처리

θ_0과 같은 관측값이 있는 경우는 표본크기를 그 개수만큼 줄인 다음 부호순위검정을 실시한다. 관측값들 간에 같은 값이 경우 아무런 영향을 주지 않기 때문이다. $|Y_i|$가 0이 아니면서 동점이 있는 경우, R_i^+를 구할 때 평균순위를 사용하여 부호순위검정을 실시한다. 그리고 대표본근사에서는 W^+의 분산을 다음과 같이 수정하여 적용한다.

$$Var_0(W^+) = \frac{1}{24}\left[n(n+1)(2n+1) - \frac{1}{2}\sum_{j=1}^{g}[t_j(t_j-1)(t_j+1)]\right] \tag{2.31}$$

이때 g=(동점 그룹의 수)이고, t_j=(j번째 동점 그룹의 크기)이다.

6. 부호순위검정에 기초한 추정

검정통계량 W^+는 귀무가설 H_0하에서, 평균, $\mu = \dfrac{n(n+1)}{4}$에 대하여 대칭인 분포를 갖는다. 추정량 $\hat{\theta}$은 부호순위검정통계량 W^+에 θ_0 대신 대입하면, $\mu = \dfrac{n(n+1)}{4}$ 값을 갖는 추정량이 직관적으로 타당하다고 할 수 있다. 아래와 같은 관련식은 증명할 수 있는 것으로, 이를 가지고 추정량을 구할 수 있다.

$$W^+ = \sum_{i=1}^{n} \psi_i R_i^+ = \sum_{i=1}^{n}\sum_{j=1}^{n} \psi_{ij}(W_{ij} > \theta_0),$$

$$\text{이때 } W_{ij} = \frac{X_i + X_j}{2},\ i \le j. \tag{2.32}$$

W_{ij}를 왈쉬 평균(Walsh average)이라 하는데, 총 $M = \dfrac{n(n+1)}{2}$개의 값들을 갖는다. 즉, $\hat{\theta}$은 왈쉬 평균값들의 중앙값으로 한다. 이를 윌콕슨 부호순위검정에 기초한 θ의 Hodges-Lehmann One-Sample Estimator라 한다. 윌콕슨 부호순위검정에 기초한 추정하는 방법들을 순서적으로 나열하면 다음과 같다.

(i) 왈쉬 평균값들 $W_{11}, \ldots, W_{nn}$ 을 크기 순서로 나열하여, $W_{(1)} \le \cdots \le W_{(M)}$ 인 순서통계량으로 만든다.

(ii) 부호순위검정에 기초한 모수 θ의 추정량 $\hat{\theta}$은 왈쉬 평균값들의 중앙값으로 추정한다.

$$\hat{\theta} = \text{Med } \{ \hat{\theta} = med\,(W_{ij}, i, j = 1, \ldots, n). \tag{2.33}$$

(즉, $M = 2k+1$일 때, $\hat{\theta} = W_{(k+1)}$, $M = 2k$일 때, $\hat{\theta} = \dfrac{W_{(k)} + W_{(k+1)}}{2}$)

을 점추정량으로 한다.

(iii) 중앙값 θ의 부호순위검정에 기초한 분포무관 신뢰구간은 $\left(W_{(C_\alpha)}, W_{(M+1-C_\alpha)}\right)$ 이고, 이때 $C_\alpha = \dfrac{n(n+1)}{2} + 1 - w^+(\dfrac{\alpha}{2}, n)$이다.

$$\left(\theta_L = X_{(C_\alpha)}, \theta_U = X_{(M+1-C_\alpha)}\right) \tag{2.34}$$

임을 알 수 있다.

NOTE 표본의 크기가 클 때, 위의

$$C_\alpha \cong \frac{n(n+1)}{4} - z_{\frac{\alpha}{2}} \sqrt{\frac{n(n+1)(2n+1)}{24}} \tag{2.35}$$

로 가까운 정숫값을 선택하여 근사 신뢰구간을 구한다. 이는 정규근사에 의해 얻는 것이다.

예 2.3

한 병원에서 환자가 진료를 기다리는 시간이 20분보다 많다고 한다. 이를 증명하기 위해 10명의 환자들을 랜덤하게 추출하여 시간을 재 보았다. 10, 12, 21, 23, 22, 23, 22, 24, 21, 22. 이 자료로부터 환자가 기다리는 평균시간의 점추정과 20분보다 많이 기다리는가를 유의수준 $\alpha = 0.06$로 검정해 보자.

[풀이]

(1) 검정. 먼저 귀무가설과 대립가설을 다음과 같이 설정한다.

$$H_0 : \theta = 20 \ v.s.\ H_1 :> 20 \tag{2.36}$$

$Y_i = X_i - 20$를 구하면,

−10 −8 +1 +3 +2 +3 +2 +3 +2 +4 +1 +2

윌콕슨 부호순위검정통계량은 다음과 같이 계산한다.

표 2.3 윌콕슨 부호순위 계산표

Y_i	$\lvert Y_i \rvert$	ψ_i	R_i^+
−10	10	0	10
−8	8	0	9
1	1	1	1.5
1	1	1	1.5
2	2	1	4
2	2	1	4
2	2	1	4
3	3	1	6.5
3	3	1	6.5
4	4	1	8

위의 [표 2.3]으로부터 부호순위검정통계량의 값은 $W^+ = 36$ 임을 알 수 있다. 한편 $W^+ \geq \frac{n(n+1)}{4} = 27.5$ 이므로 부록 B 표 6에서 $P_0(W^+ \geq 36) = 0.2158$ 이므로 p-값은 0.2158로, 유의수준 6%에서 귀무가설을 기각할 수 없다. 즉, 평균적으로 진료를 기다리는 시간은 20분 이상이라고 할 수 없다.

NOTE [예 2.3]의 경우, 관측값들이 10과 24 사이의 중앙값은 17.5 정도로 20보다 작은 것으로 추측된다. 부호검정에서는 단지 20보다 큰 관측값들의 수가 8이라는 것으로 잘못된 결론을 도출하게 된다. 그러나 부호순위검정은 부호와 더불어 크기도 같이 고려하여 부호검정의 결점을 보완하여 정확한 결론을 얻을 수 있음을 알 수 있다.

(2) θ의 추정량 $\hat{\theta}$

$M = 10(10+1)/2 = 55$ 이므로, $M = 2k+1$에서 $k = 27$이다. $\hat{\theta} = W_{(28)} = 21.5$ 이다.

(3) θ의 분포무관 신뢰구간

θ의 95% 신뢰구간을 구해 보자. $1-\alpha = 0.95$ 이므로 $\frac{\alpha}{2} = 0.025$가 되지만, 부록 B 표 6에서 $w^+(0.025, 10)$을 만족하는 값을 찾을 수 없으므로 가장 가까운 값 $\frac{\alpha}{2} = 0.0244$를 선택한다. 부록 표 6에서 $w^+(0.0244, 10) = 47$ 이므로, $C_{0.0488} = 10(10+1)/2 - 47 = 9$ 이므로, θ의 95.12% 분포무관 신뢰구간은 (θ_L, θ_U)의 값은 다음과 같다. $((\theta_L = W_{(9)} = 16.5,\ \theta_{U} = W_{(47)} = 22.5))$이다.

윌콕슨 부호순위검정에 기초한 θ의 95.% 분포무관 신뢰구간을 대표본근사법에 의해 구해 보자. $C_{0.05} \cong \frac{10(10+1)}{4} - z_{0.025}\sqrt{\frac{10(10+1)(2*10+1)}{24}} = 8$ 이므로 θ의 대표본근사 신뢰구간은 (θ_L, θ_U)의 값은 다음과 같다. $(\theta_L = W_{(8)} = 16,\ \theta_{U} = W_{(48)} = 23)$이다.

2.4 SAS 활용

[예 2.1]을 아래의 SAS 프로그램으로 실행하면, 다음에 따라오는 결과물들을 얻을 수 있다.

```
DATA EX2_1;
 INPUT SCORE @@;
 DATALINES
 28.5 25.2 28.7 41.0 29.1 32.3 37.7 39.9 26.8 28.8
 ;
 PROC UNIVARIATE DATA=EX2_1
  MU0=30        /* SPECIFIES POPULATION MEAN VALUE TO TEST */
  CIPCTLDF    /*REQUEST CONFIDENCE INTERVALS FOR PERCENTILES */
 ALPHA=0.05 /*SPECIFIES ALPHA LEVEL */

 VAR SCORE;
 RUN
```

UNIVARIATE 프로시저

변수: SCORE

적률

N	10	가중합	10
평균	31.8	관측치 합	318
표준편차	5.68291787	분산	32.2955556
왜도	0.74973351	첨도	−1.085791
제곱합	10403.06	수정 제곱합	290.66
변동계수	17.8708109	평균의 표준오차	1.79709642

기본 통계 측도

위치측도		변이측도	
평균	31.80000	표준편차	5.68292
중위수	28.95000	분산	32.29556
최빈값	.	범위	15.80000
		사분위 범위	9.20000

위치모수검정: Mu0=30

검정	—통계량—		———p-값———	
스튜던트의 t	t	1.001616	Pr > |t|	0.3427
부호	M	−1	Pr >= |M|	0.7539
부호순위	S	4.5	Pr >= |S|	0.6953

분위수(정의 5)

순서통계량						
분위수	추정값	95% 분포 자유 신뢰 한계		신뢰하한 순서	신뢰상한 순서	포함율
100% 최댓값	41.00					
99%	41.00	.	.	.	.	.
95%	41.00	39.9	41.0	9	10	31.51
90%	40.45	37.7	41.0	8	10	58.11
75% Q3	37.70	28.8	41.0	5	10	92.40
50% 중위수	28.95	26.8	39.9	2	9	97.85
25% Q1	28.50	25.2	29.1	1	6	92.40
10%	26.00	25.2	28.5		3	58.11
5%	25.20	25.2	26.8	1	2	31.51
1%	25.20	.	.	.	.	.
0% 최솟값	25.20					

극 관측치

작은값부터		큰값부터	
값	관측치	값	관측치
25.2	2	29.1	5
26.8	9	32.3	6
28.5	1	37.7	7
28.7	3	39.9	8
28.8	10	41.0	4

[예 2.3]은 다음의 SAS 프로그램으로 실행하면 이후에 따라오는 결과물들을 얻을 수 있다. 아래의 결과물의 경우는 양쪽검정의 부호검정과 부호순위검정의 p-값임을 알 수 있다.

```
DATA EX2_3;
 INPUT TIME @@;
 DATALINES
 10 12 21 23 22 23 22 24 21 22
 ;
 PROC UNIVARIATE DATA=EX2_3
  MU0=20       /* SPECIFIES POPULATION MEAN VALUE TO TEST */
  CIPCTLDF    /*REQUEST CONFIDENCE INTERVALS FOR PERCENTILES */
 ALPHA=0.05 /*SPECIFIES ALPHA LEVEL */

 VAR TIME;
```

```
RUN
```

UNIVARIATE 프로시저
변수: TIME

적률

N	10	가중합	10
평균	20	관측치 합	200
표준편차	4.85340659	분산	23.5555556
왜도	-1.6619332	첨도	1.38941476
제곱합	4212	수정 제곱합	212
변동계수	24.267033	평균의 표준오차	1.53478192

기본 통계 측도

위치측도		변이측도	
평균	20.00000	표준편차	4.85341
중위수	22.00000	분산	23.55556
최빈값	22.00000	범위	14.00000
		사분위 범위	2.00000

위치모수검정: Mu0=20

검정	—통계량—		———p-값———	
스튜던트의 t	t	0	Pr > |t|	1.0000
부호	M	3	Pr >= |M|	0.1094
부호순위	S	8.5	Pr >= |S|	0.4063

분위수(정의 5)

————순서통계량————						
		95% 분포 자유		신뢰하한	신뢰상한	
분위수	추정값	신뢰 한계		순서	순서	포함율
100% 최댓값	24.0					
99%	24.0	.	.	.	.	.
95%	24.0	23	24	9	10	31.51
90%	23.5	23	24	8	10	58.11
75% Q3	23.0	22	24	5	10	92.40

50% 중위수	22.0	12	23	2	9	97.85
25% Q1	21.0	10	22	1	6	92.40
10%	11.0	10	21	1	3	58.11
5%	10.0	10	12	1	2	31.51
1%	10.0	.	.	.	.	.
0% 최솟값	10.0					

극 관측치

-작은값부터-		—큰값부터—	
값	관측치	값	관측치
10	1	22	7
12	2	22	10
21	9	23	4
21	3	23	6
22	10	24	8

연습문제

1. 랜덤하게 선택된 10명의 자연계열 신입생에게 심리검사를 실시한 결과 책임감에 대한 득점이 다음과 같이 나타났다.

28.5 25.2 28.7 41.0 29.1 32.3 37.7 39.9 26.8 28.8.

(a) 부호순위검정을 이용하여 평균점수가 30점인가를 유의수준 5%로 검정하라.
(b) 부호검정을 이용한 위치모수에 대한 점추정과 95% 근처의 신뢰구간을 구하라.
(c) (b)의 결과를 얻기 위한 SAS-프로그램을 적어라.

2. 다음은 8개의 관측값들이다.

81.3001 81.3036 81.3015 81.3006 81.3011 81.2997 81.3005 81.3021

(a) 이들의 중앙값이 81.3035인가를 유의수준 5%로 부호검정하라.
(b) 중앙값의 점추정과 95% 근처의 분포무관 신뢰구간을 구하라.
(c) 위의 중앙값이 81.3035인가를 유의수준 5%로 부호순위검정하라. 그리고 (a)의 결과와 비교하여 간단히 설명하라.
(d) 위의 (a), (b), (c)를 얻기 위한 SAS-프로그램을 정확히 써라.

3. 다음은 5명의 흡연자들을 대상으로 금연을 하게 한 후 5주 뒤에 나타난 체중의 증감을 나타낸 자료이다. (단위: kg)

금연 전: 66 80 69 52 75
금연 후: 71 82 68 56 73

(a) 유의수준 5% 근처에서 전과 후의 차가 있는지 부호순위검정으로 검정하라.
(b) 증가분의 점추정과 93.8% 신뢰구간을 구축하라.

4. 첫 비행을 위한 훈련시간은 아래와 같다.

9 12 18 14 12 14 12 10 16 11 9 11 13 11 13 15 13 14

부호검정을 이용하여 모집단의 위치모수에 관한 점추정량과 90.38%의 분포무관 신뢰구간을 구하라.

5. 다음은 어떤 마을에 거주하는 가구들 중에서 가장들의 총 교육연수를 조사한 것이다.

13 6 6 12 12 10 9 11 14 8 7 15 8 7

유의수준 5%로 평균 교육연수가 11.6년인가를

(a) 부호검정을 실시하라.

(b) 부호순위검정을 실시하라.

(c) 두 검정 결과의 차이를 설명하라.

(d) 부호검정에 기초한 점추정과 95% 근처의 신뢰구간을 구하라.

6. 한 커피점의 맛을 10명의 판정관이 감정한 결과가 아래와 같다. 점수는 1점에서 10점 사이로, 맛이 좋을수록 높은 점수가 주어졌다.

판정관	1	2	3	4	5	6	7	8	9	10
커피맛	6	8	4	9	4	7	6	5	6	8

(a) 중앙값이 5.5점이라 할 때, 이 커피점의 맛은 중간 이상이라고 할 수 있는가를 유의수준 5%로 부호검정하라.

(b) 중앙값을 점추정하고, 89.06%의 분포무관 신뢰구간을 구하라.

(c) 위의 (a)와 (b)를 위한 SAS-프로그램을 정확히 써라.

제 3 장 이표본 위치문제

3.1 서론

두 모집단의 대푯값, 평균 등 위치모수를 비교하는 추론을 고려하자. 즉, 두 모집단의 평균 차이가 존재하는가를 검정하고 추정하는 이표본 위치모수문제(two-sample location problem)에 대해 알아보자. 각 두 집단은 대조 모집단(control group)과 처리 모집단(treatment group)으로 간주할 수 있다.

한 예로, 한국 남성의 평균 키와 일본 남성의 평균 키는 차이가 있는가? 등을 들 수 있다. 두 나라의 국민 중 랜덤하게 독립적으로 표본들을 얻어서 이를 가지고 추론해야 할 것이다. 이를 수학적 모형으로 표현하면 다음과 같다.

먼저 분포함수 $F(x-\theta_x)$를 갖는 한 모집단에서,

$$X_1, \ldots, X_m \sim i.i.d.\ F(x-\theta_x)$$

의 크기 m인 확률표본($i.i.d.$)을 얻었다. 그리고 분포함수 $F(x-\theta_y)$를 갖는 또 다른 모집단에서

$$Y_1, \ldots, Y_n \sim i.i.d.\ F(x-\theta_y)$$

의 크기 n인 확률표본($i.i.d.$)을 얻었다. 이들의 자료를 선형모형화시키면,

$$X_i = \theta_x + \epsilon_i \text{ ,i=1,.., m이고,}$$
$$Y_i = \theta_y + \epsilon_{m+j} \text{ ,j=1,.., n이다.}$$

이때 θ_x와 θ_y들은 모르는 위치모수이고, ϵ은 오차항들이다. 총표본의 크기 $N=m+n$이다. 이 오차항들은 상호독립이고, 동일한 연속분포 $F(x)$에 따른다 하자. 만일

$$\theta_y = \theta_x + \Delta \tag{3.1}$$

로 가정하면, Δ를 두 모집단의 위치모수의 차를 나타내는 이동모수(shift parameter)라고 한다. 이는 처리효과의 차이로 볼 수 있다. 만일 $\Delta = 0$이면 두 모집단의 평균 간에 유의한 차이가 없다는 것을 뜻한다. 또는 $\theta_y = \theta + \Delta$로도 표현할 수 있다. 이를 달리 $Y =^d X + \Delta$으로 표현된다. 이때 $=^d$는 같은 분포를 같는다는 것을 의미한다. 실제로 $\Delta = E[Y] - E[X]$로 볼 수 있다. 위의 내용들을 순서적으로 요약하면 다음과 같다.

■ 모형과 가정들

두 모집단으로부터 각각 $X_1, ..., X_m$과 위치 $Y_1, ..., Y_n$ 총 $N(=m+n)$개의 표본들을 얻는다. 이때 편리상 $m \geq n$이라고 가정한다. $m < n$인 경우는 X와 Y를 바꾸어 다루면 된다.

(1) $X_i = \theta + \epsilon_i$,i=1,.., m, $Y_i = \theta + \Delta + \epsilon_{m+j}$,i=1,.., n 선형모형으로 표현한다. 단지 θ는 미지의 위치모수이고, Δ는 두 모집단의 위치모수의 차를 나타내는 이동모수이다. 그리고 ϵ들은 오차항이다.

(2) $\epsilon_1, ..., \epsilon_N \sim i.i.d.\ F(x)$, 오차들은 연속형이고, 상호독립이며 공통분포를 갖는다.

모르는 이동모수 Δ에 대한 추론의 경우를 다음의 [예 3.1], [예 3.2], [예 3.3], [예 3.4]을 통해 살펴보자.

예 3.1

두 가지의 식이요법을 비교하고자 한다. 랜덤하게 4명의 비만여성에게 식이요법 A, 다른 4명의 비만환자에게 B를 실시하여 다음과 같은 체중의 감소의 결과를 얻었다. A: 27 31 26 25 / B: 32 29 35 28. A와 B의 차이에 대한 점추정과 95% 근처의 분포무관 신뢰구간을 구하라. 그리고 검정을 실시하여 두 식이요법 간에 차이가 있는가를 알아보라.

예 3.2

두 전자회사의 배터리 A, B의 수명을 랜덤하게 5개씩 추출하여, 이를 순서대로 나열한 다음과 같은 결과를 얻었다. A: 6.9 7.2 7.2 7.3 7.8 / B: 6.7 6.8 6.9 7.1 7.4. A와 B의 차이에 대한 점추정과 95% 근처의 분포무관 구간추정을 구하라. 이 결과들을 가지고, 차이가 존재하는가에 대한 검정에 대해 결론을 내려라.

예 3.3

지역 A와 지역 B에서 생산되는 라이터 돌의 강도(딱딱함)를 비교하고자 한다. A 지역에서는 4개, B 지역에서는 5개의 표본을 추출하였다. 이들의 강도의 실험은 두 개의 돌을 비벼서 상처가 많이 나는 것을 무른 것이라고 단정한다. 이 돌에서 가장 무른 것은 순위를 1로, 그 다음 것은 2로 순위를 부여한다. 이는 아래와 같다.

표 3.1 라이터 돌의 강도실험 결과

지역	A	A	A	B	A	B	B	B	B
순위	1	2	3	4	5	6	7	8	9

지역 A와 B에서 생산된 라이터 돌의 강도를 비교하는 가설을 세우고, 적당한 검정법을 구축하여 이를 비교하라.

예 3.4

여성과 남성의 심박동수의 차이가 있는지 알아보려 일정한 시간 동안 관찰했다. 각 8명의 여성과 8명의 남성을 랜덤하게 추출하여 아래와 같이 관측하였다. 여성 : 54 21 40 43 56 35 45 22 / 남성: 63 51 92 64 81 53 74 65. 여성과 남성 간에 심박동수의 차이가 존재하는가?

결국 이표본 위치문제는 이동모수 Δ의 추론에 있음을 알 수 있다. 이동모수 Δ의 추정량을 $\widehat{\Delta}$를 구해서, 이를 가지고 가설검정을 실시한다. 이는 대립가설을 한쪽검정과 양쪽검정의 경우로 나눠 다음과 같이 세울 수 있다.

$$\text{(i)}\ H_0 : \Delta = 0 \quad v.s. \quad H_1 : \ \Delta > 0 \tag{3.2}$$

$$\text{(ii)}\ H_0 : \Delta = 0 \quad v.s. \quad H_1 : \ \Delta < 0 \tag{3.3}$$

$$\text{(iii)}\ H_0 : \Delta = 0 \quad v.s. \quad H_1 : \ \Delta \neq 0. \tag{3.4}$$

■ 모수적 방법

대표적인 모수적 방법으로 독립된 두 정규모집단의 모평균에 대한 추론을 들 수 있다. 표본평균이 정규모집단 모평균의 최량 점추정량이다. 그리고 구간추정도 표본평균을 이용한 중심축량(pivotal quantity)으로 얻을 수 있다. 즉, $\epsilon_1, \ldots, \epsilon_N \sim i.i.d.\ N(0, \sigma^2)$인 경우이다. 대표적인 방법은 이표본 t-검정(two sample t-test)이다. 두 모집단의 분산이 σ^2으로 같다고 가정한다. 이를 등분산성의 가정이라고도 한다. 이 분산의 추정량은 혼합표본분산으로

$$S_p^2 = \frac{\sum_{i=1}^{m}(X_i - \overline{X})^2 + \sum_{j=1}^{n}(Y_j - \overline{Y})^2}{(m+n+2)} \tag{3.5}$$

으로 추정하고, t-검정을 위한 검정통계량은 다음과 같다.

$$t = \frac{\overline{X} - \overline{Y}}{S_p\sqrt{\frac{1}{m} + \frac{1}{n}}} \tag{3.6}$$

귀무가설 $H_0 : \Delta = 0$하에서, 수식 (3.6)의 중심축량은 $t \sim t(m+n-2)$에 따른다. Δ의 점추정량은 $\hat{\Delta} = \overline{Y} - \overline{X}$이고, 중심축량을 이용한 Δ의 $100 \times (1-\alpha)\%$ 신뢰구간은 다음과 같다.

$$((\overline{Y} - \overline{X}) \pm t(\frac{\alpha}{2}, m+n-2) \bullet s_p\sqrt{\frac{1}{m} + \frac{1}{n}}) \tag{3.7}$$

그리고 Δ에 대한 유의수준 α의 검정, 즉 두 독립된 정규모집단의 평균값의 비교의 검정은 다음과 같다.

(i) $H_1 : \Delta > 0$일 때, $t > t(\alpha, m+n-2)$이면 H_0을 기각. (3.8)

(ii) $H_1 : \Delta < 0$일 때, $t < -t(\alpha, m+n-2)$이면 H_0을 기각. (3.9)

(iii) $H_1 : \Delta \neq 0$일 때, $|t| > t(\frac{\alpha}{2}, m+n-2)$이면 H_0을 기각. (3.10)

만일 $F(x)$가 정규분포가 아닌 경우, 잘못해서 정규분포가정하에 t-분포를 중심축량으로 신뢰구간을 구하면 신뢰구간의 길이가 길어진다. 이는 효율성이 떨어짐을 나타낸다. 게다가 검정에서 t-검정을 실시하면 검정력이 현저하게 떨어지게 된다. 모집단의 분포와 무관한 비모수적 분포무관 추론법이 필요하다. 대표적인 비모수적 분포무관검정으로 윌콕슨 순위합검정이 있다.

3.2 윌콕슨 순위합검정(순위합검정과 그에 기초한 추정)

윌콕슨 순위합검정(Wilcoxon rank sum test)은 이표본 위치문제에서 모수적 방법인 이표본 t-검정의 대안으로 자주 사용되는 검정법이다. 이 검정은 혼합표본에서

각 관측값의 순위를 이용한다. 즉, 귀무가설 $H_0: \Delta = 0$하에서 두 모집단은 동일하므로, 혼합표본에서의 각 관측값들의 순위는 랜덤하게 얻어진다고 할 수 있다. 이를 이용한 유의수준 α에서 윌콕슨 순위합검정의 절차를 살펴보자.

1. 검정통계량

두 모집단으로부터의 표본을 순위를 부여하여 Y_j의 순위를 R_j라 하자. 윌콕슨 순위합검정통계량은 다음과 같다.

$$W = \sum_{j=1}^{n} R_j \tag{3.11}$$

즉, 검정통계량 W는 두 개의 모집단의 표본들에 순위를 부여한 후의 Y-모집단의 표본들의 순위들의 합이다. W가 커지면 $\Delta > 0$를 나타내고, 작아지면 반대의 결과를 나타낸다.

NOTE $H_0 : \Delta = 0$하에서 W의 분포는 부록 B 표 7에 있다. 이들의 분포표의 작성원리를 다음의 예를 통해 알아보자. m=3, n=2인 경우는 $H_0 : \Delta = 0$하에서 동일한 확률을 갖는 10개의 배열이 존재한다. 이를 다음의 표 3.2로 볼 수 있다.

표 3.2 윌콕슨 순위합검정통계량의 계산표

	배열	W	확률
1	YYXXX	3	0.1
2	YXYXX	4	0.1
3	YXXYX	5	0.1
4	YXXXY	6	0.1
5	XYYXX	5	0.1
6	XYXYX	6	0.1
7	XYXXY	7	0.1
8	XXYYX	7	0.1
9	XXYXY	8	0.1
10	XXXYY	9	0.1

표 3.2로부터,

$$w(0.1,3,2) = 9,\ w(0.2,3,2) = 8,\ w(0.4,3,2) = 7,\ w(0.6,3,2) = 6,$$
$$w(0.8,3,2) = 5,\ w(0.9,3,2) = 4,\ w(1.0,3,2) = 3$$

임을 증명할 수 있다.

2. 검정법

다음은 윌콕슨 순위합검정통계량을 이용한 한쪽검정과 양쪽검정의 기각역을 설정한다.

(i) $H_1 : \Delta > 0$일 때, $W \geqq w(\alpha, m, n)$이면 H_0을 기각.

(ii) $H_1 : \Delta < 0$일 때, $W < w(1-\alpha, m, n)$이면 H_0을 기각. (3.12)

(iii) $H_1 : \Delta \neq 0$일 때, $W \geqq w(\alpha/2, m, n)$

또는 $W < w(1-\alpha/2, m, n)$ H_0을 기각.

참고 $H_0 : \Delta = 0$하에서,

$$E_0[W] = \frac{n(m+n+1)}{2},$$

$$Var_0[W] = \frac{n(m+n+1)(m+n-n)}{12} \tag{3.13}$$

이다. 수식 (3.13)은 항아리 모형(urn model)으로 쉽게 얻을 수 있다. 즉, 한 항아리에 1에서 N까지의 수가 적힌 공에서, 비복원으로 n개를 추출했을 때, W는 이들의 수의 합으로 생각할 수 있다.

NOTE $H_0 : \Delta = 0$ 하에서, W는 $E_0[W] = \dfrac{n(m+n+1)}{2}$에 대하여 대칭인 분포를 갖는다. 하위 백분위수는

$$w(1-\alpha, m, n) = n(m+n+1) + 1 - w(\alpha, m, n) \tag{3.14}$$

의 관련 식으로 얻을 수 있다.

NOTE 0이 아닌 상숫값 Δ_0에 대해 가설 $H_0 : \Delta = \Delta_0$을 검정할 경우, $Y'_j = Y_j - \Delta_0$, $j = 1, \ldots, n$을 구한 다음 X와 Y'의 관측값을 이용하여 윌콕슨 순위합검정을 실시한다.

3. p-값

검정통계량의 관측값에 대해 귀무가설 H_0을 기각시킬 수 있는 최소의 유의수준을 p-값 또는 유의확률이라고 한다. 가설검정을 할 때 유의수준 α를 미리 정하지 않고, p-값을 가지고 추론하는 경우가 많다. 만일 p-값이 유의수준보다 작으면 귀무가설을 기각하고, 크면 귀무가설을 기각치 못한다. x는 W의 관측값이다.

$$\begin{aligned}&\text{(i) } H_1: \Delta > 0 \text{일 때, } P_0(W \ge x) = p\text{-값이다.}\\&\text{(ii) } H_1: \Delta < 0 \text{일 때, } P_0(W \le x) = p\text{-값이다.}\\&\text{(iii) } H_1: \Delta \ne 0 \text{일 때,}\end{aligned} \tag{3.15}$$

$$x \ge \frac{n(m+n+1)}{2} \text{ 일 때, } 2P_0(W \ge x) = p\text{-값이고,}$$

$$x < \frac{n(m+n+1)}{2} \text{ 일 때, } 2P_0(W \le x) = p\text{-값이다.}$$

$P_0(W \ge x)$과 $P_0(W \le x)$의 확률값은 부록 B 표 7에서 얻는다.

4. 대표본근사($n > 15$)

표본의 크기가 15 이상이면 부록 B 표 7에서 백분위수를 찾을 수 없다. 이때 중심극한정리에 의해 귀무가설 $H_0 : \Delta = 0$하에서, W의 극한분포는 $N(E_0[W], V_0[W])$이다. 표준화된 통계량,

$$Z_W = \frac{W - n(m+n+1)/2}{\sqrt{mn(m+n+1)/12}} \tag{3.16}$$

을 가지고 Z 검정을 실시한다.

$$\begin{aligned}&\text{(i) } H_1: \Delta > 0 \text{일 때, } Z_W > z_\alpha \text{이면 } H_0\text{을 기각.}\\&\text{(ii) } H_1: \Delta < 0 \text{일 때, } Z_W < -z_\alpha \text{이면, } H_0\text{을 기각.}\\&\text{(iii) } H_1: \Delta \ne 0 \text{일 때, } |Z_W| > z_{\frac{\alpha}{2}} \text{이면 } H_0\text{을 기각.}\end{aligned} \tag{3.17}$$

5. 동점처리

혼합표본에서 동점이 있을 시, 평균순위를 이용하여 W를 계산한다. 그리고 대표본근사를 사용할 때는 분산을 다음과 같이 수정해야 정확한 근사 확률을 구할 수 있

다.

$$Var_0(W) = \frac{mn(N+1)}{12} - \left(\frac{mn}{12N(N-1)} \cdot \sum_{j=1}^{g} (t_j - 1)t_j(t_j+1) \right) \qquad (3.18)$$

이때 g는 동점그룹의 수이고, t_j는 j번째 동점그룹의 크기이다.

참고 Mann-Whitney-Wilcoxon U-통계량

Wilcoxon(1945)은 이표본 위치문제에 대해 순위합검정을 제안했고, Mann and Whitney(1947)은 맨-위트니 검정을 제안하였다. 그러나 이 두 개의 검정은 정확히 같은 검정법이다. 그래서 이를 맨-위트니-윌콕슨 검정(Mann-Whitney-Wilcoxon Test)이라고 한다. 이는 U-통계량을 이용한 검정법이다. U-검정통계량은 다음과 같다.

$$U = \sum_{j=1}^{n} \sum_{i=1}^{m} \psi_{ij} \qquad (3.19)$$

여기서 $\psi_{ij} = \begin{cases} 1, & Y_j > X_i \\ 0, & Y_j \le X_i \end{cases}$ 이다.

위의 수식 (3.19)의 U-통계량은 모든 Y의 표본들과 X의 표본들을 비교할 때, $(Y_j > X_i)$을 만족하는 쌍의 개수이다. 만일 혼합표본에서 동점이 없는 경우 다음과 같은 관계식을 갖는다.

$$W = U + \frac{n(n+1)}{2} \qquad (3.20)$$

예를 들면, $X < Y < X < X < Y$인 경우, $W = 2+5 = 7$, $U = 1+3 = 4$이다. U-통계량을 이용한 검정법과 W를 이용한 순위합검정은 정확히 같은 검정이다.

그러나 U-검정통계량의 확률분포는 재귀관계(recurrence relationship)로 분포를 얻을 수 있는 장점을 가진다.

$$P(U = u) = h(u;m,n),\ u = 0,..,mn \qquad (3.21)$$

라 하자. 만일 $H_0 : \Delta = 0$이면, $X_1, .., X_m$, $Y_1, .., Y_n$ 들은 $i.i.d.$이므로 각기 한

배열이 일어날 확률은 등확률로 $\frac{1}{\binom{m+n}{n}}$ 이다. 언제나 각기의 배열은 가장 오른쪽의 값은 X 또는 Y의 한 값으로 채워진다. 이때

C={배열의 가장 오른쪽의 값이 X인 사건}

이라 정의하면, 이의 여집합(Complement)은 다음과 같이 정의된다.

C^*={배열의 가장 오른쪽의 값이 Y인 사건}

귀무가설, $H_0 : \Delta = 0$ 사실이라는 가정하에서 이들의 확률은 각기

$$P(C) = \frac{m}{m+n} \text{와 } P(C^*) = \frac{n}{m+n} \tag{3.22}$$

이다. 베이즈 정리를 이용하면 아래의 수식 (3.23)을 얻을 수 있다.

$$h(u : m,n) = P(U = u|C)P(C) + P(U = u|C^*)P(C^*) \tag{3.23}$$

이를 재귀관계의 확률의 형태로 정리하면, 다음과 같다.

$$h(u : m,n) = h(u|m-1,n)\frac{m}{m+n} + h(u-m;m,n-1)\frac{n}{m+n}. \tag{3.24}$$

그리고 언제나 다음의 수식 (3.25)를 만족한다.

$$h(u;0,n) = \begin{cases} = 1,\ u = 0 \\ = 0,\ u > 0, n \geq 1 \end{cases},\quad h(u;m,0) = \begin{cases} = 1,\ u = 0 \\ = 0,\ u > 0, m \geq 1 \end{cases} \tag{3.25}$$

또한,

$$h(u;m,n) = 0, u < 0, m \geq 0, n \geq 0 \tag{3.26}$$

임을 알 수 있다.

이들의 관계식들과 재귀관계들을 가지고 아래와 같은 확률들을 얻는다.

$m = n = 1$ 인 경우,

$$h(0;1,1) = \frac{1}{2}h(0;0,1) + \frac{1}{2}h(-1;1,0) = \frac{1}{2} \tag{3.27}$$

$$h(1;1,1) = \frac{1}{2}h(1;0,1) + \frac{1}{2}h(0;1,0) = \frac{1}{2} \tag{3.28}$$

임을 알 수 있다.

$m = 1, n = 2$인 경우,

$$h(0;1,2) = \frac{1}{3}h(0;0,2) + \frac{2}{3}h(-1;1,1) = \frac{1}{3} \tag{3.29}$$

$$h(1;1,2) = \frac{1}{3}h(1;0,2) + \frac{2}{3}h(0;1,1) = \frac{1}{3} \tag{3.30}$$

$$h(2;1,2) = \frac{1}{3}h(2;0,2) + \frac{2}{3}h(1;1,1) = \frac{1}{3} \tag{3.31}$$

참고 혼합표본에서 동점을 고려한 U-검정통계량은 다음과 같다.

$$U = \sum_{j=1}^{n}\sum_{i=1}^{m}(\psi_{ij} + \frac{1}{2}I_{ij}) \tag{3.32}$$

여기서, $I_{ij} = \begin{cases} 1, & Y_j = X_i \\ 0, & Y_j \neq X_i \end{cases}$ 이다.

6. 순위합검정에 기초한 추정

$H_0 : \Delta = 0$하에서, W는

$$E_0[W] = \frac{n(m+n+1)}{2} \tag{3.33}$$

에 대하여 대칭인 분포를 갖는다. 따라서 이동모수 Δ의 추정량 $\hat{\Delta}$은 $X_1, \ldots, X_m$과 $Y_1 - \hat{\Delta}, \ldots, Y_n - \hat{\Delta}$을 이용해서 구한 W의 값이 $E_0(W) = \frac{n(m+n+1)}{2}$이 되도록 하는 것이 합리적이다. 그리고 언제나 다음의 수식 (3.34)를 늘 만족한다.

$$W = U + \frac{n(n+1)}{2} \tag{3.34}$$

즉, 위의 $\hat{\Delta}$을 이용한 U값은 $E_0(U) = \frac{mn}{2}$이어야 한다. 총 mn개의 비교 중 반을 차지하는 것이다. 그리고 $E(Y_j - X_i) = \Delta$이므로, $V_{ij} = Y_j - X_i$를 이용하는 것이

합리적이므로, $\hat{\Delta}$는 다음의 수식 (3.35)로 정의한다.

$$\hat{\Delta} = med(V_{ij}\,;\, i = 1,..,m\,, j = 1,..,n) \tag{3.35}$$

이를 구체적으로 표현하면,

$$\hat{\Delta} = \begin{cases} V_{(k+1)}, & , mn = 2k+1 \\ \dfrac{V_{(k)} + V_{(k+1)}}{2} & , mn = 2k \end{cases} \tag{3.36}$$

임을 알 수 있다.

위의 내용들을 순서적으로 나열하면 다음과 같다.

(i) 모든 mn개의 $V_{ij} = Y_j - X_i$를 구한다.

(ii) V_{ij} 들을 순서대로 나열하여 중앙값을 구한다.

(iii) 이동모수 Δ의 순위합검정에 기초한 분포무관 신뢰구간은

$$\left(V_{(C_\alpha)}\,,\, V_{(mn+1-C_\alpha)}\right) \tag{3.37}$$

이다. 이때

$$C_\alpha = \frac{n(2m+n+1)}{2} + 1 - w(\frac{\alpha}{2}, m, n) \tag{3.38}$$

이다. 그러므로,

$$\left(\Delta_L = V_{(C_\alpha)}\,,\, \Delta_U = V_{(mn+1-C_\alpha)}\right) \tag{3.39}$$

임을 알 수 있다.

참고 만일 Δ가 이동모수이면,

$$P_0\left(V_{(C_\alpha)} \le \Delta \le V_{(mn+1-C_\alpha)}\right) = 1 - \alpha \tag{3.40}$$

임을 증명할 수 있다. 따라서 $(\Delta_L\,,\,\Delta_U)$에 포함되는 어떤 값을 Δ_0에 대입해도 양쪽 순위합검정에서 귀무가설 H_0은 채택됨을 알 수 있다.

NOTE m과 n이 모두 충분히 클 때, C_α는 다음과 같이 구한다.

$$C_\alpha \cong \frac{mn}{2} - z_{\frac{\alpha}{2}} \sqrt{\frac{mn(m+n+1)}{12}} \tag{3.41}$$

언제나 정숫값을 가지지 않으므로, 가장 가까운 정숫값을 택해 Δ의 100(1−α)% 분포무관 신뢰구간을 구한다.

예 3.1

두 가지의 식이요법을 비교하고자 한다. 랜덤하게 4명의 비만여성에게 식이요법 A, 다른 4명의 비만환자에게 B를 실시하여 다음과 같은 체중의 감소의 결과를 얻었다. A: 27 31 26 25 / B: 32 29 35 28. A와 B의 차이에 대한 점추정과 95% 근처의 분포무관 구간추정을 구하라. 그리고 검정을 실시하여 결론을 내려라.

[풀이]

(1) 검정

먼저 귀무가설과 대립가설들을 다음과 같이 설정하자.

$$H_0 : \Delta = 0 \ v.s. \ H_1 : \Delta \neq 0 \tag{3.42}$$

위의 자료들을 크기 순위로 나열하자.

표 3.3 두 가지 식이요법의 비교실험 결과

식이요법	A	A	A	B	B	A	B	B
체중감소	25	26	27	28	29	31	32	35
순위	1	2	3	4	5	6	7	8

$W = 4+5+7+8 = 24$이고, 부록 B 표 7에서 $w(0.029, 4, 4) = 25$이므로, $H_0 : \Delta = 0$을 기각치 못한다. 뚜렷한 차이가 존재한다고 할 수 없다.

(2) Δ의 추정량, $\hat{\Delta}$

위의 자료들로부터 V_{ij}를 크기순서로 나열하면, −3 −2 1 1 2 2 3 3 4 4 5 6 7 8 9 10이므로,

$$\hat{\Delta} = \frac{V_{(8)} + V_{(9)}}{2} = 3.5 \tag{3.43}$$

이다.

(3) Δ의 분포무관 신뢰구간

$w(0.029,4,4) = 25$이고 $C_{0.058} = 2$이므로, Δ의 94.2% 분포무관 신뢰구간은 $(V_{(2)}, V_{(15)}) = (-2,9)$이다. 이 신뢰구간으로부터 위의 (1)의 검정의 결과와 같은 결론을 얻을 수 있다.

예 3.3

지역 A와 지역 B에서 생산되는 라이터 돌의 강도(딱딱함)를 비교하고자 한다. A 지역에서는 4개, B 지역에서는 5개의 표본을 추출하였다. 이들의 강도의 실험은 두 개의 돌을 비벼서 상처가 많이 나는 것을 무른 것이라고 단정한다. 이 중에서 가장 무른 것은 순위를 1로, 그 다음 것은 2로 순위를 부여한다. 이는 아래와 같다.

표 3.1 라이터 돌의 강도실험 결과

지역	A	A	A	B	A	B	B	B	B
순위	1	2	3	4	5	6	7	8	9

지역 A와 B에서 생산된 라이터 돌의 강도를 비교하는 가설을 세우고, 적당한 검정법을 구축하여 이를 비교하라.

[풀이]

이 경우 B를 X-표본으로 A를 Y-표본으로 간주한다. m=5, n=4이다. 윌콕슨 순위합검정통계량, $W = 1+2+3+5 = 11$이다. $P_0(W \leq 11) = 0.0159$이므로, p-값 =0.0159로 유의수준 5%에서 귀무가설을 기각한다. 즉, A 지역의 라이터 돌이 B 지역보다 무름을 나타낸다.

예 3.4

여성과 남성의 심박동수의 기억시간에 차이가 있는지 알아보려 한다. 각 8명의 여성과 8명의 남성을 랜덤하게 추출하여 아래와 같이 관측하였다.

여성 : 54 21 40 43 56 35 45 22 / 남성: 63 51 92 64 81 53 74 65.

여성과 남성 간에 심박동수의 차이가 있는가?

[풀이]

(1) 검정

가설은 $H_0 : \Delta = 0 \ \ v.s. \ H_1 : \ \Delta \neq 0$과 같이 설정한다.

윌콕슨 순위합통계량을 구하기 위한 표를 다음과 같이 만든다.

표 3.4 여성과 남성 심박동수 자료

X_i(여성)	S_i	Y_j(남성)	R_j
21	1	51	7
22	2	53	8
35	3	63	11
40	4	64	12
43	5	65	13
45	6	74	14
54	9	81	15
56	10	92	16

$W = 96 > \dfrac{n(n+m+1)}{2} = 68$이므로, 부록 B 표 7에서 $P_0(W \geq 96) = 0.0009$이므로, p-값은 $2 \times 0.0009 = 0.0018$이므로 귀무가설 $H_0 : \Delta = 0$ 을 유의수준 5%에서 기각한다.

(2) Δ의 추정량, $\hat{\Delta}$

위의 자료들로부터 V_{ij}를 크기 순서로 나열하여,

$$\hat{\Delta} = \frac{V_{(32)} + V_{(33)}}{2} = 29 \tag{3.44}$$

이다. 여성과 남성의 심박동수의 차이가 29 정도이다.

(3) Δ의 분포무관 신뢰구간

$w(0.025,8,8) = 87$이고 $C_{0.05} = 13$이므로, Δ의 95% 분포무관 신뢰구간은

$$(V_{(13)}, V_{(52)}) = (10,43) \tag{3.45}$$

이다. 이 신뢰구간으로부터 위의 (1)의 검정의 결과와 같은 결론을 얻을 수 있다.

예 3.5

기초통계학 수업을 수강하는 학생들을 고향을 인구수로 분류하여 시골과 도시로 나눴다. 각기의 형제 자매들의 수들을 아래와 같이 얻었다.

시골: 3 2 1 1 2 1 3 2 2 2 2 5 1 4 1 1 1 1 6 2 2 2 1 1

도시: 1 0 1 1 0 0 1 1 1 8 1 1 1 0 1 1 2.

과연 시골과 도시 출신들의 형제 자매수의 차이가 존재하는가?

자료를 보면 시골 출신의 학생들의 형제 자매의 수가 많은 것을 볼 수 있다. 단 한 도시 학생은 8명의 형제 자매를 가진 것을 제외하면. 이 자료는 이상점이지만 오류는 아님을 알 수 있다. 이 경우 모수적 방법인 F-검정의 p-값은 01094이지만 윌콕슨 순위합검정의 p-값은 0.0010이다. 이 경우 윌콕슨 순위합검정이 정확한 차이를 얻었다고 할 수 있다. 만일 이상점인 8을 빼고 검정을 하면, F-검정의 p-값은 0.0013이므로, F-검정의 p-값은 01094 값과 많은 차이를 나타낸다. 즉 F-검정은 이상점에 예민한 반응을 보임을 알 수 있다. 그리고 이상점을 제외한 윌콕슨 순위합검정의 p-값은 0.0001로 비슷한 p-값의 결과를 나타낸다. 자료가 이상점이 있거나 정규모집단을 가정할 수 없을 때, 이표본 t-검정보다 윌콕슨 순위합검정이 더 효율적임을 알 수 있다.

3.3 대응비교

지금까지는 두 가지 처리효과나 모평균 등 위치모수들을 비교하기 위해 두 모집단으로부터 독립적으로 표본들을 추출해서 추론하였다. 때로는 동질적인 실험단위들을 얻기 어려울 때가 종종 있다. 이런 경우는 다른 요인들이 개입되어 오직 처리효과의 차이에 의한 공정한 비교가 어렵다. 이 경우 블록계획법을 사용한다. 가장 유사한 실험단위들을 쌍으로 묶어서 블록으로 설정하여, 블록 간에는 가능하면 상이하게, 블록 내에는 유사한 실험단위들을 배치한다. 물론 각 블록 내에서는 실험단위들을 랜덤하게 처리를 부여한다. 이표본 위치문제에서는 가장 유사한 실험단위들을 두 개씩 묶어 한 블록을 형성해야 할 것이다.

또는, 한 실험단위를 블록으로 설정해 두 처리들을 랜덤하게 적용하여, 쌍의 관측값을 얻어서 관측값의 차를 가지고 추론할 수도 있다. 또는, 쌍둥이들의 자료와 같이 원래 대응되는 쌍의 자료가 있을 수 있다. 이렇게 쌍으로 얻어진 자료들을 대응표본(paired sample)이라고 하고, 대응표본을 사용한 두 위치모수의 차에 관한 추론문제를 대응비교(paired comparison)라고 한다. 대응비교는 두 위치모수 간의 차이에 대한 검정을 하는 경우, 일표본 위치문제와 같아 부호검정이나 윌콕슨 부호순위검정을 실시해서 비교하면 된다.

■ 자료 형태

n개의 쌍으로 이루어진 자료의 형태는 언제나 m=n으로 다음과 같다.

표 3.5 이표본 대응비교의 자료형태 표

쌍	X_i	Y_i
1	X_1	Y_1
2	X_2	Y_2
. .		
n	X_n	Y_n

■ 가정

두 쌍의 자료들의 차를

$$Z_i = Y_i - X_i \tag{3.46}$$

로 정의하고, Z_i를 선형모형화하면 다음과 같다.

$$Z_i = \theta + \epsilon_i, \ i = 1, .., n. \tag{3.47}$$

이때 θ는 미지의 모수로 차이를 나타내는 처리효과가 되고, ϵ는 오차항이 된다. 오차항들은 연속이고 독립인 확률변수라고 가정한다. 이런 가정은 정확히 2장의 일표본 위치문제와 동일함을 알 수 있다. 다음과 같은 예들로 이런 대응비교를 이해할 수 있다.

예 3.6

운전자 중 20명을 랜덤 추출하여 알코올 반응시간에 대해 실험을 실시하였다. 측정치는 표 3.6과 같다. 과연 음주 전보다 후가 반응시간이 더 걸리는가를 추론하고자 한다.

표 3.6 운전자의 알코올 반응시간의 이표본 대응비교값

운전자	음주 전	음주 후	운전자	음주 전	음주 후
1	0.68	0.73	6	0.81	0.78
2	0.65	0.72	7	0.82	0.92
3	0.62	0.64	8	0.67	0.66
4	0.59	0.60	9	0.58	0.68
5	0.68	0.66	10	0.65	0.68

[풀이]

위의 음주 전보다 음주 후의 반응시간이 더 걸리는가를 나타내는 가설은 다음과 같다.

$$H_0 : \theta = 0 \ v.s. \ H_1 : \theta > 0 \tag{3.48}$$

먼저 부호검정을 고려하자. $Z_i = Y_i - X_i$의 값들을 나열하면, 0.05 0.02 −0.02 0.10 0.10 0.07 0.01 −0.03 −0.01 0.03이므로, $B=7$이다. $b(0.1719, 10, 0.5) = 7$이므로, p−값=0.1719이다. 귀무가설을 기각하지 못한다. 음주 전과 후가 차이가 없다는 결론이다.

다음으로 부호순위검정을 실시하자. $W^+ = 44.5$이므로, $w^+(0.053, 10) = 44$, $w^+ = (0.0429, 10) = 45$로부터, p−값은 0.042와 0.053 사이에 있으므로, 유의수준을 0.053으로 한다면 귀무가설을 기각할 수 있다.

3.4 SAS 활용

[예 3.4]를 아래의 SAS 프로그램으로 실행하면, 아래의 결과물들을 얻을 수 있다. 이표본 위치문제의 윌콕슨 순위합검정은 PROC NPAR1WAY;를 이용함을 알 수 있다.

```
DATA EX3_3;
 INPUT GENDER $ NUMBER @@;
 DATALINES
 F 54 F 21 F 40  F 43 F 56 F 35 F 45 F 22
 M 63 M 51 M 92 M 64 M 81 M 53 M 74 M 65
 ;
```

```
PROC NPAR1WAY DATA=EX3_3 WILCOXON
CLASS GENDER;
EXACT WILCOXON
VAR NUMBER;
RUN
```

```
The NPAR1WAY Procedure

                 Wilcoxon Scores (Rank Sums) for Variable NUMBER
                          Classified by Variable GENDER

                            Sum of      Expected      Std Dev         Mean
        GENDER      N       Scores      Under H0      Under H0        Score
------------------------------------------------------------------------------
        F           8        40.0          68.0      9.521905          5.0
        M           8        96.0          68.0      9.521905         12.0

                            Wilcoxon Two-Sample Test
                     Statistic (S)                  40.0000
                     Normal Approximation
                     Z                               -2.8881
                     One-Sided Pr <  Z                0.0019
                     Two-Sided Pr > |Z|               0.0039

                     t Approximation
                     One-Sided Pr <  Z                0.0056
                     Two-Sided Pr > |Z|               0.0113

                     Exact Test
                     One-Sided Pr <=  S            9.324E-04
                     Two-Sided Pr >= |S - Mean|       0.0019

                   Z includes a continuity correction of 0.5.
                               Kruskal-Wallis Test
                         Chi-Square          8.6471
                         DF                       1
```

연습문제

1. 4명의 비만여성들에게 식이요법 A, 다른 5명에 식이요법 B를 실시하여 중량감소를 작은 것부터 순위를 얻었다.

요법	A	A	B	B	A	B	B	A	B
순위	1	2	2	3	4	5	6	7	8

식이요법 A와 B의 체중감량을 비교하는 가설을 세우고, 적당한 검정법을 구축하여 이를 비교하라.

2. 어떤 화장품 회사에서 8명의 사용자를 선발하여 왼쪽팔과 오른쪽 팔에 랜덤하게 새로운 크림(A)과 기존의 크림(B)을 바르게 한 후 일정기간 동안 햇볕에 피부를 노출시켰더니, 3명만이 새로운 크림(A)을 바른 쪽의 화상이 심하고, 4명은 B에서 심했다. 그리고 1명은 별 차이가 없이 나타났다. 위의 결과로 새로운 크림(A)이 더 효과가 있다고 할 수 있는가?

3. 다음은 5명의 흡연자들을 대상으로 금연을 하게 한 후 5주 뒤에 나타난 체중의 증감을 나타낸 자료이다. (단위 : kg)

금연 전	66	80	69	52	75
금연 후	71	82	68	56	73

(1) 금연 전과 후의 줄기와 잎 그림을 그리고, 간단히 분포에 대해 기술하라.
(2) 유의수준 5%로 금연 전과 후의 체중의 차를 검정하라.
(3) 증가분의 점추정과 95% 신뢰구간을 구하라.

4. 다음은 두 회사에서 랜덤하게 추출된 5개의 철선의 인장강도의 자료이다.

A: 5.6 4.6 6.8 4.9 6.1 / B:7.2 8.1 5.1 7.3 6.9

두 회사의 제품의 평균인장강도의 차이에 대한 분포무관 점추정량과 95% 근처의 분포무관 신뢰구간을 구하라. 위의 신뢰구간으로부터 평균인장강도의 차가 존재하는가를 검정하라.

5. 랜덤하게 선택된 10명의 자연계열 신입생들에게 심리검사를 실시한 결과, 책임감에 대한 점수가 다음과 같이 나타났다.

28.5 25.2 28.7 41.0 29.1 32.3 37.7 39.9 26.8 28.8.

평균점수에 대해 추론하려고 한다. 평균점수의 점추정과 평균점수가 30점 이상일 것이라 검정해 보자(유의수준 5% 근처). 그리고 이동모수의 추정을 하라.

6. 사무실 근로자 28명을 대상으로 점심 이전과 이후의 반응시간(reaction time)을 비교하였다. 점심 이전의 반응시간이 이후보다 짧게 26명으로 나타나고, 나머지 2명은 별 차이가 없이 나타났다. 위의 결과는 점심 후의 반응시간이 이전보다 확실히 길다는 것을 나타내는 것인가? 이를 가정과 가설들 그리고 검정법에 대해 자세히 기술하여 결론을 내려라.

7. 4명의 비만여성들에게 식이요법 A, 다른 5명에 식이요법 B를 실시하여 아래와 같은 중량감소를 얻었다. 두 식이요법간의 평균차이에 대한 90% 신뢰구간을 구하라.

A: 7 2 −1 4 B: 6 5 2 8 3.

8. Mann−Whitney−Wilcoxon U 통계량의 귀무가설이 사실일 때, m=3, n=2인 경우의 확률분포를 구하라.

제4장 이표본 척도문제

4.1 서론

두 모집단을 비교할 때, 척도모수(분산 등)들의 차이가 존재하는가를 검정하고 추정하는 이표본 척도모수문제(two-sample scale problem)에 대해 생각해 보자. 보통 두 모집단의 퍼짐(dispersion)의 정도나 분산(variance)의 차이를 말한다.

두 집단의 대푯값의 비교와 다르게 분산의 정도의 비교가 중요한 경우가 있을 수 있다. 예를 들면, 통조림을 만드는 두 기계 A, B가 있다고 하자. 물론 두 기계 간 담는 양에 대한 비교도 중요하지만, 얼마나 일정하게 담는가의 비교도 중요한 것이다. 즉, 각 기계에서 랜덤하게 세 개의 표본들을 추출하였다. A 기계는 50g, 60g, 70g의 통조림의 양이었고, B 기계는 49g, 51g, 52g이었다면, 당연히 기계 B가 더 바람직한 기계가 됨을 알 수 있다. 이렇게 두 집단의 분산의 정도의 비교를 하는 경우를 이표본 척도모수문제라 한다.

먼저 분포함수 $F(\dfrac{x-\theta_x}{\sigma_x})$를 갖는 하나의 모집단에서 $X_1, \ldots, X_m$ 의 크기 m인 확률표본($i.i.d.$)을 얻었다. 그리고 분포함수 $F(\dfrac{x-\theta_y}{\sigma_y})$를 갖는 또 다른 모집단에서 $Y_1, \ldots, Y_n$ 의 크기 n인 확률표본($i.i.d.$)을 얻었다. 이들의 자료를 선형모형화시키면,

$$X_i = \theta_x + \sigma_x \cdot \epsilon_i \ \text{,i=1,.., m이고,}$$
$$Y_i = \theta_y + \sigma_y \cdot \epsilon_{m+j} \ \text{,j=1,.., n이다.}$$

이때 θ_x와 θ_y들은 위치모수들이고 σ_x와 σ_y는 척도모수들이다. 그리고 ϵ은 오차항들이다. 이 경우 총표본의 크기, N=m+n이다. 언제나 오차항들은 상호독립이고, 동일한 연속분포 $F(x)$에 따른다고 가정한다. 이 같은 내용들을 요약하면 다음과 같다.

■ 모형과 가정들

두 모집단으로부터 각각 $X_1, \ldots, X_m$과 $Y_1, \ldots, Y_n$ 총 $N(=m+n)$개의 표본들을 얻는다. 이때 편리상 $m \le n$이라고 가정한다. $m > n$인 경우는 X와 Y를 바꾸어 다루면 된다.

(1) $X_i = \theta_x + \sigma_x \bullet \epsilon_i$, i=1,.., m, $Y_i = \theta_y + \sigma_y \bullet \epsilon_{m+j}$,j=1,.., n 선형모형으로 표현한다. θ_x와 θ_y들은 위치모수들이고 σ_x와 σ_y는 척도모수들이다. 그리고 ϵ 들은 오차항들이다.

(2) $\epsilon_1, \ldots, \epsilon_N \sim i.i.d.\ F(x)$, 오차들은 연속이고, 상호독립이며, 공통분포를 갖는다.(만일 $E[X] = \theta_x$, $V[X] = \sigma_x^2$ 이면 $E[\frac{X-\theta_x}{\sigma_x}] = 0$, $V[\frac{X-\theta_x}{\sigma_x}] = 1$ 이므로 오차항들은 표준화된 확률변수들이다.)

두 모집단의 척도모수 비교의 추론의 예들을 알아보자.

예 4.1

수도권과 지방의 학생들의 수학점수의 산포 정도를 비교하기 위해 시험을 본 결과 아래와 같이 얻었다. 수도권과 지방 간의 점수의 산포 정도가 다른가를 유의수준 5%로 검정하라.

표 4.1 수도권과 지방 학생들의 수학점수

수도권	83	82	81	91	86	88
지방	76	79	93	84	85	

예 4.2

여성과 남성의 심박동수의 일정한 시간 안에 차이가 있는지 알아보려고 한다. 각 8명의 여성과 8명의 남성을 랜덤하게 추출하여 1분간 심박동수를 아래와 같이 관측하였다. 여성: 54 21 40 43 56 35 45 22, 남성: 63 51 92 64 81 53 74 65. 여성과 남성 간에 심박동수의 산포 정도가 차이가 있는가?

표 4.2 여성과 남성의 심박동수

여성	54	21	40	43	56	35	45	22
남성	63	51	92	64	81	53	74	65

두 위치모수들의 비교는 차(difference)를 가지고 한다. 그러나 전통적으로 두 척

도모수의 비교는 비(ratio)를 가지고 한다. 즉, $\gamma^2 = \dfrac{Var(X)}{Var(Y)}$ or $\gamma = \dfrac{\sigma_x}{\sigma_y}$ 로 한다.

이를 가지고, 한쪽검정과 양쪽검정의 귀무가설과 대립가설을 다음과 같이 세울 수 있다.

$$\text{(i)}\ H_0 : \gamma^2 = 1 \quad v.s.\ H_1 : \gamma^2 > 1 \tag{4.1}$$

$$\text{(ii)}\ H_0 : \gamma^2 = 1 \quad v.s.\ H_1 : \gamma^2 < 1 \tag{4.2}$$

$$\text{(iii)}\ H_0 : \gamma^2 = 1 \quad v.s.\ H_1 : \gamma^2 \neq 1 \tag{4.3}$$

■ 모수적 방법

대표적인 모수적 방법으로 두 정규모집단의 분산의 비에 대한 추론이다.

$$\epsilon_1, \ldots, \epsilon_N \sim i.i.d.\ N(0, \sigma^2)$$

인 경우에 $F = \dfrac{s_y^2}{s_x^2}$은, $H_0 : \gamma^2 = \dfrac{\sigma_x^2}{\sigma_y^2} = 1$ 하에서, $F \sim F(n-1, m-1)$에 따름을 증명할 수 있다. 즉, 대표적인 방법은 F-검정이다. 즉,

(i) $H_1 : \gamma^2 > 1$일 때, $F \geq F(\alpha, n-1, m-1)$이면 H_0 기각.

(ii) $H_1 : \gamma^2 < 1$일 때, $F \leq F(1-\alpha, n-1, m-1)$이면 H_0 기각.

(iii) $H_1 : \gamma^2 \neq 1$일 때, $F \geq F(\alpha/2, n-1, m-1)$, $F \leq F(1-\alpha/2, n-1, m-1)$ 이면 H_0 기각.

만일 $F(x)$가 정규분포가 아닌데 정규분포로 가정하고 검정을 한다면 검정력이 떨어지게 된다. 이때 모집단의 분포와 무관한 비모수적 분포무관 추론법이 필요하다. 두 가지의 경우로 구분해서 고려한다. 즉, $\Delta = \theta_y - \theta_x$가 알려진 경우와 알려지지 않은 경우로 나뉜다. 먼저 Δ가 알려진 경우는 $\Delta = 0$로 가정할 수 있다. 만일 $\Delta \neq 0$이면, $Y' = Y - \Delta$로 대체하면 두 모집단은 같은 위치모수를 갖는 것으로 생각할 수 있다. $\Delta = \theta_y - \theta_x$가 알려지지 않은 경우에는, 3장의 이표본 위치문제로 Δ를 먼저 추론한다. 이를 $\hat{\Delta}$이라 하면, $X_1, \ldots, X_m$과 $Y_1 - \hat{\Delta}, \ldots, Y_n - \hat{\Delta}$을 가지고, 위의 $\Delta = \theta_y - \theta_x = 0$가 알려진 경우로 추론하면 된다.

두 위치모수가 같다면($\Delta = 0$), $\dfrac{X-\theta}{\sigma_x} =^d \dfrac{Y-\theta}{\sigma_y}$가 된다. $=^d$는 같은 분포를 갖

는다는 것을 의미한다. θ는 공동의 중앙값이 되고, 오직 두 모집단의 차이는 척도모수들에 의함을 알 수 있다. 4장에서는 $\Delta = \theta_y - \theta_x$가 알려진 경우만을 고려한다.

4.2 앤서리-브래들리 검정($\Delta = \theta_y - \theta_x$가 알려진 경우)

편의상 두 위치모수가 같다고 가정한다. 즉, $\Delta = \theta_y - \theta_x = 0$. 두 위치모수가 같을 때, 두 척도모수들을 비교하는 검정통계량은 X-모집단이 Y-모집단보다 위치모수 주위에 집중될 경우에 큰 값을 갖는 통계량이어야 한다. 반대로 퍼짐의 정도가 크면 작은 값을 가져야 한다. 이런 점을 검정할 수 있는 검정법으로, 여러 가지가 소개되어 있다. 여기서는 가장 일반적인 방법인 앤서리-브래들리 검정(Ansari-Bradley test)을 소개하려고 한다. 4.3절에서 다른 검정법들을 알아보자.

1. 검정통계량

두 모집단으로 부터의 혼합표본을 작은 것부터 큰 것으로 크기 순서로 나열한다. 이때 X의 순위를 S_i라고 하면, 앤서리-브래들리 스코어 $a_{AB}(S_i)$는 최솟값과 최댓값은 점수 1을 부여하고, 두 번째로 작은 값과 두 번째로 큰 값은 점수 2를 부여한다. 세 번째로 작은 값과 세 번째로 큰 값에는 점수 3을 부여한다. 이런 방식으로 모든 관측값에 점수를 부여한다. 이를 다음과 같이 표로 알아볼 수 있다. 즉, 가운데에 있는 관측값들에 큰 점수를 부여한다.

S_i	1	2	3	…	…	…	N-2	N-1	N
$a_{AB}(S_i)$	1	2	3				3	2	1

X-모집단에 부여된 $a_{AB}(S_i)$ 점수들의 합을 앤서리-브래들리 검정통계량이라 정의한다. 즉, 다음과 같다.

$$T_{AB} = \sum_{i=1}^{m} a_{AB}(S_i) \tag{4.4}$$

혼합표본에서 Y_i들의 값들이 넓게 퍼져 있으면, X_i들은 상대적으로 가운데에 위치하여(X-모집단이 Y-모집단보다 위치모수 주위에 집중된 경우 또는 $\sigma_x^2 < \sigma_y^2$의

경우) $a_{AB}(S_i)$들은 큰 값들을 가지는 경향이 있어 T_{AB}의 값이 커진다. 즉, T_{AB}의 값이 커지면, $H_1 : \gamma^2 < 1$ 또는 $H_1 : \sigma_x^2 < \sigma_y^2$에 강력한 증거를 준다. T_{AB}가 작아지면 반대의 결과를 나타낸다.

NOTE $H_0 : \gamma^2 = 1$하에서, T_{AB}의 분포는 부록 B 표 8에 있다. 이들의 분포표의 작성원리를 동점이 없는 m=2, n=3 경우(N=5인 홀수인 경우)와 m=2, n=2 경우(N=4인 짝수인 경우)를 알아보자. 먼저 m=2, n=3 경우는 총 10개의 동일 확률의 배열이 존재한다.

표 4.3 앤서리-브래들리 분포표의 배열(m=2,m=3)

	배열	T_{AB}	확률
1	XYYYX	2	0.1
2	YXYYX	3	0.1
3	XYYXY	3	0.1
4	YXYXY	4	0.1
5	XXYYY	3	0.1
6	YYYXX	3	0.1
7	YXXYY	5	0.1
8	XYXYY	4	0.1
9	YYXXY	5	0.1
10	YYXYX	4	0.1

위의 표 4.3으로부터,

$$t_{AB}(0.2;2,3) = 5,\ t_{AB}(0.5;2,3) = 4,\ t_{AB}(0.9;2,3) = 3,\ t_{AB}(1;2,3) = 2$$

를 얻는다.

그리고 m=2, n=2인 경우는 총 6개의 동일 확률의 배열이 있다. 이를 나열하면 다음과 같다.

표 4.4 앤서리-브래들리 분포표(m=2, n=2)

	배열	T_{AB}	확률
1	XXYY	3	1/6
2	XYXY	3	1/6
3	YXXY	4	1/6
4	XYYX	2	1/6
5	YXYX	3	1/6
6	YYXX	3	1/6

위의 표 4.4로부터,

$$t_{AB}(\frac{1}{6};2,2) = 4,\ t_{AB}(\frac{5}{6};2,2) = 3,\ t_{AB}(1;2,2) = 2$$

를 얻는다.

2. 검정법

관측치들로부터 검정통계량 T_{AB}를 얻어, 이를 부록 B 표 8의 값과 비교해서 다음과 같은 검정을 실시한다.

(i) $H_1 : \gamma^2 > 1$일 때, $T_{AB} \geqq t_{AB}(\alpha,m,n)$이면 H_0을 기각.

(ii) $H_1 : \gamma^2 < 1$일 때, $T_{AB} < t_{AB}(1-\alpha,m,n)$이면 H_0을 기각.

(iii) $H_1 : \gamma^2 \neq 1$일 때, $T_{AB} \geqq t_{AB}(\alpha/2,m,n)$ 또는 $T_{AB} < t_{AB}(1-\alpha/2,m,n)$이면 H_0을 기각.

$P_0(T_{AB} \geq t_{AB}(\alpha,m,n)) = \alpha$로 $m \leq n$인 경우만 부록 B 표 8에 있다. 만일 $m > n$인 경우에는 X와 Y를 서로 바꾸어 생각한다.

$T_{AB} < t_{AB}(1-\alpha,m,n)$는

$$T_{AB} \leq t_{AB}(1-\alpha,m,n) - 1\text{로 } T_{AB} \leq t_{AB}(1-\alpha/2,m,n) - 1$$

로 표현할 수 있다.

3. p-값

검정통계량의 관측값에 대해 귀무가설 H_0을 기각시킬 수 있는 최소의 유의수준을

p-값 또는 유의확률이라고 한다. 가설검정을 할 때 유의수준 α를 미리 정하지 않고, p-값을 가지고 추론하는 경우가 많다. 만일 p-값이 유의수준보다 작으면 귀무가설을 기각하고, 크면 귀무가설을 기각하지 못한다. x는 T_{AB}의 관측값으로 다음과 같은 p-값을 얻을 수 있다.

(i) $H_1 : \gamma^2 > 1$일 때, $P_0(T_{AB} \ge x) = p$-값.

(ii) $H_1 : \gamma^2 < 1$일 때, $P_0(T_{AB} \leqq x) = p$-값.

(iii) $H_1 : \gamma^2 \neq 1$일 때, $x \ge E_0(T_{AB})$ 일때, $2\,P_0(T_{AB} \ge x) = p$-값이고,

$x < E_0(T_{AB})$

일 때, $2\,P_0(W \le x) = p$-값이다.

$P_0(T_{AB} \ge x)$과 $P_0(T_{AB} \le x)$의 확률값은 부록 B 표 8에서 얻는다.

4. 대표본근사($m > 10$, $n > 10$)

표본의 크기가 10 이상이면 부록 B 표 8에서 백분위수를 찾을 수 없다. 중심극한정리에 의해 표준화된 T_{AB} 통계량을 가지고 Z-검정을 실시해야 한다. 귀무가설 $H_0 : \gamma^2 = 1$하에서 T_{AB} 통계량의 평균과 분산은 다음과 같다. 이들은 항아리모형(Urn Model)으로 구할 수 있다.

$$E_0(W^+) = \begin{cases} \dfrac{m(N+2)}{4} & ,N \text{ 이 짝수일 때} \\ \dfrac{m(N+1)^2}{4N} & ,N \text{ 이 홀수일 때} \end{cases} \tag{4.5}$$

$$V_0(T_{AB}) = \begin{cases} \dfrac{mn(N+2)(N-2)}{48(N-1)} & ,N \text{ 이 짝수일 때} \\ \dfrac{mn(N+1)(3+N^2)}{48N^2} & ,N \text{ 이 홀수일 때} \end{cases} \tag{4.6}$$

귀무가설 H_0하에서, T_{AB}의 극한 분포는 $N(E_0[T_{AB}], V_0[T_{AB}])$이다. 표준화된 통계량,

$$Z_{T_{AB}} = \frac{T_{AB} - E_0(T_{AB})}{\sqrt{V_0(T_{AB})}} \tag{4.7}$$

을 가지고 Z 검정을 실시한다. 즉,

(i) $H_1 : \gamma^2 > 1$일 때, $Z_{T_{AB}} > z_\alpha$이면 H_0을 기각.

(ii) $H_1 : \gamma^2 < 1$일 때, 때, $Z_{T_{AB}} < -z_\alpha$이면, H_0을 기각.

(iii) $H_1 : \gamma^2 \neq 1$일 때, $|Z_{T_{AB}}| > z_{\frac{\alpha}{2}}$ 이면 H_0을 기각.

5. 동점처리

혼합표본에서 동점이 있을 시, 평균점수위를 이용하여 T_{AB}를 계산한다. 그리고 대표본근사를 사용할 시는 분산을 다음과 같이 수정해서 위의 표준화된 통계량을 구한다.

$$Var_0(W) = \begin{cases} \dfrac{mn[16\sum_{t=1}^{g} t_j s_j^2 - N(N+2)^2]}{16N(N-1)}, N\text{이 짝수일 때} \\ \dfrac{mn[16N\sum_{t=1}^{g} t_j s_j^2 - (N+1)^4]}{16N^2(N-1)}, N\text{이 홀수일 때} \end{cases} \tag{4.8}$$

이때 g는 동점그룹의 수이고, t_j는 j번째 동점그룹의 크기이며, s_j는 j번째 동점그룹의 평균점수이다.

예 4.1

수도권과 지방의 학생들의 수학점수의 산포 정도를 비교하기 위해 시험을 본 결과 아래와 같이 얻었다. 수도권과 지방간의 점수의 산포정도가 다른가를 유의수준 5%로 검정하라.

수도권: 83 82 81 91 86 88 지방: 76 79 93 84 85

[풀이]

먼저 수도권과 지방의 수학점수들을 각기 X와 Y라고 하자. 먼저 이표본 위치모수의 차를 윌콕슨 순위합검정을 실시하자. 즉,

$$H_0 : \Delta = 0 \ v.s. \ H_1 : \Delta \neq 0 \tag{4.9}$$

윌콕슨 순위합검정통계량은,

$$W = 3+4+5+8+9+10 = 39$$

으로 $P_0[W \leq 39] = 0.9589$ 이므로, P-값이 0.1256으로 귀무가설을 기각치 못한다. 즉, 두 모집단의 위치모수의 차가 없다고 가정할 수 있다.

두 모집단의 척도모수의 비의 추론을 하자. 이 앤서리-브래들리 검정을 하기 위해 지방을 X-모집단으로 수도권을 Y-모집단으로 간주하고, m=5, n=6으로 결정하자. 이들에 대한 가설들은 다음과 같이 설정한다.

$$H_0 : \gamma^2 = 1 \quad v.s. \quad H_1 : \gamma^2 \neq 1 \tag{4.10}$$

앤서리-브래들리 통계량 T_{AB}를 계산하기 위해 다음의 표 4.5를 만들자.

표 4.5 앤서리-브래들리 계산표

혼합표	76	79	81	82	83	84	85	86	88	91	93
순위	1	2	3	4	5	6	5	4	3	2	1

앤서리-브래들리 검정통계량,

$$T_{AB}=1+2+6+5+1=15$$

이므로, 부록 B 표 8에서 $P_0[T_{AB} \geq 15] = 0.7446$ 이므로, P-값=2*(1-0.7446) =0.5108으로 유의수준 5%로 귀무가설 $H_0 : \gamma^2 = 1$을 기각할 수 없다.

NOTE $\Delta = \theta_y - \theta_x$가 알려지지 않은 경우에는, 3장의 이표본 위치문제로 먼저 Δ를 추론한다. 이를 $\widehat{\Delta}$이라고 하면, $X_1, \ldots, X_m$ 과 $Y_1 - \widehat{\Delta}, \ldots, Y_n - \widehat{\Delta}$을 가지고, 위의 $\Delta = \theta_y - \theta_x = 0$가 알려진 경우로 앤서리-브래들리 검정을 하면 된다. 다음의 예를 통해 알아보자.

예 4.2

여성과 남성의 심박동수의 일정한 시간에 차이가 있는지 알아보려고 한다. 각 8명의 여성과 8명의 남성을 랜덤하게 추출하여 아래와 같이 관측하였다.

여성: 54 21 40 43 56 35 45 22 남성: 63 51 92 64 81 53 74 65

여성과 남성 간에 심박동수의 산포정도가 차이가 있는가?

[풀이]

예 3.3에서 Δ의 추정량,

$$\hat{\Delta} = \frac{V_{(32)} + V_{(33)}}{2} = 29$$

을 얻었다. 여성과 남성의 심박동수의 차이가 29 정도이다. 두 모집단의 척도모수의 비를 추론하기 위해서 남성에서 29을 뺀 관측값들을 가지고 앤서리-브래들리 검정을 실시한다. 즉, X: 54 21 40 43 56 35 45 22과 Y: 44 22 63 35 52 24 45 36으로 변환을 한다. 이들에 대한 가설들은 다음과 같이 설정한다. $H_0 : \gamma^2 = 1 \; v.s.$ $H_1 : \gamma^2 \neq 1$. 앤서리-브래들리 통계량 T_{AB}를 계산하기 위해 다음과 같은 표를 만들자.

표 4.6 앤서리-브래들리 계산표

X_i(여성)	$a_{AB}(S_i)$	Y_j(남성)-29	$a_{AB}(R_j)$
21	1	22	7
22	2	24	8
35	3	34	6
40	4	35	5
43	5	36	4
45	6	45	3
54	8	54	2
56	7	61	1

검정통계량 T_{AB}=36, 부록 B 표 8에서,

$$P_0[T_{AB} \geq 36] = 0.5413$$

이므로, P-값=2*(1−0.5413)=0.9174로 유의수준 5%로 귀무가설 $H_0 : \gamma^2 = 1$을 기각할 수 없다. 여성과 남성의 경우의 평균 심박동수의 차이는 존재하나, 그들의 분포 정도는 다르지 않음을 알 수 있다.

4.3 기타 검정법

앤서리-브래들리 검정 이외에 스코어링 방법이 약간 다른 검정법들이 존재한다. 예를 들면, 무드 검정법(Mood test)과 크로츠 검정법(Klotz test), 그리고 시겔-튜키 검정법(Siegel-Tukey test) 등이 있다. 혼합표본에서 Y_j의 순위를 R_j라고 하자.

1. 무드 검정통계량(Mood test)

무드 점수는 다음과 같이 정의된다. 검정통계량을

$$T_M = \sum_{j=1}^{n}(R_j - \frac{N+1}{2})^2 \tag{4.11}$$

로 정의한다. 이는 혼합표본에서 Y 표본의 순위와 평균과의 차이의 자승들의 합이다. T_M이 커지면 $\sigma_x^2 < \sigma_y^2$에 증거를 준다. 즉, $H_1 : \gamma^2 = \frac{\sigma_x^2}{\sigma_y^2} < 1$에 증거를 준다. T_M이 작아지면 $\sigma_x^2 > \sigma_y^2$, 즉 $H_1 : \gamma^2 = \frac{\sigma_x^2}{\sigma_y^2} > 1$에 증거를 준다. 앤서리-브래들리 검정통계량과 똑같은 결론을 내리게 된다. 앤서리-브래들리 검정과 같이 SAS에서 분석이 가능하다.

2. 크로츠 검정통계량(Klotz test)

크로츠 점수는 Van der Waerden 점수,

$$V_i = \Phi^{-1}(\frac{i}{n+1}) \tag{4.12}$$

를 이용한다. 검정통계량은

$$T_K = \sum_{j=1}^{n}\Phi^{-1}(\frac{R_j}{n+1}) \tag{4.13}$$

으로 정의한다. T_K이 커지면 $\sigma_x^2 < \sigma_y^2$에 증거를 준다. 즉, $H_1 : \gamma^2 = \frac{\sigma_x^2}{\sigma_y^2} < 1$에 증거를 준다. T_K이 작아지면 $\sigma_x^2 > \sigma_y^2$, 즉 $H_1 : \gamma^2 = \frac{\sigma_x^2}{\sigma_y^2} > 1$에 증거를 준다. 앤서리-브래들리 검정통계량과 똑같은 결론을 내리게 된다. SAS에서 분석가능하다.

3. 시겔-튜키 검정통계량(Siegel-Tukey)

시겔-튜키 점수는 혼합표본을 순서대로 나열하고, 가장 작은 값에 1, 가장 큰 값에 2, 그리고 두 번째로 큰 값에 3, 두 번째로 작은 값에 4, 세 번째로 작은 값에 5를 주는 방법으로 모든 표본에 점수를 주고, Y-표본에 부여된 점수들의 합을 검정통계량으로 한다. 즉,

$$T_{ST} = \sum_{j=1}^{n} a_{ST}(R_j) \tag{4.14}$$

이다. 이는 위의 T_M과 T_K와는 반대 방향을 나타낸다. SAS에서 검정할 수 있다.

4.4 SAS 활용

예 4.1

수도권과 지방의 학생들의 수학점수의 산포 정도를 비교하기 위해 시험을 본 결과 아래와 같이 얻었다. 수도권과 지방 간의 점수의 산포정도가 다른가를 유의수준 5%로 검정하라.

수도권: 83 82 81 91 86 88 / 지방: 76 79 93 84 85

[예 4.1]을 아래의 SAS 프로그램으로 실행하면 후에 따라오는 결과물들을 얻을 수 있다.

```
DATA EX4_1;
 INPUT TREATMENT SCORE @@;
 DATALINES
 1 83 1 82 1 81 1 91 1 86 1 88
 2 76 2 79 2 93 2 84 2 85
 ;

 PROC NPAR1WAY DATA=EX4_1  ST AB KLOTZ MOOD
 CLASS TREATMENT;
 EXACT ST AB KLOTZ MOOD
 VAR SCORE;
```

The NPAR1WAY Procedure

Siegel-Tukey Scores for Variable SCORE
Classified by Variable TREATMENT

TREATMENT	N	Sum of Scores	Expected Under H0	Std Dev Under H0	Mean Score
1	6	38.0	36.0	5.477226	6.333333
2	5	28.0	30.0	5.477226	5.600000

Siegel-Tukey Two-Sample Test

Statistic (S)	28.0000
Normal Approximation	
Z	-0.2739
One-Sided Pr < Z	0.3921
Two-Sided Pr > |Z|	0.7842
Exact Test	
One-Sided Pr <= S	0.3961
Two-Sided Pr >= |S - Mean|	0.7922

Z includes a continuity correction of 0.5.

Siegel-Tukey One-Way Analysis

Chi-Square	0.1333
DF	1
Pr > Chi-Square	0.7150

Ansari-Bradley Scores for Variable SCORE
Classified by Variable TREATMENT

TREATMENT	N	Sum of Scores	Expected Under H0	Std Dev Under H0	Mean Score
1	6	21.0	19.636364	2.772355	3.50
2	5	15.0	16.363636	2.772355	3.00

Ansari-Bradley Two-Sample Test

Statistic (S)	15.0000
Normal Approximation	
Z	-0.4919
One-Sided Pr < Z	0.3114
Two-Sided Pr > |Z|	0.6228

```
Exact Test
One-Sided Pr <=  S            0.3853
Two-Sided Pr >= |S - Mean|    0.7316

   Ansari-Bradley One-Way Analysis
      Chi-Square         0.2419
      DF                      1
      Pr > Chi-Square    0.6228

   Klotz Scores for Variable SCORE
   Classified by Variable TREATMENT
```

TREATMENT	N	Sum of Scores	Expected Under H0	Std Dev Under H0	Mean Score
1	6	2.261109	3.854531	1.169545	0.376852
2	5	4.805530	3.212109	1.169545	0.961106

```
    Klotz Two-Sample Test
Statistic (S)               4.8055
Normal Approximation
Z                             1.3624
One-Sided Pr >  Z             0.0865
Two-Sided Pr > |Z|            0.1731

Exact Test
One-Sided Pr >=  S            0.1104
Two-Sided Pr >= |S - Mean|    0.1861

    Klotz One-Way Analysis
      Chi-Square         1.8562
      DF                      1
      Pr > Chi-Square    0.1731

    The NPAR1WAY Procedure
   Mood Scores for Variable SCORE
   Classified by Variable TREATMENT
```

TREATMENT	N	Sum of Scores	Expected Under H0	Std Dev Under H0	Mean Score
1	6	43.0	60.0	15.297059	7.166667
2	5	67.0	50.0	15.297059	13.400000

```
Mood Two-Sample Test
Statistic (S)                   67.0000
Normal Approximation
Z                                1.1113
One-Sided Pr >  Z                0.1332
Two-Sided Pr > |Z|               0.2664

Exact Test
One-Sided Pr >=  S               0.1602
Two-Sided Pr >= |S - Mean|       0.3052

    Mood One-Way Analysis
    Chi-Square          1.2350
    DF                       1
    Pr > Chi-Square     0.2664
```

연습문제

1. 부록 B 표 8의 앤서리-브래들리 통계량(T_{AB})의 분포표로부터 $t_{AB}(0.8333, 2, 2) = 3$ 임을 증명하라.

2. 다음은 흡연자와 비흡연자 간의 비타민 C 함유량을 조사한 자료다.

비흡연	97	72	100	81	62	132	124	
흡연자	48	71	98	68	118	136	78	164

유의수준 5%로 앤서리-브래들리 검정으로 두 집단의 분산을 비교하라.

3. 마케팅 담당자는 치약 A와 B 중 어느 치약이 다양한 연령대에서 구매하는지에 대해 관심이 있다. 다음의 자료를 얻었다.

치약 A	28	34	33	52	37	36	23	44
치약 B	25	48	59	61	28	34	23	

위의 자료로부터 치약 A의 구매자들의 연령대가 치약 B보다 좁은 연령대를 갖고 있는지에 대해 유의수준 5%에서 검정하라.

4. 아래의 표로, 두 개의 독립된 모집단의 모분산 간에 차이가 있는지를 유의수준 5%로 앤서리-브래들리 검정을 실시하라.

표본 1	10.2	10.5	10.3	10.8	
표본 2	9.8	9.6	10.1	10.2	10.1

5. 두 전자회사의 배터리 A, B의 수명을 랜덤하게 5개씩 추출하여 이를 순서대로 나열한 결과가 다음과 같다.

A : 6.9 7.2 7.2 7.3 7.8 B : 6.7 6.8 6.9 7.1 7.4

두 배터리 간의 분산의 정도가 같은가를 유의수준 5% 근처에서 가설검정하라.

제 5 장 분포함수문제

5.1 서론

모집단의 어떤 특정한 모수들, 위치모수 또는 척도모수들보다 일반적인 관측값들의 분포에 대한 검정문제를 생각해 보기로 하자. 모집단의 분포함수는 위치모수뿐만 아니라 척도모수 그리고 왜도, 첨도 등에 의해 결정된다. 이 장에서는 특정 모수들에 국한하지 않고 보다 포괄적인 분포함수문제(distribution function problem)를 고려한다. 일표본과 독립된 이표본문제로 나눠 생각해 볼 수 있다.

분포함수 비교문제는 적합성 검정(goodness of fit test)으로 통계학에서는 소개되고 있으며, 흔히 이를 카이제곱 검정으로도 소개한다.

1. 일표본 분포함수문제

우선 하나의 특정한 모집단이 특정한 분포에 따르는가를 알기 위한 일표본 분포함수문제(one-sample distribution function problem)에 대해 알아보자. 어떤 모집단인지를 알아보기 위해 분포함수 $F(x)$를 갖는 n개의 랜덤표본 $X_1, \ldots, X_n$ 을 얻는다. 이때 모집단의 분포가 특정한 분포함수 $F_0(x)$와 같은가를 검정할 때, 아래의 세 가지 가설들을 고려한다.

(i) H_0 : 모든 x에 대해 $F(x) = F_0(x)$

$$v.s.\ H_1 : \text{적어도 한 점 } x\text{에 대해 } F(x) < F_0(x) \tag{5.1}$$

(ii) H_0 : 모든 x에 대해 $F(x) = F_0(x)$

$$v.s.\ H_1 : \text{적어도 한 점 } x\text{에 대해 } F(x) > F_0(x) \tag{5.2}$$

(iii) H_0 : 모든 x에 대해 $F(x) = F_0(x)$

$$v.s.\ H_1 : \text{적어도 한 점 } x\text{에 대해 } F(x) \neq F_0(x) \tag{5.3}$$

이러한 문제가 일어날 수 있는 이산형의 예는 [예 5.1]에 연속형 모집단의 예는 [예 5.2] 들은 다음과 같다.

예 5.1

과거의 경험에 의하면 계란 한판(30개)의 불량계란의 수는 평균 1.5인 포아송 분포에 따른다고 한다. 여덟 판의 불량계란의 수는 다음과 같다. 4, 0, 2, 0, 2, 0, 2, 0. 불량계란의 수가 포아송 분포에 따르는지 유의수준 5%로 검정하라. 그리고 분포함수를 추정하고 95% 신뢰구간대를 그래프로 작성하라.

예 5.2

확률표본 6.3, 4.2, 4.7, 6.0, 5.7가

$$F(x) = 0\ ,x < 4\ ;\ F(x) = \frac{(x-4)}{4}\ ,\ 4 \le x < 8\ ;\ F(x) = 1\ ,\ x \ge 8\ \ (\text{i.e. U}(4,8))$$

으로부터 온 랜덤표본인지를 유의수준 5%로 검정하라.

■ 모수적 방법

모수적 방법으로 분포함수문제를 분석하는 것은 카이제곱 적합도 검정이다. 귀무가설이 참이라는 가정에서의 예측치들과 관측치들의 차이의 어떤 이차식들의 합 형태의 검정통계량을 이용한다. 이를 다음과 같이 정리할 수 있다.

n개의 관측값을 k개의 상호배반적인 속성($c_1, \cdot \cdot, c_k$)을 갖는 다항모집단으로부터 얻었을 때, 각 속성 c_i의 관측값이 x_i라 하면 $\sum_{i=1}^{k} x_i = n$ 임을 알 수 있다. 이때 각 속성 c_i의 비율을 p_i라 하자. 언제나 $\sum_{i=1}^{k} p_i = 1$이다. 이를 다음과 같은 표로 이해할 수 있다.

속성(계급)	c_1	c_2	…	c_k	계
관측도수	x_1	x_2	…	x_k	n
확률	p_1	p_2	…	p_k	1

예를 들어 한 대학은 1학년, 2학년, 3학년, 4학년 그리고 대학원생들로 이루어졌다. 이 학교에서 n=100명을 추출했을 때 $x_i, i = 1, \cdot\cdot, 5$는 100명 중 얻어진 각 학년의 관측치들이다. 그리고 언제나 $\sum_{i=1}^{5} x_i = 100$임을 알 수 있으며, $p_i, i = 1, \cdot\cdot, 5$들은 전체 학생에서의 학년별 비율을 나타낸다. 이는 다변량 확률변수들로 다항분포에 따른다고 한다.

일반적으로 n개의 관측값을 k개의 상호배반적인 속성($c_1, \cdot \cdot, c_k$)을 갖는 다항

모집단으로부터 얻었을 때, 각 속성 c_i의 관측값이 x_i라 하면 $\sum_{i=1}^{k} x_i = n$임을 알 수 있다. 이때 각 속성 c_i의 비율을 p_i라 하자. 언제나 $\sum_{i=1}^{k} p_i = 1$이다. 이를 우리는

$$(X_1, \ldots, X_k) \sim Multinomial(n : p_1, \ldots, p_k) \tag{5.4}$$

라 쓴다. 그리고 각기 X_i의 주변분포는 (n, p_i) 를 모수로 갖는 이항분포에 따른다.

■ 정리(피어슨의 카이제곱 정리)

$(X_1, \ldots, X_k) \sim Multinomial(n : p_1, \ldots, p_k)$일 때,

$$Q_{k-1} = \sum_{i=1}^{k} \frac{(X_i - np_i)^2}{np_i} \tag{5.5}$$

의 극한분포가 $\chi^2_{(k-1)}$[자유도가 (k−1)인 카이제곱 분포]에 따른다.

만일 $(X_1, \ldots, X_k) \sim Multinomial(n : p_1, \ldots, p_k)$일 때, 이 다항모집단의 검정은

$$H_0 : p_1 = p_{10}, \ldots, p_k = p_{k0} \quad v.s. \quad H_1 : p_i \neq p_{i0} \ (for\ some\ i)$$

의 귀무가설과 대립가설로 표현할 수 있다. 위의 정리에 의해, 기각역은

$$Q_{k-1} = \sum_{i=1}^{k} \frac{(X_i - np_{i0})^2}{np_{i0}} > \chi^2_{(k-1)}(\alpha)$$

이다. 위의 부등식을 만족하면 귀무가설 $H_0 : p_1 = p_{10}, \ldots, p_k = p_{k0}$ 을 기각한다.

예 5.3

한 주사위가 공정한 주사위인가를 알아보기 위해 60번 독립시행을 하였다. X_i는 60번 중 윗면이 i를 가질 수이다. 이는 $(X_1, \ldots, X_6) \sim Multinomial(60 : p_1, \ldots, p_6)$ 임을 알 수 있다. 공정한 주사위인가를 알아보는 가설들은 다음과 같다.

$$H_0 : p_1 = \frac{1}{6}, \ldots, p_6 = \frac{1}{6} \quad \text{v.s.} \quad H_1 : p_i \neq \frac{1}{6} (for\ some\ i) \tag{5.6}$$

즉, 각기의 윗면이 일어날 가능성이 같은 $\frac{1}{6}$를 갖는다. 실제로 60번의 주사위 던

지기에서의 결과를 아래와 같이 얻었다. 그리고 60번의 던지기에서 공정한 주사위의 예측치는 똑같은 확률이므로, 모두 10임을 알 수 있다. 이를 아래의 표 5.1과 같이 나타낼 수 있다.

표 5.1 공정한 주사위 검정을 위한 표

앞면	1	2	3	4	5	6	합
관찰치	13	19	11	8	5	4	60
예측치	10	10	10	10	10	10	60

위의 결과를 가지고, 수식 (5.5)에 대입하면 아래와 같이 얻는다.

$$Q_5 = 15.6 > \chi^2_{(5)}(0.05) = 11.6$$

이는 귀무가설을 기각함을 알 수 있다. 즉, 이 주사위는 공정하지 못하다는 결론을 내린다.

다항모집단이 아닌 일반적인 모집단에서도 위의 정리를 이용하여 적합성 검정을 실시할 수 있다. 즉, 일반적인 분포의 형태를 다항분포의 자료의 형태로 변환시켜서 이용한다. n개의 랜덤표본을 얻었을 때, 전체범위를 k개의 상호배반적인 집합으로 나눠 각 집합의 관측치들을 $O_1, \ldots, O_k$라 하고, 각 집합의 예측치들은 귀무가설이 참일 때의 가정하에서 구한다. 이를 $E_1, \ldots, E_k$라 하면 검정통계량은

$$Q_{k-1} = \sum_{i=1}^{k} \frac{(O_i - E_i)^2}{E_i} \tag{5.7}$$

이다. 이를 가지고 위의 카이제곱 적합성 검정을 실시한다.

■ 표본분포함수

비모수적 분포무관 검정법은 분포함수를 추정하는 방법에 따라 여러 가지가 있다. 즉, 하나의 모집단이 어떤 특정한 분포함수를 갖는가를 알아보기 위한 방법은 얻어진 관찰치들을 가지고 분포함수를 추정하는 것이다. 가장 간단한 분포함수의 추정법으론 표본분포함수(sample distribution function 또는 empirical distribution funciton)가 있다. 물론 표본분포함수보다 더 정밀한 추정법들이 보다 많이 연구되어 있다. 여기서는 가장 간단한 표본분포함수를 이용하여 추론하기로 하자. 표본분포함수는 다음의 수식 (5.8)로 같이 정의한다.

$$F_n(x) = \frac{1}{n}\sum_{i=1}^{n}\psi_i(x) \tag{5.8}$$

ψ_i는 지시함수로 다음의 수식 (5.9)와 같이 정의한다.

$$\psi_i(x) = \begin{cases} 1, \text{if } X_i \le x \\ 0, \text{if } X_i > x \end{cases}. \tag{5.9}$$

따라서 $F_n(x)$는 n개의 전체 표본에서 x보다 작거나 같은 X_i 들의 비율이다. 만일,

$$X_1, \ldots, X_n \sim i.i.d. F(x)$$

으로 n개의 랜덤표본을 추출했을 때, 언제나

$$P\left(F_n(x) = \frac{k}{n}\right) = \binom{n}{k}(F_n(x))^k(1-F(x))^{n-k},$$
$$k = 0, 1, \ldots, n; = 0, \text{ 기타} \tag{5.10}$$

임을 증명할 수 있다. 따라서,

$$E(F_n(x)) = F(x)\text{이고, } Var(F_n(x)) = \frac{1}{n}F(x)(1-F(x)) \tag{5.11}$$

이다. 이는 표본분포함수는 분포함수의 불편추정량이고, 일치추정량임을 알 수 있다. 그리고 중심극한정리에 의해 표본분포함수의 극한분포는 정규분포에 따르고, Glivenko-Cantelli 정리에 의해 표본분포함수는 분포함수로 강한 확률적 수렴(almost surely covergence)함을 알 수 있다.

2. 이표본 분포함수문제

두 개의 독립된 모집단의 분포함수를 비교할 때는 두 모집단에서 크기가 각기 m과 n인 랜덤표본을 구한다. 즉,

$$X_1, \ldots, X_m \sim i.i.d. F(x)\text{과 } Y_1, \ldots, Y_n \sim i.i.d. G(x)$$

을 얻는다. 이때 $m \le n$이라고 가정하고, $N = m + n$이라고 정의하자.

두 모집단의 분포가 서로 같은가를 검정할 때, 다음의 세 가지 가설들을 고려한

다.

(i) H_0 : 모든 x에 대해 $F(x) = G(x)$

$$v.s.\ H_1 : \text{적어도 한 점 } x\text{에 대해 } F(x) < G(x) \qquad (5.12)$$

(ii) H_0 : 모든 x에 대해 $F(x) = G(x)$

$$v.s.\ H_1 : \text{적어도 한 점 } x\text{에 대해 } F(x) > G(x) \qquad (5.13)$$

(iii) H_0 : 모든 x에 대해 $F(x) = G(x)$

$$v.s.\ H_1 : \text{적어도 한 점 } x\text{에 대해 } F(x) \neq G(x) \qquad (5.14)$$

이러한 문제가 일어날 수 있는 예들을 살펴보자.

예 5.4

다음 표 5.2는 A학과의 다섯 명과 B학과의 여덟 명을 랜덤하게 추출하여 교양시험을 치룬 성적이다.

표 5.2 A학과와 B학과의 교양시험 성적표

A학과	82	74	87	86	75			
B학과	88	77	91	87	94	93	83	99

위의 두 학과의 학생들 간의 성적분포가 같다고 할 수 있는가를 5% 유의수준으로 검정하라.

예 5.5

$F(x)$로부터는 0.6, 0.8, 0.8, 1.2, 1.4의 표본들을, $G(x)$로부터는 1.3, 1.3, 1.8, 2.4, 2.9의 표본들을 얻었다. 적어도 한 점 x에서 $F(x) < G(x)$ 임을 유의수준 5%로 검정하라.

■ 모수적 방법

모수적 방법으로는 카이제곱 동일성 검정이 있다. 이는 앞의 카이제곱 적합성 검정과 유사하게 얻을 수 있다. 두 모집단의 분포함수가 같은가를 검정하는 방법은 관측값들을 두 모집단의 계급에 따라 다음의 표와 같이 나뉜다.

속성(계급)	1	2	…	c	계
X	O_{11}	O_{12}	…	O_{1c}	m
Y	O_{21}	O_{22}	…	O_{2c}	n
계	N_1	N_2	…	N_c	총계=N

귀무가설 H_0하에서, 계급 j에 대한 X와 Y의 기대도수의 추정치는,

$$E_{1j} = \frac{m}{N}N_j \text{ , } E_{2j} = \frac{n}{N}N_j \; j = 1, \ldots, c$$

이다. 이를 가지고 귀무가설 H_0의 기각역은,

$$Q_{k-1} = \sum_{i-1}^{2}\sum_{j=1}^{k}\frac{(O_{ij}-E_{ij})^2}{E_{ij}} > \chi^2{}_{(k-1)}(\alpha)$$

임을 알 수 있다.

두 개의 독립된 모집단의 분포함수를 비교하는 비모수적 검정도 위의 표본분포함수를 이용한다. 즉, 두 모집단의 분포함수가 동일한가를 각기의 두 모집단의 표본분포함수를 구해서 이를 가지고 검정한다. 5.2절에서는 표본분포함수를 이용한 일표본 분포함수문제의 콜모고로프 검정에 대해 알아보고, 5.3절에서 이표본 분포함수문제의 스미르노프 검정에 대해 살펴보도록 한다.

5.2 콜모고로프 적합성 검정

하나의 모집단이 어떤 특정한 분포함수를 갖는가를 알아보기 위해, 귀무가설하에서 이론적인 분포함수와 관측치들로부터의 표본분포함수를 비교하여 검정한다. 이를 일표본 콜모고로프-스미르노프 검정(One sample Kolmogorov-Smirnov test)이라고 한다. 또는 콜모고로프 검정이라고 한다.

일반적으로 연속형 모집단의 경우에 정규모집단이라고 가정하는 경우가 많다. 이

것이 사실이 아니면, 평균과 분산의 추정량으로 사용되는 표본평균이나 표본분산의 효율성이 떨어진다. 이산형 모집단의 경우도 분포함수를 가정하고 추론을 하는 경우가 많다. 가정에 문제가 발생했을 때, 사용할 수 있는 비모수적 분포무관 적합성 검정을 고려해야 할 것이다. 다음은 표본분포함수를 이용한 방법을 알아본다.

먼저 랜덤표본,

$$X_1, \ldots, X_n \sim i.i.d. F(x)$$

로부터 표본분포함수,

$$F_n(x) = \frac{1}{n}\sum_{i=1}^{n}\psi_i(x) \tag{5.15}$$

를 얻는다.

1. 검정통계량

표본분포함수를 가지고 다음의 수식 (5.16), 수식 (5.17), 수식 (5.18)의 콜모고로프 검정통계량, D^+, D^-, D을 얻는다.

(i) H_1 : 적어도 한 점 x에 대해 $F(x) < F_0(x)$일 때,

$$D^+ = \max_x(F_0(x) - F_n(x)). \tag{5.16}$$

(ii) H_1 : 적어도 한 점 x에 대해 $F(x) > F_0(x)$일 때,

$$D^- = \max_x(F_n(x) - F_0(x)). \tag{5.17}$$

(iii) H_1 : 적어도 한 점 x에 대해 $F(x) \neq F_0(x)$일 때,

$$D = \max_x|F_0(x) - F_n(x)|. \tag{5.18}$$

2. 검정법

위에서 얻어진 콜모골로프 검정통계량, D^+, D^-, D을 가지고 다음과 같이 검정한다. 유의수준 α에서,

(i) H_1 : 적어도 한 점 x에 대해 $F(x) < F_0(x)$일 때,

$$D^+ \ge d(\alpha, n) \text{이면, } H_0\text{을 기각한다.} \tag{5.19}$$

(ii) H_1 : 적어도 한 점 x에 대해 $F(x) > F_0(x)$일 때,

$$D^- \ge d(\alpha, n) \text{이면, } H_0\text{을 기각한다.} \tag{5.20}$$

(iii) H_1 : 적어도 한 점 x에 대해 $F(x) \neq F_0(x)$일 때,

$$D \ge d(\frac{\alpha}{2}, n) \text{이면, } H_0\text{을 기각한다.} \tag{5.21}$$

이때 $d(\alpha, n)$은 귀무가설 H_0하에서 콜모고로프-스미르노프 검정통계량 D^+(또는, D^-) 분포의 상위 100*α 백분위수를 나타낸다. 즉, 이는 $P_0(D^+ \ge d(\alpha, n)) = \alpha$를 만족하는 값으로, 부록 B 표 9에서 얻을 수 있다.

NOTE 얻어진 관측값들 $X_1, \ldots, X_n$ 들을 크기 순서로 나열한 순서통계량들을 $X_{(1)}, \ldots, X_{(n)}$ 이라고 할 때, 순서통계량의 성질에 의해 아래와 같은 관련식을 가지고 D^+, D^-그리고 D의 값들을 쉽게 얻을 수 있다.

$D^+ = \max_{1 \le i \le n}(F_0(X_{(i)}) - F_n(X_{(i-1)}))$은 다시 표현하면,

$$D^+ = \max_{1 \le i \le n}\left(F_0(X_{(i)}) - \frac{i-1}{n}\right) \tag{5.22}$$

이다.

$D^- = \max_{1 \le i \le n}(F_n(X_{(i)}) - F_0(X_{(i)}))$은 다시 표현하면,

$$D^- = \max_{1 \le i \le n}\left(\frac{i}{n} - F_0(X_{(i)})\right) \tag{5.23}$$

이다. 그리고 $D = \max(D^+, D^-)$로 얻는다. 위의 수식 (5.18)과 수식 (5.19)를 모든 점에서의 값들을 구해 비교하지 않고 쉽게 통계량들의 값을 얻는다.

3. 대표본근사

표본의 크기가 40 이상인 대표본근사인 경우는 부록 B 표 9를 참조하여 검정한다.

4. 콜모고로프 검정에 기초한 구간추정량(신뢰구간)

검정통계량 D^+의 상위백분위수, $d(\alpha,n)$의 정의에 의해 다음과 같은 관련식을 얻자.

$$\begin{aligned} 1-\alpha &= P\left(-d(\frac{\alpha}{2},n) < F_0(x_0) - F_n(x) < d(\frac{\alpha}{2},n)\right) \\ &= P\left(F_n - d(\frac{\alpha}{2},n) < F_0(x_0) < F_n(x) + d(\frac{\alpha}{2},n)\right) \qquad (5.24) \end{aligned}$$

그리고 언제나 분포함수의 값은 0과 1 사이이므로 콜모고로프 검정에 기초한 분포함수의 $100\times(1-\alpha)\%$ 구간추정량은

$$\begin{aligned} &\left(Max(F_n(x) - d(\frac{\alpha}{2},n),0), Min(F_n(x) + d(\frac{\alpha}{2},n))\right) \\ &= (L(X), U(X)) \qquad (5.25) \end{aligned}$$

이다. 다음은 위의 일표본 분포함수문제를 예를 가지고 알아보자.

예 5.1

과거의 경험에 의하면 계란 한판(30개)이 불량계란의 수는 평균 1.5인 포아송 분포에 따른다고 한다. 여덟 판의 불량계란의 수는 다음과 같다. 4, 0, 2, 0, 2, 0, 2, 0. 유의수준 5%로 포아송 분포를 따르는지를 검정하고, 분포함수를 추정하라. 그리고 95% 신뢰구간대를 작성하라.

[풀이]

이는 $H_0 : F_0(x) = Poisson(1.5)$임을 검정하는 것이다.

먼저 표본분포함수 $F_n(x)$을 구하자.

표 5.3 포아송 분포 계산표

x	0	2	4
빈도	4	3	1
누적빈도	4	7	8
$F_n(x)$	4/8	7/8	1

$F_0(x)$는 1.5를 평균으로 갖는 포아송 분포에 따르므로,

$$P(0)=0.223,\ P(1)=0.335,\ P(2)=0.251,\ P(3)=0.126,\ P(4)=0.047$$

이다. 이를 가지고, $F_0(x)$를 구하자.

x	$f(x)$	$F_0(x)$
0	0.223	0.223
2	0.251	0.809
4	0.047	0.982

이를 가지고 D^+(또는 D^-)을 구하는 표를 만들자.

x	$F_n(x)$	$F_0(x)$	$F_n(X_{(i)})-F_0(X_{(i)})$	$F_0(X_{(i)})-F_n(X_{(i-1)})$
0	4/8	0.223	0.277	−0.152
2	7/8	0.809	0.066	0.059
4	1	0.982	0.018	0.107

위의 표로부터

$$D^+=0.277\text{이고},\ D^-=0.107,\ D=0.277$$

이다. $d(0.025,8)=0.454$이므로 귀무가설을 기각치 못한다. 이는 평균 1.5를 갖는 포아송 분포에 따른다고 할 수 있다.

예 5.2

확률표본들 6.3, 4.2, 4.7, 6.0, 5.7가

$$F(x)=\ 0\ ,x<4\ ;\ F(x)=\frac{(x-4)}{4}\ ,\ 4\le x<\ 8\ ;F(x)=1\ ,\ x\ge 8\ \ (\text{i.e. U}(4,8))$$

으로부터 온 랜덤표본인지를 유의수준 5%로 실시하라. 표 형태로 90% 분포함수 신뢰대를 구하라.

[풀이]

이는 $H_0: F_0(x)=U(4,8)$임을 검정하는 것이다.

먼저 표본분포함수 $F_n(x)$을 구하면,

표 5.4 일량분포표 계산표

x	4.2	4.7	5.7	6.0	6.3
빈도	1	1	1	1	1
누적빈도	1	2	3	4	5
$F_n(x)$	1/5	2/5	3/5	4/5	1

각 자료에 대한 $F_0(x)$는 $\dfrac{(x-4)}{4}$로 구한다.

x	4.2	4.7	5.7	6.0	6.3
$F_0(x)$	0.0476	0.1489	0.2982	0.3333	0.3651

이를 가지고 D^+(또는 D^-)을 구하는 표를 만들자.

$x_{(i)}$	$F_0(x_{(i)})$	$\dfrac{i}{n}-F_0(x_{(i)})$	$F_0(x_{(i)})-\dfrac{i-1}{n}$
4.2	0.0476	0.1524	0.0476
4.7	01489	0.2511	−0.0511
5.7	0.2982	0.3018	−0.1018
6.0	0.3333	0.4667	−0.2667
6.3	0.3651	0.6349	−0.4349

위의 표로부터

$$D^+=0.0476\text{이고, } D^-=0.6349,\ D=0.6349$$

이다. $d(0.025,5)=0.563$이므로, 귀무가설을 기각한다. 이는 이 모집단의 분포가 $U(4,8)$, 즉 균일분포에 따른다고 할 수 없다.

90% 신뢰대를 만들기 위해서 $d(0.05,5)=0.509$를 가지고 아래와 같은 표로 신뢰대를 얻을 수 있다.

표 5.5 일량분포의 신뢰구간대 계산표

$x_{(i)}$	$F_n(x_{(i)})$	$F_n(x_{(i)})-0.509$	$F_n(x_{(i)})+0.509$	$L(x_{(i)})$	$U(x_{(i)})$
4.2	0.2	−	0.709	0	0.709
4.7	0.4	−	0.909	0	0.909
5.7	0.6	0.091	−	0.091	1
6.0	0.8	0.291	−	0.291	1
6.3	1	0.491	−	0.491	1

5.3 스미르노프 검정

두 독립된 모집단이 서로 동일한 분포를 가지는가를 검정하는 비모수적 검정법으로 표본분포함수를 이용한다. 이를 이표본 콜모고로프-스미르노프 검정(Two sample Kolmogorov-Smirnov test)이라고 한다.

이는 동일성 검정이라고도 하는데, 모수적 방법으로 카이제곱 검정법이 있다. 다음은 비모수적 분포무관 검정법을 알아보자.

먼저 한 모집단으로부터 랜덤표본,

$$X_1, \ldots, X_m \sim i.i.d. F(x)$$

로부터 표본분포함수,

$$F_m(x) = \frac{1}{m}\sum_{i=1}^{m}\psi_i(x) \tag{5.26}$$

를 얻는다. 위의 모집단과 독립인 다른 모집단으로부터의 랜덤표본,

$$Y_1, \ldots, Y_n \sim i.i.d. G(x)$$

로부터 표본분포함수,

$$G_n(x) = \frac{1}{n}\sum_{i=1}^{n}\psi_i(x) \tag{5.27}$$

를 얻는다. 편리상, $N = m + n$으로 정의하고, $m < n$로 가정하다. 다른 경우 X와 Y를 바꾸어 생각하자. 이 두 개의 표본분포함수를 가지고 검정한다. 이들을 가지고 다음과 같은 검정통계량을 얻고 검정을 실시한다.

1. 검정통계량

표본분포함수를 가지고, 다음과 같이 스미르노프 검정통계량 $D^+{}_1, D^-{}_1, D_1$들을 얻는다.

(i) H_1 : 적어도 한 점 x에 대해 $F(x) < G(x)$일 때,

$$D^+{}_1 = \max_x(G_n(x) - F_m(x)). \tag{5.28}$$

(ii) H_1 : 적어도 한 점 x에 대해 $F(x) > G(x)$일 때,

$$D^-{}_1 = \max_x(F_m(x) - G_n(x)). \tag{5.29}$$

(iii) H_1 : 적어도 한 점 x에 대해 $F(x) \neq G(x)$일 때,

$$D_1 = \max_x(|F_m(x) - G_n(x)|). \tag{5.30}$$

2. 검정법

위에서 얻어진 콜모고로프 검정통계량 D^+, D^-, D을 가지고 다음과 같이 검정한다. 유의수준 α에서,

(i) H_1 : 적어도 한 점 x에 대해 $F(x) < G(x)$일 때,

$$D^+{}_1 \geq d_1(\alpha, m, n)\text{이면, } H_0\text{을 기각한다.} \tag{5.31}$$

(ii) H_1 : 적어도 한 점 x에 대해 $F(x) > G(x)$일 때,

$$D^-{}_1 \geq d_1(\alpha, m, n)\text{이면, } H_0\text{을 기각한다.} \tag{5.32}$$

(iii) H_1 : 적어도 한 점 x에 대해 $F(x) \neq G(x)$일 때,

$$D_1 \geq d_1(\frac{\alpha}{2}, m, n)\text{이면, } H_0\text{을 기각한다.} \tag{5.33}$$

이때 $d(\alpha, m, n)$은 귀무가설 H_0하에서 콜모고로프-스미르노프 검정통계량 $D^+{}_1$ (또는, $D^-{}_1$) 분포의 상위 100*α 백분위수를 나타낸다. 즉, 이는

$$P_0(D^+{}_1 \geq d(\alpha, m, n)) = \alpha \tag{5.34}$$

를 만족하는 값으로, $m \leq n$인 경우에, 부록 B 표 10에서 얻을 수 있다.

NOTE 얻어진 관측값들 $X_1, \ldots, X_m$ 과 $Y_1, \ldots, Y_n$ 들의 혼합표본들을 크기 순서로 나열한 순서통계량들을 $Z_{(1)}, \ldots, Z_{(N)}$ 이라고 할 때, 순서통계량의 성질에 의해 $D^+{}_1$, $D^-{}_1$, D_1의 값들을 쉽게 얻을 수 있다.

$$D^{+}{}_{1} = \max_{1 \le i \le n}\left(G_n(Z_{(i)}) - F_m(Z_{(i)})\right). \tag{5.35}$$

$$D^{-}{}_{1} = \max_{1 \le i \le n}\left(F_m(Z_{(i)}) - G_n(Z_{(i)})\right). \tag{5.36}$$

그리고,

$$D_1 = \max\left(D^{+}{}_{1}, D^{-}{}_{1}\right) \tag{5.37}$$

임을 알 수 있다.

NOTE 부록 B 표 10의 계산법

$D^{+}{}_{1}$, $D^{-}{}_{1}$, D_1는 단지 X와 Y들의 혼합표본에서의 순위와 관련된 것이지 실제의 관측값과는 무관하다. 예를 들면 m=3, n=2인 경우에 H_0 : 모든 x에 대해 $F(x) = G(x)$가 참이라는 가정하에서 총 10개의 등확률의 배열들을 아래의 표 5.6을 만들 수 있다. 각기 이들의 $D^{+}{}_{1}$, $D^{-}{}_{1}$, D_1 또한 얻을 수 있다. 이들을 가지고 부록 B 표 10의 확률표를 만들 수 있는 것이다.

표 5.6 일표본 분포함수문제의 확률표

배열	D_1	$D^{+}{}_{1}$	$D^{-}{}_{1}$	배열	D_1	$D^{+}{}_{1}$	$D^{-}{}_{1}$
$x<x<x<y<y$	1	0	1	$x<y<x<y<x$	$\frac{1}{3}$	$\frac{1}{3}$	$\frac{1}{3}$
$x<x<y<x<y$	$\frac{2}{3}$	0	$\frac{2}{3}$	$y<x<x<y<x$	$\frac{1}{2}$	$\frac{1}{2}$	$\frac{1}{6}$
$x<y<x>x<y$	$\frac{1}{2}$	$\frac{1}{6}$	$\frac{1}{2}$	$x<y<y<x<x$	$\frac{2}{3}$	$\frac{2}{3}$	$\frac{1}{3}$
$y<x<x<x<y$	$\frac{1}{2}$	$\frac{1}{2}$	$\frac{1}{2}$	$y<x<y<x<x$	$\frac{2}{3}$	$\frac{2}{3}$	0
$x<x<y<y<x$	$\frac{2}{3}$	$\frac{1}{3}$	$\frac{2}{3}$	$y<y<x<x<x$	1	1	0

위의 표 5.6을 이용하면 귀무가설이 참이라는 가정하에서(두 모집단의 분포함수가 같다는 것),

$$P(D_1 = \frac{1}{3}) = \frac{1}{10},\ P(D_1 = \frac{1}{2}) = \frac{3}{10},$$

$$P(D_1 = \frac{2}{3}) = \frac{4}{10},\ P(D_1 = 1) = \frac{2}{10}$$

임을 얻을 수 있다. 그리고,

$$P(D_1^+ = 0) = \frac{2}{10},\ P(D_1^+ = \frac{1}{6}) = \frac{1}{10},\ P(D_1^+ = \frac{1}{3}) = \frac{2}{10},$$

$$P(D_1^+ = \frac{1}{2)} = \frac{2}{10},\ P(D_1^+ = \frac{2}{3}) = \frac{2}{10},\ P(D_1^+ = 1) = \frac{1}{10}$$

D_1^- 의 경우는 위의 D_1^+ 의 경우와 같다.

$D^+{}_1$, $D^-{}_1$ 그리고 D_1 의 누적확률표 부록 B 표 10의 결과들을 얻을 수 있다.

3. 대표본근사

표본의 크기가 40 이상인 경우는 대표본근사로 부록 B 표 10을 참조하라.

예 5.4

다음은 A학과의 다섯 명과 B학과의 여덟 명을 랜덤하게 추출하여 교양시험을 치른 성적이다.

A학과	82	74	87	86	75			
B학과	88	77	91	87	94	93	83	99

위의 두 학과의 학생들 간의 성적분포가 같다고 할 수 있는가를 5% 유의수준으로 검정하라.

[풀이]

먼저 A학과의 분포함수를 $F(x)$ 라고 하고, B학과의 분포함수를 $G(x)$ 라고 하자. 그러면 귀무가설과 대립가설을 다음과 같이 쓸 수 있다.

H_0 : 모든 x 에 대해 $F(x) = G(x)$

$$v.s.\ H_1 : \text{적어도 한 점 } x \text{에 대해 } F(x) \neq G(x)$$

이제 스미르노프 검정통계량 D_1 은 다음 표를 통해 구한다.

표 5.7 스미르노프 검정통계량 D_1의 계산표

X_i	Y_j	$\|F_m(X_i)-G_n(Y_j)\|$	X_i	Y_j	$\|F_m(X_i)-G_n(Y_j)\|$
74		$\|\frac{1}{5}-0\|=\frac{1}{5}$	87		$\|1-\frac{3}{8}\|=\frac{25}{40}$
75		$\|\frac{2}{5}-0\|=\frac{2}{5}$		88	$\|1-\frac{4}{8}\|=\frac{20}{40}$
	77	$\|\frac{2}{5}-\frac{1}{8}\|=\frac{11}{40}$		91	$\|1-\frac{5}{8}\|=\frac{15}{40}$
82		$\|\frac{3}{5}-\frac{1}{8}\|=\frac{16}{40}$		93	$\|1-\frac{6}{8}\|=\frac{10}{40}$
	83	$\|\frac{3}{5}-\frac{2}{8}\|=\frac{11}{40}$		94	$\|1-\frac{7}{8}\|=\frac{5}{40}$
86		$\|\frac{4}{5}-\frac{2}{8}\|=\frac{22}{40}$		99	$\|1-1\|=0$
	87	$\|\frac{4}{5}-\frac{3}{8}\|=\frac{17}{40}$		D_1	$\frac{25}{40}=0.625$

부록 B 표 10으로부터 $d_1(0.025,5,8)=0.675$이므로, $D_1=0.625<d_1(0.025,5,8)$이다. 이는 두 모집단의 분포함수가 다르다는 것을 기각치 못한다. p-값=0.1806이다.

예 5.5

$F(x)$로부터는 0.6 0.8 0.8 1.2 1.4의 표본들을, $G(x)$로부터는 1.3, 1.3, 1.8, 2.4, 2.9의 표본들을 얻었다. 적어도 한 점 x에서 $F(x)<G(x)$ 임을 유의수준 5%로 검정하라.

[풀이] $(G_n(Y_j)-F_m(X_i))$의 경우.

귀무가설과 대립가설을 다음과 같이 쓸 수 있다.

H_0 : 모든 x에 대해 $F(x)=G(x)$

$v.s.$ H_1 : 적어도 한 점 x에 대해 $F(x)<G(x)$

$D^+{}_1$의 값을 구하기 위해 다음과 같은 표로 구한다.

표 5.8 스미르노프 검정통계량 $D_1^{\ +}$의 계산표

Y_j	X_i	$(G_n(Y_j)-F_m(X_i))$	Y_j	X_i	$(G_n(Y_j)-F_m(X_i))$
	0.6	$0-\frac{1}{5}=-\frac{1}{5}$		1.4	$\frac{2}{5}-1=-\frac{3}{5}$
	0.8	$0-\frac{2}{5}=-\frac{2}{5}$	1.8		$\frac{3}{5}-1=-\frac{2}{5}$
	0.8	$0-\frac{3}{5}=-\frac{3}{5}$	2.4		$\frac{4}{5}-1=-\frac{1}{5}$
	1.2	$0-\frac{4}{5}=-\frac{4}{5}$	2.9		$1-1=0$
1.3		$\frac{1}{5}-\frac{4}{5}=-\frac{3}{5}$		$D^+{}_1$	0
1.3		$\frac{2}{5}-\frac{4}{5}=-\frac{2}{5}$			

부록 B 표 10에서 $d_1(0.05,5,5)=0.6$이고 $D^+{}_1=0<d_1(0.05,5,5)=0.6$이므로, 유의수준 5%에서 귀무가설을 기각하지 못한다.

5.4 SAS 활용

■ 예: 콜모고로프 검정의 예

한 통계학 과목의 수강생 중 랜덤하게 10명을 추출해서 성적을 얻었다. 70, 50, 80, 63, 61, 45, 53, 60, 50, 65. 이들의 모집단은 $N(60,10^2)$인가를 콜모고르프 검정으로 검정하라.

```
DATA KOLMO;;
 INPUT SCORE @@;
 CARDS
 70 50 80 63 61
 45 53 60 50 65
 ;
 RUN
 PROC UNIVARIATE NORMAL PLOT DATA=KOLMO;
 VAR SCORE;
 RUN
```

위의 SAS 프로그램의 결과는 다음과 같다.

```
정규성 검정

검정                     ——통계량——        ————p-값————

Shapiro-Wilk             W      0.962072    Pr < W        0.8092
Kolmogorov-Smirnov       D      0.136652    Pr > D       >0.1500
Cramer-von Mises         W-Sq   0.031369    Pr > W-Sq    >0.2500
Anderson-Darling         A-Sq   0.2178      Pr > A-Sq    >0.2500
```

콜모고르프 검정의 유의확률이 >0.15이므로, 모집단이 $N(60, 10^2)$이 아니라고 할 수 없다.

■ 예: 스미르노프 검정

예 5.4

다음은 A학과의 다섯 명과 B학과의 여덟 명을 랜덤하게 추출하여 교양시험을 치룬 성적이다. A학과: 82, 74, 87, 86, 75 / B학과: 88 , 77, 91, 87, 94, 93, 83, 99. 위의 두 학과의 학생들 간의 성적분포가 같다고 할 수 있는가를 5% 유의수준으로 검정하라.

```
DATA SMIR;
 INPUT TEST $ SCORE @@;
 DATALINES
 A 82 A 74 A 87 A 86 A 75
 B 88 B 77 B 91 B 87 B 94 B 93 B 83 B 99
 ;
 PROC NPAR1WAY DATA=SMIR KS;
 CLASS TEST;
 EXACT KS;
 VAR SCORE;
 RUN

                    The NPAR1WAY Procedure

             Kolmogorov-Smirnov Test for Variable SCORE
                    Classified by Variable TEST
```

```
                        EDF at      Deviation from Mean
TEST          N         Maximum          at Maximum
-------------------------------------------------------
A             5        1.000000           0.860026
B             8        0.375000          -0.679910
Total        13        0.615385

        Maximum Deviation Occurred at Observation 9
           Value of SCORE at Maximum = 87.0

             KS  0.3041      KSa  1.0963

           Kolmogorov-Smirnov Two-Sample Test

             D = max |F1 - F2|          0.6250
             Asymptotic Pr >  D         0.1806
             Exact       Pr >= D        0.1259

             D+ = max (F1 - F2)         0.6250
             Asymptotic Pr >  D+        0.0904
             Exact       Pr >= D+       0.0629

             D- = max (F2 - F1)         0.0000
             Asymptotic Pr >  D-        1.0000
             Exact       Pr >= D-       1.0000


        Cramer-von Mises Test for Variable SCORE
             Classified by Variable TEST

                               Summed Deviation
     TEST           N              from Mean
   ------------------------------------------------
     A              5              0.316978
     B              8              0.198111

        Cramer-von Mises Statistics (Asymptotic)
         CM  0.039622      CMa  0.515089

          Kuiper Test for Variable SCORE
             Classified by Variable TEST

                                  Deviation
         TEST           N         from Mean
       --------------------------------------
```

```
                    A          5          0.6250
                    B          8          0.0000

              Kuiper Two-Sample Test (Asymptotic)
     K  0.625000     Ka  1.096323     Pr > Ka  0.6906
```

위의 풀이와 같은 결과를 얻는다.

연습문제

1. F(x)로부터는 0.6, 0.8, 0.8, 1.2, 1.4의 표본들을, G(x)로부터는 1.3, 1.3, 1.8, 2.4, 2.9의 표본들을 얻었다. 적어도 한 점 x에서 F(x)〈G(x)임을 유의수준 5%로 검정하라.

2. 다음과 같은 10개의 자료들을 얻었다.

0.621 0.503 0.203 0.477 0.710 0.581 0.329 0.480 0.554 0.382

이들은 U(0,1)에 따르는지 유의수준 5%에서 검정하라. 그리고 분포함수를 추정하고, 90% 신뢰대의 그래프를 작성하라.

3. 대립가설 H_1 : 적어도 한 점 x에서 F(x)〉G(x)일 때, 아래 자료를 이용하여 유의수준 α =0.10 근처에서 검정하라.

F(x)의 관측값: 75 56 63 70

G(x)의 관측값: 63 85 77 80

4. 확률표본들 6.3, 4.2, 4.7, 6.0, 5.7이

$$F(x) = 0, x < 4 ; F(x) = \frac{(x-4)}{4}, 4 \le x < 8 ; F(x) = 1, x \ge 8$$

으로부터 온 랜덤표본인지 콜모고로프 적합도 검사를 유의수준 5%로 실시하라. 그리고 Table 형태의 90% 분포함수의 신뢰대를 구하라.

5. 다음은 A학과의 다섯 명과 B학과의 여덟명을 랜덤하게 추출하여 교양시험을 치른 성적이다.

A학과 : 82, 74, 87, 86, 75 B학과 : 88 , 77, 91, 87, 94, 93, 83, 99

위의 두 학과의 학생들 간의 성적분포가 같다고 할 수 있는가를 5% 유의수준으로 검정하라.

6. n=3과 m=3인 경우의 스미르노프 통계량 D_1의 정확한 분포를 구하라.

7. 귀무가설이 사실일 때 m=2, n=2인 스미르노프 검정통계량 D_1의 분포를 구하라.

제 6 장 일원배치법

6.1 서론

위치모수(평균)문제에 대해, 2장에서는 한 개 위치모수문제에 대해, 3장에서는 두 개 위치모수문제를 다루었다. 이를 확장해 보자. 즉, 3개 이상의 위치모수들의 비교를 생각할 수 있다. 이 문제의 해결은 Fisher에 의해 개발된 분산분석법(analysis of variance technique)을 이용할 수 있다. 이는 3개 이상의 상호독립된 모집단의 평균값들이 차이가 있는가를 분산을 가지고 유의성 검정을 하는 것이다.

한 예로, 한국 남성의 평균 키와 일본 남성의 평균 키 그리고 중국 남성의 평균 키들은 유의한 차이가 있는가? 등을 들 수 있다. 이는 세 개 이상의 상호독립된 모집단으로부터 대표되는 표본들을 얻어서 추론한다.

위의 예는 분산분석법 중 가장 간단한 방법인 일원배치법(one-way layout)을 적용한다. 다른 예를 보면, 사과 수확을 증진시키려고 한다. 이때 수확에 영향을 주는 인자(factor)로 토양이 있다. 진흙(A_1), 자갈(A_2), 모래(A_3)에서 실험을 한다면 이 세 개는 인자수준이 되는 것이다. 관심 있는 인자는 하나이고, 세 개의 인자수준이 처리가 된다. 만일 관심 있는 인자가 여러 개면 다원배치법이라고 한다. 이때는 인자수준들의 조합들 각기가 하나의 처리가 된다. 일원배치법은 하나의 인자와 그에 따른 인자수준(처리) 간에 유의한 차이가 존재하는가를 검정하는 것이다.

통계적 가설검정법에서 일원배치법은 보통 일반 대립가설의 경우와 순서 대립가설의 경우로 나뉜다. 이에 대한 논의는 [통계적 가정]에서 알아보도록 한다.

■ 자료구조

일원배치법의 자료구조를 살펴보자. 만일 k개의 상호독립된 모집단으로부터 각기 n_i개의 랜덤표본들을 얻었다. Y_{ij}는 i번째 처리에서의 j번째 반복의 관측치를 말한다. 이들 자료의 총계는 $N=\sum_{i=1}^{k} n_i$이다. 이런 경우의 일원배치법의 자료구조를 다음의 표 6.1에서 볼 수 있다. 이때 마지막 줄은 $\overline{Y_{i.}}=\sum_{j=1}^{n_i} Y_{ij}$으로 처리합을 말한다.

표 6.1 일원배치법의 자료 구조

처리 1	처리 2	………	처리 k
Y_{11}	Y_{21}	……..	Y_{k1}
Y_{12}	Y_{22}	……..	Y_{k2}
……..	……..	……..	……..
Y_{1n_1}	Y_{2n_2}	……..	Y_{kn_k}
$\overline{Y_{1.}}$	$\overline{Y_{2.}}$	……..	$\overline{Y_{k.}}$

그리고 총평균은

$$\overline{Y_{..}} = \sum_{i=1}^{k}\sum_{j=1}^{n_i} Y_{ij} \tag{6.1}$$

로 정의한다.

■ 선형모형

Y_{ij}는 i번째 처리에서의 j번째 반복의 관측치를 말한다. 이를 수학적 모형으로 표현하면,

$$Y_{ij} = \mu + \tau_i + \epsilon_{ij},\ \text{j=1,.., } n_i \text{ ,i=1,.., k} \tag{6.2}$$

의 선형모형으로 표현할 수 있다. 이때 μ는 전체평균을 나타내고, τ_i는 처리 i에서의 처리효과의 모수이다. 그리고 ϵ들은 오차항이다. 즉,

$$\epsilon_{11}, \ldots, \epsilon_{kn_k} \sim i.i.d.\ F(x) \tag{6.3}$$

로 표현하며 이들 오차들은 연속형이고 상호독립이며 공통된 분포를 갖는다는 가정이다. 이때 처리 간 유의한 차이가 없으면, 이는

$$H_0 : \tau_1 = \tau_2 = \ldots = \tau_k = 0 \tag{6.4}$$

일 것이다. 이는 모든 Y_{ij}들이 한 모집단의 랜덤표본임을 말한다.

■ 통계적 가정

처리효과의 유의성을 다루는 가설은 k개의 처리효과가 같다는 귀무가설과 적어도 하나는 다르다는 대립가설의 두 가지의 경우가 있다. 일정한 순서가 없이 다르면 일

반대립가설(general alternative hyperthesis)이라고 하고, 일정한 순서를 가지면서 다르면 순서대립가설(ordering alternative hyperthesis)이라고 한다. 먼저 일반대립가설은,

$$H_0 : \tau_1 = \tau_2 = \ldots = \tau_k = 0 \quad v.s. \ H_1 : \text{적어도 하나의 } \tau_i \neq 0 \tag{6.5}$$

으로 표현한다. 이런 일반대립가설의 검정은 분산분석법에서는, 제곱합의 분해(또는 분산의 분해)를 이용한다. 즉, 총제곱합을 처리제곱합과 오차제곱합으로 나눈다. 이를 수식으로 표현하면,

$$\sum_{i=1}^{k}\sum_{j=1}^{n_i}(Y_{ij} - \overline{Y..})^2 = \sum_{i=1}^{k} n_i(\overline{Y_{i\cdot}} - \overline{Y..})^2 + \sum_{i=1}^{k}\sum_{j=1}^{n_i}(Y_{ij} - \overline{Y_{i\cdot}})^2. \tag{6.6}$$

수식 (6.6)의 좌변을 총제곱합(total sum of square)이라고 하며, 우변의 첫 번째 제곱합을 처리제곱합(treatment sum of square)이라고 하고, 두 번째 제곱합을 오차제곱합(error sum of square)이라고 한다. 총제곱합은 일정하게 정해져 있는데, 처리 간의 차가 클수록, 처리제곱합이 커지고, 오차제곱합은 작아질 것이다. 이는 처리 간 유의한 차이가 존재하므로 귀무가설을 기각하게 된다. 이와 같이 평균의 문제를 분산의 개념으로 해석해 검정하는 것이 Fisher의 분산분석법의 요체이다.

일정한 순서를 가지는 대립가설인 순서대립가설은

$$H_1 : \tau_1 \leqq \tau_2 < = \ldots \leqq \tau_k \ \text{(적어도 하나는 절대 부등식임)} \tag{6.7}$$

으로 표현된다. 이 순서대립가설은 처리의 효과가 순서로 나타난다는 것을 의미한다. 예를 들면 비용이 많이 들수록 전구의 평균수명이 증가하는 것을 나타낼 경우를 들 수 있다. 다음은 일반대립가설의 예와 순서대립가설의 예를 알아보자. 먼저 일반대립가설의 예를 보자.

예 6.1

소형승용차의 종류에 따라 단위 거리당 연료 소비량을 나타내는 자료를 표 6.2와 같이 얻었다.

표 6.2 승용차 자료

승용차 1	110	111	107	105
승용차 2	108	102	106	98
승용차 3	114	112	116	109

승용차 종류에 따라 연료소비량이 심각하게 다른지를 알고 싶다.

다음으로 순서대립가설의 예는 다음의 [예 6.2]이다.

예 6.2

세 종류의 전구를 랜덤추출하여 얻은 전구들의 수명의 자료들을 표 6.3과 같다.

표 6.3 전구 자료

전구 A	71	64	67	62
전구 B	84	80	81	77
전구 C	82	79	73	75

만일 A보다 B가, B보다 C가 비용이 많이 든 전구라면 평균수명도 비용에 따라 증가하는가를 검정하라.

■ 모수적 방법

모수적 방법은

$$\epsilon_{11}, \ldots, \epsilon_{kn_k} \sim i.i.d.\ N(0, \sigma^2) \tag{6.8}$$

이라는 가정이다. 즉 독립성, 정규성, 등분산성 등을 만족하는 모형이다. 각기 자료들 Y_{ij}는 k개의 상호독립된 정규모집단으로부터의 확률표본들이다. 이는 정규성과 독립성의 가정 그리고, 각 집단의 분산은 같다는 등분산성의 가정이다. 처리효과 간의 유의한 차이가 존재하는가를 알아보는 가설은 일반대립가설이다.

$$H_0 : \tau_1 = \tau_2 = \ldots = \tau_k = 0 \quad v.s. \quad H_1 : \text{적어도 하나의 } \tau_i \neq 0 \tag{6.9}$$

이의 유의성 검정은 총제곱합(total sum of square), $SS_{total} = \sum_{i=1}^{k}\sum_{j=1}^{n_i}(Y_{ij} - \overline{Y_{..}})^2$ 을 처리의 제곱합(sum of squares of the treatments), $SS_{trt} = \sum_{i=1}^{k} n_i(\overline{Y_{i.}} - \overline{Y_{..}})^2$ 와 오차의 제곱합(sum of squares of the errors), $SS_E = \sum_{i=1}^{k}\sum_{j=1}^{n_i}(Y_{ij} - \overline{Y_{i.}})^2$ 으로

분해해서 평균의 차이를 분산을 가지고 해석하는 것이 분산분석법이다. 이를 표 6.4의 형태로 표현한 것을 분산분석표(analysis of variance table)라고 한다.

표 6.4 일원배치법의 분산분석표

요인	제곱합	자유도	평균제곱	F
처리	SS_{trt}	$k-1$	$MS_{trt}=\frac{SS_{trt}}{k-1}$	$F=\frac{MS_{trt}}{MS_E}$
오차	SS_E	$N-k$	$MS_E=\frac{SS_E}{N-k}$	
총	SS_{total}	$N-1$		

표 6.4에서 $F=\frac{MS_{trt}}{MS_E}$의 값이 자유도가 $(k-1, N-k)$인 F-분포의 상위 $100^*(\alpha)$의 백분위수를 넘기면, 우리는 귀무가설을 기각한다.

이 F-검정은 정규성, 독립성, 등분산성들의 가정이 어긋나면 적용할 수 없다. 즉, 꼬리가 두터운 분포에 따르거나, 자료에 이상점들이 존재하는 경우에는 F-검정은 심각한 검정력의 손실을 입게 되어 잘못된 추론에 다다를 수 있다.

6.2절에서는 일반대립가설을 비교하는 크루스칼-왈리스 검정(Kruskal-Wallis Test)에 대해 알아본다. 6.3절에서는 순서대립가설을 비교하는 죤키어 검정(Jonckheere test)에 대해 알아본다. 그리고 6.4절에서는 다중비교에 대해, 그리고 6.5절에서는 SAS 프로그램과 결과들의 해석을 살펴본다.

6.2 크루스칼-왈리스 검정

크루스칼-왈리스 검정은 k개의 상호독립인 모집단의 평균들의 일반대립가설을 검정하는 대표적인 비모수적 검정법이다. 자료로부터 모집단의 정규성이 의심될 때나, 이상점이 있을 때 많이 사용된다. 이는 원래의 자료를 순서자료(rank)로 바꿔서 검정하는 것으로 이상점에 별로 영향을 받지 않는 분포무관 검정이다.

$$H_0: \tau_1 = \tau_2 = \ldots = \tau_k = 0 \quad v.s. \quad H_1: \text{적어도 하나의 } \tau_i \neq 0 \tag{6.10}$$

를 검정할 때, k개의 상호독립된 모집단으로부터 $N=\sum_{i=1}^{k} n_i$ 개의 관측값으로 이루어진 혼합표본을 순서로 순위를 준다. 즉, R_{ij}를 X_{ij}의 순위로 표기한다. 이 순위자료는 표 6.5로 나타낸다.

표 6.5 혼합표본에서의 순위자료

	처리 1	처리 2	......	처리 k
	R_{11}	R_{21}	......	R_{k1}
	R_{12}	R_{22}	......	R_{k2}
	....	....	......	....
	R_{1n_1}	R_{2n_2}	....	R_{kn_k}
순위합	$R_{1.}$	$R_{2.}$	......	$R_{k.}$
평균순위	$\overline{R_{1.}}$	$\overline{R_{2.}}$	......	$\overline{R_{k.}}$

이때 총평균 순위는 언제나,

$$\overline{R_{..}} = \sum_{i=1}^{k}\sum_{j=1}^{n_i} R_{ij}/N = \frac{N+1}{2} \tag{6.11}$$

임을 알 수 있다. 크루스칼-왈리스 검정은 제곱합의 분해에서 원자료를 순서자료로 바꿔서 해석한다. 즉, 순서자료의 제곱합의 분해는 다음과 같다.

$$\sum_{i=1}^{k}\sum_{j=1}^{n_i}(R_{ij}-\overline{R..})^2 = \sum_{i=1}^{k} n_i(\overline{R_i}.-\overline{R..})^2 + \sum_{i=1}^{k}\sum_{j=1}^{n_i}(R_{ij}-\overline{R_{i.}})^2 \tag{6.12}$$

좌변의 제곱합은 언제나 일정하다. 그러므로 처리간 유의한 차가 있으면 우변의 첫째 항의 값이 커지므로, 이를 검정하는 크루스칼-왈리스 검정통계량은 순위 자료의 수식 (6.13)이다.

$$H = \frac{SS_{trt}}{MS_{total}} \tag{6.13}$$

이를 순위자료로 풀어쓰면, 아래 수식 (6.14)와 수식 (6.15)의 크루스칼-왈리스 검정통계량이다.

1. 크루스칼-왈리스 검정통계량

$$H = \frac{12}{N(N+1)}\sum_{i=1}^{k} n_i(\overline{R_{i.}} - \frac{N+1}{2})^2 \tag{6.14}$$

$$= \frac{12}{N(N+1)}\sum_{i=1}^{k} \frac{R_{i.}^2}{n_i} - 3(N+1) \tag{6.15}$$

2. 검정법: 유의수준 α에서,

$$H \geq h(\alpha, k, (n_1, n_2, \ldots, n_k)) \tag{6.16}$$

이면 귀무가설을 기각한다.

여기서 $h(\alpha, k, (n_1, n_2, \ldots, n_k))$은 $P_0(H \geq h(\alpha, k, (n_1, n_2, \ldots, n_k))) = \alpha$를 만족하는 상수로 부록 B 표 11에 있다.

3. 대표본근사

순위 자료의 $H = \dfrac{SS_{trt}}{MS_{total}}$으로 한 것은 이 통계량의 극한분포가 카이제곱분포에 따르기 때문이다. 그러므로 대표본근사는 $H \geq \chi^2(\alpha, k-1)$이면 귀무가설을 기각한다. 같은 순위가 있을 경우에는 평균순위를 사용한다.

4. 동점처리

동점이 있는 경우는 평균순위를 가지고 H 통계량을 구하고, 검정통계량은 아래 수식 (6.17)로 수정을 한다.

$$H' = \frac{H}{1 - \left\{ \sum_{i=1}^{g} (t_j^3 - t_j) / (N^3 - N) \right\}} \tag{6.17}$$

이때 g는 동점그룹의 수이고, t_j는 j번째 동점그룹의 크기이다.

예 6.1

소형승용차의 종류에 따라 단위 거리당 연료 소비량을 나타내는 자료를 표 6.2와 같이 얻었다.

표 6.2 승용차 자료

승용차 1	110	111	107	105
승용차 2	108	102	106	98
승용차 3	114	112	116	109

승용차 종류에 따라 연료소비량이 심각하게 다른가를 알고 싶다.

[풀이]

[예 6.1]에 있는 네 개의 승용차 자료에 대한 혼합표본을 순위를 부여하여 표 6.6과 같은 순위자료를 얻었다.

표 6.6 승용차 순위자료

	승용차 1	승용차 2	승용차 3
	8	6	11
	9	2	10
	5	4	12
	3	1	7
순위합	25	13	40

승용차 간의 유의한 차이가 존재하는가의 유의성 검정의 가설은 다음과 같다.

$$H_0 : \tau_1 = \tau_2 = \ldots = \tau_3 = 0 \quad v.s. \; H_1 : \text{적어도 하나의 } \tau_i \neq 0 \qquad (6.18)$$

검정통계량 H의 값은 다음과 같이 구한다.

$$H = \frac{12}{12(13)}\left(\frac{26^2}{4} + \frac{13^2}{4} + \frac{40^2}{4}\right) - 3(13) = 7.04.$$

부록 B 표 11에서 $P_0(H \geq 7.04) \leq 0.019$ 임을 알 수 있다. 이는 5% 유의수준에서 귀무가설을 기각할 수 있다. 즉, 승용차 간에 유의한 차이가 존재한다.

NOTE 부록 B 표 11의 계산법

H 통계량은 혼합표본에서의 순위와 관련된 것이지, 실제의 관측값과는 무관하다. 예를 들면, 세 상호독립적인 모집단의 표본의 크기가, $n_1 = 2$, $n_2 = 1$, $n_3 = 1$ 경우를 보자. $H_0 : \tau_1 = \tau_2 = \tau_3 = 0$, 참이라는 가정하에서 표 6.7의 총 12개의 등확률의 배열들을 고려할 수 있다. 그리고 각 배열들의 H 값들도 얻을 수 있다.

표 6.7 크루스칼-왈리스 분포표를 위한 배열

배열 \ 처리	1	2	3	H
1	1,2	3	4	2.7
2	1,2	4	3	2.7
3	1,3	2	4	1.8
4	1,3	4	2	1.8
5	1,4	2	3	0.3
6	1,4	3	2	0.3
7	2,3	1	4	2.7
8	2,3	4	1	2.7
9	2,4	1	3	1.8
10	2,4	3	1	1.8
11	3,4	1	2	2.7
12	3,4	2	1	2.7

위의 표 6.7로부터 표 6.8의 확률분포표를 얻는다.

표 6.8 $n_1 = 2$, $n_2 = 1$, $n_3 = 1$의 크루스칼-왈리스 H 분포

h \ 확률	$P_0(H=h)$	$P_0(H \leq h)$	$P_0(H \geq h)$
0.3	1/6	1/6	1
1.8	1/3	1/2	5/6
2.7	1/2	1.0	1/2

6.3 존키어 검정

존키어-터프스트라 검정(Jonckheere-Terpstra test)이라고도 한다. 이는 일원배치법에서 순서대립가설을 검정하는 것이다. 즉, 두 개의 처리효과를 비교하는데, 귀무가설을 검정하는 한쪽검정을 양쪽검정으로 할 경우에 검정력에 심각한 손상을 얻는다. 이 문제를 $k \geq 3$의 문제로 확장해도 똑같은 결과가 된다. 즉, 순서대립가설을 검정하는데, 일반대립가설을 사용할 경우에 심각한 검정력의 손실이 예상된다. 순서대립가설의 경우의 예는 신약의 효과 분석 시, 대조그룹, 소량투여그룹, 다량투여그룹을 검정하는 것이다. k=2에서의 존키어-검정은 윌콕슨 순위합검정의 한쪽검정과 같다.

1. 가설

$$H_0 : \tau_1 = \tau_2 = \ldots = \tau_k = 0 \quad v.s. \quad H_1 : \tau_1 \leq \tau_2 \leq . . \leq \tau_k$$

(적어도 하나는 < 이다.) (6.19)

2. 검정법

먼저 $\binom{k}{2} \equiv \frac{k(k-1)}{2}$ 개의 맨-위트니 검정통계량을 구한다. U_{uv} 검정통계량은 다음과 같다.

$$U_{uv} = \sum_{i=1}^{n_u} \sum_{j=1}^{n_v} \psi(Y_{ui}, Y_{vj}) \tag{6.20}$$

여기서

$$\psi(x,y) = \begin{cases} 1, x < y \\ 0, x \geq y \end{cases}$$

이다. U_{uv}는 각 U 처리표본보다 큰 V 처리표본의 개수를 말한다. 이런 맨-위트니 검정통계량들의 합이 존키어 검정통계량이다.

$$J = \sum_{u=1}^{k-1} \sum_{v=u+1}^{k} U_{uv} \tag{6.21}$$

만일 $J \geq j(\alpha, k(n_1, ..., n_k)$이면 H_0을 기각한다. 부록 B 표 12에서 $j(\alpha, k(n_1, ..., n_k)$의 분포표를 얻을 수 있다.

3. 대표본

H_0, 귀무가설이 사실일 때 J-검정통계량의 평균과 분산을 구할 수 있다.

$$E_0[J] = (N^2 - \sum_{i=}^{k} n_i^2)/4 \tag{6.22}$$

$$Var_0[J] = [N^2(2N+3) - \sum_{i=1}^{k} n_i^2(2n_i+3)]/72 \tag{6.23}$$

이 식들을 가지고, J-검정통계량을 정규화시키면

$$Z_J = \frac{J - E_0[J]}{[Var_0(J)]^{1/2}} \tag{6.24}$$

가 된다. 이를 가지고, 표본의 수들이 충분히 크면 N(0,1)를 이용한 Z-검정을 실시한다.

예 6.2

만일 A보다 B가, B보다 C가 비용이 많이 든 전구라면, 평균수명도 비용에 따라 증가하는가를 아래의 표 6.3으로부터 검정해 보자.

표 6.3 전구 자료

전구 A	71	64	67	62
전구 B	84	80	81	77
전구 C	82	79	73	75

[풀이]

검정하는 가설들은 다음과 같이 쓴다.

$$H_0 : \tau_1 = \tau_2 = \tau_3 = 0 \ v.s. \ H_1 : \tau_1 \leq \tau_2 \leq \tau_3 \tag{6.25}$$

표 6.3의 자료를 순위자료로 바꾸면 표 6.9가 된다.

표 6.9 전구 순위자료

전구 A	4	2	3	1
전구 B	12	9	10	7
전구 C	11	8	5	6

이를 가지고, 맨-위트니 검정통계량들을 구하자.

$$U_{12} = 4+4+4+4 = 16$$

$$U_{13} = 4+4+4+4 = 16$$

$$U_{23} = 0+1+1+2 = 4$$

이들을 가지고, J-검정통계량의 값은

$$J = U_{12} + U_{13} + U_{23} \equiv 16+16+4 = 36$$

이다.

부록 B 표 12에서 $j(0.0463\ , 3\ , (\ 4,4,4)) = 36$ 이므로, p-값=0.0463으로 유의수준 0.05보다 작으므로 귀무가설을 기각하고, 대립가설 $H_1 : \tau_1 \le \tau_2 \le \tau_3$에 강력한 증거를 준다. 즉, 평균수명은 비용에 따라 증가한다고 할 수 있다.

같은 자료로 대표본근사로 Z-검정을 실시해 보자.

$$E_0[J] = (12^2 - (4^2 + 4^2 + 4^2))/4 = 24$$

$$Var_0[J] = [12^2(2*13) - (4^2(2*5+3) + 4^2(2*4+3) + 4^2(2*4+3)]/72 = 46.67$$

$$Z_J = 1.76$$

정규근사에 의한 p-값은 $P[Z \ge 1.76] = 0.0392$ 이므로, 소표본 검정결과와 같음 알 수 있다.

6.4 일원배치 다중비교

일원배치법에서 크루스칼-왈리스 검정은 단지 k개 처리 간의 유의한 차이를 검정하는 것이다. 검정 결과 귀무가설을 기각하지 못한다면 추가 분석을 할 필요가 없지만, 처리 간에 유의한 차이가 존재한다면, 어떤 처리 간에 있는가를 추가 분석을 해야 한다. 이와 같은 분석을 다중비교라고 한다. 즉, 예제 6.1에서 승용차 간에 유의한 차가 존재한다면 어떤 승용차 간에 있는가를 알아보는 것이 다중비교이다.

1. 개념

$H_0 : \tau_1 = \tau_2 = \tau_3 = 0$이 기각되어 $H_0 : \tau_1 = \tau_2$, $H_0 : \tau_1 = \tau_3$, $H_0 : \tau_2 = \tau_3$의 3개의 검정을 유의수준 5%로 검정한다면, 각기의 검정에서 H_0, 귀무가설이 참일 때 H_0이 진실이라고 할 확률은 0.95이므로, 3개의 검정을 동시에 검정할 때, H_0이 사실일 때, H_0이 참이라고 할 확률은 $(0.95^3) = 0.857$이다.

이는 $H_0 : \tau_1 = \tau_2 = \tau_3 = 0$이 사실일 때, 3개의 H_0 중 어느 하나 이상을 잘못 기각할 확률은 1−0857=0143〉0.05이다. 실질적인 유의수준이 커진다. 이를 실험별 오류율(experimentalwise error rate)이라고 한다. 처리효과가 다르지 않은데, 처리 간 차이가 난다는 잘못된 결론을 내릴 확률이 커지는 것이다.

2. 실험별오류율 조절

각기의 쌍별비교오류율(pairwise comparison error rate)을 α_0이라 하고, 전체 실험별오류율을 α라 하면, 다음과 같이 표현된다.

$$\alpha_0 = \frac{\alpha}{\binom{k}{2}} = \frac{2\alpha}{[k(k-1)]} \tag{6.26}$$

$k = 3$인 경우의 실험별오류율=0.05인 경우에, 쌍별비교오류율=0.0167 정도가 된다. 즉, 이는 각 쌍별비교의 유의수준을 약 0.0167 정도로 해야 전체 3개의 가설들에 대한 동시 검정의 유의수준이 0.05가 된다는 것이다. 실제로 위의 식은 각 검정들이 상호독립이라는 가정하에서 얻어진 것이므로, 정확한 쌍별비교오류율은 아니다. 이런 실험별오류율의 조절을 연구하는 분야를 다중비교(multiple comparison)라고 한다.

다중비교에는 사전 지식이 전혀 없이 비교하는 전체쌍별비교(all pairwise comparisons)와 대조그룹과만 비교하는 처리−대조비교가 있다. 전체쌍별비교는 k(k−1)/2개의 모든 쌍에 대한 비교를 하는 것이고, 처리−대조비교는 대조와 k−1개의 처리 간에만 비교하는 것으로 k−1개의 비교를 한다. 이와 같이 비교의 개수가 다르다.

3. 모수적 방법

전체처리비교의 경우의 모수적 방법으로 Tukey 방법을 소개한다. 이 검정은 흔히 HSD(Honestly significant difference) 검정이라고도 한다.

검정법은 모든 $u < v$에 대해,

$$q = \frac{|\overline{Y_{u.}} - \overline{Y_{v.}}|}{\sqrt{S^2/n}} > q_{\alpha, k, N-k} \tag{6.27}$$

이면 $\tau_u \neq \tau_v$이라고 결정한다. 이때 S^2은 MS_E이고, $q_{\alpha, k, N-k}$는 부록 B 표 13에서 얻을 수 있다. 각 처리의 표본의 크기를 n으로 같다는 가정이다. 만일 같지 않을 경우에는 조화평균을 쓴다. 즉,

$$\overline{n} = \frac{k}{\sum_{i=1}^{k}(1/n_i)}. \tag{6.28}$$

다음으로 처리-대조비교는 Dunnett의 방법을 소개한다. 이는 대조와 나머지 (k-1)개의 처리들을 비교한다.

만일,

$$q' = \frac{|\overline{Y_{control}} - \overline{Y_{u.}}|}{\sqrt{2S^2/n}} > q'_{\alpha, k-1, N-k}$$

이면 $\tau_1 \neq \tau_u$이라 결정한다. 이때 $q'_{\alpha, k, N-k}$는 부록 B 표 14에서 얻는다.

4. 비모수적 방법

먼저 전체처리비교를 고려하자. 크루스칼-왈리스 검정에 기초한 전체처리비교 방법은 먼저 원래의 전체 자료를 순위자료로 전환한다.

$$R_{ij} = \text{전체 N개의 혼합표본에서의 } Y_{ij}\text{의 순위}$$

라 정의한다. 그리고,

$$R_{i.} = \sum_{j=1}^{n} R_{ij} \text{와 } \overline{R_{i.}} = \frac{\sum_{j=1}^{n} R_{ij}}{n}$$

를 정의한다.

전체처리비교는 모든 $u < v$에 대해,

$$|R_{u.} - R_{v.}| > \ y_{\alpha,k,n}$$

이면 $\tau_u \neq \tau_v$이라고 결정한다. 이때 $y_{\alpha,k,n}$는 부록 B 표 15에서 얻을 수 있다. 각 처리의 표본의 크기를 n으로 같다는 가정이다.

만일 같지 않을 경우에는

$$|\overline{R_{u.}} - \overline{R_{v.}}| > \ [h(\alpha,k,(n_1,..,n_k))]\frac{\sqrt{N(N+1)}}{12}\sqrt{\frac{1}{n_u}+\frac{1}{N_v}}$$

이면, $\tau_u \neq \tau_v$로 결정한다. 이때 $h(\alpha,k,(n_1,..,n_k))$는 부록 B 표 11의 크루스칼-왈리스 통계량의 확률값이다.

다음으로 처리-대조비교를 고려하자. 대조그룹과 각 처리그룹을 검정하는 것이다. 크루스칼-왈리스 검정에서의 처리-대조비교의 한쪽 절차는,

$$R_{u.} - R_{1.} > \ y^{*}_{(\alpha,k-1,n)}$$

이면 $\tau_1 < \tau_u$이라 결정한다. 이때 $y^{*}_{(\alpha,k-1,n)}$는 부록 B 표 16에서 찾을 수 있다.

크루스칼-왈리스 검정에서의 처리-대조비교의 양쪽 절차는,

$$|R_{u.} - R_{1.}| > \ y^{**}_{(\alpha,k-1,n)}$$

이면, $\tau_1 < \tau_u$이라 결정한다. 이때 $y^{**}_{(\alpha,k-1,n)}$는 부록 B 표 17에서 찾을 수 있다.

예 6.3

표 6.2 승용차 자료

승용차 1	110	111	107	105
승용차 2	108	102	106	98
승용차 3	114	112	116	109

전체처리비교로 어떤 승용차 종류에 따라 연료소비량이 심각하게 다른가를 분포무관 다중비교를 실시하라.

[풀이]

예 6.1에 있는 네 개의 승용차 자료에 대한 혼합표본을 순위를 부여하여 표 6.4과 같은 순위자료를 얻었다.

표 6.6 승용차 순위자료

	승용차 1	승용차 2	승용차 3
	8	6	11
	9	2	10
	5	4	12
	3	1	7
순위합	25	13	40

전체처리 비교를 위해 순위합들을 비교하자.

$$|R_{1.} - R_{2.}| = |25 - 13| = 12 < y^{**}(0.045, 3, 4) = 24$$

$$|R_{1.} - R_{3.}| = |25 - 40| = 15 < y^{**}(0.045, 3, 4) = 24$$

$$|R_{2.} - R_{3.}| = |13 - 40| = 27 > y^{**}(0.045, 3, 4) = 24$$

이는, 승용차 2와 3만이 유의한 차가 존재한다 할 수 있다.

예 6.4

표 6.3 전구 자료

전구 A	71	64	67	62
전구 B	84	80	81	77
전구 C	82	79	73	75

세 개의 전구 중, 만일 A가 대조그룹이고 B와 C가 처리라고 하자. 이를 처리-대조 비교를 크루스칼-왈리스 검정에 기초한 분포무관다중비교를 하자.

[풀이]

표 6.3의 자료를 순위자료로 바꾸면 표 6.9가 된다.

표 6.9 전구 순위자료

전구 A	4	2	3	1
전구 B	12	9	10	7
전구 C	11	8	5	6

처리-대조비교를 위해 순위합들을 얻어서 비교하자.

$$R_{1.} - R_{2.} = 10 - 38 = 20 > y^*(0.0495, 3, 4) = 20$$

$$R_{1.} - R_{3.} = 10 - 30 = 20 = y^*(0.0495, 3, 4) = 20 \text{이므로,}$$

이는 전구 A와 B 그리고, A와 C는 유의한 차가 존재한다고 할 수 있다.

6.5 SAS 활용

크루스칼-왈리스 검정은 SAS에서는 PROC NPAR1WAY;를 사용하고, 존키어-테프스트라 검정은 SAS에서 PROC FREQ;를 사용하여 검정함을 알 수 있다. 그리고 다중비교는 Proc multtest;를 이용한다. 각기의 경우를 예제를 통해 알아보자.

예 6.1

표 6.2 승용차 자료

승용차 1	110	111	107	105
승용차 2	108	102	106	98
승용차 3	114	112	116	109

승용차 종류에 따라 연료소비량이 심각하게 다른지를 알고 싶다. 만일 승용차 간 유의한 차이가 존재하면, 전체처리비교로 어떤 승용차 종류에 따라 연료소비량이 심각하게 다른가를 분포무관 다중비교를 실시하라.

[풀이]

```
DATA KRUWAL1;
 INPUT CAR $ DIST @@;
 CARDS
1 110 1 111 1 107 1 105
2 108 2 102 2 106 2 98
3 114 3 112 3 116 3 109

RUN
PROC NPAR1WAY DATA=KRUWAL1 WILCOXON
 CLASS CAR;
 EXACT WILCOXON
```

```
VAR DIST;
RUN
PROC MULTTEST DATA=KRUWAL1 PERM;
 CLASS CAR;
  CONTRAST " 1 V.S. 2" 1 -1 0
  CONTRAST " 1 V.S. 3"  1 0 -1
  CONTRAST " 2 V.S. 3"  0 1 -1
  TEST MEAN(DIST);
  RUN
  QUIT
```

위의 SAS 프로그램의 결과는 아래와 같다. (1)의 결과에서 크루스칼-왈리스 검정의 P-값은 0.0177로 승용차 간에 유의한 차가 존재함을 나타냄을 알 수 있다. 그리고 (2)에서 SAS의 PERMUTATION TEST(순열검정)의 결과이다. 이는 최소 P-값 방법(MINIMUM P-VALUE METHOD)을 이용한 전체처리비교의 결과로 승용차 2와 3이 다름을 나타내고 있다. 이는 위의 전체처리비교의 결과와 동일함을 알 수 있다.

```
                     The NPAR1WAY Procedure
             Wilcoxon Scores (Rank Sums) for Variable DIST
                     Classified by Variable CAR
                 Sum of      Expected      Std Dev        Mean
CAR      N       Scores      Under H0      Under H0       Score
-----------------------------------------------------------------
1        4        25.0          26.0       5.887841        6.250
2        4        13.0          26.0       5.887841        3.250
3        4        40.0          26.0       5.887841       10.000

                            Kruskal-Wallis Test
                     Chi-Square                        7.0385
 (1)                 DF                                     2
                     Asymptotic Pr >  Chi-Square       0.0296
                     Exact      Pr >= Chi-Square       0.0177

                         The Multtest Procedure
                           Model Information

             Test for continuous variables           Mean t-test
             Tails for continuous tests              Two-tailed
             Strata weights                          None
             P-value adjustment                      Permutation
             Center continuous variables             No
```

```
        Number of resamples                          20000
        Seed                                         10484001

                          Contrast Coefficients
                                   CAR
          Contrast           1            2           3
           1 V.S. 2          1           -1           0
           1 V.S. 3          1            0          -1
           2 V.S. 3          0            1          -1

                     Continuous Variable Tabulations
                                                                Standard
          Variable    CAR       NumObs       Mean               Deviation
           DIST        1          4        108.2500              2.7538
           DIST        2          4        103.5000              4.4347
           DIST        3          4        112.7500              2.9861

                                 p-Values
          Variable       Contrast          Raw          Permutation
            DIST         1 V.S. 2        0.0850            0.1829
            DIST         1 V.S. 3        0.1000            0.2089
(2)         DIST         2 V.S. 3        0.0044            0.0089
```

예 6.2

표 6.3 전구 자료

전구 A	71	64	67	62
전구 B	84	80	81	77
전구 C	82	79	73	75

만일 A보다 B가, B보다 C가 비용이 많이 든 전구라면, 평균수명도 비용에 따라 증가하는가를 알아보자. 만일 유의한 차가 존재한다면 추가분석을 실시하자. 세 개의 전구 중, A가 대조그룹이고 B와 C가 처리라고 하자. 이를 처리-대조비교를 크루스칼-왈리스 검정에 기초한 분포무관 다중비교를 하라.

다음과 같은 SAS 프로그램을 얻는다.

```
DATA JONTERP;
 INPUT TRTCODE TREAT $ PERIOD @@;
 CARDS
  1 A 71 1 A 64 1 A 67 1 A 62
  2 B 84 2 B 80 2 B  81 2 B 77
  3 C 82 3 C 79 3 C 73 3 C 75
  ;
  RUN
  PROC FREQ DATA=JONTERP;
  TABLES TRTCODE*PERIOD/JT NOPRINT
   EXACT JT
   RUN

   PROC MULTTEST DATA=JONTERP PERM;
    CLASS TREAT;
        CONTRAST ' A VS B ' 1 -1 0
        CONTRAST  'A VS C'  1  0 -1
        TEST MEAN(PERIOD);
  RUN
```

이 프로그램의 결과는 다음과 같이 얻는다. (1)의 결과는 죤키어-터프스트라 검정의 P-값은 0.0463이고 유의수준 5%보다 적으므로, 전구 A보다 B가 B보다 C가 더욱 긴 평균수명을 가짐을 나타낸다. 그리고 처리-대조비교의 경우는 (2)의 결과로 A와 B, 그리고 A와 C는 유의한 차가 존재함을 알 수 있다.

```
                         FREQ 프로시저
                      TRTCODE * PERIOD 테이블에 대한 통계량
                              Jonckheere-Terpstra 검정
               ------------------------------------------
                          통계량 (JT)                36.0000
                          Z                           1.7566
                          근사적인 검정
                          단측 Pr >  Z                0.0395
                          양측 Pr > |Z|               0.0790
                          정확 검정
(1)                      단측 Pr >=  JT               0.0463
                          양측 Pr >= |JT - Mean|      0.0926

                              표본 크기 = 12
                           The Multtest Procedure
                              Model Information
           Test for continuous variables              Mean t-test
```

Tails for continuous tests	Two-tailed
Strata weights	None
P-value adjustment	Permutation
Center continuous variables	No
Number of resamples	20000
Seed	377171001

Contrast Coefficients

	TREAT		
Contrast	A	B	C
A VS B	1	−1	0
A VS C	1	0	−1

Continuous Variable Tabulations

Variable	TREAT	NumObs	Mean	Standard Deviation
PERIOD	A	4	66.0000	3.9158
PERIOD	B	4	80.5000	2.8868
PERIOD	C	4	77.2500	4.0311

p-Values

	Variable	Contrast	Raw	Permutation
(2)	PERIOD	A VS B	0.0003	0.0013
	PERIOD	A VS C	0.0018	0.0083

연습문제

1. A, B, C 세 종류의 파리약의 살충효과를 백분율로 다음과 같이 얻었다.

상표 A	72	65	67	75	74
상표 B	55	59	68	70	53
상표 C	64	62	61	58	51

(a) 상표에 따라 살충효과가 다른가를 5% 유의수준으로 크루스칼-왈리스 검정을 실시하라.

(b) 세 그룹에 때해 전체처리비교를 실시하라. (실험별오류율=0.048)

(c) 위의 (a)를 얻기 위한 SAS 프로그램을 정확히 써라.

2. 20명의 신입사원들을 랜덤하게 5명씩 배정하여 4개의 다른 적응훈련을 실시하고, 시험에 의해서 아래의 순위들을 얻었다.

프로그램	순위
A	4 6 7 2 10
B	1 8 12 3 11
C	20 19 16 14 5
D	18 15 17 13 9

(1) 각기의 프로그램들간의 효과에 차이가 존재하는가를 유의수준 5%로 검정하라.

(2) 만일 프로그램들간에 차이가 존재한다면 어떤 것들이 다른가를 말하라.

3. 다음은 세 종류의 전구를 랜덤추출하여 수명의 자료들을 얻었다.

A: 73 64 67 62 70　　B: 84 80 81 77　　C: 82 79 71 75

(c) 만일 A보다 B가, B보다 C가 비용이 많이 든 전구라면, 평균수명도 비용에 따라 증가하는가를 유의수준 5%로 검정하라.

4. $H_0: \tau_1 = \tau_2 = \tau_3$가 사실일 때, $n_1 = 2$, $n_2 = 1$, $n_3 = 1$일 때, 죤키어 검정통계량 J의 분포표를 작성하라.

5. 네 종류의 옥수수 경작법 A, B, C, D 로 일년간 농사를 지어 얻어진 수확량으로 아래의 각기의 반복으로부터의 순위합을 얻었다.

$$R_{.1} = 196.5, R_{.2} = 153.0, R_{.3} = 207.0\ , R_{.4} = 38.5\ , n_1 = 9\ , n_2 = 10\ , n_3 = 7\ , n_4 = 8$$

(1) 경작법 간에 유의한 차이가 있는가를 유의수준 5% 근처로 검정하라.

(2) 만일 유의한 차가 있으면, 다중비교로 그 다른 것들을 찾아내라.

6. 다음은 세 종류의 전구를 랜덤추출하여 수명의 자료들을 얻었다.

A: 73 64 67 62 70 / B: 84 80 81 77 / C: 82 79 71 75

(a) 각기의 종류 간에 평균수명의 차가 존재하는가를 유의수준 5%로 비모수적 분포무관 검정을 실시하라.

(b) 만일 종류 간 평균수명의 차가 있으면, 어떤 전구 간에 존재하는가를 찾아라.

(c) 만일 A보다 B가, B보다 C가 비용이 많이 든 전구라면 평균수명도 비용에 따라 증가하는가를 유의수준 5%로 검정하라.

(d) 위의 (a), (b), (c)의 결과를 얻기 위한 SAS-프로그램을 정확히 써라.

제 7 장 이원배치법

7.1 서론

처리 간 유의한 차이가 있나를 비교 실험하려고 한다. 실험단위간 계통적 변동이 있는 경우를 가정할 수 있다. 이때 실험단위들의 이질성을 평준화시키려 랜덤화를 한다. 문제는 랜덤화로 실험단위들 간의 이질성을 제거하기 어려운 경우가 있다. 예를 들어, 세 종류의 젖소 사료가 우유의 생산에 얼마나 영향을 주는가를 비교 실험한다. 이때 한 특정한 종자가 아무리 랜덤화를 잘해도 한 사료에 몰릴 수 있다. 그러면 사료라는 처리의 영향과 같이 종자라는 다른 변수가 관측값에 영향을 미칠 수 있다.

랜덤화로 실험단위들 간의 이질성을 제거하기 어려울 때, 가장 비슷한 실험단위들을 블록으로 묶는 블록화의 원리를 이용해 오차를 줄이는 시도를 하게 된다. 실험단위들을 유사한 단위들끼리 모아서, 비교해서 오차를 줄여 처리 간 차이를 더욱 정밀하게 보려는 것이다. 즉, 제한된 랜덤화를 이용하는 것이다. 이를 랜덤화완전블록설계(randomized complete block design)라고 한다. 젖소 사료의 예에서 같은 종자를 블록으로 놓고, 그 안에서 각기의 사료를 랜덤하게 배치하는 것이다. 이는 랜덤화를 제한하는 과정이다.

이 설계에 대한 비모수적 방법을 이 장에서 생각하자. 이는 반복이 없는 이원배치법의 비모수적 방법으로도 이해할 수 있다.

블록설계는 블록 안에 모든 처리들을 포함하느냐에 따라, 완전블록설계(complete block design)와 불완전블록설계(incomplete block design)로 나뉜다. 이 장에서는 한 블록 안에 비교하고자 하는 모든 처리들을 포함하는 완전블록설계를 고려한다. 또는 반복이 하나인 이원배치법은 두 요인의 상호작용이 없는 경우이다. 불완전블록설계나 반복이 둘 이상인 이원배치법의 비모수적 방법은 Hollander and Wolfe (1999)을 참조하기 바란다.

■ 자료구조

n개의 블록과 k개의 처리를 갖는, 모두 $N = nk$개의 자료의 이원배치법 자료구조를 다음의 표 7.1에서 보여 주고 있다. 표 7.1의 Y_{ij}는 i번째 블록에서의 j번째 처리의 관측치를 말한다.

표 7.1 이원배치법의 자료 구조

블록 \ 처리	1	2	....	k
1	Y_{11}	Y_{12}	....	Y_{1k}
2	Y_{21}	Y_{22}	....	Y_{2k}
.	...	...	....	....
.	...	...	...	...
b	Y_{b1}	Y_{b2}	...	Y_{bk}

행과 열의 평균들과 총평균은

$$\overline{Y_{i.}} = \sum_{j=1}^{k} Y_{ij} \ , \ \overline{Y_{.j}} = \sum_{i=1}^{b} Y_{ij} \ \text{그리고} \ \overline{Y_{..}} = \sum_{i=1}^{b}\sum_{j=1}^{k} Y_{ij} \qquad (7.1)$$

로 정의한다.

■ 선형 모형

이를 수학적 모형으로 표현하면,

$$Y_{ij} = \mu + \beta_i + \tau_j + \epsilon_{ij}, \ \text{i=1,.., b; j=1,.., k} \qquad (7.2)$$

의 선형모형으로 표현한다. μ는 전체평균을 나타내고, β_i는 i번째 블록 효과이고, τ_j는 처리 j에서의 처리효과의 모수이다. 그리고 ϵ들은 오차항이다. 이들은 $\epsilon_{11}, \ldots, \epsilon_{bk} \sim i.i.d.\ F(x)$로 표현하고, 이들 오차들은 연속형이며, 상호독립이고, 공통된 분포를 갖는다고 가정한다.

■ 통계적 가정

가설은 처리 간의 유의한 차에 대한 가설만 고려한다. k개의 처리를 비교하기 위해 동일한 특성을 갖는 블록 내에서 실험을 하므로, 블록 간의 차이는 관심이 없기 때문이다. 처리효과의 유의성을 다루는 가설은 k개의 처리효과가 같다는 귀무가설과 적어도 하나는 다르다는 일반 대립가설을 다음과 같이 쓴다.

$$H_0 : \tau_1 = \tau_2 = \ldots = \tau_k = 0 \quad v.s. \ H_1 : \text{적어도 하나의 } \tau_i \neq 0. \qquad (7.3)$$

이런 일반대립가설의 검정은 분산의 분해를 이용한다. 즉, 총제곱합을 블록제곱합과 처리제곱합, 오차제곱합으로 나눠 아래의 수식 (7.4)로 기술한다.

$$\sum_{i=1}^{b}\sum_{j=1}^{k}(Y_{ij}-\overline{Y..})^2=\sum_{i=1}^{b}\sum_{j=1}^{k}(\overline{Y_{i}.}-\overline{Y..})^2+\sum_{i=1}^{b}\sum_{j=1}^{k}(\overline{Y_{.j}}-\overline{Y_{..}})^2$$
$$+\sum_{i=1}^{b}\sum_{j=1}^{k}(Y_{ij}-\overline{Y_{i.}}-\overline{Y_{.j}}-\overline{Y_{..}})^2 \qquad (7.4)$$

위의 수식 (7.4)에서 처리 간의 차가 클수록 총제곱합 중 처리제곱합이 커지면 귀무가설을 기각한다. 평균의 문제를 분산으로 해석해서 검정하는 것이다.

순서대립가설은

$$H_1 : \tau_1 \leqq \tau_2 <= \ldots \leqq \tau_k \text{ (적어도 하나는 절대 부등식임)} \qquad (7.5)$$

으로 표현된다. 이는 대립가설은 처리의 효과가 순서로 나타난다는 것을 의미한다. 예를 들면, 농도가 진할수록 신약의 효과가 증가하는가를 들 수 있다. 다음은 일반 대립가설의 경우의 [예 7.1]과 [예 7.2]와 순서대립가설의 [예 7.3]을 알아본다.

예 7.1

세 종류의 자극(A, B, C)에 대해 네 사람의 반응을 아래와 같이 얻었다. 과연 자극에 따라 유의한 차가 존재하는가?

표 7.2 반응시간 자료

사람 \ 자극	A	B	C
1	1.7	3.4	2.3
2	1.5	2.6	2.1
3	0.1	2.3	0.8
4	0.6	2.2	1.6

예 7.2

네 종류의 자극(A, B, C, D)에 대해 세 사람의 반응을 아래와 같이 얻었다. 과연 자극에 따라 유의한 차가 존재하는가?

표 7.3 반응시간 자료

사람 \ 자극	A	B	C	D
1	100	100	150	150
2	80	80	80	90
3	50	60	80	90

예 7.3

다음은 Cochran and Cox(1957)에서 보고된 것으로, 산화칼륨의 농도가 작아질수록 면의 파괴강도가 커지는가를 알아보기 위한 실험이다. 3번의 반복이 블록이 되고, 5수준(k=5)을 적용하여 아래의 자료를 얻었다. 산화칼륨의 농도가 작아질수록 면의 파괴강도가 강해지는가를 나타내는 순서대립가설을 검정하여 보자.

표 7.4 면의 파괴강도(순위)

반복 \ 산화칼륨	144	108	72	54	36
1	7.46(2)	7.17(1)	7.76(4)	8.14(5)	7.63(3)
2	7.68(2)	7.57(1)	7.73(3)	8.15(5)	8.00(4)
3	7.21(1)	7.80(3)	7.74(2)	7.87(4)	7.93(5)
순위합	$R_{.1}=5$	$R_{.2}=5$	$R_{.3}=9$	$R_{.4}=14$	$R_{.5}=12$

■ 모수적 방법

모수적 방법은

$$\epsilon_{11}, \ldots, \epsilon_{bk} \sim i.i.d.\ N(0, \sigma^2) \tag{7.6}$$

이라는 가정하에서(각기 자료들, Y_{ij}는 상호독립된 정규모집단의 확률표본들이고, 평균은 $\mu + \beta_i + \tau_j$이며, 각기 분산은 모두 σ^2으로 같다는 가정), 처리효과의 유의한 차이가 존재하는가를 알아보는 것이다. 즉,

$$H_0 : \tau_1 = \tau_2 = \ldots = \tau_k = 0 \quad v.s. \quad H_1 : \text{적어도 하나의 } \tau_i \neq 0$$

이의 유의성 검정은 제곱합의 분해를 통해 검정한다. 즉

$$SS_{total} = \sum_{i=1}^{b}\sum_{j=1}^{k}(Y_{ij} - \overline{Y_{..}})^2,\ \text{총제곱합을}$$

$$SS_{blk} = \sum_{i=1}^{b}\sum_{j=1}^{k}(\overline{Y_{i.}} - \overline{Y_{..}})^2\text{(블록의 제곱합)과,}$$

$$SS_{trt} = \sum_{i=1}^{b}\sum_{j=1}^{k}(\overline{Y_{.j}} - \overline{Y_{..}})^2\text{(처리의 제곱합)과,}$$

$$SS_E = \sum_{i=1}^{b}\sum_{j=1}^{k}(Y_{ij} - \overline{Y_{i.}} - \overline{Y_{.j}} + \overline{Y_{..}})^2\text{(오차의 제곱합)}$$

으로 분해해서, 평균의 차이를 분산을 통해 검정하는 것이 분산분석법이다. 정규모집단임을 가정하면 표 7.5의 형태의 분산분석표로 표현할 수 있다.

표 7.5 이원배치법 분산분석표

요인	제곱합	자유도	평균제곱	F
블록	SS_{blk}	$b-1$	$MS_{blk} = \frac{SS_{blk}}{b-1}$	
처리	SS_{trt}	$k-1$	$MS_{trt} = \frac{SS_{trt}}{k-1}$	$F = \frac{MS_{trt}}{MS_E}$
오차	SS_E	$(b-1)(k-1)$	$MS_E = \frac{SS_E}{(b-1)(k-1)}$	
총	SS_{total}	$bk-1$		

표 7.5에서 $F = \frac{MS_{trt}}{MS_E}$의 값이 자유도가 $(k-1, (b-1)(k-1))$인 F-분포의 상위 $100^*(\alpha)$의 백분위수를 넘기면, 우리는 귀무가설을 기각한다.

이러한 F-검정은 정규모집단이란 가정이 어긋나면 적용할 수 없다. 즉, 꼬리가 두터운 분포에 따르거나, 자료에 이상점들이 존재하는 경우에는 F-검정은 심각한 검정력의 손실을 보게 되어 잘못된 추론에 이를 수 있다. 이에 분포무관 비모수적 방법들이 필요하다.

7.2절에서는 일반대립가설을 비교하는 비모수적 방법인 프리드만 검정(Friedman test)에 대해 알아본다. 7.3절에서는 순서대립가설을 비교하는 비모수적 방법인 페이지 검정(Page test)에 대해 살펴본다. 그리고 7.4절에서는 다중비교에 대해 알아본다. 7.5절에서는 SAS 프로그램과 결과들의 해석을 살펴본다.

7.2 프리드만 검정

6.2절의 크루스칼-왈리스 검정에서는 모든 관측값들의 순위를 가지고 추론했지만, 동일한 블록 내에서 k개의 처리를 비교하는 경우에는 전체 관측값에서의 순위가 별 의미가 없다. 그 이유는 블록효과가 존재하는 경우는 순위에 처리효과와 더불어 블록효과가 첨부되기 때문이다.

즉, Y_{ij}들이 $Y_{ij} = \mu + \beta_i + \epsilon_{ij}$ 으로서, $H_0 : \tau_1 = \tau_2 = \dots = \tau_k = 0$ 하에서 동일한 분포를 갖지 않기 때문이다. 따라서 각 블록 내의 순위들만 가지고 추론해야 한다. 그리고 블록 간 차이에는 관심이 없다. 오직 처리 간 유의한 차이에 대한 검정을 실시한다.

프리드만 검정은 일반대립가설의 검정으로 다음의 절차로 이루어진다.

1. 가설: $H_0 : \tau_1 = \tau_2 = \dots = \tau_k = 0 \quad v.s. \quad H_1$: 적어도 하나의 $\tau_i \neq 0$ (7.7)

2. 각 블록 내에서, k개의 관측값들을 작은 것부터 차례로 순위를 부여한다. 즉, i번째 블록의 Y_{ij}들의 순위들 $(R_{i1}, \dots, R_{ik})$는 $(1, \dots, k)$의 한 순열이다. 이들은 다음의 표 7.6로 나타낸다.

표 7.6 블록 내 순위자료

블록 \ 처리	처리 1	처리 2	......	처리 k
1	R_{11}	R_{12}	......	R_{1k}
2	R_{21}	R_{22}	......	R_{2k}
...	....	....	.....	.....
b	R_{b1}	R_{b2}	....	R_{bk}
순위합	$R_{.1}$	$R_{.2}$	......	$R_{.k}$
평균순위	$\overline{R_{.1}}$	$\overline{R_{.2}}$	......	$\overline{R_{.k}}$

이때 총평균 순위는

$$\overline{R_{..}} = \sum_{i=1}^{b}\sum_{j=1}^{k} R_{ij}/N = \frac{k+1}{2} \tag{7.8}$$

으로 언제나 같음을 알 수 있다. 이들의 순위자료의 제곱합의 분해로 표현하면, 다음의 수식 (7.9)로 표현할 수 있다.

$$\sum_{i=1}^{b}\sum_{j=1}^{k}(R_{ij}-\overline{R_{..}})^2=\sum_{i=1}^{b}\sum_{j=1}^{k}(\overline{R_{i.}}-\overline{R_{..}})^2+\sum_{i=1}^{b}\sum_{j=1}^{k}(\overline{R_{.j}}-\overline{R_{..}})^2$$
$$+\sum_{i=1}^{b}\sum_{j=1}^{k}(R_{ij}-\overline{R_{i.}}-\overline{R_{.j}}-\overline{R_{..}})^2 \quad (7.9)$$

수식 (7.9)의 좌변의 순위의 총제곱합은 언제나 상수이고, 순위의 블록제곱합은 언제나 0임을 쉽게 알 수 있다.

3. 검정통계량

프리드만 검정통계량은 수식 (7.10)으로 표현한다. 이는 수식 (7.9)의 우변의 첫째 항, 순위 처리제곱합에 상수, $c=\frac{12}{[k(k+1)]}$를 곱한 것이다.

$$S=\frac{12b}{k(k+1)}\sum_{j=1}^{k}(\overline{R_{.j}}-\frac{k+1}{2})^2 \quad (7.10)$$

수식 (7.10)은 평균순위 $\overline{R_{.j}}$를 이용하여 표기하였고, 이를 순위합 $R_{.j}$로 표현하면, 수식 (7.11)로 표현할 수도 있다.

$$S=\frac{12}{bk(k+1)}\sum_{j=1}^{k}(R_{.j}-\frac{n(k+1)}{2})^2 \quad (7.11)$$

수식 (7.11)을 연산의 수월성을 위해, 아래의 수식 (7.12)로도 표현할 수 있다.

$$S=\frac{12}{bk(k+1)}\sum_{j=1}^{k}R_{.j}^2-3b(k+1) \quad (7.12)$$

4. 검정법

유의수준 α에서 $S\geq s(\alpha,k,b)$이면 귀무가설을 기각한다.

여기서 $S\geq s(\alpha,k,b)$은 $P_0(S\geq s(\alpha,k,b))=\alpha$를 만족하는 상수로 부록 B 표 18에 있다.

NOTE S 통계량은 F-검정에서의 관측값 대신에 블록별 순위를 사용한 것으로, k=2

인 경우는 양쪽 부호검정과 동일함을 알 수 있다.

5. 대표본근사

프리드만 검정통계량이 순위자료의 $S = c \cdot SS_{trt}$ 으로 한 것은 이 통계량의 극한분포가 카이제곱분포에 따르게 하기 위함이다. 따라서 대표본근사는 $S \geq \chi^2(\alpha, k-1)$ 이면 귀무가설을 기각한다.

6. 동점처리

동점이 있을 경우에는 평균순위를 사용하여, $S = c \cdot SS_{trt}$ 의 c를 $c = \dfrac{b}{\sum_{i=1}^{b} S_{B_i}{}^2}$ 로 조정한다. 이때 $S_{B_i}{}^2$은 i번째 블록에서의 동점이 있는 관측값들의 순위들의 표본분산이다. 이를 다음과 같이 표현한다.

$$S' = \frac{S}{1 - \sum_{i=1}^{b} T_i / [bk(k^2-1)]} \tag{7.13}$$

이때 $T_i = (\sum t_j^3) - k$, 단 t_j는 블록 i에서 j번째 동점그룹의 크기이다. 만일 블록 i에서 동점이 없으면 $T_i = 0$가 됨을 알 수 있다.

예 7.4

세 종류의 자극(A, B, C)에 대해 네 사람의 반응을 아래와 같이 얻었다. 과연 자극에 따라 유의한 차가 존재하는가? 표 7.2의 자료를 블록순위자료로 아래와 같이 얻을 수 있다.

표 7.7 반응시간 블록순위자료

사람 \ 자극	A	B	C
1	1	3	2
2	1	3	2
3	1	3	2
4	1	3	2
순위합	4	12	8
평균순위	1	3	2

검정통계량 S의 값은 다음과 같이 계산된다.

$$S = \frac{12*4}{3 \cdot (3+1)}((1-2)^2 + (3-2)^2 + (2-2)^2 = 8$$

부록 B 표 18에서 $P_0(S \geq 8) = 0.005$ 이므로 H_0을 기각한다.

예 7.5

네 종류의 자극(A, B, C, D)에 대해 3사람의 반응을 아래와 같이 얻었다. 과연 자극에 따라 유의한 차가 존재하는가? 표 7.3의 자료를 다음의 표 7.8의 블록순위자료로 얻을 수 있다.

표 7.8 반응시간 블록순위자료

사람 \ 자극	A	B	C	D
1	1.5	1.5	3.5	3.5
2	2	2	2	4
3	1	2	3	4
순위합	4.5	5.5	8.5	11.5
평균순위	1.5 1.85	2.83	3.83	

검정통계량 S의 값은 다음과 같이 계산된다.

$$S = \frac{12}{3 \cdot 4 \cdot (4+1)}(4.5^2 + 5.5^2 + 8.5^2 + 11.5^2) - 3 \cdot 3 \cdot (4+1) = 6$$

블록 1과 2가 동점이 있으므로 $\sum T_i = (2^2 + 2^2 - 4) + (3^2 + 1^2 - 4) = 10$ 이다.

조정된 검정통계량 $S' = \dfrac{6}{1 - 10/(3 \cdot 4 \cdot (4^2 - 1))} = 6.35$ 이다. 부록 B 표 18에서 $P_0(S \geq 6.6) = 0.075$ 이므로, 유의수준 5%에서 귀무가설, H_0을 기각한다. p-값은 $P_0(S \geq 6.35) \approx 0.098$ 이다.

NOTE 부록 B 표 18의 계산법

S 통계량은 블록 내에서의 순위와 관련된 것이지, 실제의 관측값과는 무관하다. 귀무가설이 사실이라는 가정하에서, 각기의 블록 안에서의 $k!$ 개의 등확률의 배열들이 존재한다. 그래서 전체 b개의 블록에서의 총 $(k!)^b$ 개의 등확률의 배열들이 있음을 알 수 있다. 예를 들면, $b=3$와 $k=2$, 즉 3개의 블록에서 2개의 처리를 비교하는 경우에 $H_0: \tau_1 = \tau_2 = 0$,, 참이라는 가정하에서, 표 7.9의 총 8개의 등확률의 배열들과 각 배열들의 S 값들도 얻을 수 있다.

표 7.9 프리드만 분포자료

배열 블록	1	2	3	4	5	6	7	8
1	2,1	2,1	2,1	1,2	1,2	1,2	2,1	1,2
2	2,1	2,1	1,2	2,1	1,2	2,1	1,2	1,2
3	2,1	1,2	2,1	2,1	2,1	1,2	1,2	1,2
등확률	$\frac{1}{8}$	$\frac{1}{8}$	$\frac{1}{8}$	$\frac{1}{8}$	$\frac{1}{8}$	$\frac{1}{8}$	$\frac{1}{8}$	$\frac{1}{8}$
S	3	$\frac{1}{3}$	$\frac{1}{3}$	$\frac{1}{3}$	$\frac{1}{3}$	$\frac{1}{3}$	$\frac{1}{3}$	3

위의 표 7.9로부터 $P_0(S=\frac{1}{3})=\frac{3}{4}$, $P_0(S=3)=\frac{1}{4}$의 부록 B 표 18의 확률분포를 얻는다.

7.3 페이지 검정

두 개의 처리효과를 비교하는데, 귀무가설을 검정하는 한쪽검정을 양쪽검정으로 할 경우에 검정력에 심각한 손상을 얻는다. 이런 문제를 k 표본 문제로 확장해도 똑같은 현상이 일어난다. 즉, 순서대립가설을 검정하는데, 일반대립가설을 사용할 경우에 심각한 검정력의 손실이 따름을 알 수 있다. 순서대립가설의 경우의 예는 신약의 효과분석 시, 대조그룹(전혀 투약치 않음), 소량투여그룹, 다량투여그룹을 검정하는 것 등을 들 수 있다. 블록 내 순위를 이용한 순서대립가설을 검정하는 페이지 검정(Page test)의 절차를 알아보자.

1. 가설. $H_0: \tau_1 = \tau_2 = \ldots = \tau_k = 0$ $v.s.$ $H_1: \tau_1 \le \tau_2 \le . . \le \tau_k$ (적어도 하나는

< 이다.) (7.14)

2. 각 블록 내에서, k개의 관측값들을 작은 것부터 차례로 순위를 부여한다. 즉, i 번째 블록의 Y_{ij}들의 순위들 $(R_{i1}, \ldots, R_{ik})$는 $(1, \ldots, k)$의 한 순열이다. 이들은 다음의 표 7.10으로 나타낸다.

표 7.10 블록 내 순위자료

블록 \ 처리	처리 1	처리 2	……	처리 k
1	R_{11}	R_{12}	……	R_{1k}
2	R_{21}	R_{22}	……	R_{2k}
…	….	….	……	….
b	R_{b1}	R_{b2}	…….	R_{bk}
순위합	$R_{.1}$	$R_{.2}$	……	$R_{.k}$
평균순위	$\overline{R_{.1}}$	$\overline{R_{.2}}$	……	$\overline{R_{.k}}$

이때 총평균 순위

$$\overline{R_{..}} = \sum_{i=1}^{b}\sum_{j=1}^{k} R_{ij}/N = \frac{k+1}{2} \tag{7.15}$$

로 언제나 상수임을 알 수 있다. 이들의 순위자료의 제곱합의 분해로 표현하면 위의 수식 (7.9)로 표현할 수 있다.

3. 검정통계량

페이지 검정통계량은 아래의 수식 (7.16)으로 표현한다.

$$L = \sum_{j=1}^{k} j \cdot R_{.j} = R_{.1} + 2R_{.2} + .. + kR_{.k} \tag{7.16}$$

이때 $R_{.j} = \sum_{i=1}^{b} R_{ij}$이다. 수식 (7.16)은 $(1, 2, .., k)$와 $((R_{.1}, R_{.2}, .., R_{.k})$ 사이의 상관관계를 나타내는 측도로 생각할 수 있다.

4. 검정법

유의수준 α에서 $L \geq l(\alpha,k,b)$이면 귀무가설을 기각한다.

여기서 $L \geq l(\alpha,k,b)$은 $P_0(L \geq l(\alpha,k,b)) = \alpha$를 만족하는 상수로 부록 B 표 19에 있다.

5. 대표본근사

페이지 검정통계량의 대표본근사는 L 통계량의 정규근사에 의한다. H_0, 귀무가설이 사실일 때, L-검정통계량의 평균과 분산을 다음과 같이 구할 수 있다.

$$E_0[L] = \frac{bk(k+1)^2}{4}$$

$$Var_0[L] = \frac{bk^2(k+1)(k^2-1)}{144} \tag{7.17}$$

이 수식 (7.17)을 가지고, L-검정통계량을 정규화시키면

$$Z_L = \frac{L - E_0[L]}{[Var_0(L)]^{1/2}} \tag{7.18}$$

이 된다. 이를 가지고, 표본의 수가 충분히 클 때, N(0,1)를 이용한 Z-검정을 실시한다.

NOTE 동점이 있을 경우에는 평균순위를 사용한다.

예 7.6

다음은 Cochran and Cox(1957)에서 보고된 것으로, 산화칼륨의 농도가 작아질수록 면의 파괴강도가 커지는가를 알아보기 위한 실험이다. 3번의 반복이 블록이 되고, 5수준(k=5)을 적용하여 아래의 자료를 얻었다. 산화칼륨의 농도가 작아질수록 면의 파괴강도가 강해지는가를 나타내는 순서대립가설을 검정하여 보자. 표 7.4의 자료를 다음의 표 7.11의 블록 내 순위자료로 표현하자.

표 7.11 면의 파괴강도(블록 내 순위)

반복 \ 산화칼륨	144	108	72	54	36
1	2	1	4	5	3
2	2	1	3	5	4
3	1	3	2	4	5
순위합	$R_{.1}$=5	$R_{.2}$=5	$R_{.3}$=9	$R_{.4}$=14	$R_{.5}$=12

위의 블록 내 순위합으로 페이지 검정통계량을 계산하자.

$$L = 5 + 2(5) + 3(9) + 4(14) + 5(12) = 158$$

부록 B 표 19에서 유의수준 1%의 155이므로, 유의수준 1%로 H_0을 기각한다. 이는 산화칼륨의 수준이 감소하면서 파괴강도는 커진다는 것이다.

이를 대표본근사로 계산하면,

$$Z_L = \frac{158 - [\frac{3(5)(5+1)^2}{4}]}{[\frac{3(5^2)(5+1)(5^{2-1})}{144})]^{1/2}} = 2.66$$

으로 표준정규분포표로부터 근사 p-값은 0.0039로 위의 정확검정과 거의 같은 결론에 이른다. 비록 블록이 3개인 데도 정확히 근사됨을 알 수 있다.

NOTE 부록 B 표 19의 계산법

L 통계량은 블록 내에서의 순위와 관련된 것이지, 실제의 관측값과는 무관하다. 귀무가설이 사실이라는 가정하에서, 각기의 블록안에서의 $k!$ 개의 등확률의 배열들이 존재한다. 그래서 전체 b개의 블록에서의 총 $(k!)^b$ 개의 등확률의 배열들이 있음을 알 수 있다. 예를 들면, $b=3$와 $k=2$, 즉 3개의 블록에서 2개의 처리를 비교하는 경우에 $H_0: \tau_1 = \tau_2 = 0$, 참이라는 가정하에서, 표 7.12의 총 8개의 등확률의 배열들과, 각 배열들의 L 값들도 얻을 수 있다.

표 7.12 페이지 검정자료

배열 / 블록	1	2	3	4	5	6	7	8

1	2,1	2,1	2,1	1,2	1,2	1,2	2,1	1,2
2	2,1	2,1	1,2	2,1	1,2	2,1	1,2	1,2
3	2,1	1,2	2,1	2,1	2,1	1,2	1,2	1,2
등확률	$\frac{1}{8}$	$\frac{1}{8}$	$\frac{1}{8}$	$\frac{1}{8}$	$\frac{1}{8}$	$\frac{1}{8}$	$\frac{1}{8}$	$\frac{1}{8}$
L	12	13	13	13	14	14	14	15

위의 표 7.12로부터

$$P_0(L=12)=\frac{1}{8},\ P_0(L=13)=\frac{3}{8},\ P_0(L=14)=\frac{3}{8},\ P_0(L=15)=\frac{1}{8}$$

으로 부록 B 표 19의 확률분포를 얻는다.

7.4 다중비교

일원배치법과 같이 이원배치법에서도 다중비교(multiple comparison)를 할 필요가 있다. 즉 k개의 처리간에 유의한 차이가 있어, 귀무가설을 기각하지 못한다면 추가 분석을 할 필요가 없다. 그러나 처리 간에 유의한 차이가 존재하면, 어떤 처리 간에 차이가 있는가에 대해 추가 분석을 해야 한다. 이와 같은 분석을 다중비교라고 정의한다. 모수적 방법에서는 일원배치법과 이원배치법의 다중비교는 별 다른 차이가 없지만, 비모수적 방법에서는 차이가 난다. 그 이유는 이원배치법은 전체 혼합표본의 순위가 아닌 블록 내 순위를 사용하기 때문이다. 프리드만 순위합에 의한 다중비교를 전체처리비교와 처리-대조비교로 나누어 생각해 보자.

1. 전체처리비교

프리드만 검정에 기초한 전체처리비교 방법은 먼저 원래의 전체 자료를 블록 내 순위자료로 전환한다. 각 블록 내에서, k개의 관측값들을 작은 것부터 차례로 순위를 부여한다. 즉, i번째 블록의 Y_{ij}들의 순위 R_{ij}는 $(R_{i1},\ldots,R_{ik})$에서의 순위로 $(1,\ldots,k)$의 한 값이다. 프리드만 순위합은 $R_{.j}=\sum_{i=1}^{b}R_{ij}$으로,

$$D_{uv}=R_{.u}-R_{.v}$$

이라고 정의하자. 전체처리비교는 모든 $u < v$에 대해,

$$|D_{uv}| > r(\alpha, k, b)$$

이면 $\tau_u \neq \tau_v$이라고 결정한다. 이때 $r(\alpha, k, b)$는 부록 B 표 20에서 얻을 수 있다.

예 7.7 다중비교-전체처리비교

[예 7.1]의 세 종류의 자극(A, B, C)에 대해 네 사람의 반응을 처리 간에 유의한 차가 있다는 결과를 얻었다. 이제 과연 어떤 자극에 따라 유의한 차가 존재하는가를 전체처리 비교하라. 표 7.2의 자료를 블록순위자료로 변환하면, 순위합 $R_{.1} = 4$, $R_{.2} = 12$, $R_{.3} = 8$를 얻는다. 이를 가지고 다음과 같이 얻는다. $|R_{.1} - R_{.2}| = 8$, $|R_{.1} - R_{.3}| = 4$,$|R_{.2} - R_{.3}| = 4$을 얻는다. 부록 B 표 20에서 $r(0.042, 3, 4) = 7$이므로, 실험별오류율 $\alpha = 0.05$에서 자극 A와 C가 다름을 알 수 있다.

---

2. 처리-대조비교

프리드만 검정에서의 처리-대조비교를 알아보자. 임의로 처리 1을 대조그룹으로 간주한다.

$$|R_{.u} - R_{.1}| > r^*_{(\alpha, k-1, b)}$$

이면, $\tau_1 \neq \tau_u$이라고 결정한다. 이때 $r^*_{(\alpha, k-1, b)}$는 부록 B 표 21에서 찾을 수 있다.

예 7.8 처리-대조비교

[예 7.3]에서 산화칼륨의 농도가 작아질수록 면의 파괴강도가 커진다는 사실을 확인했다. 어떤 처리에서 유의한 차이가 있는가를 처리-대조비교하자. 먼저 표 7.4의 자료를 블록 내 순위합으로 얻으면, $R_{.1}$=5, $R_{.2}$=5, $R_{.3}$=9, $R_{.4}$=14, $R_{.5}$=12이다. 이를 가지고, $|R_{.1} - R_{.2}| = 0$, $|R_{.1} - R_{.3}| = 4$, $|R_{.1} - R_{.4}| = 9$, $|R_{.1} - R_{.5}| = 7$이다. 부록 B 표 21에서 $r^*(0.043, 4, 3) = 8$이므로, 실험별오류율 $\alpha = 0.05$에서 산화칼륨의 농도 144과 농도 54에서 유의한 차이가 있음을 알 수 있다.

7.5 SAS 활용

예 7.1

세 종류의 자극(A, B, C)에 대해 네 사람의 반응을 아래와 같이 얻었다. 과연 자극에 따라 유의한 차가 존재하는가를 5% 유의수준으로 검정하라. 그리고, 유의한 차이가 존재하는 자극들을 전체처리 비교하라.

표 7.2 반응시간 자료

자극 / 사람	A	B	C
1	1.7	3.4	2.3
2	1.5	2.6	2.1
3	0.1	2.3	0.8
4	0.6	2.2	1.6

```
DATA FRIEDMAN;
 INPUT TREAT BLOCK RESP @@;
 DATALINES;
1 1 1.7 1 2 1.5 1 3 0.1 1 4 0.6
2 1 3.4 2 2 2.6 2 3 2.3 2 4 2.2
3 1 2.3 3 2 2.1 3 3 0.8 3 4 1.6
;
PROC FREQ DATA=FRIEDMAN;
 TABLES BLOCK *TREAT*RESP/
     CMH2 SCORES=RANK
         NOPRINT;
RUN;
```

위의 SAS 프로그램의 결과는 다음과 같다. 프리드만 검정통계량 값은 통계량 2의 행 평균 스코어 차이인 8.0000으로 p-값은 0.0183이다. 이는 세 개의 자극 간에 유의한 차이가 있다는 것을 말한다.

```
                    FREQ 프로시저

          테이블 TREAT * RESP에 대한 요약통계량
                  제어 변수 : BLOCK
```

	Cochran-Mantel-Haenszel 통계량 (랭크 스코어에 기반한)			
통계량	대립가설	자유도	값	확률
1	영이 아닌 상관계수	1	2.0000	0.1573
2	행 평균 스코어 차이	2	8.0000	0.0183

전체 표본 크기 = 12

SAS에서 순위자료로 변환해서, F-검정과 다중비교를 하기 위한 프로그램은 다음과 같다.

```
DATA FRIEDMAN;
 INPUT TREAT BLOCK RESP @@;
 DATALINES;
1 1 1.7 1 2 1.5 1 3 0.1 1 4 0.6
2 1 3.4 2 2 2.6 2 3 2.3 2 4 2.2
3 1 2.3 3 2 2.1 3 3 0.8 3 4 1.6
;
PROC SORT OUT=SDATA; BY BLOCK;
PROC RANK OUT=ROUT;
 RANKS RRESP; VAR RESP;
 BY BLOCK;
 RUN;
 PROC PRINT BY BLOCK;
  PROC ANOVA;
   CLASS TREAT BLOCK;
    MODEL RRESP = TREAT BLOCK;
       MEANS TREAT/TUKEY;
RUN;
```

이 프로그램의 결과는 아래와 같다. 모든 자료를 블록 내 순위로 변환해서 RCBD로 분석한 것이다. 이는 프리드만 검정과 같은 결과를 얻을 수 있고, 다중비교에서는 각기의 자극마다 다름을 보이고 있다.

The ANOVA Procedure

Dependent Variable: RRESP Rank for Variable RESP

Source	DF	Sum of Squares	Mean Square	F Value	Pr 〉 F
Model	5	8.00000000	1.60000000	Infty	〈.0001

```
Error                       6      0.00000000       0.00000000
Corrected Total            11      8.00000000

R-Square      Coeff Var      Root MSE     RRESP Mean
00000              0              0        2.000000

Source                    DF       Anova SS      Mean Square    F Value    Pr > F
TREAT                      2     8.00000000       4.00000000      Infty    <.0001
BLOCK                      3     0.00000000       0.00000000        .         .

                                 SAS 시스템
                            The ANOVA Procedure
                   Tukey's Studentized Range (HSD) Test for RRESP
NOTE: This test controls the Type I experimentwise error rate, but it generally has a higher
Type II error rate than REGWQ.
                   Alpha                                          0.05
                   Error Degrees of Freedom                          6
                   Error Mean Square                                 0
                   Critical Value of Studentized Range         4.33902
                   Minimum Significant Difference                    0
            Means with the same letter are not significantly different.
             Tukey Grouping            Mean       N     TREAT
                   A                  3.000       4       2
                   B                  2.000       4       3
                   C                  1.000       4       1
```

연습문제

1. 어느 항히스타민제 약물이 운전 시의 반응시간에 미치는 영향을 조사하기 위해, 18명의 운전자를 같은 조건의 운전자끼리 6그룹으로 나눈 후에 각 그룹에서 세 수준의 약물을 투여하였다. 약물의 복용량이 증가할수록 반응시간도 증가한다고 할 수 있는가? 유의수준 5%로 분포무관검정을 실시하라.

그룹 \ 투여량	5mg	10mg	25mg
1	2.6	2.7	3.4
2	2.5	2.5	2.9
3	3.0	2.9	3.3
4	2.8	3.1	3.7
5	3.2	3.4	3.9
6	3.3	3.4	4.6

2. K=2(처리의 수), n=4(블록의 수)일 때, 귀무가설이 사실이라는 가정하에서 페이지 검정통계량 L의 확률분포표를 구하라.

3. 7장 이원배치자료의 j번째 순위합 $R_{.j}$의 H_0 하에서

$E_0(R_{.j}) = \dfrac{n(k+1)}{2}$ 와 $Var_{0=}\dfrac{n(k^2-1)}{12}$ 임을 증명하라.

[Hint: $E_0(R_{ij}) = \sum_{s=1}^{k} sP_0(R_{ij}=s)$]

4. 프리드만 검정통계량, $S = \dfrac{12n}{k(k+1)}\sum_{j=1}^{k}(\overline{R_{.j}} - \overline{R_{..}})^2$

이 $S = \dfrac{12}{nk(k+1)}\sum_{j=1}^{k} R_{.j}^2 - 3n(k+1)$와 같음을 증명하라.

5. 실험실의 음식차단 시간에 따라 음식섭취량에 심각한 차이가 있는지를 조사하기 위해, 같은 조건을 가진 쥐끼리 8그룹으로 나누어, 0시간, 24시간, 48시간 동안 음식을 차단한 쥐가 섭취한 음식의 양을 조사하여 다음과 같은 자료를 얻었다. 차단시간이 증가할수록 음식섭취량도 증가할 수 있는가를 분포무관검정법으로 유의수준 5%로 검정하라.

음식차단 시간	그룹1	그룹2	그룹3	그룹4	그룹5	그룹6	그룹7	그룹8
0시간	3.5	3.7	1.6	2.5	2.8	2.0	5.9	2.5
24시간	5.9	8.1	8.1	8.6	8.1	5.0	9.5	7.9
48시간	13.9	12.6	8.1	6.8	14.3	4.2	14.5	7.9

6. 프리드만 검정통계량, S가 아래와 같음을 증명하라.

$$S = \frac{\sum_{i=1}^{n}\sum_{j=1}^{k}(\overline{R_{.j}} - \overline{R_{..}})^2}{\sum_{i=1}^{n}\sum_{j=1}^{k}(R_{ij} - \overline{R_{..}})^2/nk}$$

7. K=2(처리의 수), n=4(블록의 수)일 때, 페이지 검정통계량 L의 확률분포표를 구하라.

제 8 장 순위상관분석

8.1 서론

통계분석을 위해 자료를 수집하는 경우, 하나의 관측단위에 대해 여러 개의 변수들을 얻게 된다. 특정한 두 변수 사이에 어떤 연관성(association)이 있나 알아보고 싶다. 이런 경우의 통계분석을 상관분석(analysis of correlation)이라고 한다.

예를 들어 피겨 스테이팅 경기에서 총 8명의 선수를 두 명의 심판이 아래와 같이 판정했다. 두 명의 심판들의 판정이 일치하는가는 판정의 공정성에 매우 중요하다. 이는 두 심판의 각 선수들에 대한 평가가 일치하는 것을 보여야 한다. 즉, 양의 상관성이 있나를 검정해야 한다.

심판	선수 A	선수 B	선수 C	선수 D	선수 E	선수 F	선수 G	선수 H
1	5	2	6	3	4	1	8	7
2	3	1	7	4	5	2	6	8

다른 예로, 머리의 크기와 지능지수와는 양의 상관성을 가지는가? 머리가 크면 지능지수가 높아지는가? 또는 키와 몸무게의 연관성에 대해서도 마찬가지다. 일반적으로 키가 크면 몸무게가 무거울 것이라 사료되는데 그 정도가 얼마일까? 등을 추론하는 것이다.

이 경우에는 회귀분석과는 달리 표본추출에서 두 변수들의 자료를 쌍으로 동시에 얻는다. 통상적으로 회귀분석의 전단계로 이용되는 경우가 많다.

두 변수 간의 연관성이나 상관관계의 정도와 방향등을 나타내는 측도를 생각해 보자. 연관성의 방향은 양의 상관성이나 음의 상관성등을 들수 있다. 모수적 추론에서 많이 쓰는 측도로는 상관계수를 들 수 있다. 그러나 상관계수는 두 변수의 선형적 연관성에 대한 측도이고, 정규모집단인 경우로 한정된 것이다.

비모수적 측도를 알아보자. 그럼 이 측도가 가져야 할 조건들은 무엇일까? 이는 다음을 만족하는 측도로 정의한다.

(a) $(-1,\ 1)$ 사이의 값을 갖도록 한다. X가 증가할 때(또는 감소할 때) Y도 증가하면(또는 감소하면) +1에 가까운 값을 취하며, 완전히 추세가 같은 방향으로 일치하면(concordant) +1. 혹은 X가 증가할 때(또는 감소할 때) Y는 감소하면(또는 증가하면) −1에 가까운 값을 취하며, 완전히 추세가 다른 방향으로 불일치하면(discordant) −1에 가까운 값을 가지고, 완전히 불일치하면 −1을

갖게 한다.

(b) X와 Y가 어떤 상관관계를 갖지 않고, 독립이면 그 측도는 0으로 한다.

(c) X와 Y를 크기의 순서가 유지되는 어떤 변환을 해도, 측도의 값은 변하지 말아야 한다.

널리 알려진 모수적 측도로 두 연속형 변수 (X, Y)의 선형관계를 나타내는 상관계수(correlation coefficient)는 위의 (a)와 (b)는 만족하나, (c)는 만족하지 못한다. 상관계수에 대해 다음과 같이 자세히 알아보자.

두 변수 X와 Y의 상관계수 ρ는

$$\rho = \frac{Cov(X, Y)}{\sqrt{Var(X)Var(Y)}} \tag{8.1}$$

로 정의하며, 언제나 $-1 \le \rho \le 1$이고, $|\rho|$ 이 1에 근접할수록 강한 선형적 상관관계를 나타낸다. 여기서 $Var(X)$와 $Var(Y)$는 각기 X와 Y의 분산들이고, $Cov(X, Y)$는 X와 Y의 공분산(covariance)이다. 물론 X와 Y가 독립이면 $\rho = 0$이다. 이 모수 ρ는 이변량 정규분포의 모수로 소개된 것이다. 이변량 정규분포에서는 $\rho = 0$와 X와 Y가 독립은 동치임을 알 수 있다.

상관계수 ρ를 추정하기 위해 이변량 확률변수 (X, Y)의 관측값들이 (X_1, Y_1), (X_2, Y_2), . . . , (X_n, Y_n)으로 주어졌을 때, ρ의 추정량인 피어슨(Pearson)의 표본상관계수(sample correlation coefficient) r은 다음과 같이 정의한다.

$$r = \frac{\sum_{i=1}^{n}(X_i - \overline{X})(Y_i - \overline{Y})}{\sqrt{\sum_{i=1}^{n}(X_i - \overline{X})^2 \sum_{i=1}^{n}(Y_i - \overline{Y})^2}} \tag{8.2}$$

여기서 피어슨의 상관계수 r은 단지 두 변수의 선형연관성의 방향과 정도를 나타내는 측도이지 곡선관계 또는 기타의 다른 연관성을 나타내지는 못한다.

모수적 방법으로는 상과계수 ρ에 대한 검정은 두 변수가 이변량정규분포에 따른다는 가정하에서 귀무가설, $H_0 : \rho = 0$라는 가정 하에서 다음의 검정통계량

$$T = \frac{\sqrt{n-2}}{\sqrt{1-r^2}}\, r \tag{8.3}$$

T는 $(n-2)$를 자유도로 갖는 T-검정을 실시한다. 이를 가지고, 이변량 정규모

집단의 독립성의 대한 검정을 실시한다.

두 변수 (X, Y)가 이변량정규분포를 가정할 수 없을 때는 T-검정을 실시할 수 없다. 그리고 피어슨의 표본상관계수는 연속형 변수의 자료가 아닌 경우, 순위자료 등에서는 사용할 수 없다. 어떤 순위가 변하지 않는 어떤 변환에서도 같은 측도의 값을 갖는 것이 필요하다. 이런 비모수적 새로운 측도가 필요하다. 이 문제를 해결하는 분야를 순위상관분석이라고 한다. 많은 연구가 이루어져 있으며, 앞으로 계속 연구될 것이다. 그 중 켄달(Kendall)의 타우(τ)와 스피어맨(Spearman)의 로우(ρ_s)가 가장 많이 사용되는 측도이다. 그리고 SAS에서는 호프딩(Hoeffding)의 D도 소개하고 있다.

먼저 다음은 순위상관분석의 예들을 나열하였다.

예 8.1

8개 회사의 전화기의 제품별 소비자의 품질선호순위와 가격을 표 8.1와 같이 조사했다. 이 표로부터 품질선호순위와 가격에 대해 상관관계를 갖고 있는지 알아보자. 가격이 비싸면 품질선호가 많은가를 알아보자.

표 8.1 전화기 제품별 선호도와 가격(순위가 높을수록 큰 선호도)

제조회사	품질선호순위	가격
A	7	440
B	4	525
C	2	479
D	6	499
E	1	580
F	3	549
G	8	469
H	5	530

예 8.2

다음은 랜덤하게 추출된 6명의 학생들의 입학성적(X)과 졸업성적(Y)이다. 두 성적 간에 어떤 연관성이 있는가를 알아보자. 즉 입학성적이 좋은 학생들이 졸업성적도 좋은가에 대해 알아보자.

표 8.2 입학성적과 졸업성적

학생	입학성적	졸업성적
가	1.2	3.5
나	2.4	2.9
다	4.0	1.6
라	4.0	5.9
마	5.4	4.7
사	6.3	6.7

8.2절에서는 스피어만의 로우에 대해, 8.3절에서는 켄달의 타우를 알아본다. 그리고, 8.4절에서는 SAS의 활용에 대해 다룬다.

8.2 스피어만 순위상관계수

각기 (X, Y)의 관측치가 (X_1, Y_1), (X_2, Y_2), . . . , (X_n, Y_n)로 주어졌을 때, X-표본과 Y-표본 각각에 1, 2, . . . , n의 순위를 부여하여 얻는다. 이를 X_i의 순위를 $R(X_i)$라 하고, Y_i의 순위를 $R(Y_i)$라고 하자. 원 자료의 관측치에 대응하는 n개의 순위자료의 순서쌍 $(R(X_i), R(Y_i))$, $i=1, .., n$을 얻을 수 있다. 이런 순위자료의 순서쌍들을 이용한 수식 (8.2)의 피어슨의 표본상관계수에 적용한 것이 스피어만의 순위상관계수(rank correlation coefficient)라고 정의한다. 이를 다음과 같이 나타낸다.

$$r_s = \frac{\sum_{i=1}^{n}(R(X_i) - \overline{R}(X))(R(Y_i) - \overline{R}(Y))}{\sqrt{\sum_{i=1}^{n}(R(X_i) - \overline{R}(X))^2 \sum_{i=1}^{n}(R(Y_i) - \overline{R}(Y))^2}} \tag{8.4}$$

이를 간단한 정리하면 다음과 같은 수식을 얻는다.

$$r_s = 1 - \frac{6}{n(n^2-1)}\sum_{i=1}^{n}(R(X_i) - R(Y_i))^2 \tag{8.5}$$

모집단에서 순위상관계수를 이용한 $H_0 : \rho_s = 0$에 대한 검정에 대한 검정법은 다음과 같다.

(i) $H_1 : \rho_s > 0$일 때, 기각역은 $r_s \geq r_s(\alpha,n)$이다.

(ii) $H_1 : \rho_s < 0$일 때, 기각역은 $r_s \leq -r_s(\alpha,n)$이다.

(iii) $H_1 : \rho_s \neq 0$일 때, 기각역은 $|r_s| \geq r_s(\alpha/2,n)$이다.

여기서 $r_s(\alpha\ ,n)$은 부록 B 표 22에 수록되어 있다.

NOTE 언제나 순위상관계수는 $-1 \leq r_s \leq 1$의 값이고, 그들의 기댓값과 분산은 다음과 같음을 알 수 있다.

$$E_0[r_s] = 0\ ,\ \ Var_0[r_s] = \frac{1}{n-1} \tag{8.6}$$

따라서 대표본근사는 표준화된 통계량,

$$Z_{r_s} = \frac{r_s - E_0[r_s]}{[Var_0(r_s)]^{1/2}} = \sqrt{n-1}\ r_s \tag{8.7}$$

은 $H_0 : \rho_s = 0$ 하에서, 수식 (8.7)의 Z_{r_s}는 근사적으로 표준정규분포에 따른다. 만일 대표본근사를 적용할 때, 동점들이 존재하면 수식 (8.5)를 다음의 수식 (8.8)로 바꿔서 수식 (8.7)에 적용해야 한다.

$$r_s = \frac{n(n^2-1) - 6\sum_{i=1}^{n}(R(X_i) - R(Y_i))^2 - \frac{1}{2}(\sum_{i=1}^{g}[t_i(t_i^2-1)] + \sum_{j=1}^{n}[u_j(u_j^2-1)])}{([n(n^2-1) - \sum_{i=1}^{g}[t_i(t_i^2-1)][n(n^2-1) - \sum_{j=1}^{n}[u_j(u_j^2-1)])^{1/2}} \tag{8.8}$$

이때 g는 동점인 X 그룹의 수이고, 그 i번째 그룹의 크기가 t_i가 된다. 반면 h는 동점인 Y 그룹의 수이고, j번째 그룹의 크기는 u_j이다.

예 8.3

8개 회사의 전화기의 제품별 소비자의 품질선호순위와 가격을 표 8.1과 같이 조사하였다. 이 표로부터 품질선호순위와 가격에 대해 상관관계를 갖고 있는지 알아보자. 표 8.1을 가지고, 표 8.3 스피어만의 순위상관계수 계산표를 만들자.

표 8.3 스피어만의 순위상관계수 계산표

제조회사	품질선호순위(X_i)	가격(Y_i)	$(R(X_i))$	$(R(Y_i))$	$(R(X_i)-R(Y_i))^2$
A	7	440	7	1	36
B	4	525	4	5	1
C	2	479	2	3	1
D	6	499	6	4	4
E	1	580	1	8	49
F	3	549	3	7	16
G	8	469	8	2	36
H	5	530	5	6	1
					합 144

순위상관계수는 다음과 같다.

$$r_s = 1 - \frac{6}{8(8^2-1)}(144) = -0.71429$$

$H_0 : \rho_s = 0$ $v.s.$ $H_1 : \rho_s \neq 0$의 검정에서, 부록 B 표 22에서 $P_0(r_s \leq -0.7143) = 0.025$이므로 유의수준은 0.05보다 작은 값을 가지므로, $H_0 : \rho_s = 0$, 귀무가설을 기각한다. 즉, 품질선호순위와 가격은 음의 상관관계를 가진다.

예 8.4

간경변 환자의 경우에 총콜라겐 양과 프롤린양과의 양의 상관관계를 가짐을 연구하려, 7명의 환자를 랜덤선택하여 아래의 결과를 얻었다.

표 8.4 간경변 환자의 총콜라겐 양과 프롤린 양

환자	총콜라겐양(X_i)	프롤린양(Y_i)
1	7.1	2.8
2	7.1	2.9
3	7.2	2.8
4	8.3	2.6
5	9.4	3.5
6	10.5	4.6
7	11.4	5.0

이를 가지고, 아래의 스피어만의 순위 계산표를 표 8.5로 만들었다.

표 8.5 스피어만의 순위상관계수 계산표

환자	총콜라겐 양(X_i)	프롤린 양(Y_i)	$(R(X_i))$	$(R(Y_i))$	$(R(X_i)-R(Y_i))^2$
1	7.1	2.8	1.5	2.5	1
2	7.1	2.9	1.5	4	6.25
3	7.2	2.8	3	2.5	0.25
4	8.3	2.6	4	1	9
5	9.4	3.5	5	5	0
6	10.5	4.6	6	6	0
7	11.4	5.0	7	7	0
합 16.25					

위의 계산표로부터 아래를 얻었다.

$$r_s = 1 - \frac{6}{7(48)}(16.5) = 0.705.$$

이는 $H_0 : \rho_s = 0$ v.s. $H_1 : \rho_s < 0$의 검정에서, 부록 B 표 22에서 $P_0(r_s \geq 0.7450) = 0.025$, $P_0(r_s \geq 0.6190) = 0.050$이므로, p-값은 0.025와 0.05 사이이므로, 유의수준 5%로 귀무가설을 기각한다. 즉, 양의 상관관계가 있음을 나타낸다.

대표본근사를 위해서는 수식 (8.8)의 r_s를 얻는다. 이 경우는 X 그룹의 g=6으로 $t_1 = 2, t_2 = t_3 = t_4 = t_5 = t_6 = 1$이고, Y그룹의 h=6으로 $u_2 = 2$, $u_1 = u_3 = u_4 = u_5 = u_6 = 1$를 가지고, 수식 (8.8)의 r_s를 아래의 결과를 얻는다.

$$r_s = \frac{7(7^2-1)-6(1^2+(2,5)^2+(-.5)^2+(-3)^2+3(0)^2)-\frac{1}{2}(2)(2)(4-1)}{([7(7^2-1)--2(2^2-1)]][7(7^2-1)-2(2^2-1)])^{1/2}}$$
$$= 0.700$$

이를 가지고, 수식 (8.7)에 넣어 아래를 얻는다.

$$Z_{r_s} = \sqrt{7-1} * 0.700 = 1.71$$

이는 표준정규분포표로부터 p-값은 0.0436을 얻어서 위와 동일한 결론을 얻는다.

NOTE 부록 B 표 22를, n=3의 경우를 알아보자. 먼저 $H_0 : \rho_s = 0$이 사실이라는 가정하에, 등확률을 갖는 3!=6개의 배열이 존재한다. 각 배열의 확률은 등확률로 1/6이고, 그리고 각 배열에 따른 r_s의 값을 다음과 같이 얻는다.

표 8.6 스피어만 순위상관계수 총배열표(n=3)

$(R(X_1), R(X_2), R(X_3))$	$(R(Y_1), R(Y_2), R(Y_3))$	r_s
(1,2,3)	(1,2,3)	1
(1,2,3)	(1,3,2)	0.5
(1,2,3)	(2,1,3)	0.5
(1,2,3)	(2,3,1)	−0.5
(1,2,3)	(3,1,2)	−0.5
(1,2,3)	(3,2,1)	−1

위의 표 8.6으로부터,

$$P_0(r_s = 1) = \frac{1}{6},\ P_0(r_s = -1) = \frac{1}{6},$$

$$P_0(r_s = 0.5) = \frac{2}{6}, P_0(r_s = -0.5) = \frac{2}{6}$$

임을 알 수 있다. 이와 같은 방식으로 부록 B 표 22을 만든다.

8.3 켄달의 순위상관(Kendall의 타우(τ))

켄달의 순위상관계수 τ(타우)도 스피어맨의 ρ_s(로우)와 마찬가지고 관측치의 순위에 근거하여 만든다. 각기 (X, Y)의 관측치가 (X_1, Y_1), (X_2, Y_2), . . . , (X_n, Y_n)로 주어졌을 때, i번째 쌍 (X_i, Y_i)와 j번째 쌍 (X_j, Y_j)에 대해,

$(X_i - X_j)$와 $(Y_i - Y_j)$의 부호가 같으면,
(X_i, Y_i)와 (X_j, Y_j)는 일치쌍(concordant pair)이라 한다.
$(X_i - X_j)$와 $(Y_i - Y_j)$의 부호가 다르면,
(X_i, Y_i)와 (X_j, Y_j)는 불일치쌍(disconcordant pair) 이라 한다.

예를 들어 (1, 2)와 (2, 3)은 일치쌍이고, (1, 3)과 (2, 2)는 불일치쌍이다.

NOTE n개의 이변량 관측치에 대해 가능한 2개씩의 조합의 수는 $\frac{n(n-1)}{2}$이므로, 동점이 없을 경우 일치쌍의 수 P와 불일치쌍의 수 Q를 합하면 언제나 $\frac{n(n-1)}{2}$임을 알 수 있다.

그리고 불일치와 일치의 확률을 각각 π_c, π_d라 할 때, 다음과 같이 표현할 수 있다.

$$\pi_c = P\{(X_i - X_j)(Y_i - Y_j) > 0\}$$
$$\pi_d = P\{(X_i - X_j)(Y_i - Y_j) < 0\} \tag{8.9}$$

이런 π_c, π_d를 이용해서 켄달의 타우는 다음과 같이 정의한다.

$$\tau = \pi_c - \pi_d \tag{8.10}$$

이 순위상관계수, 타우의 성질들을 알아보자.

(1) $-1 \le \tau \le +1$이다. (이는 확률의 성질을 이용하면 쉽게 알 수 있다.)

(2) X와 Y가 어떤 연관성을 가지지 않고 독립이면 $\tau = 0$이다. 그리고 $\tau > 0$이면 X와 Y는 양의 상관성을 가짐을 보이는 것이고, $\tau < 0$이면 X와 Y는 음의 상관성을 가짐을 나타내는 것이다.

일치쌍의 수 P와 불일치쌍의 수를 Q라고 할 때, 불일치쌍의 수보다 많은 일치쌍의 수를 K라는 켄달 통계량이라고 한다. 이를 가지고 독립성 검정을 실시한다.

$$\begin{aligned} K &= P - Q \\ &= \sum_{i<j}^{k} sgn(X_j - X_i) sgn(Y_j - Y_i) \end{aligned} \tag{8.11}$$

이때 $sgn(t)$는 $t > 0, 0, < 0$에 따라 1, 0, −1로 정의한다. 여기서 K의 범위는 $-\frac{n(n-1)}{2}$에서 $\frac{n(n-1)}{2}$까지로 2씩 증가 또는 감소함을 알 수 있다. τ의 추정량인 켄달의 순위상관계수는 다음과 같다.

$$\hat{\tau} = \frac{K}{n(n-1)/2} = \frac{2(P-Q)}{n(n-1)} \tag{8.12}$$

NOTE X-표본과 Y-표본 각각에 1, 2, . . . , n의 순위를 부여하여 얻는다. 이를 X_i의 순위를 $R(X_i)$라 하고, Y_i의 순위를 $R(Y_i)$라고 하자. 원자료의 관측치에 대응하는 n개의 순위자료의 순서쌍 $(R(X_i), R(Y_i))$, $i=1,..,n$을 얻을 수 있다. 원자료 대신에 순위자료의 순서쌍으로 켄달의 타우를 추정해도 같은 값을 얻는다. 즉, 순서만 변하지 않는 어떤 변환도 같은 타우의 값을 가진다.

그리고 켄달의 타우에 의한 독립성 검정의 가설은 $H_0: \tau = 0$으로 한다. 모집단에서 켄달의 순위상관계수를 이용한

$$H_0 : \tau = 0 \ (X\text{와 } Y\text{는 독립이다.})$$

에 대한 검정에 대한 검정법은 다음과 같다.

(i) $H_1 : \tau > 0$일 때, 기각역은 $K \geq k(\alpha, n)$이다.

(ii) $H_1 : \tau < 0$일 때, 기각역은 $K \leq -k(\alpha, n)$이다.

(iii) $H_1 : \tau \neq 0$일 때, 기각역은 $|K| \geq k(\alpha/2, n)$이다.

여기서 $k(\alpha, n)$은 부록 B 표 23에 수록되어 있다.

NOTE 언제나 순위상관계수는 $-1 \leq \tau \leq 1$의 값이고, 그들의 기댓값과 분산은 다음과 같음을 알 수 있다.

$$E_0[K] = 0, \ Var_0[r_s] = \frac{n(n-1)(2n+5)}{18} \tag{8.13}$$

따라서 대표본근사는 표준화된 통계량,

$$Z_K = \frac{r_s - E_0[K]}{[Var_0(K)]^{1/2}} = \frac{K}{\sqrt{n(n-1)(2n+5)/18}} \tag{8.14}$$

은 $H_0 : \tau = 0$하에서 표준정규분포에 따른다. 만일 대표본근사를 적용할 때, 동점들이 존재하면 수식 (8.14)의 $Var_0(K)$를 다음의 수식 (8.15)로 바꿔서 수식 (8.14)에 적용해야 한다.

$$Var_0(K)=\frac{\left\{n(n-1)(2n+5)-\sum_{i=1}^{g}t_i(t_i-1)(2t_i+5)-\sum_{j=1}^{h}u_j(u_j-1)(2u_j+5)\right\}}{18}$$
$$+\frac{\left\{\sum_{i=1}^{g}t_i(t_i-1)(t_i-2)\right\}+\left\{\sum_{j=1}^{h}u_j(u_j-1)(u_j-2)\right\}}{9n(n-1)(n-2)}$$
$$+\frac{\left\{\sum_{i=1}^{g}t_i(t_i-1)\right\}+\left\{\sum_{j=1}^{h}u_j(u_j-1)\right\}}{2n(n-1)} \tag{8.15}$$

이때 g는 동점인 X 그룹의 수이고, 그 i번째 그룹의 크기가 t_i가 된다. 반면 h는 동점인 Y 그룹의 수이고, j번째 그룹의 크기는 u_j이다.

예 8.5

8개 회사의 전화기의 제품별 소비자의 품질선호순위와 가격을 표 8.1과 같이 조사하였다. 이 표로부터 품질 선호 순위와 가격에 대해 상관관계를 갖고 있는지 알아보자. 이때 켄달 통계량 K를 쉽게 계산하는 방법을 알아보자. 표 8.7은 표 8.1을 가지고 X의 크기순으로 재배열한 다음에 $i=1,..,n$의 각 Y_i에서 밑으로 내려가면서, 일치쌍의 개수를 계산할 때는 Y_i보다 작은 Y의 개수를 세어 이들의 합 P를 계산하고, 불일치쌍의 개수를 계산할 때는 Y_i보다 작은 Y의 개수를 세어 이들의 합 Q를 계산하면 된다.

표 8.7 켄달의 순위상관계수 계산표

제조회사	품질선호순위 (X_i)	가격(Y_i)	(X_i, Y_i)아래 일치쌍의 수	(X_i, Y_i)아래 불일치쌍의 수
E	1	580	0	7
C	2	479	4	2
F	3	549	0	5
B	4	525	1	3
H	5	530	0	3
D	6	499	0	2
A	7	440	1	0
G	8	469	0	0
			P=6	Q=22

켄달의 순위상관계수는 다음과 같다.

$$\hat{\tau} = 2K/n(n-1) = \frac{(P-G)}{n(n-1)/2} = -0.727$$

$H_0 : \tau = 0$ v.s. $H_1 : \tau \neq 0$의 검정에서, 부록 B 표 23에서 $P_0(K \leq -16) = 0.031$이므로, 유의수준은 2*0.031=0.062로 5% 유의수준으로 귀무가설을 기각치 못한다. 즉, 품질선호순위와 가격은 어떤 상관관계도 가지지 못한다.

NOTE 부록 B 표 23의 n=3의 경우를 알아보자. 먼저 $H_0 : \tau = 0$ 이 사실이라는 가정 하에, 등확률을 갖는 3!=6개의 배열이 존재한다. 각 배열의 확률은 등확률로 1/6이고, 그리고 각 배열에 따른 r_s의 값을 다음과 같이 얻는다.

표 8.8 켄달 순위상관계수 총배열표 (n=3)

$(R(X_1), R(X_2), R(X_3))$	$(R(Y_1), R(Y_2), R(Y_3))$	K
(1,2,3)	(1,2,3)	2+1+0−−0−0−0=3
(1,2,3)	(1,3,2)	2+0+0−0−1−0=1
(1,2,3)	(2,1,3)	1+1+0−1−0−0=1
(1,2,3)	(2,3,1)	1+0+0−1−1−0=−1
(1,2,3)	(3,1,2)	0+1+0−2−0−0=−1
(1,2,3)	(3,2,1)	0+0+0−2−1−0=−3

위의 표 8.8로부터

$$P_0(K=-3) = \frac{1}{6},\ P_0(K=3) = \frac{1}{6},$$

$$P_0(K=1) = \frac{2}{6},\ P_0(K=-1) = \frac{2}{6}$$

를 얻어서 부록 B 표 23을 얻는 것이다.

8.4 SAS 활용

다음은 두 개의 예들을 SAS 프로그램으로 분석한 결과들이다.

예 8.6

[예 8.1]의 예를 아래와 같이 SAS로 분석할 수 있다. 즉, 8개 회사의 전화기의 제품별 소비자의 품질선호순위와 가격을 표 8.1과 같이 조사했다. 이 표로부터 품질선호순위와 가격에 대해 상관관계를 갖고 있는지 알아보자.

표 8.1 전화기 제품별 선호도와 가격(순위가 높을수록 큰 선호도)

제조회사	품질선호순위	가격
A	7	440
B	4	525
C	2	479
D	6	499
E	1	580
F	3	549
G	8	469
H	5	530

이를 스피어만의 순위상관계수와 켄달의 순위상관계수의 추정 및 검정은 다음과 같은 프로그램으로 분석을 실행한다.

```
DATA AIRCON;
 INPUT ID $ FAVOR PRICE @@;
 DATALINES;
 A 7 440 B 4 525 C 2 479 D 6 499
 E 1 580 F 3 549 G 8 469 H 5 530
 ;
 PROC CORR SPEARMAN KENDALL;
  RUN;

  PROC FREQ;
        TABLE FAVOR*PRICE/MEASURES NOCOL NOROW NOPERCENT;
  RUN;
```

위의 프로그램의 PROC CORR;의 결과가 다음과 같다.

```
SAS 시스템

                                CORR 프로시저
                          2  변수:    FAVOR    PRICE
                                 단순 통계량
변수       N        평균       표준편차       중위수        최솟값        최댓값
FAVOR      8     4.50000      2.44949      4.50000      1.00000      8.00000
PRICE      8   508.87500     45.82400    512.00000    440.00000    580.00000

                    스피어만 상관계수, N = 8
                 H0: Rho=0 검정에 대한 Prob > |r|
                             FAVOR        PRICE
                 FAVOR     1.00000     -0.71429
                                         0.0465
                 PRICE    -0.71429      1.00000
                            0.0465

                   켄달 타우 b 상관계수, N = 8
                 H0: Rho=0 검정에 대한 Prob > |r|
                             FAVOR        PRICE
                 FAVOR     1.00000     -0.57143
                                         0.0478
                 PRICE    -0.57143      1.00000
                            0.0478
```

그리고 PROC FREQ;의 결과는 다음과 같다.

```
                   FAVOR * PRICE 테이블에 대한 통계량
           통계량                                  값    점근표준오차
----------------------------------------------------------------------
           감마                               -0.5714         0.2259
           Kendall의 타우-b                   -0.5714         0.2259
           Stuart의 타우-c                    -0.5714         0.2259

           Somers D C|R                       -0.5714         0.2259
           Somers D R|C                       -0.5714         0.2259

           Pearson 상관계수                   -0.7108         0.2049
           Spearman 상관계수                  -0.7143         0.2369

           람다 비대칭 C|R                     1.0000         0.0000
```

```
                    람다 비대칭 R|C              1.0000        0.0000
                    람다 대칭                    1.0000        0.0000
                    불확실 계수 C|R              1.0000        0.0000
                    불확실 계수 R|C              1.0000        0.0000
                    불확실 계수 대칭             1.0000        0.0000
                                            표본 크기 = 8
```

예 8.4

간경변의 환자의 경우에 총콜라겐 양과 프롤린양과의 양의 상관관계를 가짐을 연구하기 위해 7명의 환자를 랜덤선택하여 아래의 결과를 얻었다.

표 8.4 간경변 환자의 총콜라겐 양과 프롤린 양

환자	총콜라겐 양(X_i)	프롤린 양(Y_i)
1	7.1	2.8
2	7.1	2.9
3	7.2	2.8
4	8.3	2.6
5	9.4	3.5
6	10.5	4.6
7	11.4	5.0

```
DATA SPEARC;
 INPUT X Y @@;
 DATALINES
 7.1 2.8 7.1 2.9 7.2 2.8
 8.3 2.6 9.4 3.5 10.5 4.6 11.4 5.0
 ;
 PROC CORR DATA=SPEARC PEARSON SPEARMAN KENDALL
 VAR X Y;
 RUN;
```

NOTE SAS는 스피어만 로우를 계산할 때, 동점이 있으면 수식 (8.8)로 그 값을 얻는다.

```
SAS 시스템
                                            CORR 프로시저
                                       2  변수:     X          Y
```

단순 통계량

변수	N	평균	표준편차	중위수	최솟값	최댓값
X	7	8.71429	1.75825	8.30000	7.10000	11.40000
Y	7	3.45714	0.96585	2.90000	2.60000	5.00000

피어슨 상관계수, N = 7
H0: Rho=0 검정에 대한 Prob > |r|

	X	Y
X	1.00000	0.93475 0.0020
Y	0.93475 0.0020	1.00000

스피어만 상관계수, N = 7
H0: Rho=0 검정에 대한 Prob > |r|

	X	Y
X	1.00000	0.70000 0.0799
Y	0.70000 0.0799	1.00000

켄달 타우 b 상관계수, N = 7
H0: Rho=0 검정에 대한 Prob > |r|

	X	Y
X	1.00000	0.55000 0.0911
Y	0.55000 0.0911	1.00000

연습문제

1. 한 신입사원을 볼트를 만드는 기계에 배치하였다. 매일 만든 볼트 중 표본추출하여 검사하여 불량률을 얻었다. 과연 시간이 지날수록 불량률이 떨어지는가를 검정하고자 아래의 자료를 얻었다.

Day	1	2	3	4	5	6	7	8	9	10	11	12	13
Percent	6.1	7.5	7.7	5.9	5.2	6.2	5.3	4.5	4.9	4.6	3.0	4.0	3.7

(1) 위의 자료들로부터 $\hat{\tau}$과 r_s를 구하라.

(2) 켄달의 타우와 스피어맨의 로우를 가지고 유의수준 5%로 시간이 지날수록 불량률이 떨어지는가를 검정하라.

2. n=3에서, 어떤 순위들의 결과로 아래의 값들을 얻을 수 있는가?

(1) $r_s=1$　　(2) $\hat{\tau}=-1$

(3) $r_s=0.5$　　(4) $\hat{\tau}=1/3$

3. 한 신입사원을 전등을 만드는 기계에 배치했다. 매일 만든 전등 중 표본추출하여 불량률을 아래와 같이 얻었다.

Day	1	2	3	4	5	6	7	8	9	10	11	12	13
불량률	6.1	7.5	7.7	5.9	5.2	6.2	5.3	4.5	4.9	4.6	3.0	4.0	3.7

(1) 캔달의 타우와 스피어맨의 로우를 가지고, 유의수준 5%로 시간이 지날수록 불량률이 떨어지는가를 검정하라.

(2) 위의 자료로부터 $\hat{\tau}$와 r_s를 구하라.

4. 9명의 미스타 코리아 후보들에 대한 심사위원들의 평균점수와 시청자가 매긴 순위는 아래와 같다.

후보	1	2	3	4	5	6	7	8	9
심사위원	80	70	60	50	95	85	77	55	65
시청자 순위	6	3	2	1	8	9	7	4	5

(a) $\hat{\tau}$ 와 r_s의 값들을 구하라.

(b) 심사위원들과 시청자들 사이에 연관성이 있는지 켄달 검정과 스피어맨 검정을 하라.

(c) 위의 (a)와 (b)의 결과를 얻기 위한 SAS 프로그램을 자세히 써라.

5. 유아기 때 자주 우는 아기일수록 IQ가 더 높은가를 검사하기 위해 생후 5일된 10명의 유아에 대해 하루 동안 울음횟수를 기록해 두었다가, 이 유아들이 3살이 되었을 때 IQ를 조사했다.

번호	1	2	3	4	5	6	7	8	9	10
울음횟수	20	17	15	19	23	14	27	17	18	15
IQ점수	90	94	100	103	103	106	108	109	109	112

(a) $\hat{\tau}$과 r_s의 값을 구하라.

(b) 켄달 통계량과 스피어만 순위상관계수를 이용하여 울음횟수와 IQ점수 사이에 양의 연관성이 있는가를 검정하라.

6. n=4에서 어떤 순위들의 결과로 아래의 값들을 얻을 수 있는가?

(a) $r_s=0.4$

(b) $r_s=-1$

(c) $\hat{\tau}=\frac{2}{3}$

(d) $\hat{\tau}=-1$

7. 한 부부가 볼링장의 10개 라인에서 각기 게임을 한 결과가 아래와 같다.

라인	1	2	3	4	5	6	7	8	9	10
남편점수	147	158	131	142	183	151	196	129	155	158
아내점수	122	128	125	123	115	120	108	143	124	123

(1) 남편점수와 아내점수 간의 켄달의 독립성 검정을 유의수준 5% 근처에서 실시하라.

(2) 켄달의 타우와 스피어맨의 로우를 구하고, 간단히 설명하라.

8. 8개 회사의 에어컨 제품별 소비자의 품질선호순위와 가격을 조사했다.

제조회사	A	B	C	D	E	F	G	H
품질선호순위	7	4	2	6	1	3	8	5
가격(천원)	440	525	479	499	580	549	469	530

(a) $\hat{\tau}$와 r_s의 값을 구하라.

(b) 품질선호순위와 가격 간에 연관성이 있는가를 켄달 검정과 스피어맨 검정을 실시하라.

9. 유아 때 자주 우는 아기일수록 IQ가 높은가를 검사하기 위해 생후 5일된 8명의 유아에 대해 하루 동안 울음횟수를 기록해 두었다. 이 유아들이 3살이 되었을 때 IQ를 조사하여 다음의 자료를 얻었다.

번호	1	2	3	4	5	6	7	8
울음횟수	20	17	15	19	23	14	27	17
IQ점수	90	94	100	103	104	106	108	109

(a) $\hat{\tau}$ 과 r_s의 값들을 구하라.

(b) 울음횟수와 IQ점수 사이에 양의 연관성이 있는지를 켄달 검정과 스피어만 검정을 실시하라.

제 9 장 회귀분석

9.1 서론

회귀분석(regression analysis)은 응용통계학에서 가장 많이 쓰이고 있는 기법 중의 하나이다. 이 분석방법은 거의 모든 사회과학 분야와 자연과학 분야 등에서 많이 쓰이고 있고, 그리고 앞으로 많은 연구에서 적지 않은 역할을 할 것으로 생각된다.

먼저, 회귀분석은 무엇인가에 대해 간단히 알아보자. 연속형인 Y변수(종속변수 또는 반응변수)에 영향을 주는 X변수(독립변수, 또는 설명변수)들을 찾아낸다. 이때 Y변수와 X변수는 모두 연속형인 경우를 고려한다. 예를 들면, Y가 생산량이라면 이에 영향을 주는 변수로 보너스의 양을 X로 결정할 수 있다.

다음으로 이들 간의 함수적 관련성을 결정한다. 예를 들면, 선형적 관련성 ($Y = \alpha + \beta X$) 또는 더 복잡한 수학적 관련성, 즉 이차식으로도 결정할 수도 있다. 주어진 X변수들의 값에 따른 Y변수들의 값들을 얻어서 모형의 모수들을 추정한다. 예를 들면 보너스가 10, 12, 14, 16일 때에 생산량들을 얻어서 모수들을 추론한다. 이때 X변수들은 이미 사전에 결정된 것임을 유념해야 한다.

이렇게 얻어진 함수식인 예측식으로 미래를 예측하고, 독립변수들의 유효성과 변수들 간의 연계성 등을 추론한다. 이런 회귀분석을 8장의 상관분석과 혼동해서 사용하는 경우가 종종 있다.

상관분석은 쌍으로 자료들을 얻어서, X와 Y 사이의 연관성의 정도에 대해 추론하는 것이다. 즉, (X_1, Y_1), (X_2, Y_2), . . . , (X_n, Y_n) 등을 얻는다. 예를 들면, 아버지의 키와 아들의 키의 상관성에 대한 추론을 한다면, 쌍으로 아버지와 아들의 키를 동시에 얻는 것이다. 반면 회귀분석은 X변수들은 미리 결정한다는 점을 알아야 한다. 즉, (x_1, Y_1), (x_2, Y_2), . . . , (x_n, Y_n)을 얻어서 함수적 관련식을 찾아내고, 모수들을 추론하는 것이다. 예를 들면 Y가 토마토 생산량이고, 이에 영향을 주는 변수로 비료의 양을 X라고 할 때, 비료의 양을 미리 결정한, 1 ton, 2 ton, 3 ton 등에서 실험을 하여 생산량을 얻어서 추론한다는 것이다.

9장에서는 단지 단순선형회귀모형(simple linear regression model)에 대해 회귀모수들을 추정하거나 검정하는 데에 제한한다. 즉, 하나의 종속변수와 하나의 독립변수의 직선의 관계식을 가정하는 경우이다. 이는 아래와 같은 식으로 나타낸다.

$$Y_i = \alpha + \beta x_i + \epsilon_i .$$

이제 단순선형회귀모형의 예들을 다음과 같이 알아보자.

예 9.1

한 회사에 5명의 세일즈맨들의 출장일수(X)와 판매량(Y)의 자료는 다음과 같다. Y의 단위는 천만원이다. X와 Y는 직선관계가 성립한다고 할 수 있는가?

표 9.1 세일즈맨들의 출장일수(X)와 판매량(Y)의 자료

세일즈맨	1	2	3	4	5
X(출장일수)	2	4	6	8	10
Y(판매량)	4	6	7	9	14

예 9.2

시중에 판매되는 6권의 책에 대한 총쪽수와 가격에 대한 자료다. 가격 (Y)를 쪽수(X)로 직선회귀시킨다. 직선관계를 가정하고 X와 Y의 직선관계식을 구하라.

표 9.2 책에 대한 총쪽수와 가격에 대한 자료

번호	1	2	3	4	5
총쪽수(xi)	200	300	400	500	600
가격(Yi)	10,000	12,000	20,000	25,000	30,000

예 9.3

원숭이의 몸무게와 몸 표면적과의 선형적 관련성을 연구하기 위해 다음과 같은 자료를 얻었다.

표 9.3 원숭이의 몸무게와 표면적에 대한 자료

원숭이	몸무게(g)	몸표면적(cm^3)
1	660	780.6
2	705	887.6
3	994	1,122.8
4	1,129	1,125.2
5	1,005	1,070.4
6	923	1,039.2
7	953	1,040.0
8	1,018	1,133.4
9	1,181	1,148.0

위의 [예 9.1], [예 9.2], [예 9.3]의 문제를 해결하기 위한 모수적 방법으로는 최소제곱법(least square estimation)에 의한 추정과 오차를 정규분포로 가정하는 t-검정이나 F-검정 등이 있다. 이런 모수적 방법들에 대해 알아보자.

■ 단순선형회귀모형

우리의 직선회귀모형은,

$$Y_i = \alpha + \beta x_i + \epsilon_i \ ; i = 1 , \ldots , n \tag{9.1}$$

이다. x_i들은 알려진 상수들이고, 회귀모수들 α[절편(intercept)]와 β[기울기(slope)]들은 모르는 모수(parameter)들이다. 그리고, $\epsilon_1 , \ldots , \epsilon_n$ 들은 오차들로 중앙값을 0으로 갖는 연속형 확률변수들로 상호독립이고 공통된 모집단으로부터 온 랜덤표본(i.i.d.)이라고 가정한다.

회귀모수들 α와 β의 추정은 얻어진 (x_1, Y_1), (x_2, Y_2), . . . , (x_n, Y_n)들을 가지고, 아래의 제곱합을 최소화시켜서 얻는다. 즉, 모든 α와 β의 범위에서 다음의 제곱합,

$$\sum_{i=1}^{n} (Y_i - \alpha - \beta x_i)^2 \tag{9.2}$$

을 최소화시키는 추정량, $\sum_{i=1}^{n} (Y_i - \hat{\alpha} - \hat{\beta} x_i)^2$ 을 (α , β)의 최소제곱추정량 $(\hat{\alpha} , \hat{\beta})$이라 정의한다. 이들은 다음과 같음을 알 수 있다.

$$\hat{\beta} = \frac{\sum_{i=1}^{n} (x_i - \overline{x})(Y_i - \overline{Y})}{\sum_{i=1}^{n} (X_i - \overline{X})^2} \text{과 } \hat{\alpha} = \overline{Y} - \hat{\beta}\, \overline{x} \text{이다.} \tag{9.3}$$

이런 (α , β)의 최소제곱추정량 $(\hat{\alpha} , \hat{\beta})$을 수식 (9.1)에 대입하면, 다음과 같은 적합된 수식 (9.4)를 얻는다.

$$\hat{y} = \hat{\alpha} + \hat{\beta}\, x \tag{9.4}$$

여기에 오차항에 대한 가정,

$$\epsilon_1, \ldots, \epsilon_n \sim i.i.d.\ N(0, \sigma^2)$$

(즉, 정규성과 상호독립성의 가정)을 추가하면, 분산, σ^2의 추정량은 다음 수식 (9.5)와 같이 얻는다.

$$\widehat{\sigma^2} = \frac{\sum_{i=1}^{n}(Y_i - \hat{\alpha} - \hat{\beta}x_i)^2}{(n-2)} \tag{9.5}$$

간편한 계산법을 위해 제곱합들을 아래의 수식 (9.6), 수식 (9.7), 수식 (9.8)과 같이 정의하자.

$$S_{xx} = \sum_{i=1}^{n}(x_i - \bar{x})^2 = \sum_{i=1}^{n}x_i^2 - n\bar{x}^2 \tag{9.6}$$

$$S_{yy} = \sum_{i=1}^{n}(y_i - \bar{y})^2 = \sum_{i=1}^{n}y_i^2 - n\bar{y}^2 \tag{9.7}$$

$$S_{xy} = \sum_{i=1}^{n}(x_i - \bar{x})(y_i - \bar{y}) = \sum_{i=1}^{n}x_i y_i - n\bar{x}\bar{y} \tag{9.8}$$

이들을 가지고, 위의 수식 (9.5)를 간단히 다음의 수식 (9.9)로 표기할 수 있다.

$$\widehat{\sigma^2} = \frac{[S_{yy} - \hat{\beta}S_{xy}]}{(n-2)} \tag{9.9}$$

그리고 (α, β)에 대한 추론을 위한 중심축량(pivotal quantity)을 다음의 수식 (9.10)과 수식 (9.11)과 같이 얻을 수 있다.

$$\frac{\hat{\beta} - \beta}{\sqrt{\widehat{\sigma^2}/S_{xx}}} \sim t(n-2) \tag{9.10}$$

$$\frac{\hat{\alpha} - \alpha}{\sqrt{\widehat{\sigma^2}(1/n + \bar{x}^2/S_{xx})}} \sim t(n-2) \tag{9.11}$$

이들을 가지고 신뢰구간과 통계적 가설검정을 실시할 수 있다. 먼저 β의 $100(1-\alpha)\%$ 신뢰구간은

$$\hat{\beta} \pm t(\alpha/2, n-2)\sqrt{\widehat{\sigma^2}/S_{xx}} \tag{9.12}$$

임을 알 수 있고, 귀무가설 $H_0 : \beta = \beta_0$ 의 검정통계량은 다음과 같다.

$$t = \frac{\hat{\beta} - \beta_0}{\sqrt{\widehat{\sigma^2} / S_{xx}}} \sim t(n-2) \tag{9.13}$$

이를 이용한 t-검정은 아래와 같다.

(i) $H_1 : \beta > \beta_0$ 일 때, $t > t(\alpha, n-2)$ 이면 H_0을 기각.

(ii) $H_1 : \beta < \beta_0$ 일 때, $t < t(\alpha, n-2)$ 이면 H_0을 기각.

(iii) $H_1 : \beta \neq \beta_0$ 일 때, $|t| > t(\alpha/2, n-2)$ 이면 H_0을 기각.

NOTE 정규성의 가정하에서 귀무가설 $H_0 : \beta = 0$ 의 가설(회귀분석의 유의성 검정)은 귀무가설 $H_0 : \rho = 0$ (8장의 상관분석)의 검정과 같음을 알 수 있다.

예 9.4

[예 9.1]의 자료에 대한 (α, β)의 최소제곱추정량을 구해 보자. 다음은 제곱합을 구하기 위한 계산표이다.

표 9.4 [예 9.1]을 풀기 위한 제곱합의 계산표

x	y	x^2	y^2	xy
2	4	4	16	8
4	6	16	36	24
6	7	36	49	42
8	9	64	81	72
10	14	100	196	140
계 30	계 40	계 220	계 378	계 286

위의 계산표를 가지고 다음을 얻는다.

$$\bar{x} = 30/5 = 6$$

$$\bar{y} = 40/5 = 8$$

$$S_{xx} = \sum x_i^{\,2} - n\overline{x^2} = 220 - 5(6^2) = 40$$

$$S_{yy} = \sum y_i^{\,2} - n\overline{y^2} = 378 - 5(8^2) = 58$$

$$S_{xy} = \sum x_i\, y_i - n\bar{x}\bar{y} = 286 - 5(6*8) = 46$$

$(\alpha\,,\,\beta)$의 최소제곱추정량은 다음과 같다.

$$\hat{\beta} = \frac{S_{xy}}{S_{xx}} = \frac{46}{40} = 1.15$$

$$\hat{\alpha} = \overline{y} - \hat{\beta}\,\overline{x} = 8 - 1.15\,(6) = 1.1$$

회귀직선의 적합된 값과 분산의 추정량은 아래와 같다.

$$\hat{y} = \hat{\alpha} + \hat{\beta}\,x = 1.1 + 1.15\,x$$

$$\widehat{\sigma^2} = \frac{[S_{yy} - \hat{\beta}\,S_{xy}]}{(n-2)} = \frac{[58-(1.15)(46)]}{(3)} = 1.7$$

이다.

이를 가지고 β의 95% 신뢰구간을 구하면,

$$\hat{\beta} \pm t(\alpha/2\,,\,n-2)\,\sqrt{\widehat{\sigma^2}\,/\,S_{xx}}$$

으로부터 (0.49, 1.81)임을 알 수 있다.

또한 회귀직선의 유의성 검정에 대한 가설들을 다음과 같다.

$$H_0 : \beta = 0 \quad v.s. \quad H_1 : \beta \neq 0$$

이 검정의 검정통계량은 $t = \dfrac{\hat{\beta} - \beta_0}{\sqrt{\widehat{\sigma^2}/S_{xx}}} = \dfrac{1.15}{\sqrt{1.7/40}} = 5.58$로 주어지며, 이는 t-분포표에서, $P\{|t| \geq 4.541\} = 0.01$이므로, 유의수준은 0.01 이하임을 알 수 있다. 출장일수와 판매량 간에는 양의 직선회귀 관련성이 있음을 나타낸다.

예 9.5

[예 9.2]의 자료에 대한 $(\alpha\,,\,\beta)$의 최소제곱추정량을 구해 보자.
다음은 제곱합을 구하기 위한 계산표이다.

표 9.5 [예 9.2]를 풀기 위한 제곱합의 계산표

x	y	x^2	y^2	xy
200	10,000	40,000	100,000,000	2,000,000
300	12,000	90,000	144,000,000	3,600,000
400	20,000	160,000	400,000,000	8,000,000
500	25,000	250,000	625,000,000	12,500,000
600	30,000	360,000	900,000,000	18,000,000
계 2,000	97,000	900,000	2,169,000,000	44,100,000

위의 계산표를 가지고 다음을 얻는다.

$$\overline{x} = 2{,}000/5 = 400$$

$$\overline{y} = 97{,}000/5 = 19{,}400$$

$$S_{xx} = \sum x_i^{\,2} - n\overline{x^2} = 900{,}000 - 5(400^2) = 100{,}000$$

$$S_{yy} = \sum y_i^{\,2} - n\overline{y^2} = 2{,}169{,}000{,}000 - 5(19{,}400^2) = 287{,}200{,}000$$

$$S_{xy} = \sum x_i\, y_i - n\overline{x}\,\overline{y} = 44{,}100{,}000 - 5(400 * 19{,}400) = 5{,}300{,}000$$

이들을 가지고 다음과 같은 것들을 얻는다.

$$\hat{\beta} = \frac{S_{xy}}{S_{xx}} = \frac{5{,}300{,}000}{100{,}000} = 53$$

$$\hat{\alpha} = \overline{y} - \hat{\beta}\,\overline{x} = 19{,}400 - 53\,(400) = -1{,}800$$

$$\hat{y} = \hat{\alpha} + \hat{\beta}\,x = -1{,}800 + 53\,x\,.$$

NOTE $Y_i = \alpha + \beta x_i + \epsilon_i\ ;\ i = 1\ ,\ ..\ ,\ n$의 모형에서 오차항 ϵ가 정규분포에 따른다는 가정하에서, β에 대한 신뢰구간과 귀무가설 $H_0 : \beta = 0$ 의 검정(직선회귀의 유의성)을 t-검정으로 실시할 수 있었다. 그러나 오차항 ϵ이 두터운 꼬리를 갖는 분포에 따르거나 이상점들이 관측값에 있을 경우에, 즉 정규분포를 가정할 수 없을 경우에는 신뢰구간과 유의성 검정의 t-검정의 효율성이 급격히 떨어지게 된다. 이런 경우에 비모수적 방법을 이용해야 한다.

9.2 회귀모수에 대한 비모수검정(순위검정–Theil 검정)

단순선형회귀모형, $Y_i = \alpha + \beta x_i + \epsilon_i \,;\, i = 1, .., n$의 유의성 검정을 고려하자. 이는 단순선형회귀함수, 즉

$$E[Y|x] = \alpha + \beta x \tag{9.14}$$

이면, 언제나

$$E[Y|x] = \mu_y + \rho\left(\frac{\sigma_y}{\sigma_x}\right)(x - \mu_x) \tag{9.15}$$

임을 증명할 수 있다. 이때 ρ는 두 변수의 상관계수이다.

위의 수식 (9.15)로부터, $H_0 : \beta = 0$의 검정은 $H_0 : \rho = 0$(8장의 상관분석)의 경우와 일치함을 알 수 있다. 단순선형회귀 모수에 대한 검정은 이렇게 상관분석의 검정과 관련되어 있음을 알 수 있다.

귀무가설, $H_0 : \beta = \beta_0$를 검정하는 문제를 살펴보자. 만일 귀무가설, $H_0 : \beta = \beta_0$이 사실일 때 $Z_i = Y_i - \beta_0 x_i$는 $Z_i = \alpha + \epsilon_i$이므로, 변수 Z_i는 x_i와 무관함을 알 수 있다. 즉, 어떤 연관성도 가지지 않는다. $H_0 : \beta = \beta_0$의 검정문제를 (Z_i, x_i)의 상관분석문제($H_0 : \rho = 0$)로 볼 수도 있다. 8장의 순위상관분석을 이용할 수 있다는 것이다.

$H_0 : \beta = \beta_0$의 비모수적 검정법인 타일 검정법(Theil Test)을 다음과 같이 소개한다. 이때 독립변수를 크기 순서로 되었음을 가정한다($x_1 < x_2 < .... < x_n$).

■ **절차**

1. $Z_i = Y_i - \beta_0 x_i$, $i = 1, .., n$을 얻는다.
2. 검정통계량

$$K = \sum_{i<j}^{n} sgn(Z_j - Z_i) \tag{9.16}$$

이때 $sgn(t)$는 $t > 0, = 0, < 0$일 때 각각 $1, 0, -1$로 정의되는 함수이다.

3. 검정법

(i) $H_1 : \beta > \beta_0$일 때, $K \geq k(\alpha, n)$이면 H_0을 기각.

(ii) $H_1 : \beta < \beta_0$일 때, $K \leq -k(\alpha, n)$이면 H_0을 기각.

(iii) $H_1 : \beta \neq \beta_0$일 때, $K \geq k(\frac{\alpha}{2,} n)$ 또는 $K \leq -k(\frac{\alpha}{2,} n)$이면 H_0을 기각.

여기서 $k(\alpha, n)$은 부록 B 표 23의 켄달 통계량 분포표에서 얻는다.

NOTE1 실제로 위의 수식 (9.16)의 순위상관검정통계량은,

$$K = \sum_{i<j}^{n} sgn(x_j - x_i)\ sgn(Z_j - Z_i) \tag{9.17}$$

이나, $(x_1 < x_2 < .... < x_n)$이므로, 모든 $sgn(x_j - x_i)$ =1이다. 수식 (9.17)은 다음의 수식 (9.18)과 같이 나타낼 수 있다.

$$K = \sum_{i<j}^{n} sgn(Z_j - Z_i) \tag{9.18}$$

NOTE2 귀무가설, $H_0 : \beta = \beta_0$ 하에서는 x와 $Z = Y - \beta_0 x$ 사이에 어떤 연관성도 없으므로, K의 값은 0에 가까울 것을 기대된다. 그러나 대립가설 $H_1 : \beta > \beta_0$ 하에서는 $Z_j - Z_i = (\beta - \beta_0)(x_j - x_i) + (\epsilon_j - \epsilon_i)$이므로, 기댓값은 $E[Z_j - Z_i] > 0$이므로 부합의 경향이 있음을 알 수 있다.

K 값이 크면, 이는 x와 Z 사이에 부합의 가능성이 크므로 대립가설 $H_1 : \beta > \beta_0$에 강한 증거를 제시한다. 유사하게, K 값이 작으면 이는 x와 Z 사이에 비부합의 가능성이 크므로, 대립가설 $H_1 : \beta < \beta_0$에 강한 증거를 제시한다.

NOTE3 귀무가설 $H_0 : \beta = 0$의 검정은 x와 Y 사이의 연관성에 대한 켄달의 독립성 검정과 정확히 같음을 알 수 있다. 그리고 특별히 x가 시간일 때는 추세(trend)의 검정임을 알 수 있다.

■ 대표본근사

표본의 크기가 충분히 클 때 표준화된 K-통계량의 값을 다음과 같이 얻어서 Z-검정을 실시한다.

$$Z_K = \frac{K - E_0(K)}{\sqrt{Var_0(K)}} = \frac{K}{\sqrt{\frac{n(n-1)(2n+5)}{18}}} \qquad (9.19)$$

(i) $H_1 : \beta > \beta_0$일 때, $Z_K > z(\alpha)$이면, H_0을 기각.

(ii) $H_1 : \beta < \beta_0$일 때, $Z_K < -z(\alpha)$이면, H_0을 기각.

(iii) $H_1 : \beta \neq \beta_0$일 때, $|Z_K| > z(\frac{\alpha}{2})$이면, H_0을 기각.

예 9.6

[예 9.3]의 자료에 대한 직선회귀의 유의성 검정을 한다. 이에 대한 귀무가설과 대립가설은 다음과 같다.

$$H_0 : \beta = 0 \;\; v.s. \;\; H_1 : \beta \neq 0.$$

검정통계량 K 값을 구하기 위해 다음과 같은 표를 구하자.

표 9.6 [예 9.6]의 통계량 K의 계산표

x_i	$Z_i = Y_i - \beta_0 x_i$	Z_i아래 부합 쌍수	Z_i아래 비부합 쌍수
660	780.6	8	0
705	887.6	7	0
994	1,122.8	3	3
1,129	1,125.2	2	3
1,005	1,070.4	2	2
923	1,039.2	3	0
953	1,040.0	2	0
1,018	1,133.4	1	0
1,181	1,148.0	0	0
		$P=28$	$Q=8$

계산표로부터 K통계량의 값은 $K = P - Q = 28 - 8 = 20$이다. 부록 B 표 23으로부터 $P_0\{|K| \geq 20\} = 2(0.022) = 0.044$이므로, 유의확률은 0.044이다. 직

선회귀모형이 유의하다는 것을 나타낸다.

그리고 이를 대표본근사에 의한 검정은 다음과 같다.

$$Z_K = \frac{K}{\sqrt{\frac{n(n-1)(2n+5)}{18}}} = \frac{20}{\sqrt{9(8)(23)/18}} = 2.09.$$

이는 표준정규분포표로부터 $P_0\{|Z| \ge 2.09\} = 2(0.0183) = 0.0366$이므로, 대표본근사검정의 경우의 유의확률은 0.0366임을 알 수 있다.

9.3 회귀모수의 비모수적 추정(Theil 검정에 기초한)

단순선형회귀모형, $Y_i = \alpha + \beta x_i + \epsilon_i \,;\, i = 1, .., n$에서, 귀무가설 $H_0 : \beta = \beta_0$에 대한 분포무관검정으로 타일(Theil) 검정을 소개했다. 이제 이 타일 검정에 기반한 모수들 (α, β)의 비모수적 점추정량들과 분포무관 구간추정량들을 구하는 문제에 대해 알아보자.

1. 회귀모수의 점추정

단순선형회귀모형, $Y_i = \alpha + \beta x_i + \epsilon_i \,;\, i = 1, .., n$의 모수들의 점추정에서 독립변수 x들에 대해,

$$x_1 \le x_2 \le .... \le x_n$$

를 가정한다.

모든 $1 \le i < j \le n$에 대해,

$$N' = x_j - x_i > 0 \text{인 } (i, j) \text{의 개수},$$

라 정의한다.

만일

$$x_1 < x_2 < .... < x_n$$

이면, $N = N' = \dfrac{n(n-1)}{2}$ 임을 알 수 있다. 먼저 기울기 β의 센 추정량(Sen's estimator)을 구하는 것을 알아보자.

■ β의 추정

(i) N'개의 $x_j - x_i > 0$인 (i,j)에 대해여 기울기 β의 추정량 S_{ij}을 구한다.

$$S_{ij} = \frac{Y_j - Y_i}{x_j - x_i}\ ,\ \ i < j. \tag{9.20}$$

(ii) 기울기 β의 추정량은 위의 수식 (9.20)의 S_{ij}들의 중앙값으로 정의한다.

$$\beta^* = med\,\{S_{ij}\,,\ i < j\ \} \tag{9.21}$$

즉, S_{ij}을 크기 순서로 나열하여, $S_{(1)} \le \,.\,.\, \le S_{(N')}$ 인 순서통계량으로 만든 후, β^*는

$$N' = 2k+1\text{일 때, } \beta^* = S_{(k+1)},\ \ N' = 2k\text{일 때, } \beta^* = \frac{S_{(k)} + S_{(k+1)}}{2}$$

을 점추정량으로 한다.

절편 α의 추정은 위치모수의 추정과 같이 왈쉬 평균(Walsh average)을 이용한 핫지스-레만형(Hodges-Lehmann estimator) 추정량을 구하는 절차이다.

■ α의 추정

(i) 먼저 α의 추정량,

$Z_i = Y_i - \beta^* x_i$ 를 n개 구한다. 이때 β^*는 센 추정량이다.

(ii) $M = \dfrac{n(n+1)}{2}$ 개의 값들을 갖는 W_{ij}를 왈쉬 평균을 다음과 같이 구한다.

$$W_{ij} = \frac{Z_i + Z_j}{2},\ 1 \le\ i \le\ j \le\ n \tag{9.22}$$

(iii) 절편 α의 추정량.

$$\alpha^* = med\{W_{ij},\ i \le j\} \tag{9.23}$$

즉, 왈쉬 평균값들 $W_{11}, \ldots, W_{nn}$ 을 크기 순서로 나열하여, $W_{(1)} \le \ldots \le W_{(M)}$ 인 순서통계량로 만든다. α^*는 다음과 같이 얻는다.

$$M = 2k+1 \text{일 때, } \alpha^* = W_{(k+1)},\ M = 2k \text{일 때, } \alpha^* = \frac{W_{(k)} + W_{(k+1)}}{2}.$$

NOTE 수식 (9.3)의 최소제곱추정량 $\hat{\beta}$는

$$S_{ij} = \frac{Y_j - Y_i}{x_j - x_i}$$

의 가중평균이고, 이 추정량은 이상점에 큰 영향을 받음을 증명할 수 있다. 반면 센 추정량 β^*은 S_{ij}들의 중앙값을 이용하므로, 이상점 등에 영향을 덜 받는 장점을 가짐을 알 수 있다.

예 9.7

[예 9.1]의 자료에 대한 (α, β)의 비모수적 추정량인 (α^*, β^*)의 값들을 구해 보자. 모든 x들이 다르므로, 총 $N = 10$개의 S_{ij}가 있다.

$$S_{12} = \frac{Y_2 - Y_1}{x_2 - x_1} = \frac{6-4}{4-2} = 1$$

$$S_{13} = \frac{Y_3 - Y_1}{x_3 - x_1} = \frac{7-4}{6-2} = \frac{3}{4}$$

$$S_{14} = \frac{Y_4 - Y_1}{x_4 - x_1} = \frac{9-4}{8-2} = \frac{5}{6}$$

$$S_{23} = \frac{Y_3 - Y_2}{x_3 - x_2} = \frac{7-6}{6-4} = \frac{1}{2}$$

$$S_{24} = \frac{Y_4 - Y_2}{x_4 - x_2} = \frac{9-6}{8-4} = \frac{3}{4}$$

$$S_{25} = \frac{Y_5 - Y_2}{x_5 - x_2} = \frac{14-6}{10-4} = \frac{4}{3}$$

$$S_{34} = \frac{Y_4 - Y_3}{x_4 - x_3} = \frac{9-7}{8-6} = 1$$

$$S_{35} = \frac{Y_5 - Y_3}{x_5 - x_3} = \frac{14-7}{10-6} = \frac{7}{4}$$

$$S_{45} = \frac{Y_5 - Y_4}{x_5 - x_4} = \frac{14-9}{10-8} = \frac{5}{2}$$

$$S_{15} = \frac{Y_5 - Y_1}{x_5 - x_1} = \frac{14-4}{10-2} = \frac{10}{8}$$

S_{ij} 값들을 크기순으로 나열하자.

0.5 0.75 0.75 5/6 1 1 1.25 4/3 1.75 2.25.

따라서 β^*의 값은 다음과 같다.

$$\beta^* = \frac{S_{(5)} + S_{(6)}}{2} = \frac{1+1}{2} = 1.$$

다음으로 α^*을 구하기 위해, $Z_i = Y_i - \beta^* x_i$ 의 값들을 구해 보자.

$$Z_1 = Y_1 - \beta^* x_1 = 4 - (1)(2) = 2$$

$$Z_2 = Y_2 - \beta^* x_2 = 6 - (1)(4) = 2$$

$$Z_3 = Y_3 - \beta^* x_3 = 7 - (1)(6) = 1$$

$$Z_4 = Y_4 - \beta^* x_4 = 9 - (1)(8) = 1$$

$$Z_5 = Y_5 - \beta^* x_5 = 14 - (1)(10) = 4$$

이들을 가지고, Z_i 들의 왈쉬 평균, $W_{ij} = (Z_j + Z_i)/2$ 는 총 $M = 15$개를 다음과 같은 표를 만들어 얻을 수 있다.

표 9.7 [예 9.7]의 왈쉬 평균을 얻기 위한 표

Z_i \ Z_j	1	1	2	2	4
1	1	1	1.5	1.5	2.5
1		1	1.5	1.5	2.5
2			2	2	3
2				2	3
4					4

위의 표에서 W_{ij} 값들을 크기순으로 나열하자.

1 1 1 1.5 1.5 1.5 1.5 2 2 2.5 2.5 3 3 4

이를 가지고, $\alpha^* = W_{(8)} = 2$를 얻을 수 있다.

---

2. 회귀모수의 분포무관 구간추정(신뢰구간)

단순선형회귀모형의 기울기, β의 분포무관 신뢰구간은, 쎈 추정량을 이용한 켄달 통계량에 기초한 핫지스-레만형 추정량임을 이용해서 다음과 같이 얻을 수 있다. 먼저,

$$x_1 < x_2 < .... < x_n$$

를 가정한다. 즉, x들은 각기 서로 다르다고 가정하는 것이다.

■ 절차

(i) 켄달 통계량의 분포표인 부록 B 표 23에서 유의수준 α에 따라, $C_\alpha = k(\alpha/2, n) - 2$를 구한다. 이는 다음을 만족함을 알 수 있다.

$$P_0\{-C_\alpha \le K \le C_\alpha\} = 1 - \alpha \tag{9.24}$$

(ii) $n(n-1)/2$개의 $x_j - x_i > 0$인 (i,j)에 대하여 기울기 β의 추정량 S_{ij}을 구한다.

$$S_{ij} = \frac{Y_j - Y_i}{x_j - x_i}, \quad i < j. \tag{9.25}$$

S_{ij}을 크기 순서로 나열하여 $S_{(1)} \le \cdot\cdot \le S_{(N)}$ 인 순서통계량으로 정의한다.

(iii) β의 $100*(1-\alpha)\%$ 분포무관 신뢰구간은 (β_L, β_U)으로 얻을 수 있다.

이때 $\beta_L = S_{(M_1)}, \beta_U = S_{(M_2)}$이고, $M_1 = \dfrac{N - C_\alpha}{2}$, $M_2 = \dfrac{N + C_\alpha}{2}$이다.

NOTE 우리는 $(\beta_L\ ,\beta_U)$은 다음의 수식 (9.26)을 만족함을 증명할 수 있다.

$$P(\beta_L < \beta < \beta_U) = 1 - \alpha \tag{9.26}$$

■ 동점처리

신뢰구간을 구할 때, 동점인 x들이 존재할 때는 그 점의 S_{ij}를 제외하고 같은 방법으로 신뢰구간을 구한다.

■ 대표본 근사

표본의 크기 n이 충분히 클 때, $C_\alpha = k(\alpha/2\ ,n) - 2$ 대신에

$$C_\alpha \approx z_{\alpha/2}\sqrt{\frac{n(n-1)(2n+5)}{18}} \tag{9.27}$$

위의 수식 (9.27)로 구한 값은 정수가 아니므로, 가장 가까운 정숫값으로 얻어서 M_1 , M_2를 결정한다.

NOTE $C_\alpha = k(\alpha/2\ ,n) - 2$ 로 주어진 이유는 켄달 통계량은 $K = P - Q$로 정의되어, 모든 부합의 쌍의 수에서 비부합의 쌍의 수를 뺀 값이다. 한 쌍의 관측값이 부합에서 비부합인 쌍으로 변하면, P는 1이 감소하고, Q는 1이 증가하여, K 값은 2가 감소한다. 그래서 다음이 성립된다.

$$P_0\{-k(\alpha/2,n) < K < k(\alpha/2,n)\} = 1 - \alpha \tag{9.28}$$

$$P_0\{-k(\alpha/2,n) + 2 \le K \le k(\alpha/2,n) - 2\} = 1 - \alpha \tag{9.29}$$

예 9.8

[예 9.1]의 자료에 대한 β의 분포무관 신뢰구간을 구해 보자.

부록 표 28에서 n=5에서 $P_0(K \ge 8) = 0.042$이므로 β의 $100[1-2(0.042)] = 91.6\%$ 신뢰구간을 구해 보자. 먼저 $k(0.042, 5) = 8$이므로, $C_{0.044} = k(0.084/2, 5) - 2 = 6$이다. 이를 가지고, $M_1 = \frac{10-6}{2} = 2$, $M_2 = \frac{10+6}{2} = 8$이다. 따라서 $\beta_L = S_{(2)} = \frac{3}{4}$, $\beta_U = S_{(8)} = \frac{4}{3}$임을 알 수 있다. 이는 β의 91.6% 분포무관 신뢰

구간은 $(\frac{3}{4}, \frac{4}{3})$이다.

9.4 SAS 활용

예 9.9

[예 9.1]의 자료에 대한 직선회귀의 유의성 검정을 한다. 이에 대한 귀무가설과 대립가설은 다음과 같다.

$$H_0 : \beta = 0 \ \ v.s. \ H_1 : \beta \neq 0.$$

회귀모수의 유의성 검정을 비모수적 방법인 타일 검정을 실시하는 법을 SAS를 통해 대해 알아보자.

```
DATA THEILTEST;
 INPUT ID $ WEIGHT SURFACE @@;
CARDS;
1 660 780.6 2 705 887.6 3 994 1122.8
4 1129 1125.2 5 1005 1070.4 6 923 1039.2
7 953 1040.0 8 1018 1133.4 9 1181 1148.0
;

PROC CORR KENDALL;
 RUN;

PROC FREQ;
  TABLE WEIGHT*SURFACE / MEASURES NOCOL NOROW NOPERCENT;
RUN;
```

이 프로그램의 결과는 아래와 같이 나온다.

THEIL SLOPE ESTIMATE EXAMPLE

CORR 프로시저

2 Variables: WEIGHT SURFACE

단순 통계량

변수	N	평균	표준편차	중위수	최솟값	최댓값
WEIGHT	9	952.00000	173.13795	994.00000	660.00000	1181
SURFACE	9	1039	125.46073	1070	780.60000	1148

```
                    켄달 타우 b 상관계수, N = 9
                  H0: Tau=0 가정하에서 Prob > |tau|
                              WEIGHT          SURFACE
              WEIGHT          1.00000         0.88889
                                              0.0008
              SURFACE         0.88889         1.00000
                              0.0008
```

WEIGHT * SURFACE 테이블에 대한 통계량

통계량	값	점근표준오차
감마	0.8889	0.0828
Kendall의 타우-b	0.8889	0.0828
Stuart의 타우-c	0.8889	0.0828
Somers D C|R	0.8889	0.0828
Somers D R|C	0.8889	0.0828
Pearson 상관계수	0.9465	0.0215
Spearman 상관계수	0.9667	0.0373
람다 비대칭 C|R	1.0000	0.0000
람다 비대칭 R|C	1.0000	0.0000
람다 대칭	1.0000	0.0000
불확실 계수 C|R	1.0000	0.0000
불확실 계수 R|C	1.0000	0.0000
불확실 계수 대칭	1.0000	0.0000

표본 크기 = 9

예 9.10

다음은 [예 9.1]에서 기울기 β의 쎈 추정량을 구하는 방법을 고려하자. 그러나 SAS에서는 쎈 추정량을 직접 얻는 프로시져(PROCEDURE)를 가지고 있지 않다. 다음과 같은 프로그램으로 기울기 β의 비모수적 추정량 β^*을 구할 수 있다.

```
DATA NPREG1;
 ARRAY X(5) X1-X5;
 ARRAY Y(5) Y1-Y5;
DO I=1 TO 5
 INPUT X(I) Y(I) @@;
 END
 OUTPUT
CARDS
```

```
2 4 4 6 6 7 8 9 10 14
RUN;

DATA NPREG2;
 SET NPREG1;
  ARRAY X(5) X1-X5;
  ARRAY Y(5) Y1-Y5;
DO I=1 TO 4
 DO J=I+1 TO 5
  SLOPE=(Y(J)-Y(I))/(X(J)-X(I));
OUTPUT
END
END
KEEP SLOPE;

PROC SORT
 BY SLOPE;
 RUN

PROC PRINT
 TITLE 'THEIL SLOPE ESTIMATE EXAMPLE'
 RUN

 PROC MEANS MEDIAN
  VAR SLOPE;
  RUN
```

이 프로그램의 결과는 다음과 같은 결과를 준다.

```
THEIL SLOPE ESTIMATE EXAMPLE                       8

                                  OBS      SLOPE
                                   1      0.50000
                                   2      0.75000
                                   3      0.75000
                                   4      0.83333
                                   5      1.00000
                                   6      1.00000
                                   7      1.25000
                                   8      1.33333
                                   9      1.75000
                                  10      2.50000
```

MEANS 프로시저

분석 변수 : SLOPE

중위수
1.0000000

위의 결과는 [예 9.4]와 같은 β^*=1을 쎈의 기울기 추정량으로 얻는다.
다음은 α, 기울기 추정량을 얻는 프로그램에 대해 알아보자.

```
DATA NPREG1;
ARRAY X(5) X1-X5;
ARRAY Y(5) Y1-Y5;
DO I=1 TO 5
INPUT X(I) Y(I) @@;
END
OUTPUT
CARDS
2 4 4 6 6 7 8 9 10 14
RUN;

DATA NPREG3;
 SET NPREG1;
  ARRAY X(5) X1-X5;
  ARRAY Y(5) Y1-Y5;
  ARRAY INTER(5) INTER1-INTER5;

  DO I=1 TO 5
   INTER(I)=Y(I)-(1)*X(I); /* 1 IS THE MEDIAN OF THE SLOPE*/
   END
RUN

   DATA NPREG4;
    SET NPREG3;
        ARRAY INTER(5) INTER1-INTER5;

        DO I=1 TO 5
         DO J=I TO 5
          INTERCEPT=(INTER(I)+INTER(J))/2  /* WALSH AVERAGE */
          OUTPUT
        END
  END
KEEP INTERCEPT;
```

```
PROC SORT
 BY INTERCEPT;
 RUN

 PROC PRINT
  TITLE 'THEIL INTERCEPT ESTIMATE EXAMPLE'
  RUN

  PROC MEANS MEDIAN
   VAR INTERCEPT;
RUN
```

이의 프로그램이 결과로 아래의 출력을 얻는다.

```
THEIL INTERCEPT ESTIMATE EXAMPLE

  OBS    INTERCEPT
   1       1.0
   2       1.0
   3       1.0
   4       1.5
   5       1.5
   6       1.5
   7       1.5
   8       2.0
   9       2.0
  10       2.0
  11       2.5
  12       2.5
  13       3.0
  14       3.0
  15       4.0

THEIL INTERCEPT ESTIMATE EXAMPLE

MEANS 프로시저

분석 변수 : INTERCEPT

      중위수
   ------------
    2.0000000
   ------------
```

이는 [예 9.4]의 결과와 정확히 일치함을 알 수 있다.

연습문제

1. 온도와 전기저항을 조사하기 위해, 실험을 통해 아래의 자료를 얻었다. x와 Y를 직선으로 적합시킬 때, 다음 물음에 답하라.

온도(x)	100	200	300	400	500
전기저항(Y)	2	9	12	16	21

(a) 분포무관 회귀모수 추정량들 α^*, β^*를 구하라.

(b) β의 91.6% 근처의 분포무관 신뢰구간을 구하라. 이 신뢰구간을 가지고 $H_0 : \beta = 0$ $v.s.\ H_1 : \beta \neq 0$의 검정에 대해 간단히 설명하라.

2. 토마토 재배에서 비료 양(X)와 수확량(Y) 사이의 관계를 아래와 같이 조사했다.

비료 양(X)	3	4	5	6	7
수확 량(Y)	4.8	6.0	7.2	7.8	8.2

(1) 분포무관 회귀계수 추정량 (α^*, β^*)를 구하라.

(2) β의 95% 근처의 분포무관 신뢰구간을 구하라.

(3) 직선회귀의 유의성에 대한 타일검정을 실시하라.

3. 12쌍의 쌍둥이 형제에게 공격성의 정도를 측정하는 심리검사를 실시하였다. 그 결과는 아래와 같다.

번호	1	2	3	4	5
형(x)	86	71	77	68	91
동생(y)	88	77	76	64	96

(a) 분포무관 회귀계수 추정량들 (α^*, β^*)를 구하라.

(b) β의 91.6% 근처의 분포무관 신뢰구간을 구하라.

(c) $H_0 : \beta = 1\ v.s.\ H_1 : \beta \neq 1$에 대한 분포무관검정을 실시하라.

4. 온도와 전기 저항을 조사하기 위해서 실험을 통해 아래의 자료를 얻었다. x와 Y를 직선으로 적합시킬 때 다음 물음에 답하라.

온도(x)	100	200	300	400	500
전기저항(Y)	2	9	12	16	21

(1) 분포무관 회귀모수 추정량들 α^*, β^*들을 구하라.

(2) β의 91.6% 근처의 분포무관 신뢰구간을 구하라. 그리고 이 신뢰구간을 가지고 $H_0: \beta = 0 \ v.s. \ H_1: \beta \neq 0$의 검정에 대해 간단히 설명하라.

참고문헌

Nonparametric Statistical Methods, Second edn., 1999, Wiley Series in Probability and Statistics.

부록 A SAS 기본문법

1. 소개

현재 가장 광범위하게 사용되고 있는 통계 패키지인 SAS 프로그램을 간단히 소개하려 한다. 이전에는 Statistical Analysis System이란 이름을 줄여 SAS라고 했는데, 요즘은 Strategy Application System으로 바뀌었다. 이는 SAS가 통계분석 프로그램의 정도를 넘었다는 것을 의미한다.

여기에서는 통계 패키지로서의 SAS를 소개하려고 한다. 먼저 SAS 프로그램은 언제나 DATA STEP과 PROC STEP으로 나뉜다. DATA STEP은 자료를 입력하는 과정이다. 때로는 외부에서 끌어오기도 하고, 내부에서 입력시켜서 만들기도 한다. 자료의 변환 등으로 자료를 테일러하는 과정도 가능하다. 그리고 PROC STEP은 통계 및 여러 과정들의 프로그램을 써서 얻어진 자료들을 분석하고, 때로는 새로운 형태의 자료를 만들어서 보여 주기도 한다. 예를 들어 보자.

```
DATA TEST;                                  (1)
 INPUT X Y ;
 Z=X/Y;
DATALINES;
1 2
3 4
4 5
;
PROC MEANS DATA=TEST;                       (2)
 VAR Y Z;
RUN;
```

위의 프로그램을 SAS의 확장편집기에 넣고, 실행을 하면 결과를 얻는다. 먼저 (1)의 DATA STEP에서 TEST라는 이름의 자료가 다음과 같이 SAS 안에 생성되었다는 것이다.

X	Y	Z
1	2	0.50
3	4	0.75
4	5	0.80

그리고 (2)는 TEST라는 자료 중 변수 Y와 Z에 대한 평균과 분산 등의 통계량들을 알아보라는 프로그램이다.

위의 프로그램을 실행하면, 로그창과 출력장이 생성된다. 이때 로그창은 오류를 알려주는 역할을 한다. 위의 프로그램으로 생성된 로그창은 다음과 같은 결과를 준다.

```
NOTE: Copyright (c) 2002-2003 by SAS Institute Inc., Cary, NC, USA.
NOTE: SAS (r) 9.1 (TS1M3 DBCS3054)
      Licensed to ANYANG UNIVERSITY, Site 0027083002.
NOTE: This session is executing on the XP_PRO  platform.

NOTE: SAS 시스템 초기화 실행:
      실행 시간            15.98 초
      cpu 시간              1.06 초

    DATA TEST;
     INPUT X Y ;
     Z=X/Y;
    DATALINES;

NOTE: 데이터셋 'WORK.TEST'은(는) 3개 관측치, 3개 변수를 가지고 있습니다.
NOTE: DATA 문장 실행:
      실행 시간            0.39 초
      cpu 시간              0.09 초

    ;
    PROC MEANS DATA=TEST;
     VAR Y Z;
    RUN;

NOTE: 3개의 관측치를 데이터셋 WORK.TEST. (으)로부터  읽었습니다.
NOTE: 프로시저 MEANS 실행:
      실행 시간          0.34 초
      cpu 시간            0.03 초
```

그리고 실행의 결과로 얻은 출력창은 다음과 같은 결과를 준다. PROC MEANS는 PROC STEP으로 얻어진 자료들을 가지고, 각종 통계량들을 보여 준다. 이는 아래와 같다.

SAS 시스템

MEANS 프로시저

변수	N	평균값	표준편차	최솟값	최댓값
Y	3	3.6666667	1.5275252	2.0000000	5.0000000
Z	3	0.6833333	0.1607275	0.5000000	0.8000000

2. 기본 언어(Basic Languge)

(1) 자료의 형태는 문자나 수이다. 이들은 200자까지 입력이 가능하다.

(2) SAS names: SAS의 이름은 8자까지 가능하고, 첫 자는 영어의 알파벳 문자여야 한다. 그리고 변수는 문자변수와 수량변수들로 나뉜다. 문자변수의 뒤에는 언제나 $을 붙여 구분하다.

예 INPUT INCOME STATE $;

(3) Q1 Q2 Q3 Q4 Q5를 Q1-Q5로 대신 표기 가능하다.

(4) SAS 표현들

(i) SAS 프로그램은 반드시 semicoln(;)으로 끝내야 한다.

(ii) 한 줄에 하나 이상의 표현들(statements)을 쓸 수 있다.

(iii) blank로 나누어 표기 가능해야 한다.

예 X=Y;

X = Y; X= Y; X =Y; 등은 같다.

3. DATA STEP

SAS data set을 만들거나, 이를 변형(modify)시키는 step이다.

(1) DATA라고 쓰면 DATA STEP의 시작을 알리고, DATA SET의 이름을 넣는다.

예 DATA TEST;

(2) INPUT, SET, MERGE or UPDATE statements를 이용하여, data set을 입력시키거나, 다른 data set들과 합칠 수 있다.

예 INPUT X Y;

(3) 새로운 변수들을 만들 수 있다.

예 Z=X/Y;

이제 실제 예들을 가지고, 자료의 입력과 변형에 대해 알아보자.

■ 자료를 직접 입력시키는 경우(INPUT a complete card-image dataset)

확장편집기에서 다음의 프로그램을 넣고, 실행을 해 보자. DATA STEP에서 INPUT 표현으로 다음과 같이 자료들을 직접 입력할 수 있다. STATE는 문자 자료이므로 뒤에 $를 넣는다.

```
DATA FIRST;
 INPUT INCOME TAX AGE STATE $;
 DATALINES;
5 3 35 IA
7 8 45 IA
7 9 32 NB
;
PROC PRINT DATA=FIRST;
RUN;
```

이 프로그램의 결과는 다음과 같다. 즉, 출력창에 다음과 같은 결과를 얻는다.

SAS 시스템

OBS	INCOME	TAX	AGE	STATE
1	5	3	35	IA
2	7	8	45	IA
3	7	9	32	NB

■ 입력된 자료로부터 일부의 자료를 얻는 경우(Form a subset of observations from an input data set)

다음과 같은 프로그램을 통해 자료의 일부를 다른 자료로 얻을 수 있다. 즉, SET statements를 통해 얻는다.

```
DATA SECOND;
 SET FIRST;
 IF AGE>35 & STATE= 'IA';
RUN;
PROC PRINT DATA=SECOND;
RUN;
```

위의 프로그램의 결과는 출력창에 다음과 같은 결과를 준다.

SAS 시스템

OBS	INCOME	TAX	AGE	STATE
1	7	8	45	IA

■ 둘 또는 그 이상의 자료를 끝과 끝을 붙이는 경우(Join two or more datasets: END-TO-END)

DATA THIRD와 DATA FOURTH를 끝과 끝을 이어서 DATA FIRTH를 아래의 프로그램으로 만들 수 있다. 이때 SET statements을 이용한다.

```
DATA THIRD;
 INPUT W X Y;
 DATALINSES;
21 10 3
31 20 4
;
DATA FOURTH;
 INPUT X Y Z;
 DATALINES;
14 5 78
15 6 65
;
DATA FIFTH;
 SET THIRD FOURTH;
RUN;
PROC PRINT DATA=FIFTH;
RUN;
```

다음의 결과를 출력창에서 얻을 수 있다.

```
SAS 시스템

                                   OBS    W    X    Y    Z
                                   1     21   10    3    .
                                   2     31   20    4    .
                                   3      .   14    5   78
                                   4      .   15    6   65
```

■ 둘 또는 그 이상의 자료를 옆으로 붙이는 경우(Join two or more datasets: SIDE-BY-SIDE)

DATA THIRD와 DATA FOURTH를 옆으로 붙여서 DATA SIXTH를 아래의 프로그램으로 만들 수 있다. 이때 MERGE statements을 이용한다.

```
DATA THIRD;
 INPUT W X Y;
 DATALINSES;
21 10 3
31 20 4
;
DATA FOURTH;
 INPUT X Y Z;
 DATALINES;
14 5 78
15 6 65
;
DATA SIXTH;
 SET THIRD FOURTH;
RUN;
PROC PRINT DATA=SIXTH;
RUN;
```

이들의 결과는 아래와 같이 옆으로 붙이는 결과를 얻는다.

SAS 시스템

OBS	W	X	Y	Z
1	21	14	5	78
2	31	15	6	65

NOTE 외부 자료 파일의 도입 - EXCEL이나 dBASE로 작성된 자료인 경우를 SAS DATA로 받을 수 있다.

```
DATA TEST;
 INFILE 'C:₩SAMPLE.DAT'
 INPUT NAME $ 1-8 AGE 11-12 ;
RUN;
```

위의 프로그램은 C:₩SAMPLE.DAT에 있는 자료를 불러온 것이다. 1-8에는 NAME이, 11-12에는 AGE가 입력되어 있다는 것이다.
자료를 입력시킬 때, 반복해서 할 때는 @@를 쓴다.

```
DATA TEST;
  INPUT NAME $ 1-8 AGE 11-12 @@;
DATALINES;
HG 18 SG 24 HY 27
;
```

그리고 창출된 SAS 자료(프로그램)의 영구보관은 FILE statements로, 호출은 INCLUDE statements로 한다.

FILE 'A:₩SAMPLE.SAS';는 A disk에 저장하라는 것이다.
FILE 'C:₩MYDATA₩SAMPLE.SAS';는 하드디스크에 저장하라는 것이다.

INCLUDE 'A:₩SAMPLE.SAS';는 호출하는 것이다.
INCLUDE 'C:₩MYDATA₩SAMPLE.SAS'는 호출하는 것이다.

4. 자료 변환(DATA MODIFICATION)

모든 자료의 변환은 SET, MERGE, INPUT statements 후에 나온다. 이는 CARDS OR PROC statement 전까지 진행된다.

(1) Assignment statement
새로운 변수를 만들거나, 또는 이미 dataset 안에 있는 변수의 값을 바꾸는 데 사용된다.

variabel-name = expression

예

```
DATA SAMPLE;
 INPUT X1-X10;
 Y1=X1+X2;
 Y2=ABS(X3);
 Y3=SQRT(X4+4.0*X5*X60;
CARDS;
```

위의 프로그램은 자료를 X1에서 X10을 직접 입력하고, 새로운 변수들 Y1 Y2 Y3를 만들라는 것이다. ABS는 절댓값 함수이고, SQRT는 루트함수이다.

(2) IF-THEN, IF-THEN/ELSE statement
• IF expression THEN statement;
만일 expression이 사실이면, statement로 실행한다.
만일 expression이 사실이 아니면, 다음 줄로 넘어가라는 것이다.

예

```
IF STATE='CA' OR STATE='OR' THEN REGION= 'PACIFIC COAST';
```

이는 만일 STATE 변수가 CA이거나 OR이면 REGION 변수에 PACIFIC COAST라 넣는다는 것이다. 그러나 CA와 OR이 아니면, 다음 줄로 넘어가라는 것이다.

IF SCORE〈0 THEN SCORE=0;

이는 만일 SCORE 변수가 0보다 작으면 SCORE 변수에 0을 넣으라는 것이다. 아니면 다음 줄로 넘어가라는 것이다.

• IF expression THEN statement;
  ELSE statement;

예

```
IF SCORE〈0 THEN  ANS=0;
ELSE ANS=SQRT(SCORE);
```

이는 SCORE 변수의 값이 0보다 작으면 ANS 변수를 0으로 지정하고, 아니면 ANS 변수를 SCORE 변수의 값을 루트로 계산해서 넣어라는 것이다.

(3) TRANSFER OF CONTROL statements (GO TO, RETURN)
SAS 프로그램의 순서를 바꾸는 데 사용한다. 이는 다음과 같은 표현으로 사용한다.

GO TO statement-label;

예

```
IF X〈0 THEN GO TO MISS;
  Y=SQRT(X);
  Z=LOG(X);
MISS: Y=0;
```

위의 프로그램은 만일 변수 X가 0보다 작으면 MISS 로 가서 Y 변수를 0으로 하고, 만일 X 변수의 값이 0보다 크면 Y 변수는 X 변수의 값의 루트값을 넣고, Z 변수의 값은 X 변숫값의 로그값을 넣어라는 프로그램이다.

(4) DATA STEP에서의 OUTPUT statement
(i) INPUT 된 DATA의 각 라인에서 두 개 또는 더 많은 관측값들을 만들 때,

예

```
DATA REPEAT;
 INPUT SUBJECT $ MEASURE1-MEASURE3;
 MEASURE=MEASURE1; OUTPUT;
 MEASURE=MEASURE2; OUTPU;
 MEASURE=MEASURE3; OUTPUT;
 KEEP SUBJECT MEASURE;
CARDS;
A 2 5 4
B 3 6 2
;
RUN;
PROC PRINT DATA=REPEAT;
RUN;
```

위의 프로그램의 결과는 다음과 같다.

SAS 시스템

OBS	SUBJECT	MEASURE
1	A	2
2	A	5
3	A	4
4	B	3
5	B	6
6	B	2

(ii) 한 INPUT data file에서 한 개 이상의 SAS data set을 만들 때,

예

```
DATA CHICKS;
 DO REP=1 TO 5;
  DO TRT=1 TO 4;;
    INPUT Y @; OUTPUT;
   END;
  END;
CARDS;
55 61 169 42
;
RUN;
PROC PRINT DATA=CHICKS;
RUN;
```

위의 프로그램의 결과로 얻는 것은 다음과 같다.

SAS 시스템

OBS	REP	TRT	Y
1	1	1	55
2	1	2	61
3	1	3	169
4	1	4	42

5. PROC STEP

PROC STEP은 SAS DATASET의 통계적 분석을 위한 SAS statement의 묶음이다. 이는 다음과 같은 표현으로 쓰여진다.

```
PROC procedure-name options;                                   (1)
  additional procedure information statements;                 (2)
```

(1) options

가장 간단한 PROC PRINT;의 경우에는 DATA의 이름이 없으면, 바로 전에 생성된 DATA를 프린트하라는 것이다.

만일 PROC PRINT DATA=THIRD;라고 하면 DATA THIRD를 프린트하라는 표현이다.

PROC CORR KENDALL; 이라는 프로그램은 PROC CORR;를 실행하면서 켄달의 타우를 이용해서 상관분석을 하라는 명령이다.

(2) additional procedure information statement.

VAR BY의 표현을 써서, 전체 자료에서 일부의 변수들만 분석을 원할 경우를 표현한다.

예

```
PROC MEANS DATA=STORE MEAN STD;
 VAR BOLTS NUTS SCREWS;
```

위의 프로그램은 STORE라는 자료에서 BOLTS NUTS SCREWS의 변수들의 평균과 표준편차를 달라는 명령문이다.

BY variable_list;가 나타나면, SAS는 DATASET을 그룹별로 나눠 분석하거나 저장하라는 것이다.

예

```
PROC SORT;
```

```
 BY GENDER INCOME;
PROC MEANS MEAN VAR;
 BY GENDER INCOME;
```

위의 프로그램에서 BY statement를 사용하기 전에 언제나 PROC SORT statement를 해야 한다. 그리고 BY GENDER INCOME;은 첫 번째로 성별로 나누고, 각기의 성에서 다시 INCOME순으로 SORT 하라는 것이다.

BY statement는 주로 PROC PRINT; PROC MENAS; PROC CORR; PROC FREQ;에서 사용한다.

예

```
PROC MEANS T PRT MEAN VAR;
 BY SEX INCOME;
 VAR AGE FOOD RENT;
```

위의 T와 PRT를 삽입하면 $H_{0:}\ \mu = 0$의 검정을 위한 T-값과 p-값을 준다.

(3) OUTPUT from PROCEDURE

PROC SORT;와 PROC STANDARD;를 제외한 거의 모든 PROCEDURE는 분석결과를 프린트해 준다.

그리고 PROC MEANS; PROC GLM; PROC CORR; PROC GENMOD; 등은 분석결과들을 프린트함과 동시에 OUTPUT DATASET들을 만들 수도 있다. (i.e. SAS create datasets that contain output from their analysis.) 다음의 예를 보자.

예

```
DATA FIRST;
 INPUT X1-X3;
DATALINES;
1 2 3
2 3 4
6 5 4
;
RUN;
PROC MEANS DATA=FIRST;
 OUTPUT OUT=SECOND MEAN=M1-M3 STD=S1-S3;
RUN;
PROC PRINT DATA=SECOND;
RUN;
```

위의 프로그램의 결과는 다음과 같다.

SAS 시스템

MEANS 프로시저

변수	N	평균값	표준편차	최솟값	최댓값
X1	3	3.0000000	2.6457513	1.0000000	6.0000000
X2	3	3.3333333	1.5275252	2.0000000	5.0000000
X3	3	3.6666667	0.5773503	3.0000000	4.0000000

OBS	_TYPE_	_FREQ_	M1	M2	M3	S1	S2	S3
1	0	3	3	3.33333	3.66667	2.64575	1.52753	0.5773

(4) Using datasetws output from SAS PROCEDURE.

SAS의 분석결과들로부터 얻어진 자료들을 다시 표현하거나, 다시 분석을 할 수 있다.

예

```
DATA OLD_1;
 INPUT X1-X4 Y ;
DATALINES;
7 26 6 60 78.5
1 29 15 52 74.5
;
RUN;
PROC GLM;
 MODEL Y=X1-X4 /P CLI;
 OUTPUT OUT=NEW_1 PREDICTED=YHAT RESIDUAL=RES;
RUN;
PROC PRINT DATA=NEW_1;
RUN;
PROC PLOT DATA=NEW_1;
 PLOT RES*X1='.' RES*YHAT='*' HPOS=60 VPOS=40;
RUN;
```

위의 프로그램의 결과는 다음과 같다.

SAS 시스템

OBS	X1	X2	X3	X4	Y	YHAT	RES
1	7	26	6	60	78.5	78.5	4.996E-15
2	1	29	15	52	74.5	74.5	4.774E-15

```
SAS 시스템
                                RES*YHAT의 도표.  사용된 기호: '*'.

              4.996004E-15 +                                        *
                           |
          R                |
          e                |
          s                |
          i                |
          d                |
          u                |
          a                |
          l                |

              4.773959E-15 + *
                           |
---------------------------+-----------------------------------------YHAT
```

부록 B 분포표

표 1. 표준정규분포표 : $P\{Z \geq x\}$

$Z \sim N(0,1)$일 때 $P\{Z \geq x\} = \alpha$이면 $z_{\alpha} = x$

X	.00	.01	.02	.03	.04	.05	.06	.07	.08	.09
.0	.5000	.4960	.4920	.4880	.4840	.4801	.4761	.4721	.4681	.4641
.1	.4602	.4562	.4522	.4483	.4443	.4404	.4364	.4325	.4286	.4247
.2	.4207	.4168	.4129	.4090	.4052	.4013	.3974	.3936	.3897	.3859
.3	.3821	.3783	.3745	.3707	.3669	.3632	.3594	.3557	.3520	.3483
.4	.3446	.3409	.3372	.3336	.3300	.3264	.3228	.3192	.3156	.3121
.5	.3085	.3050	.3015	.2981	.2946	.2912	.2877	.2843	.2810	.2776
.6	.2743	.2709	.2676	.2643	.2611	.2578	.2546	.2514	.2483	.2451
.7	.2420	.2389	.2358	.2327	.2296	.2266	.2236	.2206	.2177	.2148
.8	.2119	.2090	.2061	.2033	.2005	.1977	.1949	.1922	.1894	.1867
.9	.1841	.1814	.1788	.1762	.1736	.1711	.1685	.1660	.1635	.1611
1.0	.1587	.1562	.1539	.1515	.1492	.1469	.1446	.1423	.1401	.1379
1.1	.1357	.1335	.1314	.1292	.1271	.1251	.1230	.1210	.1190	.1170
1.2	.1151	.1131	.1112	.1093	.1075	.1056	.1038	.1020	.1003	.0985
1.3	.0968	.0951	.0934	.0918	.0901	.0885	.0869	.0853	.0838	.0823
1.4	.0808	.0793	.0778	.0764	.0749	.0735	.0721	.0708	.0694	.0681
1.5	.0668	.0655	.0643	.0630	.0618	.0606	.0594	.0582	.0571	.0559
1.6	.0548	.0537	.0526	.0516	.0505	.0495	.0485	.0475	.0465	.0455
1.7	.0446	.0436	.0427	.0418	.0409	.0401	.0392	.0384	.0375	.0367
1.8	.0359	.0351	.0344	.0336	.0329	.0322	.0314	.0307	.0301	.0294
1.9	.0287	.0281	.0274	.0268	.0262	.0256	.0250	.0244	.0239	.0233
2.0	.0228	.0222	.0217	.0212	.0207	.0202	.0197	.0192	.0188	.0183
2.1	.0179	.0174	.0170	.0166	.0162	.0158	.0154	.0150	.0146	.0143
2.2	.0139	.0136	.0132	.0129	.0125	.0122	.0119	.0116	.0113	.0110
2.3	.0107	.0104	.0102	.0099	.0096	.0094	.0091	.0089	.0087	.0084
2.4	.0082	.0080	.0078	.0075	.0073	.0071	.0069	.0068	.0066	.0064
2.5	.0062	.0060	.0059	.0057	.0055	.0054	.0052	.0051	.0049	.0048
2.6	.0047	.0045	.0044	.0043	.0041	.0040	.0039	.0038	.0037	.0036
2.7	.0035	.0034	.0033	.0032	.0031	.0030	.0029	.0028	.0027	.0026
2.8	.0026	.0025	.0024	.0023	.0023	.0022	.0021	.0021	.0020	.0019
2.9	.0019	.0018	.0018	.0017	.0016	.0016	.0015	.0015	.0014	.0014
3.0	.0013	.0013	.0013	.0012	.0012	.0011	.0011	.0011	.0010	.0010
3.1	.0010	.0009	.0009	.0009	.0008	.0008	.0008	.0008	.0007	.0007
3.2	.0007	.0007	.0006	.0006	.0006	.0006	.0006	.0005	.0005	.0005
3.3	.0005	.0005	.0005	.0004	.0004	.0004	.0004	.0004	.0004	.0003
3.4	.0003	.0003	.0003	.0003	.0003	.0003	.0003	.0003	.0003	.0002

표 2. t 분포표 : $t(\alpha,\nu)$

$t \sim t(\nu)$일 때 $P\{t \geq t(\alpha,\nu)\} = \alpha$를 만족하는 $t(\alpha,\nu)$값.

v \ α	.4	.25	.1	.05	.025	.01	.005	.0025	.001	.0005
1	.325	1.000	3.078	6.314	12.706	31.821	63.657	127.32	318.31	636.62
2	.289	.816	1.886	2.920	4.303	6.965	9.925	14.089	22.327	31.598
3	.277	.765	1.638	2.353	3.182	4.541	5.841	7.453	10.214	12.924
4	.271	.741	1.533	2.132	2.776	3.747	4.604	5.598	7.173	8.610
5	.267	.727	1.476	2.015	2.571	3.365	4.032	4.773	5.893	6.869
6	.265	.718	1.440	1.943	2.447	3.143	3.707	4.317	5.208	5.959
7	.263	.711	1.415	1.895	2.365	2.998	3.499	4.029	4.785	5.408
8	.262	.706	1.397	1.860	2.306	2.896	3.355	3.833	4.501	5.041
9	.261	.703	1.383	1.833	2.262	2.821	3.250	3.690	4.297	4.781
10	.260	.700	1.372	1.812	2.228	2.764	3.169	3.581	4.144	4.587
11	.260	.697	1.363	1.796	2.201	2.718	3.106	3.497	4.025	4.437
12	.259	.695	1.356	1.782	2.179	2.681	3.055	3.428	3.930	4.318
13	.259	.694	1.350	1.771	2.160	2.650	3.012	3.372	3.852	4.221
14	.258	.692	1.345	1.761	2.145	2.624	2.977	3.326	3.787	4.140
15	.258	.691	1.341	1.753	2.131	2.602	2.947	3.286	3.733	4.073
16	.258	.690	1.337	1.746	2.120	2.583	2.921	3.252	3.686	4.015
17	.257	.689	1.333	1.740	2.110	2.567	2.898	3.222	3.646	3.965
18	.257	.688	1.330	1.734	2.101	2.552	2.878	3.197	3.610	3.922
19	.257	.688	1.328	1.729	2.093	2.539	2.861	3.174	3.579	3.883
20	.257	.687	1.325	1.725	2.086	2.528	2.845	3.153	3.552	3.850
21	.257	.686	1.323	1.721	2.080	2.518	2.831	3.135	3.527	3.819
22	.256	.686	1.321	1.717	2.074	2.508	2.819	3.119	3.505	3.792
23	.256	.685	1.319	1.714	2.069	2.500	2.807	3.104	3.485	3.767
24	.256	.685	1.318	1.711	2.064	2.491	2.797	3.091	3.467	3.745
25	.256	.684	1.316	1.708	2.060	2.485	2.787	3.078	3.450	3.725
26	.256	.684	1.315	1.706	2.056	2.479	2.779	3.067	3.435	4.707
27	.256	.684	1.314	1.703	2.052	2.473	2.771	3.057	3.421	3.690
28	.256	.683	1.313	1.701	2.048	2.467	2.763	3.047	3.408	3.674
29	.256	.683	1.311	1.699	2.045	2.462	2.756	3.038	3.396	3.659
30	.256	.683	1.310	1.697	2.042	2.457	2.750	3.030	3.385	3.646
40	.255	.681	1.303	1.684	2.021	2.423	2.704	2.971	3.307	3.551
60	.254	.679	1.296	1.671	2.000	2.390	2.660	2.915	3.232	3.460
120	.254	.677	1.289	1.658	1.980	2.358	2.617	2.860	3.160	3.373
∞	.253	.674	1.282	1.645	1.960	2.326	2.576	2.807	3.090	3.291

표 3. χ^2분포표 : $\chi^2(\alpha,\nu)$

$\chi^2 \sim \chi^2(\nu)$일 때 $P\{\chi^2 \geq \chi^2(\alpha,\nu)\} = \alpha$를 만족하는 $\chi^2(\alpha,\nu)$값.

ν \ α	0.995	0.990	0.975	0.950	0.900	0.750	0.500
1	$392704 \cdot 10^{-10}$	$157088 \cdot 10^{-9}$	$982069 \cdot 10^{-9}$	$393214 \cdot 10^{-8}$	0.0157	0.1015	0.4549
2	0.0100	0.0201	0.0506	0.1025	0.2107	0.5753	1.3862
3	0.0717	0.1148	0.2157	0.3518	0.5843	1.2125	2.3659
4	0.2069	0.2971	0.4844	0.7107	1.0636	1.9225	3.3566
5	0.4117	0.5542	0.8312	1.1454	1.6103	2.6746	4.3514
6	0.6757	0.8720	1.2373	1.6353	2.2041	3.4546	5.3481
7	0.9892	1.2390	1.6898	2.1673	2.8331	4.2548	6.3458
8	1.3444	1.6465	2.1797	2.7326	3.4895	5.0706	7.3441
9	1.7349	2.0879	2.7003	3.3251	4.1681	5.8988	8.3428
10	2.1558	2.5582	3.2469	3.9403	4.8651	6.7372	9.3418
11	2.6032	3.0534	3.8157	4.5748	5.5777	7.5841	10.3410
12	3.0738	3.5705	4.4037	5.2260	6.3038	8.4384	11.3403
13	3.5650	4.1069	5.0087	5.8918	7.0415	9.2990	12.3398
14	4.0746	4.6604	5.6287	6.5706	7.7895	10.1653	13.3393
15	4.6009	5.2293	6.2621	7.2609	8.5467	11.0365	14.3389
16	5.1422	5.8122	6.9076	7.9616	9.3122	11.9122	15.3385
17	5.6972	6.4077	7.5641	8.6717	10.0852	12.7919	16.3382
18	6.2648	7.0149	8.2307	9.3904	10.8649	13.6753	17.3379
19	6.8439	7.6327	8.9065	10.1170	11.6509	14.5620	18.3377
20	7.4338	8.2604	9.5907	10.8508	12.4426	15.4518	19.3374
21	8.0336	8.8972	10.2829	11.5913	13.2396	16.3444	20.3372
22	8.6427	9.5424	10.9823	12.3380	14.0415	17.2396	21.3370
23	9.2604	10.1956	11.6886	13.0905	14.8480	18.1373	22.3369
24	9.8862	10.8564	12.4012	13.8484	15.6587	19.0373	23.3367
25	10.5197	11.5240	13.1197	14.6114	16.4734	19.9393	24.3366
26	11.1602	12.1981	13.8439	15.3792	17.2919	20.8434	25.3365
27	11.8076	12.8785	14.5734	16.1514	18.1139	21.7494	26.3363
28	12.4613	13.5647	15.3079	16.9279	18.9392	22.6572	27.3362
29	13.1211	14.2565	16.0471	17.7084	19.7677	23.5666	28.3361
30	13.7867	14.9535	16.7908	18.4927	20.5992	24.4776	29.3360
40	20.7065	22.1643	24.4330	26.5093	29.0505	33.6603	39.3353
50	27.9907	29.7067	32.3574	34.7643	37.6886	42.9421	49.3349
60	35.5345	37.4849	40.4817	43.1880	46.4589	52.2938	59.3347
70	43.2752	45.4417	48.7576	51.7393	55.3289	61.6983	69.3345
80	51.1719	53.5401	57.1532	60.3915	64.2778	71.1445	79.3343
90	59.1963	61.7541	65.6466	69.1260	73.2911	80.6247	89.3342
100	67.3276	70.0649	74.2219	77.9295	82.3581	90.1332	99.3341
Z_α	−2.5758	−2.3263	−1.9600	−1.6449	−1.2816	−0.6745	0.0000

표 3. (계속)

ν \ α	0.250	0.100	0.050	0.025	0.010	0.005	0.001
1	1.3233	2.7055	3.8414	5.0238	6.6349	7.8794	10.828
2	2.7725	4.6051	5.9914	7.3777	9.2103	10.5966	13.816
3	4.1083	6.2513	7.8147	9.3484	11.3449	12.8382	16.266
4	5.3852	7.7794	9.4877	11.1433	13.2767	14.8603	18.467
5	6.6256	9.2363	11.0705	12.8325	15.0863	16.7496	20.515
6	7.8408	10.6446	12.5916	14.4494	16.8119	18.5476	22.458
7	9.0371	12.0170	14.0671	16.0128	18.4753	20.2777	24.322
8	10.2189	13.3616	15.5073	17.5345	20.0902	21.9550	26.125
9	11.3888	14.6837	16.9190	19.0228	21.6660	23.5894	27.877
10	12.5489	15.9872	18.3070	20.4832	23.2093	25.1882	29.588
11	13.7007	17.2750	19.6751	21.9200	24.7250	26.7568	31.264
12	14.8454	18.5493	21.0261	23.3367	26.2170	28.2995	32.909
13	15.9839	19.8119	22.3620	24.7356	27.6882	29.8195	34.528
14	17.1169	21.0641	23.6848	26.1189	29.1412	31.3194	36.123
15	18.2451	22.3071	24.9958	27.4884	30.5779	32.8013	37.697
16	19.3689	23.5418	26.2962	28.8454	31.9999	34.2672	39.252
17	20.4887	24.7690	27.5871	30.1910	33.4087	35.7185	40.790
18	21.6049	25.9894	28.8693	31.5264	34.8053	37.1565	42.312
19	22.7178	27.2036	30.1435	32.8523	36.1909	38.5823	43.820
20	23.8277	28.4120	31.4104	34.1696	37.5662	39.9968	45.315
21	24.9348	29.6151	32.6706	35.4789	38.9322	41.4011	46.797
22	26.0393	30.8133	33.9244	36.7807	40.2894	42.7957	48.268
23	27.1413	32.0069	35.1725	38.0756	41.6384	44.1813	49.728
24	28.2412	33.1962	36.4150	39.3641	42.9798	45.5585	51.179
25	29.3389	34.3816	37.6525	40.6465	44.3141	46.9279	52.618
26	30.4346	35.5632	38.8851	41.9232	45.6417	48.2899	54.052
27	31.5284	36.7412	40.1133	43.1945	46.9629	49.6449	55.476
28	32.6205	37.9159	41.3371	44.4608	48.2782	50.9934	56.892
29	33.7109	39.0875	42.5570	45.7223	49.5879	52.3356	58.301
30	34.7997	40.2560	43.7730	46.9792	50.8922	53.6720	59.703
40	45.6160	51.8051	55.7585	59.3417	63.6907	66.7660	73.402
50	56.3336	63.1671	67.5048	71.4202	76.1539	79.4900	86.661
60	66.9815	74.3970	79.0819	83.2977	88.3794	91.9517	99.607
70	77.5767	85.5270	90.5312	95.0232	100.425	104.215	112.317
80	88.1303	96.5782	101.879	106.629	112.329	116.321	124.839
90	98.6499	107.565	103.145	118.136	124.116	128.299	137.208
100	109.141	118.498	124.342	129.561	135.807	140.169	149.449
Z_α	0.6745	1.2816	1.6449	1.9600	2.3263	2.5758	3.0902

표 4. F분포표 : $F(\alpha, \nu_1, \nu_2)$

$F \sim F(\nu_1, \nu_2)$ 일 때 $P\{F \geq F(\alpha, \nu_1, \nu_2)\} = \alpha$ 를 만족하는 $F(\alpha, \nu_1, \nu_2)$값, $\left(F(1-\alpha, \nu_1, \nu_2) = \frac{1}{F(\alpha, \nu_2, \nu_1)}\right)$

$\alpha = 0.1$

ν_2 \ ν_1	1	2	3	4	5	6	7	8	9	10	12	15	20	24	30	40	60	120	∞
1	39.86	49.50	53.59	55.83	57.24	58.20	58.91	59.44	59.86	60.19	60.71	61.22	61.74	62.00	62.26	62.53	62.79	63.06	63.33
2	8.53	9.00	9.16	9.24	9.29	9.33	9.35	9.37	9.38	9.39	9.41	9.42	9.44	9.45	9.46	9.47	9.47	9.48	9.49
3	5.54	5.46	5.39	5.34	5.31	5.28	5.27	5.25	5.24	5.23	5.22	5.20	5.18	5.18	5.17	5.16	5.15	5.14	5.13
4	4.54	4.32	4.19	4.11	4.05	4.01	3.98	3.95	3.94	3.92	3.90	3.87	3.84	3.83	3.82	3.80	3.79	3.78	3.76
5	4.06	3.78	3.62	3.52	3.45	3.40	3.37	3.34	3.32	3.30	3.27	3.24	3.21	3.19	3.17	3.16	3.14	3.12	3.10
6	3.78	3.46	3.29	3.18	3.11	3.05	3.01	2.98	2.96	2.94	2.90	2.87	2.84	2.82	2.80	2.78	2.76	2.74	2.72
7	3.59	3.26	3.07	2.96	2.88	2.83	2.78	2.75	2.72	2.70	2.67	2.63	2.59	2.58	2.56	2.54	2.51	2.49	2.47
8	3.46	3.11	2.92	2.81	2.73	2.67	2.62	2.59	2.56	2.54	2.50	2.46	2.42	2.40	2.38	2.36	2.34	2.32	2.29
9	3.36	3.01	2.81	2.69	2.61	2.55	2.51	2.47	2.44	2.42	2.38	2.34	2.30	2.28	2.25	2.23	2.21	2.18	2.16
10	3.29	2.92	2.73	2.61	2.52	2.46	2.41	2.38	2.35	2.32	2.28	2.24	2.20	2.18	2.16	2.13	2.11	2.08	2.06
11	3.23	2.86	2.66	2.54	2.45	2.39	2.34	2.30	2.27	2.25	2.21	2.17	2.12	2.10	2.08	2.05	2.03	2.00	1.97
12	3.18	2.81	2.61	2.48	2.39	2.33	2.28	2.24	2.21	2.19	2.15	2.10	2.06	2.04	2.01	1.99	1.96	1.93	1.90
13	3.14	2.76	2.56	2.43	2.35	2.28	2.23	2.20	2.16	2.14	2.10	2.05	2.01	1.98	1.96	1.93	1.90	1.88	1.85
14	3.10	2.73	2.52	2.39	2.31	2.24	2.19	2.15	2.12	2.10	2.05	2.01	1.96	1.94	1.91	1.89	1.86	1.83	1.80
15	3.07	2.70	2.49	2.36	2.27	2.21	2.16	2.12	2.09	2.06	2.02	1.97	1.92	1.90	1.87	1.85	1.82	1.79	1.76
16	3.05	2.67	2.46	2.33	2.24	2.18	2.13	2.09	2.06	2.03	1.99	1.94	1.89	1.87	1.84	1.81	1.78	1.75	1.72
17	3.03	2.64	2.44	2.31	2.22	2.15	2.10	2.06	2.03	2.00	1.96	1.91	1.86	1.84	1.81	1.78	1.75	1.72	1.69
18	3.01	2.62	2.42	2.29	2.20	2.13	2.08	2.04	2.00	1.98	1.93	1.89	1.84	1.81	1.78	1.75	1.72	1.69	1.66
19	2.99	2.61	2.40	2.27	2.18	2.11	2.06	2.02	1.98	1.96	1.91	1.86	1.81	1.79	1.76	1.73	1.70	1.67	1.63
20	2.97	2.59	2.38	2.25	2.16	2.09	2.04	2.00	1.96	1.94	1.89	1.84	1.79	1.77	1.74	1.71	1.68	1.64	1.61
21	2.96	2.57	2.36	2.23	2.14	2.08	2.02	1.98	1.95	1.92	1.87	1.83	1.78	1.75	1.72	1.69	1.66	1.62	1.59
22	2.95	2.56	2.35	2.22	2.13	2.06	2.01	1.97	1.93	1.90	1.86	1.81	1.76	1.73	1.70	1.67	1.64	1.60	1.57
23	2.94	2.55	2.34	2.21	2.11	2.05	1.99	1.95	1.92	1.89	1.84	1.80	1.74	1.72	1.69	1.66	1.62	1.59	1.55
24	2.93	2.54	2.33	2.19	2.10	2.04	1.98	1.94	1.91	1.88	1.83	1.78	1.73	1.70	1.67	1.64	1.61	1.57	1.53
25	2.92	2.53	2.32	2.18	2.09	2.02	1.97	1.93	1.89	1.87	1.82	1.77	1.72	1.69	1.66	1.63	1.59	1.56	1.52
26	2.91	2.52	2.31	2.17	2.08	2.01	1.96	1.92	1.88	1.86	1.81	1.76	1.71	1.68	1.65	1.61	1.58	1.54	1.50
27	2.90	2.51	2.30	2.17	2.07	2.00	1.95	1.91	1.87	1.85	1.80	1.75	1.70	1.67	1.64	1.60	1.57	1.53	1.49
28	2.89	2.50	2.29	2.16	2.06	2.00	1.94	1.90	1.87	1.84	1.79	1.74	1.69	1.66	1.63	1.59	1.56	1.52	1.48
29	2.89	2.50	2.28	2.15	2.06	1.99	1.93	1.89	1.86	1.83	1.78	1.73	1.68	1.65	1.62	1.58	1.55	1.51	1.47
30	2.88	2.49	2.28	2.14	2.05	1.98	1.93	1.88	1.85	1.82	1.77	1.72	1.67	1.64	1.61	1.57	1.54	1.50	1.46
40	2.84	2.44	2.23	2.09	2.00	1.93	1.87	1.83	1.79	1.76	1.71	1.66	1.61	1.57	1.54	1.51	1.47	1.42	1.38
60	2.79	2.39	2.18	2.04	1.95	1.87	1.82	1.77	1.74	1.71	1.66	1.60	1.54	1.51	1.48	1.44	1.40	1.35	1.29
120	2.75	2.35	2.13	1.99	1.90	1.82	1.77	1.72	1.68	1.65	1.60	1.55	1.48	1.45	1.41	1.37	1.32	1.26	1.19
∞	2.71	2.30	2.08	1.94	1.85	1.77	1.72	1.67	1.63	1.60	1.55	1.49	1.42	1.38	1.34	1.30	1.24	1.17	1.00

표 4. (계속)

$\alpha = 0.05$

ν_2 \ ν_1	1	2	3	4	5	6	7	8	9	10	12	15	20	24	30	40	60	120	∞
1	161,4	199,5	215,7	224,6	230,2	234,0	236,8	238,9	240,5	241,9	243,9	245,9	248,0	249,1	250,1	251,1	252,2	253,3	254,3
2	18,51	19,00	19,16	19,25	19,30	19,33	19,35	19,37	19,38	19,40	19,41	19,43	19,45	19,45	19,46	19,47	19,48	19,49	19,50
3	10,13	9,55	9,28	9,12	9,01	8,94	8,89	8,85	8,81	8,79	8,74	8,70	8,66	8,64	8,62	8,59	8,57	8,55	8,53
4	7,71	6,94	6,59	6,39	6,26	6,16	6,09	6,04	6,00	5,96	5,91	5,86	5,80	5,77	5,75	5,72	5,69	5,66	5,63
5	6,61	5,79	5,41	5,19	5,05	4,95	4,88	4,82	4,77	4,74	4,68	4,62	4,56	4,53	4,50	4,46	4,43	4,40	4,36
6	5,99	5,14	4,76	4,53	4,39	4,28	4,21	4,15	4,10	4,06	4,00	3,94	3,87	3,84	3,81	3,77	3,74	3,70	3,67
7	5,59	4,74	4,35	4,12	3,97	3,87	3,79	3,73	3,68	3,64	3,57	3,51	3,44	3,41	3,38	3,34	3,30	3,27	3,23
8	5,32	4,46	4,07	3,84	3,69	3,58	3,50	3,44	3,39	3,35	3,28	3,22	3,15	3,12	3,08	3,04	3,01	2,97	2,93
9	5,12	4,26	3,86	3,63	3,48	3,37	3,29	3,23	3,18	3,14	3,07	3,01	2,94	2,90	2,86	2,83	2,79	2,75	2,71
10	4,96	4,10	3,71	3,48	3,33	3,22	3,14	3,07	3,02	2,98	2,91	2,85	2,77	2,74	2,70	2,66	2,62	2,58	2,54
11	4,84	3,98	3,59	3,36	3,20	3,09	3,01	2,95	2,90	2,85	2,79	2,72	2,65	2,61	2,57	2,53	2,49	2,45	2,40
12	4,75	3,89	3,49	3,26	3,11	3,00	2,91	2,85	2,80	2,75	2,69	2,62	2,54	2,51	2,47	2,43	2,38	2,34	2,30
13	4,67	3,81	3,41	3,18	3,03	2,92	2,83	2,77	2,71	2,67	2,60	2,53	2,46	2,42	2,38	2,34	2,30	2,25	2,21
14	4,60	3,74	3,34	3,11	2,96	2,85	2,76	2,70	2,65	2,60	2,53	2,46	2,39	2,35	2,31	2,27	2,22	2,18	2,13
15	4,54	3,68	3,29	3,06	2,90	2,79	2,71	2,64	2,59	2,54	2,48	2,40	2,33	2,29	2,25	2,20	2,16	2,11	2,07
16	4,49	3,63	3,24	3,01	2,85	2,74	2,66	2,59	2,54	2,49	2,42	2,35	2,28	2,24	2,19	2,15	2,11	2,06	2,01
17	4,45	3,59	3,20	2,96	2,81	2,70	2,61	2,55	2,49	2,45	2,38	2,31	2,23	2,19	2,15	2,10	2,06	2,01	1,96
18	4,41	3,55	3,16	2,93	2,77	2,66	2,58	2,51	2,46	2,41	2,34	2,27	2,19	2,15	2,11	2,06	2,02	1,97	1,92
19	4,38	3,52	3,13	2,90	2,74	2,63	2,54	2,48	2,42	2,38	2,31	2,23	2,16	2,11	2,07	2,03	1,98	1,93	1,88
20	4,35	3,49	3,10	2,87	2,71	2,60	2,51	2,45	2,39	2,35	2,28	2,20	2,12	2,08	2,04	1,99	1,95	1,90	1,84
21	4,32	3,47	3,07	2,84	2,68	2,57	2,49	2,42	2,37	2,32	2,25	2,18	2,10	2,05	2,01	1,96	1,92	1,87	1,81
22	4,30	3,44	3,05	2,82	2,66	2,55	2,46	2,40	2,34	2,30	2,23	2,15	2,07	2,03	1,98	1,94	1,89	1,84	1,78
23	4,28	3,42	3,03	2,80	2,64	2,53	2,44	2,37	2,32	2,27	2,20	2,13	2,05	2,01	1,96	1,91	1,86	1,81	1,76
24	4,26	3,40	3,01	2,78	2,62	2,51	2,42	2,36	2,30	2,25	2,18	2,11	2,03	1,98	1,94	1,89	1,84	1,79	1,73
25	4,24	3,39	2,99	2,76	2,60	2,49	2,40	2,34	2,28	2,24	2,16	2,09	2,01	1,96	1,92	1,87	1,82	1,77	1,71
26	4,23	3,37	2,98	2,74	2,59	2,47	2,39	2,32	2,27	2,22	2,15	2,07	1,99	1,95	1,90	1,85	1,80	1,75	1,69
27	4,21	3,35	2,96	2,73	2,57	2,46	2,37	2,31	2,25	2,20	2,13	2,06	1,97	1,93	1,88	1,84	1,79	1,73	1,67
28	4,20	3,34	2,95	2,71	2,56	2,45	2,36	2,29	2,24	2,19	2,12	2,04	1,96	1,91	1,87	1,82	1,77	1,71	1,65
29	4,18	3,33	2,93	2,70	2,55	2,43	2,35	2,28	2,22	2,18	2,10	2,03	1,94	1,90	1,85	1,81	1,75	1,70	1,64
30	4,17	3,32	2,92	2,69	2,53	2,42	2,33	2,27	2,21	2,16	2,09	2,01	1,93	1,89	1,84	1,79	1,74	1,68	1,62
40	4,08	3,23	2,84	2,61	2,45	2,34	2,25	2,18	2,12	2,08	2,00	1,92	1,84	1,79	1,74	1,69	1,64	1,58	1,51
60	4,00	3,15	2,76	2,53	2,37	2,25	2,17	2,10	2,04	1,99	1,92	1,84	1,75	1,70	1,65	1,59	1,53	1,47	1,39
120	3,92	3,07	2,68	2,45	2,29	2,17	2,09	2,02	1,96	1,91	1,83	1,75	1,66	1,61	1,55	1,50	1,43	1,35	1,25
∞	3,84	3,00	2,60	2,37	2,21	2,10	2,01	1,94	1,88	1,83	1,75	1,67	1,57	1,52	1,46	1,39	1,32	1,22	1,00

표 4. (계속)

$\alpha = 0.025$

ν_2 \ ν_1	1	2	3	4	5	6	7	8	9	10	12	15	20	24	30	40	60	120	∞
1	647.8	799.5	864.2	899.6	921.8	937.1	948.2	956.7	963.3	968.6	976.7	984.9	993.1	997.2	1001	1006	1010	1014	1018
2	38.51	39.00	39.17	39.25	39.30	39.33	39.36	39.37	39.39	39.40	39.41	39.43	39.45	39.46	39.46	39.47	30.48	39.49	39.50
3	17.44	16.04	15.44	15.10	14.88	14.73	14.62	14.54	14.47	14.42	14.34	14.25	14.17	14.12	14.08	14.04	13.99	13.95	13.90
4	12.22	10.65	9.98	9.60	9.36	9.20	9.07	8.98	8.90	8.84	8.75	8.66	8.56	8.51	8.46	8.41	8.36	8.31	8.26
5	10.01	8.43	7.76	7.39	7.15	6.98	6.85	6.76	6.68	6.62	6.52	6.43	6.33	6.28	6.23	6.18	6.12	6.07	6.02
6	8.81	7.26	6.60	6.23	5.99	5.82	5.70	5.60	5.52	5.46	5.37	5.27	5.17	5.12	5.07	5.01	4.96	4.90	4.85
7	8.07	6.54	5.89	5.52	5.29	5.12	4.99	4.90	4.82	4.76	4.67	4.57	4.47	4.42	4.36	4.31	4.25	4.20	4.14
8	7.57	6.06	5.42	5.05	4.82	4.65	4.53	4.43	4.36	4.30	4.20	4.10	4.00	3.95	3.89	3.84	3.78	3.73	3.67
9	7.21	5.71	5.08	4.72	4.48	4.32	4.20	4.10	4.03	3.96	3.87	3.77	3.67	3.61	3.56	3.51	3.45	3.39	3.33
10	6.94	5.46	4.83	4.47	4.24	4.07	3.95	3.85	3.78	3.72	3.62	3.52	3.42	3.37	3.31	3.26	3.20	3.14	3.08
11	6.72	5.26	4.63	4.28	4.04	3.88	3.76	3.66	3.59	3.53	3.43	3.33	3.23	3.17	3.12	3.06	3.00	2.94	2.88
12	6.55	5.10	4.47	4.12	3.89	3.73	3.61	3.51	3.44	3.37	3.28	3.18	3.07	3.02	2.96	2.91	2.85	2.79	2.72
13	6.41	4.97	4.35	4.00	3.77	3.60	3.48	3.39	3.31	3.25	3.15	3.05	2.95	2.89	2.84	2.78	2.72	2.66	2.60
14	6.30	4.86	4.24	3.89	3.66	3.50	3.38	3.29	3.21	3.15	3.05	2.95	2.84	2.79	2.73	2.67	2.61	2.55	2.49
15	6.20	4.77	4.15	3.80	3.58	3.41	3.29	3.20	3.12	3.06	2.96	2.86	2.76	2.70	2.64	2.59	2.52	2.46	2.40
16	6.12	4.69	4.08	3.73	3.50	3.34	3.22	3.12	3.05	2.99	2.89	2.79	2.68	2.63	2.57	2.51	2.45	2.38	2.32
17	6.04	4.62	4.01	3.66	3.44	3.28	3.16	3.06	2.98	2.92	2.82	2.72	2.62	2.56	2.50	2.44	2.38	2.32	2.25
18	5.98	4.56	3.95	3.61	3.38	3.22	3.10	3.01	2.93	2.87	2.77	2.67	2.56	2.50	2.44	2.38	2.32	2.26	2.19
19	5.92	4.51	3.90	3.56	3.33	3.17	3.05	2.96	2.88	2.82	2.72	2.62	2.51	2.45	2.39	2.33	2.27	2.20	2.13
20	5.87	4.46	3.86	3.51	3.29	3.13	3.01	2.91	2.84	2.77	2.68	2.57	2.46	2.41	2.35	2.29	2.22	2.16	2.09
21	5.83	4.42	3.82	3.48	3.25	3.09	2.97	2.87	2.80	2.73	2.64	2.53	2.42	237	2.31	2.25	2.18	2.11	2.04
22	5.79	4.38	3.78	3.44	3.22	3.05	2.93	2.84	2.76	2.70	2.60	2.50	2.39	2.33	2.27	2.21	2.14	2.08	2.00
23	5.75	4.35	3.75	3.41	3.18	3.02	2.90	2.81	2.73	2.67	2.57	2.47	2.36	2.30	2.24	2.18	2.11	2.04	1.97
24	5.72	4.32	3.72	3.38	3.15	2.99	2.87	2.78	2.70	2.64	2.54	2.44	2.33	2.27	2.21	2.15	2.08	2.01	1.94
25	5.69	4.29	3.69	3.35	3.13	2.97	2.85	2.75	2.68	2.61	2.51	2.41	2.30	2.24	2.18	2.12	2.05	1.98	1.91
26	5.66	4.27	3.67	3.33	3.10	2.94	2.82	2.73	2.65	2.59	2.49	2.39	2.28	2.22	2.16	2.09	2.03	1.95	1.88
27	5.63	4.24	3.65	3.31	3.08	2.92	2.80	2.71	2.63	2.57	2.47	2.36	2.25	2.19	2.13	2.07	2.00	1.93	1.85
28	5.61	4.22	3.63	3.29	3.06	2.90	2.78	2.69	2.61	2.55	2.45	2.34	2.23	2.17	2.11	2.05	1.98	1.91	1.83
29	5.59	4.20	3.61	3.27	3.04	2.88	2.76	2.67	2.59	2.53	2.43	2.32	2.21	2.15	2.09	2.03	1.96	1.89	1.81
30	5.57	4.18	3.59	3.25	3.03	2.87	2.75	2.65	2.57	2.51	2.41	2.31	2.20	2.14	2.07	2.01	1.94	1.87	1.79
40	5.42	4.05	3.46	3.13	2.90	2.74	2.62	2.53	2.45	2.39	2.29	2.18	2.07	2.01	1.94	1.88	1.80	1.72	1.64
60	5.29	3.93	3.34	3.01	2.79	2.63	2.51	2.41	2.33	2.27	2.17	2.06	1.94	1.88	1.82	1.74	1.67	1.58	1.48
120	5.15	3.80	3.23	2.89	2.67	2.52	2.39	2.30	2.22	2.16	2.05	1.94	1.82	1.76	1.69	1.61	1.53	1.43	1.31
∞	5.02	3.69	3.12	2.79	2.57	2.41	2.29	2.19	2.11	2.05	1.94	1.83	1.71	1.64	1.57	1.48	1.39	1.27	1.00

표 4. (계속)

$\alpha = 0.01$

ν_2 \ ν_1	1	2	3	4	5	6	7	8	9	10	12	15	20	24	30	40	60	120	∞
1	4052	4999.5	5403	5625	5764	5859	5928	5981	6022	6056	6106	6157	6209	6235	6261	6287	6313	6339	6366
2	98.50	99.00	99.17	99.25	99.30	99.33	99.36	99.37	99.39	99.40	99.42	99.43	99.45	99.46	99.47	99.47	99.48	99.49	99.50
3	34.12	30.82	29.46	28.71	28.24	27.91	27.67	27.49	27.35	27.23	27.05	26.87	26.69	26.60	26.50	26.41	26.32	26.22	26.13
4	21.20	18.00	16.69	15.98	15.52	15.21	14.98	14.80	14.66	14.55	14.37	14.20	14.02	13.93	13.84	13.75	13.65	13.56	13.46
5	16.26	13.27	12.06	11.39	10.97	10.67	10.46	10.29	10.16	10.05	9.89	9.72	9.55	9.47	9.38	9.29	9.20	9.11	9.02
6	13.75	10.92	9.78	9.15	8.75	8.47	8.26	8.10	7.98	7.87	7.72	7.56	7.40	7.31	7.23	7.14	7.06	6.97	6.88
7	12.25	9.55	8.45	7.85	7.46	7.19	6.99	6.84	6.72	6.62	6.47	6.31	6.16	6.07	5.99	5.91	5.82	5.74	5.65
8	11.26	8.65	7.59	7.01	6.63	6.37	6.18	6.03	5.91	5.81	5.67	5.52	5.36	5.28	5.20	5.12	5.03	4.95	4.86
9	10.56	8.02	6.99	6.42	6.06	5.80	5.61	5.47	5.35	5.26	5.11	4.96	4.81	4.73	4.65	4.57	4.48	4.40	4.31
10	10.04	7.56	6.55	5.99	5.64	5.39	5.20	5.06	4.94	4.85	4.71	4.56	4.41	4.33	4.25	4.17	4.08	4.00	3.91
11	9.65	7.21	6.22	5.67	5.32	5.07	4.89	4.74	4.63	4.54	4.40	4.25	4.10	4.02	3.94	3.86	3.78	3.69	3.60
12	9.33	6.93	5.95	5.41	5.06	4.82	4.64	4.50	4.39	4.30	4.16	4.01	3.86	3.78	3.70	3.62	3.54	3.45	3.36
13	9.07	6.70	5.74	5.21	4.86	4.62	4.41	4.30	4.19	4.10	3.96	3.82	3.66	3.59	3.51	3.43	3.34	3.25	3.17
14	8.86	6.51	5.56	5.04	4.69	4.46	4.28	4.14	4.03	3.94	3.80	3.66	3.51	3.43	3.35	3.27	3.18	3.09	3.00
15	8.68	6.36	5.42	4.89	4.56	4.32	4.14	4.00	3.89	3.80	3.67	3.52	3.37	3.29	3.21	3.13	3.05	2.96	2.87
16	8.53	6.23	5.29	4.77	4.44	4.20	4.03	3.89	3.78	3.69	3.55	3.41	3.26	3.18	3.10	3.02	2.93	2.84	2.75
17	8.40	6.11	5.18	4.67	4.34	4.10	3.93	3.79	3.68	3.59	3.46	3.31	3.16	3.08	3.00	2.92	2.83	2.75	2.65
18	8.29	6.01	5.09	4.58	4.25	4.01	3.84	3.71	3.60	3.51	3.37	3.23	3.08	3.00	2.92	2.84	2.75	2.66	2.57
19	8.18	5.93	5.01	4.50	4.17	3.94	3.77	3.63	3.52	3.43	3.30	3.15	3.00	2.92	2.84	2.76	2.67	2.58	2.49
20	8.10	5.85	4.94	4.43	4.10	3.87	3.70	3.56	3.46	3.37	3.23	3.09	2.94	2.86	2.78	2.69	2.61	2.52	2.42
21	8.02	5.78	4.87	4.37	4.04	3.81	3.64	3.51	3.40	3.31	3.17	3.03	2.88	2.80	2.72	2.64	2.55	2.46	2.36
22	7.95	5.72	4.82	4.31	3.99	3.76	3.59	3.45	3.35	3.26	3.12	2.98	2.83	2.75	2.67	2.58	2.50	2.40	2.31
23	7.88	5.66	4.76	4.26	3.94	3.71	3.54	3.41	3.30	3.21	3.07	2.93	2.78	2.70	2.62	2.54	2.45	2.35	2.26
24	7.82	5.61	4.72	4.22	3.90	3.67	3.50	3.36	3.26	3.17	3.03	2.89	2.74	2.66	2.58	2.49	2.40	2.31	2.21
25	7.77	5.57	4.68	4.18	3.85	3.63	3.46	3.32	3.22	3.13	2.99	2.85	2.70	2.62	2.54	2.45	2.36	2.27	2.17
26	7.72	5.53	4.64	4.14	3.82	3.59	3.42	3.29	3.18	3.09	2.96	2.81	2.66	2.58	2.50	2.42	2.33	2.23	2.13
27	7.68	5.49	4.60	4.11	3.78	3.56	3.39	3.26	3.15	3.06	2.93	2.78	2.63	2.55	2.47	2.38	2.29	2.20	2.10
28	7.64	5.45	4.57	4.07	3.75	3.53	3.36	3.23	3.12	3.03	2.90	2.75	2.60	2.52	2.44	2.35	2.26	2.17	2.06
29	7.60	5.42	4.54	4.04	3.73	3.50	3.33	3.20	3.09	3.00	2.87	2.73	2.57	2.49	2.41	2.33	2.23	2.14	2.03
30	7.56	5.39	4.51	4.02	3.70	3.47	3.30	3.17	3.07	2.98	2.84	2.70	2.55	2.47	2.39	2.30	2.21	2.11	2.01
40	7.31	5.18	4.31	3.83	3.51	3.29	3.12	2.99	2.89	2.80	2.66	2.52	2.37	2.29	2.20	2.11	2.02	1.92	1.80
60	7.08	4.98	4.13	3.65	3.34	3.12	2.95	2.82	2.72	2.63	2.50	2.35	2.20	2.12	2.03	1.94	1.84	1.73	1.60
120	6.85	4.79	3.95	3.48	3.17	2.96	2.79	2.66	2.56	2.47	2.34	2.19	2.03	1.95	1.86	1.76	1.66	1.53	1.38
∞	6.63	4.61	3.78	3.32	3.02	2.80	2.64	2.51	2.41	2.32	2.18	2.04	1.88	1.79	1.70	1.59	1.47	1.32	1.00

표 5. 부호 통계량(B) 분포표: [x $P_0(B \le x)$ $P_0(B \ge x)$]

$P_0(B \ge x) = \alpha$ 이면 $b(\alpha, n) = x$(H_0하에서 B의 분포는 이항분포 $B(n, 1/2)$의 분포와 동일)

x	$P_0(B \le x)$	$P_0(B \ge x)$
▶ n=2		
0	0.2500	1.0000
1	0.7500	0.7500
2	1.0000	0.2500
▶ n=3		
0	0.1250	1.0000
1	0.5000	0.8750
2	0.8750	0.5000
3	1.0000	0.1250
▶ n=4		
0	0.0625	1.0000
1	0.3125	0.9375
2	0.6875	0.6875
3	0.9375	0.3125
4	1.0000	0.0625
▶ n=5		
0	0.0313	1.0000
1	0.1875	0.9688
2	0.5000	0.8125
3	0.8125	0.5000
4	0.9688	0.1875
5	1.0000	0.0313
▶ n=6		
0	0.0156	1.0000
1	0.1094	0.9844
2	0.3438	0.8906
3	0.6562	0.6562
4	0.8906	0.3438
5	0.9844	0.1094
6	1.0000	0.0156
▶ n=7		
0	0.0078	1.0000
1	0.0625	0.9922
2	0.2266	0.9375
3	0.5000	0.7734
4	0.7734	0.5000
5	0.9375	0.2266
6	0.9922	0.0625
7	1.0000	0.0078
▶ n=8		
0	0.0039	1.0000
1	0.0352	0.9961
2	0.1445	0.9648
3	0.3633	0.8555
4	0.6367	0.6367
5	0.8555	0.3633
6	0.9648	0.1445
7	0.9961	0.0352
8	1.0000	0.0039
▶ n=9		
0	0.0020	1.0000
1	0.0195	0.9980
2	0.0898	0.9805
3	0.2539	0.9102
4	0.5000	0.7461
5	0.7461	0.5000
6	0.9102	0.2539
7	0.9805	0.0898
8	0.9980	0.0195
9	1.0000	0.0020
▶ n=10		
0	0.0010	1.0000
1	0.0107	0.9990
2	0.0547	0.9893
3	0.1719	0.9453
4	0.3770	0.8281
5	0.6230	0.6230
6	0.8281	0.3770
7	0.9453	0.1719
8	0.9893	0.0547
9	0.9990	0.0107
10	1.0000	0.0010
▶ n=11		
0	0.0005	1.0000
1	0.0059	0.9995
2	0.0327	0.9941
3	0.1133	0.9673
4	0.2744	0.8867
5	0.5000	0.7256
6	0.7256	0.5000
7	0.8867	0.2744
8	0.9673	0.1133
9	0.9941	0.0327
10	0.9995	0.0059
11	1.0000	0.0005
▶ n=12		
0	0.0002	1.0000
1	0.0032	0.9998
2	0.0193	0.9968
3	0.0730	0.9807
4	0.1938	0.9270
5	0.3872	0.8062
6	0.6128	0.6128
7	0.8062	0.3872
8	0.9270	0.1938
9	0.9807	0.0730
10	0.9968	0.0193
11	0.9998	0.0032
12	1.0000	0.0002
▶ n=13		
0	0.0001	1.0000
1	0.0017	0.9999
2	0.0112	0.9983
3	0.0461	0.9888
4	0.1334	0.9539
5	0.2905	0.8666
6	0.5000	0.7095
7	0.7095	0.5000
8	0.8666	0.2905
9	0.9539	0.1334
10	0.9888	0.0461
11	0.9983	0.0112
12	0.9999	0.0017
13	1.0000	0.0001
▶ n=14		
0	0.0001	1.0000
1	0.0009	0.9999
2	0.0065	0.9991
3	0.0287	0.9935
4	0.0898	0.9713
5	0.2120	0.9102
6	0.3953	0.7880
7	0.6047	0.6047
8	0.7880	0.3953
9	0.9102	0.2120
10	0.9713	0.0898
11	0.9935	0.0287
12	0.9991	0.0065
13	0.9999	0.0009
14	1.0000	0.0001
▶ n=15		
0	0.0000	1.0000
1	0.0005	1.0000
2	0.0037	0.9995
3	0.0176	0.9963
4	0.0592	0.9824
5	0.1509	0.9408
6	0.3036	0.8491
7	0.5000	0.6964
8	0.6964	0.5000
9	0.8491	0.3036
10	0.9408	0.1509
11	0.9824	0.0592
12	0.9963	0.0176
13	0.9995	0.0037
14	1.0000	0.0005
15	1.0000	0.0000
▶ n=16		
0	0.0000	1.0000
1	0.0003	1.0000
2	0.0021	0.9997
3	0.0106	0.9979
4	0.0384	0.9894
5	0.1051	0.9616
6	0.2272	0.8949
7	0.4018	0.7728
8	0.5982	0.5982
9	0.7728	0.4018
10	0.8949	0.2272
11	0.9616	0.1051
12	0.9894	0.0384
13	0.9979	0.0106
14	0.9997	0.0021
15	1.0000	0.0003
16	1.0000	0.0000
▶ n=17		
0	0.0000	1.0000
1	0.0001	1.0000
2	0.0012	0.9999
3	0.0064	0.9988
4	0.0245	0.9936
5	0.0717	0.9755
6	0.1662	0.9283
7	0.3145	0.8338
8	0.5000	0.6855
9	0.6855	0.5000
10	0.8338	0.3145
11	0.9283	0.1662
12	0.9755	0.0717
13	0.9936	0.0245
14	0.9988	0.0064
15	0.9999	0.0012
16	1.0000	0.0001
17	1.0000	0.0000
▶ n=18		
0	0.0000	1.0000
1	0.0001	1.0000
2	0.0007	0.9999
3	0.0038	0.9993
4	0.0154	0.9962
5	0.0481	0.9846
6	0.1189	0.9519
7	0.2403	0.8811
8	0.4073	0.7597
9	0.5927	0.5927
10	0.7597	0.4073

표 5. (계속)

11	0.8811	0.2403
12	0.9519	0.1189
13	0.9846	0.0481
14	0.9962	0.0154
15	0.9993	0.0038
16	0.9999	0.0007
17	1.0000	0.0001
18	1.0000	0.0000
▶ n=19		
0	0.0000	1.0000
1	0.0000	1.0000
2	0.0004	1.0000
3	0.0022	0.9996
4	0.0096	0.9978
5	0.0318	0.9904
6	0.0835	0.9682
7	0.1796	0.9165
8	0.3238	0.8204
9	0.5000	0.6762
10	0.6762	0.5000
11	0.8204	0.3238
12	0.9165	0.1796
13	0.9682	0.0835
14	0.9904	0.0318
15	0.9978	0.0096
16	0.9996	0.0022
17	1.0000	0.0004
18	1.0000	0.0000
19	1.0000	0.0000
▶ n=20		
0	0.0000	1.0000
1	0.0000	1.0000
2	0.0002	1.0000
3	0.0013	0.9998
4	0.0059	0.9987
5	0.0207	0.9941
6	0.0577	0.9793
7	0.1316	0.9423
8	0.2517	0.8684
9	0.4119	0.7483
10	0.5881	0.5881
11	0.7483	0.4119
12	0.8684	0.2517
13	0.9423	0.1316
14	0.9793	0.0577
15	0.9941	0.0207
16	0.9987	0.0059
17	0.9998	0.0013
18	1.0000	0.0002
19	1.0000	0.0000
20	1.0000	0.0000
▶ n=21		
0	0.0000	1.0000
1	0.0000	1.0000
2	0.0001	1.0000
3	0.0007	0.9999
4	0.0036	0.9993
5	0.0133	0.9964
6	0.0392	0.9867
7	0.0946	0.9608
8	0.1917	0.9054
9	0.3318	0.8083
10	0.5000	0.6682
11	0.6682	0.5000
12	0.8083	0.3318
13	0.9054	0.1917
14	0.9608	0.0946
15	0.9867	0.0392
16	0.9964	0.0133
17	0.9993	0.0036
18	0.9999	0.0007
19	1.0000	0.0001
20	1.0000	0.0000
21	1.0000	0.0000
▶ n=22		
0	0.0000	1.0000
1	0.0000	1.0000
2	0.0001	1.0000
3	0.0004	0.9999
4	0.0022	0.9996
5	0.0085	0.9978
6	0.0262	0.9915
7	0.0669	0.9738
8	0.1431	0.9331
9	0.2617	0.8569
10	0.4159	0.7383
11	0.5841	0.5841
12	0.7383	0.4159
13	0.8569	0.2617
14	0.9331	0.1431
15	0.9738	0.0669
16	0.9915	0.0262
17	0.9978	0.0085
18	0.9996	0.0022
19	0.9999	0.0004
20	1.0000	0.0001
21	1.0000	0.0000
22	1.0000	0.0000
▶ n=23		
0	0.0000	1.0000
1	0.0000	1.0000
2	0.0000	1.0000
3	0.0002	1.0000
4	0.0013	0.9998
5	0.0053	0.9987
6	0.0173	0.9947
7	0.0466	0.9827
8	0.1050	0.9534
9	0.2024	0.8950
10	0.3388	0.7976
11	0.5000	0.6612
12	0.6612	0.5000
13	0.7976	0.3388
14	0.8950	0.2024
15	0.9534	0.1050
16	0.9827	0.0466
17	0.9947	0.0173
18	0.9987	0.0053
19	0.9998	0.0013
20	1.0000	0.0002
21	1.0000	0.0000
22	1.0000	0.0000
23	1.0000	0.0000
▶ n=24		
0	0.0000	1.0000
1	0.0000	1.0000
2	0.0000	1.0000
3	0.0001	1.0000
4	0.0008	0.9999
5	0.0033	0.9992
6	0.0113	0.9967
7	0.0320	0.9887
8	0.0758	0.9680
9	0.1537	0.9242
10	0.2706	0.8463
11	0.4194	0.7294
12	0.5806	0.5806
13	0.7294	0.4194
14	0.8463	0.2706
15	0.9242	0.1537
16	0.9680	0.0758
17	0.9887	0.0320
18	0.9967	0.0113
19	0.9992	0.0033
20	0.9999	0.0008
21	1.0000	0.0001
22	1.0000	0.0000
23	1.0000	0.0000
24	1.0000	0.0000
▶ n=25		
0	0.0000	1.0000
1	0.0000	1.0000
2	0.0000	1.0000
3	0.0001	1.0000
4	0.0005	0.9999
5	0.0020	0.9995
6	0.0073	0.9980
7	0.0216	0.9927
8	0.0539	0.9784
9	0.1148	0.9461
10	0.2122	0.8852
11	0.3450	0.7878
12	0.5000	0.6550
13	0.6550	0.5000
14	0.7878	0.3450
15	0.8852	0.2122
16	0.9461	0.1148
17	0.9784	0.0539
18	0.9927	0.0216
19	0.9980	0.0073
20	0.9995	0.0020
21	0.9999	0.0005
22	1.0000	0.0001
23	1.0000	0.0000
24	1.0000	0.0000
25	1.0000	0.0000

표 6. 월콕슨 부호순위통계량(W^+) 분포표 : $[x,\ P_0(W^+ \le x),\ P_0(W^+ \ge x)]$

$P_0(W^+ \ge x) = \alpha$ 이면 $w^+(\alpha, n) = x$

▶ n = 3

x	$P_0(W^+ \le x)$	$P_0(W^+ \ge x)$
0	0.1250	1.0000
1	0.2500	0.8750
2	0.3750	0.7500
3	0.6250	0.6250
4	0.7500	0.3750
5	0.8750	0.2500
6	1.0000	0.1250

▶ n = 4

x	$P_0(W^+ \le x)$	$P_0(W^+ \ge x)$
0	0.0625	1.0000
1	0.1250	0.9375
2	0.1875	0.8750
3	0.3125	0.8125
4	0.4375	0.6875
5	0.5625	0.5625
6	0.6875	0.4375
7	0.8125	0.3125
8	0.8750	0.1875
9	0.9375	0.1250
10	1.0000	0.0625

▶ n = 5

x	$P_0(W^+ \le x)$	$P_0(W^+ \ge x)$
0	0.0313	1.0000
1	0.0625	0.9687
2	0.0938	0.9375
3	0.1563	0.9063
4	0.2188	0.8438
5	0.3125	0.7813
6	0.4063	0.6875
7	0.5000	0.5938
8	0.5938	0.5000
9	0.6875	0.4063
10	0.7813	0.3125
11	0.8438	0.2188
12	0.9063	0.1563
13	0.9375	0.0938
14	0.9688	0.0625
15	1.0000	0.0313

▶ n = 6

x	$P_0(W^+ \le x)$	$P_0(W^+ \ge x)$
0	0.0156	1.0000
1	0.0313	0.8944
2	0.0469	0.9688
3	0.0781	0.9531
4	0.1094	0.9219
5	0.1563	0.8906
6	0.2188	0.8438
7	0.2813	0.7813
8	0.3438	0.7188
9	0.4219	0.6563
10	0.5000	0.5781
11	0.5781	0.5000
12	0.6563	0.4219
13	0.7188	0.3438
14	0.7813	0.2813
15	0.8438	0.2188
16	0.8906	0.1563
17	0.9219	0.1094
18	0.9531	0.0781
19	0.9688	0.0469
20	0.9844	0.0313
21	1.0000	0.0156

▶ n = 7

x	$P_0(W^+ \le x)$	$P_0(W^+ \ge x)$
0	0.0078	1.0000
1	0.0156	0.9922
2	0.0234	0.9844
3	0.0391	0.9766
4	0.0547	0.9609
5	0.0781	0.9453
6	0.1094	0.9219
7	0.1484	0.8906
8	0.1875	0.8516
9	0.2344	0.8125
10	0.2891	0.7656
11	0.3438	0.7109
12	0.4063	0.6563
13	0.4688	0.5938
14	0.5313	0.5313
15	0.5938	0.4688
16	0.6563	0.4063
17	0.7109	0.3438
18	0.7656	0.2891
19	0.8125	0.2344
20	0.8516	0.1875
21	0.8906	0.1484
22	0.9219	0.1094
23	0.9453	0.0781
24	0.9609	0.0547
25	0.9766	0.0391
26	0.9844	0.0234
27	0.9922	0.0156
28	1.0000	0.0078

▶ n = 8

x	$P_0(W^+ \le x)$	$P_0(W^+ \ge x)$
0	0.0039	1.0000
1	0.0078	0.9961
2	0.0117	0.9922
3	0.0195	0.9883
4	0.0273	0.9805
5	0.0391	0.9727
6	0.0547	0.9609
7	0.0742	0.9453
8	0.0977	0.9258
9	0.1250	0.9023
10	0.1563	0.8750
11	0.1914	0.8438
12	0.2305	0.8086
13	0.2734	0.7695
14	0.3203	0.7266
15	0.3711	0.6797
16	0.4219	0.6289
17	0.4727	0.5781
18	0.5273	0.5273
19	0.5781	0.4727
20	0.6289	0.4219
21	0.6797	0.3711
22	0.7266	0.3203
23	0.7695	0.2734
24	0.8086	0.2305
25	0.8438	0.1914
26	0.8750	0.1563
27	0.9023	0.1250
28	0.9258	0.0977
29	0.9453	0.0742
30	0.9609	0.0547
31	0.9727	0.0391
32	0.9805	0.0273
33	0.9883	0.0195
34	0.9922	0.0117
35	0.9961	0.0078
36	1.0000	0.0039

▶ n = 9

x	$P_0(W^+ \le x)$	$P_0(W^+ \ge x)$
0	0.0020	1.0000
1	0.0039	0.9980
2	0.0059	0.9961
3	0.0098	0.9941
4	0.0137	0.9902
5	0.0195	0.9863
6	0.0273	0.9805
7	0.0371	0.9727
8	0.0488	0.9629
9	0.0645	0.9512
10	0.0820	0.9355
11	0.1016	0.9180
12	0.1250	0.8984
13	0.1504	0.8750
14	0.1797	0.8496
15	0.2129	0.8203
16	0.2480	0.7871
17	0.2852	0.7520
18	0.3262	0.7148
19	0.3672	0.6738
20	0.4102	0.6328
21	0.4551	0.5898
22	0.5000	0.5449
23	0.5449	0.5000
24	0.5898	0.4551
25	0.6328	0.4102
26	0.6738	0.3672
27	0.7148	0.3262
28	0.7520	0.2852
29	0.7871	0.2480
30	0.8203	0.2129
31	0.8496	0.1797
32	0.8750	0.1504
33	0.8984	0.1250
34	0.9180	0.1016
35	0.9355	0.0820
36	0.9512	0.0645
37	0.9629	0.0488
38	0.9727	0.0371
39	0.9805	0.0273
40	0.9863	0.0195
41	0.9902	0.0137
42	0.9941	0.0098
43	0.9961	0.0059
44	0.9980	0.0039
45	1.0000	0.0020

▶ n = 10

x	$P_0(W^+ \le x)$	$P_0(W^+ \ge x)$
0	0.0010	1.0000
1	0.0020	0.9990
2	0.0029	0.9980
3	0.0049	0.9971
4	0.0068	0.9951
5	0.0098	0.9932
6	0.0137	0.9902
7	0.0186	0.9863
8	0.0244	0.9814
9	0.0322	0.9756
10	0.0420	0.9678
11	0.0527	0.9580
12	0.0654	0.9473
13	0.0801	0.9346
14	0.0967	0.9199
15	0.1162	0.9033
16	0.1377	0.8838
17	0.1611	0.8623
18	0.1875	0.8389
19	0.2158	0.8125
20	0.2461	0.7842
21	0.2783	0.7539
22	0.3125	0.7217
23	0.3477	0.6875
24	0.3848	0.6523
25	0.4229	0.6152
26	0.4609	0.5771
27	0.5000	0.5391
28	0.5391	0.5000
29	0.5771	0.4609
30	0.6152	0.4229
31	0.6523	0.3848
32	0.6875	0.3477
33	0.7217	0.3125

표 6. (계속)

34	0.7539	0.2783
35	0.7842	0.2461
36	0.8125	0.2158
37	0.8389	0.1875
38	0.8623	0.1611
39	0.8838	0.1377
40	0.9033	0.1162
41	0.9199	0.0967
42	0.9346	0.0801
43	0.9473	0.0654
44	0.9580	0.0527
45	0.9678	0.0420
46	0.9756	0.0322
47	0.9814	0.0244
48	0.9863	0.0186
49	0.9902	0.0137
50	0.9932	0.0098
51	0.9951	0.0068
52	0.9971	0.0049
53	0.9980	0.0029
54	0.9990	0.0020
55	1.0000	0.0010

▶ n = 11

0	0.0005	1.0000
1	0.0010	0.9995
2	0.0015	0.9990
3	0.0024	0.9985
4	0.0034	0.9976
5	0.0049	0.9966
6	0.0068	0.9951
7	0.0093	0.9932
8	0.0122	0.9907
9	0.0161	0.9878
10	0.0210	0.9839
11	0.0269	0.9790
12	0.0337	0.9731
13	0.0415	0.9663
14	0.0508	0.9585
15	0.0615	0.9492
16	0.0737	0.9385
17	0.0874	0.9263
18	0.1030	0.9126
19	0.1201	0.8970
20	0.1392	0.8799
21	0.1602	0.8608
22	0.1826	0.8398
23	0.2065	0.8174
24	0.2324	0.7935
25	0.2598	0.7676
26	0.2886	0.7402
27	0.3188	0.7114
28	0.3501	0.6812
29	0.3823	0.6499
30	0.4155	0.6177
31	0.4492	0.5845
32	0.4829	0.5508
33	0.5171	0.5171
34	0.5508	0.4829
35	0.5845	0.4492
36	0.6177	0.4155
37	0.6499	0.3823
38	0.6812	0.3501
39	0.7114	0.3188
40	0.7402	0.2886
41	0.7676	0.2598
42	0.7935	0.2324
43	0.8174	0.2065
44	0.8398	0.1826
45	0.8608	0.1602
46	0.8799	0.1392
47	0.8970	0.1201
48	0.9126	0.1030
49	0.9263	0.0874
50	0.9385	0.0737
51	0.9492	0.0615
52	0.9585	0.0508
53	0.9663	0.0415
54	0.9731	0.0337
55	0.9790	0.0269
56	0.9839	0.0210
57	0.9878	0.0161
58	0.9907	0.0122
59	0.9932	0.0093
60	0.9951	0.0068
61	0.9966	0.0049
62	0.9976	0.0034
63	0.9985	0.0024
64	0.9990	0.0015
65	0.9995	0.0010
66	1.0000	0.0005

▶ n = 12

0	0.0002	1.0000
1	0.0005	0.9998
2	0.0007	0.9995
3	0.0012	0.9993
4	0.0017	0.9988
5	0.0024	0.9983
6	0.0034	0.9976
7	0.0046	0.9966
8	0.0061	0.9954
9	0.0081	0.9939
10	0.0105	0.9919
11	0.0134	0.9895
12	0.0171	0.9866
13	0.0212	0.9829
14	0.0261	0.9788
15	0.0320	0.9739
16	0.0386	0.9680
17	0.0461	0.9614
18	0.0549	0.9539
19	0.0647	0.9451
20	0.0757	0.9353
21	0.0881	0.9243
22	0.1018	0.9119
23	0.1167	0.8982
24	0.1331	0.8833
25	0.1506	0.8669
26	0.1697	0.8494
27	0.1902	0.8303
28	0.2119	0.8098
29	0.2349	0.7881
30	0.2593	0.7651
31	0.2847	0.7407
32	0.3110	0.7153
33	0.3386	0.6890
34	0.3667	0.6614
35	0.3955	0.6333
36	0.4250	0.6045
37	0.4548	0.5750
38	0.4849	0.5452
39	0.5151	0.5151
40	0.5452	0.4849
41	0.5750	0.4548
42	0.6045	0.4250
43	0.6333	0.3955
44	0.6614	0.3667
45	0.6890	0.3386
46	0.7153	0.3110
47	0.7407	0.2847
48	0.7651	0.2593
49	0.7881	0.2349
50	0.8098	0.2119
51	0.8303	0.1902
52	0.8494	0.1697
53	0.8669	0.1506
54	0.8833	0.1331
55	0.8982	0.1167
56	0.9119	0.1018
57	0.9243	0.0881
58	0.9353	0.0757
59	0.9451	0.0647
60	0.9539	0.0549
61	0.9614	0.0461
62	0.9680	0.0386
63	0.9739	0.0320
64	0.9788	0.0261
65	0.9829	0.0212
66	0.9866	0.0171
67	0.9895	0.0134
68	0.9919	0.0105
69	0.9939	0.0081
70	0.9954	0.0061
71	0.9966	0.0046
72	0.9976	0.0034
73	0.9983	0.0024
74	0.9988	0.0017
75	0.9993	0.0012
76	0.9995	0.0007
77	0.9998	0.0005
78	1.0000	0.0002

▶ n = 13

0	0.0001	1.0000
1	0.0002	0.9999
2	0.0004	0.9998
3	0.0006	0.9996
4	0.0009	0.9994
5	0.0012	0.9991
6	0.0017	0.9988
7	0.0023	0.9983
8	0.0031	0.9977
9	0.0040	0.9969
10	0.0052	0.9960
11	0.0067	0.9948
12	0.0085	0.9933
13	0.0107	0.9915
14	0.0133	0.9893
15	0.0164	0.9867
16	0.0199	0.9836
17	0.0239	0.9801
18	0.0287	0.9761
19	0.0341	0.9713
20	0.0402	0.9659
21	0.0471	0.9598
22	0.0549	0.9529
23	0.0636	0.9451
24	0.0732	0.9364
25	0.0839	0.9268
26	0.0955	0.9161
27	0.1082	0.9045
28	0.1219	0.8918
29	0.1367	0.8781
30	0.1527	0.8633
31	0.1698	0.8473
32	0.1879	0.8302
33	0.2072	0.8121
34	0.2274	0.7928
35	0.2487	0.7726
36	0.2709	0.7513
37	0.2939	0.7291
38	0.3177	0.7061
39	0.3424	0.6823
40	0.3677	0.6576
41	0.3934	0.6323
42	0.4197	0.6066
43	0.4463	0.5803
44	0.4730	0.5537
45	0.5000	0.5270
46	0.5270	0.5000
47	0.5537	0.4730
48	0.5803	0.4463
49	0.6066	0.4197
50	0.6323	0.3934

표 6. (계속)

51	0.6576	0.3677
52	0.6823	0.3424
53	0.7061	0.3177
54	0.7291	0.2939
55	0.7513	0.2709
56	0.7726	0.2487
57	0.7928	0.2274
58	0.8121	0.2072
59	0.8302	0.1879
60	0.8473	0.1698
61	0.8633	0.1527
62	0.8781	0.1367
63	0.8918	0.1219
64	0.9045	0.1082
65	0.9161	0.0955
66	0.9268	0.0839
67	0.9364	0.0732
68	0.9451	0.0636
69	0.9529	0.0549
70	0.9598	0.0471
71	0.9659	0.0402
72	0.9713	0.0341
73	0.9761	0.0287
74	0.9801	0.0239
75	0.9836	0.0199
76	0.9867	0.0164
77	0.9893	0.0133
78	0.9915	0.0107
79	0.9933	0.0085
80	0.9948	0.0067
81	0.9960	0.0052
82	0.9969	0.0040
83	0.9977	0.0031
84	0.9983	0.0023
85	0.9988	0.0017
86	0.9991	0.0012
87	0.9994	0.0009
88	0.9996	0.0006
89	0.9998	0.0004
90	0.9999	0.0002
91	1.0000	0.0001

▶ n = 14

0	0.0001	1.0000
1	0.0001	0.9999
2	0.0002	0.9999
3	0.0003	0.9998
4	0.0004	0.9997
5	0.0006	0.9996
6	0.0009	0.9994
7	0.0012	0.9991
8	0.0015	0.9988
9	0.0020	0.9985
10	0.0026	0.9980
11	0.0034	0.9974
12	0.0043	0.9966
13	0.0054	0.9957
14	0.0067	0.9946
15	0.0083	0.9933
16	0.0101	0.9917
17	0.0123	0.9899
18	0.0148	0.9877
19	0.0176	0.9852
20	0.0209	0.9824
21	0.0247	0.9791
22	0.0290	0.9753
23	0.0338	0.9710
24	0.0392	0.9662
25	0.0453	0.9608
26	0.0520	0.9547
27	0.0594	0.9480
28	0.0676	0.9406
29	0.0765	0.9324
30	0.0863	0.9235
31	0.0969	0.9137
32	0.1083	0.9031
33	0.1206	0.8917
34	0.1338	0.8794
35	0.1479	0.8662
36	0.1629	0.8521
37	0.1788	0.8371
38	0.1955	0.8212
39	0.2131	0.8045
40	0.2316	0.7869
41	0.2508	0.7684
42	0.2708	0.7492
43	0.2915	0.7292
44	0.3129	0.7085
45	0.3349	0.6871
46	0.3574	0.6651
47	0.3804	0.6426
48	0.4039	0.6196
49	0.4276	0.5961
50	0.4516	0.5724
51	0.4758	0.5484
52	0.5000	0.5242
53	0.5242	0.5000
54	0.5484	0.4758
55	0.5724	0.4516
56	0.5961	0.4276
57	0.6196	0.4039
58	0.6426	0.3804
59	0.6651	0.3574
60	0.6871	0.3349
61	0.7085	0.3129
62	0.7292	0.2915
63	0.7492	0.2708
64	0.7684	0.2508
65	0.7869	0.2316
66	0.8045	0.2131
67	0.8212	0.1955
68	0.8371	0.1788
69	0.8521	0.1629
70	0.8662	0.1479
71	0.8794	0.1338
72	0.8917	0.1206
73	0.9031	0.1083
74	0.9137	0.0969
75	0.9235	0.0863
76	0.9324	0.0765
77	0.9406	0.0676
78	0.9480	0.0594
79	0.9547	0.0520
80	0.9608	0.0453
81	0.9662	0.0392
82	0.9710	0.0338
83	0.9753	0.0290
84	0.9791	0.0247
85	0.9824	0.0209
86	0.9852	0.0176
87	0.9877	0.0148
88	0.9899	0.0123
89	0.9917	0.0101
90	0.9933	0.0083
91	0.9946	0.0067
92	0.9957	0.0054
93	0.9966	0.0043
94	0.9974	0.0034
95	0.9980	0.0026
96	0.9985	0.0020
97	0.9988	0.0015
98	0.9991	0.0012
99	0.9994	0.0009
100	0.9996	0.0006
101	0.9997	0.0004
102	0.9998	0.0003
103	0.9999	0.0002
104	0.9999	0.0001
105	1.0000	0.0001

▶ n = 15

0	0.0000	1.0000
1	0.0001	1.0000
2	0.0001	0.9999
3	0.0002	0.9999
4	0.0002	0.9998
5	0.0003	0.9998
6	0.0004	0.9997
7	0.0006	0.9996
8	0.0008	0.9994
9	0.0010	0.9992
10	0.0013	0.9990
11	0.0017	0.9987
12	0.0021	0.9983
13	0.0027	0.9979
14	0.0034	0.9973
15	0.0042	0.9966
16	0.0051	0.9958
17	0.0062	0.9949
18	0.0075	0.9938
19	0.0090	0.9925
20	0.0108	0.9910
21	0.0128	0.9892
22	0.0151	0.9872
23	0.0177	0.9849
24	0.0206	0.9823
25	0.0240	0.9794
26	0.0277	0.9760
27	0.0319	0.9723
28	0.0365	0.9681
29	0.0416	0.9635
30	0.0473	0.9584
31	0.0535	0.9527
32	0.0603	0.9465
33	0.0677	0.9397
34	0.0757	0.9323
35	0.0844	0.9243
36	0.0938	0.9156
37	0.1039	0.9062
38	0.1147	0.8961
39	0.1262	0.8853
40	0.1384	0.8738
41	0.1514	0.8616
42	0.1651	0.8486
43	0.1796	0.8349
44	0.1947	0.8204
45	0.2106	0.8053
46	0.2271	0.7894
47	0.2444	0.7729
48	0.2622	0.7556
49	0.2807	0.7378
50	0.2997	0.7193
51	0.3193	0.7003
52	0.3394	0.6807
53	0.3599	0.6606
54	0.3808	0.6401
55	0.4020	0.6192
56	0.4235	0.5980
57	0.4452	0.5765
58	0.4670	0.5548
59	0.4890	0.5330
60	0.5110	0.5110
61	0.5330	0.4890
62	0.5548	0.4670
63	0.5765	0.4452
64	0.5980	0.4235
65	0.6192	0.4020
66	0.6401	0.3808
67	0.6606	0.3599
68	0.6807	0.3394
69	0.7003	0.3193
70	0.7193	0.2997
71	0.7378	0.2807
72	0.7556	0.2622
73	0.7729	0.2444
74	0.7894	0.2271

표 6. (계속)

75	0.8053	0.2106
76	0.8204	0.1947
77	0.8349	0.1796
78	0.8486	0.1651
79	0.8616	0.1514
80	0.8738	0.1384
81	0.8853	0.1262
82	0.8961	0.1147
83	0.9062	0.1039
84	0.9156	0.0938
85	0.9243	0.0844
86	0.9323	0.0757
87	0.9397	0.0677
88	0.9465	0.0603
89	0.9527	0.0535
90	0.9584	0.0473
91	0.9635	0.0416
92	0.9681	0.0365
93	0.9723	0.0319
94	0.9760	0.0277
95	0.9794	0.0240
96	0.9823	0.0206
97	0.9849	0.0177
98	0.9872	0.0151
99	0.9892	0.0128
100	0.9910	0.0108
101	0.9925	0.0090
102	0.9938	0.0075
103	0.9949	0.0062
104	0.9958	0.0051
105	0.9966	0.0042
106	0.9973	0.0034
107	0.9979	0.0027
108	0.9983	0.0021
109	0.9987	0.0017
110	0.9990	0.0013
111	0.9992	0.0010
112	0.9994	0.0008
113	0.9996	0.0006
114	0.9997	0.0004
115	0.9998	0.0003
116	0.9998	0.0002
117	0.9999	0.0002
118	0.9999	0.0001
119	1.0000	0.0001
120	1.0000	0.0000

표 7. 순위합통계량(W) 분포표 : [x, $P_0(W \le x)$ $P_0(W \ge x)$]

$P_0(W \ge x) = \alpha$ 이면 $w(\alpha, m, n) = x$

▶ n = 1

•m = 3, n = 1

x	$P_0(W \le x)$	$P_0(W \ge x)$
1	0.2500	1.0000
2	0.5000	0.7500
3	0.7500	0.5000
4	1.0000	0.2500

•m = 4, n = 1

x	$P_0(W \le x)$	$P_0(W \ge x)$
1	0.2000	1.0000
2	0.4000	0.8000
3	0.6000	0.6000
4	0.8000	0.4000
5	1.0000	0.2000

•m = 5, n = 1

x	$P_0(W \le x)$	$P_0(W \ge x)$
1	0.1667	1.0000
2	0.3333	0.8333
3	0.5000	0.6667
4	0.6667	0.5000
5	0.8333	0.3333
6	1.0000	0.1667

•m = 6, n = 1

x	$P_0(W \le x)$	$P_0(W \ge x)$
1	0.1429	1.0000
2	0.2857	0.8571
3	0.4286	0.7143
4	0.5714	0.5714
5	0.7143	0.4286
6	0.8571	0.2857
7	1.0000	0.1429

•m = 7, n = 1

x	$P_0(W \le x)$	$P_0(W \ge x)$
1	0.1250	1.0000
2	0.2500	0.8750
3	0.3750	0.7500
4	0.5000	0.6250
5	0.6250	0.5000
6	0.7500	0.3750
7	0.8750	0.2500
8	1.0000	0.1250

• m = 8, n = 1

x	$P_0(W \le x)$	$P_0(W \ge x)$
1	0.1111	1.0000
2	0.2222	0.8889
3	0.3333	0.7778
4	0.4444	0.6667
5	0.5556	0.5556
6	0.6667	0.4444
7	0.7778	0.3333
8	0.8889	0.2222
9	1.0000	0.1111

•m = 9, n = 1

x	$P_0(W \le x)$	$P_0(W \ge x)$
1	0.1000	1.0000
2	0.2000	0.9000
3	0.3000	0.8000
4	0.4000	0.7000
5	0.5000	0.6000
6	0.6000	0.5000
7	0.7000	0.4000
8	0.8000	0.3000
9	0.9000	0.2000
10	1.0000	0.1000

•m = 10, n = 1

x	$P_0(W \le x)$	$P_0(W \ge x)$
1	0.0909	1.0000
2	0.1818	0.9091
3	0.2727	0.8182
4	0.3636	0.7273
5	0.4545	0.6364
6	0.5455	0.5455
7	0.6364	0.4545
8	0.7273	0.3636
9	0.8182	0.2727
10	0.9091	0.1818
11	1.0000	0.0909

•m = 11, n = 1

x	$P_0(W \le x)$	$P_0(W \ge x)$
1	0.0833	1.0000
2	0.1667	0.9167
3	0.2500	0.8333
4	0.3333	0.7500
5	0.4167	0.6667
6	0.5000	0.5833
7	0.5833	0.5000
8	0.6667	0.4167
9	0.7500	0.3333
10	0.8333	0.2500
11	0.9167	0.1667
12	1.0000	0.0833

•m = 12, n = 1

x	$P_0(W \le x)$	$P_0(W \ge x)$
1	0.0769	1.0000
2	0.1538	0.9231
3	0.2308	0.8462
4	0.3077	0.7692
5	0.3846	0.6923
6	0.4615	0.6154
7	0.5385	0.5385
8	0.6154	0.4615
9	0.6923	0.3846
10	0.7692	0.3077
11	0.8462	0.2308
12	0.9231	0.1538
13	1.0000	0.0769

•m = 13, n = 1

x	$P_0(W \le x)$	$P_0(W \ge x)$
1	0.0714	1.0000
2	0.1429	0.9286
3	0.2143	0.8571
4	0.2857	0.7857
5	0.3571	0.7143
6	0.4286	0.6429
7	0.5000	0.5714
8	0.5714	0.5000
9	0.6429	0.4286
10	0.7143	0.3571
11	0.7857	0.2857
12	0.8571	0.2143
13	0.9286	0.1429
14	1.0000	0.0714

•m = 14, n = 1

x	$P_0(W \le x)$	$P_0(W \ge x)$
1	0.0667	1.0000
2	0.1333	0.9333
3	0.2000	0.8667
4	0.2667	0.8000
5	0.3333	0.7333
6	0.4000	0.6667
7	0.4667	0.6000
8	0.5333	0.5333
9	0.6000	0.4667
10	0.6667	0.4000
11	0.7333	0.3333
12	0.8000	0.2667
13	0.8667	0.2000
14	0.9333	0.1333
15	1.0000	0.0667

•m = 15, n = 1

x	$P_0(W \le x)$	$P_0(W \ge x)$
1	0.0625	1.0000
2	0.1250	0.9375
3	0.1875	0.8750
4	0.2500	0.8125
5	0.3125	0.7500
6	0.3750	0.6875
7	0.4375	0.6250
8	0.5000	0.5625
9	0.5625	0.5000
10	0.6250	0.4375
11	0.6875	0.3750
12	0.7500	0.3125
13	0.8125	0.2500
14	0.8750	0.1875
15	0.9375	0.1250
16	1.0000	0.0625

•m = 16, n = 1

x	$P_0(W \le x)$	$P_0(W \ge x)$
1	0.0588	1.0000
2	0.1176	0.9412
3	0.1765	0.8824
4	0.2353	0.8235
5	0.2941	0.7647
6	0.3529	0.7059
7	0.4118	0.6471
8	0.4706	0.5882
9	0.5294	0.5294
10	0.5882	0.4706
11	0.6471	0.4118
12	0.7059	0.3529
13	0.7647	0.2941
14	0.8235	0.2353
15	0.8824	0.1765
16	0.9412	0.1176
17	1.0000	0.0588

•m = 17, n = 1

x	$P_0(W \le x)$	$P_0(W \ge x)$
1	0.0556	1.0000
2	0.1111	0.9444
3	0.1667	0.8889
4	0.2222	0.8333
5	0.2778	0.7778
6	0.3333	0.7222
7	0.3889	0.6667
8	0.4444	0.6111
9	0.5000	0.5556
10	0.5556	0.5000
11	0.6111	0.4444
12	0.6667	0.3889
13	0.7222	0.3333
14	0.7778	0.2778
15	0.8333	0.2222
16	0.8889	0.1667
17	0.9444	0.1111
18	1.0000	0.0556

•m = 18, n = 1

x	$P_0(W \le x)$	$P_0(W \ge x)$
1	0.0526	1.0000
2	0.1053	0.9474
3	0.1579	0.8947
4	0.2105	0.8421
5	0.2632	0.7895
6	0.3158	0.7368
7	0.3684	0.6842
8	0.4211	0.6316
9	0.4737	0.5789
10	0.5263	0.5263

표 7. (계속)

11	0.5789	0.4737
12	0.6316	0.4211
13	0.6842	0.3684
14	0.7368	0.3158
15	0.7895	0.2632
16	0.8421	0.2105
17	0.8947	0.1579
18	0.9474	0.1053
19	1.0000	0.0526

•m = 19, n = 1

1	0.0500	1.0000
2	0.1000	0.9500
3	0.1500	0.9000
4	0.2000	0.8500
5	0.2500	0.8000
6	0.3000	0.7500
7	0.3500	0.7000
8	0.4000	0.6500
9	0.4500	0.6000
10	0.5000	0.5500
11	0.5500	0.5000
12	0.6000	0.4500
13	0.6500	0.4000
14	0.7000	0.3500
15	0.7500	0.3000
16	0.8000	0.2500
17	0.8500	0.2000
18	0.9000	0.1500
19	0.9500	0.1000
20	1.0000	0.0500

•m = 20, n = 1

1	0.0476	1.0000
2	0.0952	0.9524
3	0.1429	0.9048
4	0.1905	0.8571
5	0.2381	0.8095
6	0.2857	0.7619
7	0.3333	0.7143
8	0.3810	0.6667
9	0.4286	0.6190
10	0.4762	0.5714
11	0.5238	0.5238
12	0.5714	0.4762
13	0.6190	0.4286
14	0.6667	0.3810
15	0.7143	0.3333
16	0.7619	0.2857
17	0.8095	0.2381
18	0.8571	0.1905
19	0.9048	0.1429
20	0.9524	0.0952
21	1.0000	0.0476

▶ n=2

•m = 3, n = 2

3	0.1000	1.0000
4	0.2000	0.9000
5	0.4000	0.8000
6	0.6000	0.6000
7	0.8000	0.4000
8	0.9000	0.2000
9	1.0000	0.1000

•m = 4, n = 2

3	0.0667	1.0000
4	0.1333	0.9333
5	0.2667	0.8667
6	0.4000	0.7333
7	0.6000	0.6000
8	0.7333	0.4000
9	0.8667	0.2667
10	0.9333	0.1333
11	1.0000	0.0667

•m = 5, n = 2

3	0.0476	1.0000
4	0.0952	0.9524
5	0.1905	0.9048
6	0.2857	0.8095
7	0.4286	0.7143
8	0.5714	0.5714
9	0.7143	0.4286
10	0.8095	0.2857
11	0.9048	0.1905
12	0.9524	0.0952
13	1.0000	0.0476

•m = 6, n = 2

3	0.0357	1.0000
4	0.0714	0.9643
5	0.1429	0.9286
6	0.2143	0.8571
7	0.3214	0.7857
8	0.4286	0.6786
9	0.5714	0.5714
10	0.6786	0.4286
11	0.7857	0.3214
12	0.8571	0.2143
13	0.9286	0.1429
14	0.9643	0.0714
15	1.0000	0.0357

•m = 7, n = 2

3	0.0278	1.0000
4	0.0556	0.9722
5	0.1111	0.9444
6	0.1667	0.8889
7	0.2500	0.8333
8	0.3333	0.7500
9	0.4444	0.6667
10	0.5556	0.5556
11	0.6667	0.4444
12	0.7500	0.3333
13	0.8333	0.2500
14	0.8889	0.1667
15	0.9444	0.1111
16	0.9722	0.0556
17	1.0000	0.0278

•m = 8, n = 2

3	0.0222	1.0000
4	0.0444	0.9778
5	0.0889	0.9556
6	0.1333	0.9111
7	0.2000	0.8667
8	0.2667	0.8000
9	0.3556	0.7333
10	0.4444	0.6444
11	0.5556	0.5556
12	0.6444	0.4444
13	0.7333	0.3556
14	0.8000	0.2667
15	0.8667	0.2000
16	0.9111	0.1333
17	0.9556	0.0889
18	0.9778	0.0444
19	1.0000	0.0222

•m = 9, n = 2

3	0.0182	1.0000
4	0.0364	0.9818
5	0.0727	0.9636
6	0.1091	0.9273
7	0.1636	0.8909
8	0.2182	0.8364
9	0.2909	0.7818
10	0.3636	0.7091
11	0.4545	0.6364
12	0.5455	0.5455
13	0.6364	0.4545
14	0.7091	0.3636
15	0.7818	0.2909
16	0.8364	0.2182
17	0.8909	0.1636
18	0.9273	0.1091
19	0.9636	0.0727
20	0.9818	0.0364
21	1.0000	0.0182

•m = 10, n = 2

3	0.0152	1.0000
4	0.0303	0.9848
5	0.0606	0.9697
6	0.0909	0.9394
7	0.1364	0.9091
8	0.1818	0.8636
9	0.2424	0.8182
10	0.3030	0.7576
11	0.3788	0.6970
12	0.4545	0.6212
13	0.5455	0.5455
14	0.6212	0.4545
15	0.6970	0.3788
16	0.7576	0.3030
17	0.8182	0.2424
18	0.8636	0.1818
19	0.9091	0.1364
20	0.9394	0.0909
21	0.9697	0.0606
22	0.9848	0.0303
23	1.0000	0.0152

•m = 11, n = 2

3	0.0128	1.0000
4	0.0256	0.9872
5	0.0513	0.9744
6	0.0769	0.9487
7	0.1154	0.9231
8	0.1538	0.8846
9	0.2051	0.8462
10	0.2564	0.7949
11	0.3205	0.7436
12	0.3846	0.6795
13	0.4615	0.6154
14	0.5385	0.5385
15	0.6154	0.4615
16	0.6795	0.3846
17	0.7436	0.3205
18	0.7949	0.2564
19	0.8462	0.2051
20	0.8846	0.1538
21	0.9231	0.1154
22	0.9487	0.0769
23	0.9744	0.0513
24	0.9872	0.0256
25	1.0000	0.0128

•m = 12, n = 2

3	0.0110	1.0000
4	0.0220	0.9890
5	0.0440	0.9780
6	0.0659	0.9560
7	0.0989	0.9341

표 7. (계속)

8	0.1319	0.9011
9	0.1758	0.8681
10	0.2198	0.8242
11	0.2747	0.7802
12	0.3297	0.7253
13	0.3956	0.6703
14	0.4615	0.6044
15	0.5385	0.5385
16	0.6044	0.4615
17	0.6703	0.3956
18	0.7253	0.3297
19	0.7802	0.2747
20	0.8242	0.2198
21	0.8681	0.1758
22	0.9011	0.1319
23	0.9341	0.0989
24	0.9560	0.0659
25	0.9780	0.0440
26	0.9890	0.0220
27	1.0000	0.0110

•m = 13, n = 2

3	0.0095	1.0000
4	0.0190	0.9905
5	0.0381	0.9810
6	0.0571	0.9619
7	0.0857	0.9429
8	0.1143	0.9143
9	0.1524	0.8857
10	0.1905	0.8476
11	0.2381	0.8095
12	0.2857	0.7619
13	0.3429	0.7143
14	0.4000	0.6571
15	0.4667	0.6000
16	0.5333	0.5333
17	0.6000	0.4667
18	0.6571	0.4000
19	0.7143	0.3429
20	0.7619	0.2857
21	0.8095	0.2381
22	0.8476	0.1905
23	0.8857	0.1524
24	0.9143	0.1143
25	0.9429	0.0857
26	0.9619	0.0571
27	0.9810	0.0381
28	0.9905	0.0190
29	1.0000	0.0095

•m = 14, n = 2

3	0.0083	1.0000
4	0.0167	0.9917
5	0.0333	0.9833
6	0.0500	0.9667
7	0.0750	0.9500
8	0.1000	0.9250
9	0.1333	0.9000
10	0.1667	0.8667
11	0.2083	0.8333
12	0.2500	0.7917
13	0.3000	0.7500
14	0.3500	0.7000
15	0.4083	0.6500
16	0.4667	0.5917
17	0.5333	0.5333
18	0.5917	0.4667
19	0.6500	0.4083
20	0.7000	0.3500
21	0.7500	0.3000
22	0.7917	0.2500
23	0.8333	0.2083
24	0.8667	0.1667
25	0.9000	0.1333
26	0.9250	0.1000
27	0.9500	0.0750
28	0.9667	0.0500
29	0.9833	0.0333
30	0.9917	0.0167
31	1.0000	0.0083

•m = 15, n = 2

3	0.0074	1.0000
4	0.0147	0.9926
5	0.0294	0.9853
6	0.0441	0.9706
7	0.0662	0.9559
8	0.0882	0.9338
9	0.1176	0.9118
10	0.1471	0.8824
11	0.1838	0.8529
12	0.2206	0.8162
13	0.2647	0.7794
14	0.3088	0.7353
15	0.3603	0.6912
16	0.4118	0.6397
17	0.4706	0.5882
18	0.5294	0.5294
19	0.5882	0.4706
20	0.6397	0.4118
21	0.6912	0.3603
22	0.7353	0.3088
23	0.7794	0.2647
24	0.8162	0.2206
25	0.8529	0.1838
26	0.8824	0.1471
27	0.9118	0.1176
28	0.9338	0.0882
29	0.9559	0.0662
30	0.9706	0.0441
31	0.9853	0.0294
32	0.9926	0.0147
33	1.0000	0.0074

•m = 16, n = 2

3	0.0065	1.0000
4	0.0131	0.9935
5	0.0261	0.9869
6	0.0392	0.9739
7	0.0588	0.9608
8	0.0784	0.9412
9	0.1046	0.9216
10	0.1307	0.8954
11	0.1634	0.8693
12	0.1961	0.8366
13	0.2353	0.8039
14	0.2745	0.7647
15	0.3203	0.7255
16	0.3660	0.6797
17	0.4183	0.6340
18	0.4706	0.5817
19	0.5294	0.5294
20	0.5817	0.4706
21	0.6340	0.4183
22	0.6797	0.3660
23	0.7255	0.3203
24	0.7647	0.2745
25	0.8039	0.2353
26	0.8366	0.1961
27	0.8693	0.1634
28	0.8954	0.1307
29	0.9216	0.1046
30	0.9412	0.0784
31	0.9608	0.0588
32	0.9739	0.0392
33	0.9869	0.0261
34	0.9935	0.0131
35	1.0000	0.0065

•m = 17, n = 2

3	0.0058	1.0000
4	0.0117	0.9942
5	0.0234	0.9883
6	0.0351	0.9766
7	0.0526	0.9649
8	0.0702	0.9474
9	0.0936	0.9298
10	0.1170	0.9064
11	0.1462	0.8830
12	0.1754	0.8538
13	0.2105	0.8246
14	0.2456	0.7895
15	0.2865	0.7544
16	0.3275	0.7135
17	0.3743	0.6725
18	0.4211	0.6257
19	0.4737	0.5789
20	0.5263	0.5263
21	0.5789	0.4737
22	0.6257	0.4211
23	0.6725	0.3743
24	0.7135	0.3275
25	0.7544	0.2865
26	0.7895	0.2456
27	0.8246	0.2105
28	0.8538	0.1754
29	0.8830	0.1462
30	0.9064	0.1170
31	0.9298	0.0936
32	0.9474	0.0702
33	0.9649	0.0526
34	0.9766	0.0351
35	0.9883	0.0234
36	0.9942	0.0117
37	1.0000	0.0058

•m = 18, n = 2

3	0.0053	1.0000
4	0.0105	0.9947
5	0.0211	0.9895
6	0.0316	0.9789
7	0.0474	0.9684
8	0.0632	0.9526
9	0.0842	0.9368
10	0.1053	0.9158
11	0.1316	0.8947
12	0.1579	0.8684
13	0.1895	0.8421
14	0.2211	0.8105
15	0.2579	0.7789
16	0.2947	0.7421
17	0.3368	0.7053
18	0.3789	0.6632
19	0.4263	0.6211
20	0.4737	0.5737
21	0.5263	0.5263
22	0.5737	0.4737
23	0.6211	0.4263
24	0.6632	0.3789
25	0.7053	0.3368
26	0.7421	0.2947
27	0.7789	0.2579
28	0.8105	0.2211
29	0.8421	0.1895
30	0.8684	0.1579
31	0.8947	0.1316
32	0.9158	0.1053
33	0.9368	0.0842
34	0.9526	0.0632
35	0.9684	0.0474
36	0.9789	0.0316
37	0.9895	0.0211

표 7. (계속)

38 0.9947 0.0105
39 1.0000 0.0053

•m = 19, n = 2

3 0.0048 1.0000
4 0.0095 0.9952
5 0.0190 0.9905
6 0.0286 0.9810
7 0.0429 0.9714
8 0.0571 0.9571
9 0.0762 0.9429
10 0.0952 0.9238
11 0.1190 0.9048
12 0.1429 0.8810
13 0.1714 0.8571
14 0.2000 0.8286
15 0.2333 0.8000
16 0.2667 0.7667
17 0.3048 0.7333
18 0.3429 0.6952
19 0.3857 0.6571
20 0.4286 0.6143
21 0.4762 0.5714
22 0.5238 0.5238
23 0.5714 0.4762
24 0.6143 0.4286
25 0.6571 0.3857
26 0.6952 0.3429
27 0.7333 0.3048
28 0.7667 0.2667
29 0.8000 0.2333
30 0.8286 0.2000
31 0.8571 0.1714
32 0.8810 0.1429
33 0.9048 0.1190
34 0.9238 0.0952
35 0.9429 0.0762
36 0.9571 0.0571
37 0.9714 0.0429
38 0.9810 0.0286
39 0.9905 0.0190
40 0.9952 0.0095
41 1.0000 0.0048

•m = 20, n = 2

3 0.0043 1.0000
4 0.0087 0.9957
5 0.0173 0.9913
6 0.0260 0.9827
7 0.0390 0.9740
8 0.0519 0.9610
9 0.0693 0.9481
10 0.0866 0.9307
11 0.1082 0.9134
12 0.1299 0.8918
13 0.1558 0.8701
14 0.1818 0.8442
15 0.2121 0.8182
16 0.2424 0.7879
17 0.2771 0.7576
18 0.3117 0.7229
19 0.3506 0.6883
20 0.3896 0.6494
21 0.4329 0.6104
22 0.4762 0.5671
23 0.5238 0.5238
24 0.5671 0.4762
25 0.6104 0.4329
26 0.6494 0.3896
27 0.6883 0.3506
28 0.7229 0.3117
29 0.7576 0.2771
30 0.7879 0.2424
31 0.8182 0.2121
32 0.8442 0.1818
33 0.8701 0.1558
34 0.8918 0.1299
35 0.9134 0.1082
36 0.9307 0.0866
37 0.9481 0.0693
38 0.9610 0.0519
39 0.9740 0.0390
40 0.9827 0.0260
41 0.9913 0.0173
42 0.9957 0.0087
43 1.0000 0.0043

▶ n = 3

•m = 3, n = 3

6 0.0500 1.0000
7 0.1000 0.9500
8 0.2000 0.9000
9 0.3500 0.8000
10 0.5000 0.6500
11 0.6500 0.5000
12 0.8000 0.3500
13 0.9000 0.2000
14 0.9500 0.1000
15 1.0000 0.0500

•m = 4, n = 3

6 0.0286 1.0000
7 0.0571 0.9714
8 0.1143 0.9429
9 0.2000 0.8857
10 0.3143 0.8000
11 0.4286 0.6857
12 0.5714 0.5714
13 0.6857 0.4286
14 0.8000 0.3143
15 0.8857 0.2000
16 0.9429 0.1143
17 0.9714 0.0571
18 1.0000 0.0286

•m = 5, n = 3

6 0.0179 1.0000
7 0.0357 0.9821
8 0.0714 0.9643
9 0.1250 0.9286
10 0.1964 0.8750
11 0.2857 0.8036
12 0.3929 0.7143
13 0.5000 0.6071
14 0.6071 0.5000
15 0.7143 0.3929
16 0.8036 0.2857
17 0.8750 0.1964
18 0.9286 0.1250
19 0.9643 0.0714
20 0.9821 0.0357
21 1.0000 0.0179

•m = 6, n = 3

6 0.0119 1.0000
7 0.0238 0.9881
8 0.0476 0.9762
9 0.0833 0.9524
10 0.1310 0.9167
11 0.1905 0.8690
12 0.2738 0.8095
13 0.3571 0.7262
14 0.4524 0.6429
15 0.5476 0.5476
16 0.6429 0.4524
17 0.7262 0.3571
18 0.8095 0.2738
19 0.8690 0.1905
20 0.9167 0.1310
21 0.9524 0.0833
22 0.9762 0.0476
23 0.9881 0.0238
24 1.0000 0.0119

•m = 7, n = 3

6 0.0083 1.0000
7 0.0167 0.9917
8 0.0333 0.9833
9 0.0583 0.9667
10 0.0917 0.9417
11 0.1333 0.9083
12 0.1917 0.8667
13 0.2583 0.8083
14 0.3333 0.7417
15 0.4167 0.6667
16 0.5000 0.5833
17 0.5833 0.5000
18 0.6667 0.4167
19 0.7417 0.3333
20 0.8083 0.2583
21 0.8667 0.1917
22 0.9083 0.1333
23 0.9417 0.0917
24 0.9667 0.0583
25 0.9833 0.0333
26 0.9917 0.0167
27 1.0000 0.0083

•m = 8, n = 3

6 0.0061 1.0000
7 0.0121 0.9939
8 0.0242 0.9879
9 0.0424 0.9758
10 0.0667 0.9576
11 0.0970 0.9333
12 0.1394 0.9030
13 0.1879 0.8606
14 0.2485 0.8121
15 0.3152 0.7515
16 0.3879 0.6848
17 0.4606 0.6121
18 0.5394 0.5394
19 0.6121 0.4606
20 0.6848 0.3879
21 0.7515 0.3152
22 0.8121 0.2485
23 0.8606 0.1879
24 0.9030 0.1394
25 0.9333 0.0970
26 0.9576 0.0667
27 0.9758 0.0424
28 0.9879 0.0242
29 0.9939 0.0121
30 1.0000 0.0061

•m = 9, n = 3

6 0.0045 1.0000
7 0.0091 0.9955
8 0.0182 0.9909
9 0.0318 0.9818
10 0.0500 0.9682
11 0.0727 0.9500
12 0.1045 0.9273
13 0.1409 0.8955
14 0.1864 0.8591
15 0.2409 0.8136
16 0.3000 0.7591
17 0.3636 0.7000

표 7. (계속)

18	0.4318	0.6364
19	0.5000	0.5682
20	0.5682	0.5000
21	0.6364	0.4318
22	0.7000	0.3636
23	0.7591	0.3000
24	0.8136	0.2409
25	0.8591	0.1864
26	0.8955	0.1409
27	0.9273	0.1045
28	0.9500	0.0727
29	0.9682	0.0500
30	0.9818	0.0318
31	0.9909	0.0182
32	0.9955	0.0091
33	1.0000	0.0045

•m = 10, n = 3

6	0.0035	1.0000
7	0.0070	0.9965
8	0.0140	0.9930
9	0.0245	0.9860
10	0.0385	0.9755
11	0.0559	0.9615
12	0.0804	0.9441
13	0.1084	0.9196
14	0.1434	0.8916
15	0.1853	0.8566
16	0.2343	0.8147
17	0.2867	0.7657
18	0.3462	0.7133
19	0.4056	0.6538
20	0.4685	0.5944
21	0.5315	0.5315
22	0.5944	0.4685
23	0.6538	0.4056
24	0.7133	0.3462
25	0.7657	0.2867
26	0.8147	0.2343
27	0.8566	0.1853
28	0.8916	0.1434
29	0.9196	0.1084
30	0.9441	0.0804
31	0.9615	0.0559
32	0.9755	0.0385
33	0.9860	0.0245
34	0.9930	0.0140
35	0.9965	0.0070
36	1.0000	0.0035

•m = 11, n = 3

6	0.0027	1.0000
7	0.0055	0.9973
8	0.0110	0.9945
9	0.0192	0.9890
10	0.0302	0.9808
11	0.0440	0.9698
12	0.0632	0.9560
13	0.0852	0.9368
14	0.1126	0.9148
15	0.1456	0.8874
16	0.1841	0.8544
17	0.2280	0.8159
18	0.2775	0.7720
19	0.3297	0.7225
20	0.3846	0.6703
21	0.4423	0.6154
22	0.5000	0.5577
23	0.5577	0.5000
24	0.6154	0.4423
25	0.6703	0.3846
26	0.7225	0.3297
27	0.7720	0.2775
28	0.8159	0.2280
29	0.8544	0.1841
30	0.8874	0.1456
31	0.9148	0.1126
32	0.9368	0.0852
33	0.9560	0.0632
34	0.9698	0.0440
35	0.9808	0.0302
36	0.9890	0.0192
37	0.9945	0.0110
38	0.9973	0.0055
39	1.0000	0.0027

•m = 12, n = 3

6	0.0022	1.0000
7	0.0044	0.9978
8	0.0088	0.9956
9	0.0154	0.9912
10	0.0242	0.9846
11	0.0352	0.9758
12	0.0505	0.9648
13	0.0681	0.9495
14	0.0901	0.9319
15	0.1165	0.9099
16	0.1473	0.8835
17	0.1824	0.8527
18	0.2242	0.8176
19	0.2681	0.7758
20	0.3165	0.7319
21	0.3670	0.6835
22	0.4198	0.6330
23	0.4725	0.5802
24	0.5275	0.5275
25	0.5802	0.4725
26	0.6330	0.4198
27	0.6835	0.3670
28	0.7319	0.3165
29	0.7758	0.2681
30	0.8176	0.2242
31	0.8527	0.1824
32	0.8835	0.1473
33	0.9099	0.1165
34	0.9319	0.0901
35	0.9495	0.0681
36	0.9648	0.0505
37	0.9758	0.0352
38	0.9846	0.0242
39	0.9912	0.0154
40	0.9956	0.0088
41	0.9978	0.0044
42	1.0000	0.0022

•m = 13, n = 3

6	0.0018	1.0000
7	0.0036	0.9982
8	0.0071	0.9964
9	0.0125	0.9929
10	0.0196	0.9875
11	0.0286	0.9804
12	0.0411	0.9714
13	0.0554	0.9589
14	0.0732	0.9446
15	0.0946	0.9268
16	0.1196	0.9054
17	0.1482	0.8804
18	0.1821	0.8518
19	0.2196	0.8179
20	0.2607	0.7804
21	0.3054	0.7393
22	0.3518	0.6946
23	0.4000	0.6482
24	0.4500	0.6000
25	0.5000	0.5500
26	0.5500	0.5000
27	0.6000	0.4500
28	0.6482	0.4000
29	0.6946	0.3518
30	0.7393	0.3054
31	0.7804	0.2607
32	0.8179	0.2196
33	0.8518	0.1821
34	0.8804	0.1482
35	0.9054	0.1196
36	0.9268	0.0946
37	0.9446	0.0732
38	0.9589	0.0554
39	0.9714	0.0411
40	0.9804	0.0286
41	0.9875	0.0196
42	0.9929	0.0125
43	0.9964	0.0071
44	0.9982	0.0036
45	1.0000	0.0018

•m = 14, n = 3

6	0.0015	1.0000
7	0.0029	0.9985
8	0.0059	0.9971
9	0.0103	0.9941
10	0.0162	0.9897
11	0.0235	0.9838
12	0.0338	0.9765
13	0.0456	0.9662
14	0.0603	0.9544
15	0.0779	0.9397
16	0.0985	0.9221
17	0.1221	0.9015
18	0.1500	0.8779
19	0.1809	0.8500
20	0.2162	0.8191
21	0.2544	0.7838
22	0.2956	0.7456
23	0.3382	0.7044
24	0.3838	0.6618
25	0.4294	0.6162
26	0.4765	0.5706
27	0.5235	0.5235
28	0.5706	0.4765
29	0.6162	0.4294
30	0.6618	0.3838
31	0.7044	0.3382
32	0.7456	0.2956
33	0.7838	0.2544
34	0.8191	0.2162
35	0.8500	0.1809
36	0.8779	0.1500
37	0.9015	0.1221
38	0.9221	0.0985
39	0.9397	0.0779
40	0.9544	0.0603
41	0.9662	0.0456
42	0.9765	0.0338
43	0.9838	0.0235
44	0.9897	0.0162
45	0.9941	0.0103
46	0.9971	0.0059
47	0.9985	0.0029
48	1.0000	0.0015

•m = 15, n = 3

6	0.0012	1.0000
7	0.0025	0.9988
8	0.0049	0.9975
9	0.0086	0.9951
10	0.0135	0.9914
11	0.0196	0.9865
12	0.0282	0.9804
13	0.0380	0.9718
14	0.0502	0.9620
15	0.0650	0.9498
16	0.0821	0.9350

표 7. (계속)

17	0.1017	0.9179
18	0.1250	0.8983
19	0.1507	0.8750
20	0.1801	0.8493
21	0.2132	0.8199
22	0.2488	0.7868
23	0.2868	0.7512
24	0.3272	0.7132
25	0.3689	0.6728
26	0.4118	0.6311
27	0.4559	0.5882
28	0.5000	0.5441
29	0.5441	0.5000
30	0.5882	0.4559
31	0.6311	0.4118
32	0.6728	0.3689
33	0.7132	0.3272
34	0.7512	0.2868
35	0.7868	0.2488
36	0.8199	0.2132
37	0.8493	0.1801
38	0.8750	0.1507
39	0.8983	0.1250
40	0.9179	0.1017
41	0.9350	0.0821
42	0.9498	0.0650
43	0.9620	0.0502
44	0.9718	0.0380
45	0.9804	0.0282
46	0.9865	0.0196
47	0.9914	0.0135
48	0.9951	0.0086
49	0.9975	0.0049
50	0.9988	0.0025
51	1.0000	0.0012

•m = 16, n = 3

6	0.0010	1.0000
7	0.0021	0.9990
8	0.0041	0.9979
9	0.0072	0.9959
10	0.0114	0.9928
11	0.0165	0.9886
12	0.0237	0.9835
13	0.0320	0.9763
14	0.0423	0.9680
15	0.0547	0.9577
16	0.0691	0.9453
17	0.0857	0.9309
18	0.1053	0.9143
19	0.1269	0.8947
20	0.1517	0.8731
21	0.1796	0.8483
22	0.2105	0.8204
23	0.2436	0.7895
24	0.2797	0.7564
25	0.3168	0.7203
26	0.3560	0.6832
27	0.3963	0.6440
28	0.4376	0.6037
29	0.4788	0.5624
30	0.5212	0.5212
31	0.5624	0.4788
32	0.6037	0.4376
33	0.6440	0.3963
34	0.6832	0.3560
35	0.7203	0.3168
36	0.7564	0.2797
37	0.7895	0.2436
38	0.8204	0.2105
39	0.8483	0.1796
40	0.8731	0.1517
41	0.8947	0.1269
42	0.9143	0.1053
43	0.9309	0.0857
44	0.9453	0.0691
45	0.9577	0.0547
46	0.9680	0.0423
47	0.9763	0.0320
48	0.9835	0.0237
49	0.9886	0.0165
50	0.9928	0.0114
51	0.9959	0.0072
52	0.9979	0.0041
53	0.9990	0.0021
54	1.0000	0.0010

•m = 17, n = 3

6	0.0009	1.0000
7	0.0018	0.9991
8	0.0035	0.9982
9	0.0061	0.9965
10	0.0096	0.9939
11	0.0140	0.9904
12	0.0202	0.9860
13	0.0272	0.9798
14	0.0360	0.9728
15	0.0465	0.9640
16	0.0588	0.9535
17	0.0728	0.9412
18	0.0895	0.9272
19	0.1079	0.9105
20	0.1289	0.8921
21	0.1526	0.8711
22	0.1789	0.8474
23	0.2079	0.8211
24	0.2395	0.7921
25	0.2728	0.7605
26	0.3079	0.7272
27	0.3447	0.6921
28	0.3825	0.6553
29	0.4211	0.6175
30	0.4605	0.5789
31	0.5000	0.5395
32	0.5395	0.5000
33	0.5789	0.4605
34	0.6175	0.4211
35	0.6553	0.3825
36	0.6921	0.3447
37	0.7272	0.3079
38	0.7605	0.2728
39	0.7921	0.2395
40	0.8211	0.2079
41	0.8474	0.1789
42	0.8711	0.1526
43	0.8921	0.1289
44	0.9105	0.1079
45	0.9272	0.0895
46	0.9412	0.0728
47	0.9535	0.0588
48	0.9640	0.0465
49	0.9728	0.0360
50	0.9798	0.0272
51	0.9860	0.0202
52	0.9904	0.0140
53	0.9939	0.0096
54	0.9965	0.0061
55	0.9982	0.0035
56	0.9991	0.0018
57	1.0000	0.0009

•m = 18, n = 3

6	0.0008	1.0000
7	0.0015	0.9992
8	0.0030	0.9985
9	0.0053	0.9970
10	0.0083	0.9947
11	0.0120	0.9917
12	0.0173	0.9880
13	0.0233	0.9827
14	0.0308	0.9767
15	0.0398	0.9692
16	0.0504	0.9602
17	0.0624	0.9496
18	0.0767	0.9376
19	0.0925	0.9233
20	0.1105	0.9075
21	0.1308	0.8895
22	0.1534	0.8692
23	0.1782	0.8466
24	0.2060	0.8218
25	0.2353	0.7940
26	0.2669	0.7647
27	0.3000	0.7331
28	0.3346	0.7000
29	0.3699	0.6654
30	0.4068	0.6301
31	0.4436	0.5932
32	0.4812	0.5564
33	0.5188	0.5188
34	0.5564	0.4812
35	0.5932	0.4436
36	0.6301	0.4068
37	0.6654	0.3699
38	0.7000	0.3346
39	0.7331	0.3000
40	0.7647	0.2669
41	0.7940	0.2353
42	0.8218	0.2060
43	0.8466	0.1782
44	0.8692	0.1534
45	0.8895	0.1308
46	0.9075	0.1105
47	0.9233	0.0925
48	0.9376	0.0767
49	0.9496	0.0624
50	0.9602	0.0504
51	0.9692	0.0398
52	0.9767	0.0308
53	0.9827	0.0233
54	0.9880	0.0173
55	0.9917	0.0120
56	0.9947	0.0083
57	0.9970	0.0053
58	0.9985	0.0030
59	0.9992	0.0015
60	1.0000	0.0008

•m = 19, n = 3

6	0.0006	1.0000
7	0.0013	0.9994
8	0.0026	0.9987
9	0.0045	0.9974
10	0.0071	0.9955
11	0.0104	0.9929
12	0.0149	0.9896
13	0.0201	0.9851
14	0.0266	0.9799
15	0.0344	0.9734
16	0.0435	0.9656
17	0.0539	0.9565
18	0.0662	0.9461
19	0.0799	0.9338
20	0.0955	0.9201
21	0.1130	0.9045
22	0.1325	0.8870
23	0.1539	0.8675
24	0.1779	0.8461
25	0.2039	0.8221
26	0.2318	0.7961
27	0.2617	0.7682
28	0.2929	0.7383
29	0.3253	0.7071
30	0.3591	0.6747

표 7. (계속)

31	0.3935	0.6409
32	0.4286	0.6065
33	0.4643	0.5714
34	0.5000	0.5357
35	0.5357	0.5000
36	0.5714	0.4643
37	0.6065	0.4286
38	0.6409	0.3935
39	0.6747	0.3591
40	0.7071	0.3253
41	0.7383	0.2929
42	0.7682	0.2617
43	0.7961	0.2318
44	0.8221	0.2039
45	0.8461	0.1779
46	0.8675	0.1539
47	0.8870	0.1325
48	0.9045	0.1130
49	0.9201	0.0955
50	0.9338	0.0799
51	0.9461	0.0662
52	0.9565	0.0539
53	0.9656	0.0435
54	0.9734	0.0344
55	0.9799	0.0266
56	0.9851	0.0201
57	0.9896	0.0149
58	0.9929	0.0104
59	0.9955	0.0071
60	0.9974	0.0045
61	0.9987	0.0026
62	0.9994	0.0013
63	1.0000	0.0006

•m = 20, n = 3

6	0.0006	1.0000
7	0.0011	0.9994
8	0.0023	0.9989
9	0.0040	0.9977
10	0.0062	0.9960
11	0.0090	0.9938
12	0.0130	0.9910
13	0.0175	0.9870
14	0.0232	0.9825
15	0.0299	0.9768
16	0.0378	0.9701
17	0.0469	0.9622
18	0.0576	0.9531
19	0.0695	0.9424
20	0.0830	0.9305
21	0.0982	0.9170
22	0.1152	0.9018
23	0.1338	0.8848
24	0.1547	0.8662
25	0.1773	0.8453
26	0.2021	0.8227
27	0.2287	0.7979
28	0.2569	0.7713
29	0.2863	0.7431
30	0.3173	0.7137
31	0.3490	0.6827
32	0.3817	0.6510
33	0.4150	0.6183
34	0.4489	0.5850
35	0.4828	0.5511
36	0.5172	0.5172
37	0.5511	0.4828
38	0.5850	0.4489
39	0.6183	0.4150
40	0.6510	0.3817
41	0.6827	0.3490
42	0.7137	0.3173
43	0.7431	0.2863
44	0.7713	0.2569
45	0.7979	0.2287
46	0.8227	0.2021
47	0.8453	0.1773
48	0.8662	0.1547
49	0.8848	0.1338
50	0.9018	0.1152
51	0.9170	0.0982
52	0.9305	0.0830
53	0.9424	0.0695
54	0.9531	0.0576
55	0.9622	0.0469
56	0.9701	0.0378
57	0.9768	0.0299
58	0.9825	0.0232
59	0.9870	0.0175
60	0.9910	0.0130
61	0.9938	0.0090
62	0.9960	0.0062
63	0.9977	0.0040
64	0.9989	0.0023
65	0.9994	0.0011
66	1.0000	0.0006

▶ n = 4

•m = 3, n = 4

10	0.0286	1.0000
11	0.0571	0.9714
12	0.1143	0.9429
13	0.2000	0.8857
14	0.3143	0.8000
15	0.4286	0.6857
16	0.5714	0.5714
17	0.6857	0.4286
18	0.8000	0.3143
19	0.8857	0.2000
20	0.9429	0.1143
21	0.9714	0.0571
22	1.0000	0.0286

•m = 4, n = 4

10	0.0143	1.0000
11	0.0286	0.9857
12	0.0571	0.9714
13	0.1000	0.9429
14	0.1714	0.9000
15	0.2429	0.8286
16	0.3429	0.7571
17	0.4429	0.6571
18	0.5571	0.5571
19	0.6571	0.4429
20	0.7571	0.3429
21	0.8286	0.2429
22	0.9000	0.1714
23	0.9429	0.1000
24	0.9714	0.0571
25	0.9857	0.0286
26	1.0000	0.0143

•m = 5, n = 4

10	0.0079	1.0000
11	0.0159	0.9921
12	0.0317	0.9841
13	0.0556	0.9683
14	0.0952	0.9444
15	0.1429	0.9048
16	0.2063	0.8571
17	0.2778	0.7937
18	0.3651	0.7222
19	0.4524	0.6349
20	0.5476	0.5476
21	0.6349	0.4524
22	0.7222	0.3651
23	0.7937	0.2778
24	0.8571	0.2063
25	0.9048	0.1429
26	0.9444	0.0952
27	0.9683	0.0556
28	0.9841	0.0317
29	0.9921	0.0159
30	1.0000	0.0079

•m = 6, n = 4

10	0.0048	1.0000
11	0.0095	0.9952
12	0.0190	0.9905
13	0.0333	0.9810
14	0.0571	0.9667
15	0.0857	0.9429
16	0.1286	0.9143
17	0.1762	0.8714
18	0.2381	0.8238
19	0.3048	0.7619
20	0.3810	0.6952
21	0.4571	0.6190
22	0.5429	0.5429
23	0.6190	0.4571
24	0.6952	0.3810
25	0.7619	0.3048
26	0.8238	0.2381
27	0.8714	0.1762
28	0.9143	0.1286
29	0.9429	0.0857
30	0.9667	0.0571
31	0.9810	0.0333
32	0.9905	0.0190
33	0.9952	0.0095
34	1.0000	0.0048

•m = 7, n = 4

10	0.0030	1.0000
11	0.0061	0.9970
12	0.0121	0.9939
13	0.0212	0.9879
14	0.0364	0.9788
15	0.0545	0.9636
16	0.0818	0.9455
17	0.1152	0.9182
18	0.1576	0.8848
19	0.2061	0.8424
20	0.2636	0.7939
21	0.3242	0.7364
22	0.3939	0.6758
23	0.4636	0.6061
24	0.5364	0.5364
25	0.6061	0.4636
26	0.6758	0.3939
27	0.7364	0.3242
28	0.7939	0.2636
29	0.8424	0.2061
30	0.8848	0.1576
31	0.9182	0.1152
32	0.9455	0.0818
33	0.9636	0.0545
34	0.9788	0.0364
35	0.9879	0.0212
36	0.9939	0.0121
37	0.9970	0.0061
38	1.0000	0.0030

•m = 8, n = 4

10	0.0020	1.0000
11	0.0040	0.9980
12	0.0081	0.9960
13	0.0141	0.9919

표 7. (계속)

14	0.0242	0.9859
15	0.0364	0.9758
16	0.0545	0.9636
17	0.0768	0.9455
18	0.1071	0.9232
19	0.1414	0.8929
20	0.1838	0.8586
21	0.2303	0.8162
22	0.2848	0.7697
23	0.3414	0.7152
24	0.4040	0.6586
25	0.4667	0.5960
26	0.5333	0.5333
27	0.5960	0.4667
28	0.6586	0.4040
29	0.7152	0.3414
30	0.7697	0.2848
31	0.8162	0.2303
32	0.8586	0.1838
33	0.8929	0.1414
34	0.9232	0.1071
35	0.9455	0.0768
36	0.9636	0.0545
37	0.9758	0.0364
38	0.9859	0.0242
39	0.9919	0.0141
40	0.9960	0.0081
41	0.9980	0.0040
42	1.0000	0.0020

•m = 9, n = 4

10	0.0014	1.0000
11	0.0028	0.9986
12	0.0056	0.9972
13	0.0098	0.9944
14	0.0168	0.9902
15	0.0252	0.9832
16	0.0378	0.9748
17	0.0531	0.9622
18	0.0741	0.9469
19	0.0993	0.9259
20	0.1301	0.9007
21	0.1650	0.8699
22	0.2070	0.8350
23	0.2517	0.7930
24	0.3021	0.7483
25	0.3552	0.6979
26	0.4126	0.6448
27	0.4699	0.5874
28	0.5301	0.5301
29	0.5874	0.4699
30	0.6448	0.4126
31	0.6979	0.3552
32	0.7483	0.3021
33	0.7930	0.2517
34	0.8350	0.2070
35	0.8699	0.1650
36	0.9007	0.1301
37	0.9259	0.0993
38	0.9469	0.0741
39	0.9622	0.0531
40	0.9748	0.0378
41	0.9832	0.0252
42	0.9902	0.0168
43	0.9944	0.0098
44	0.9972	0.0056
45	0.9986	0.0028
46	1.0000	0.0014

•m = 10, n = 4

10	0.0010	1.0000
11	0.0020	0.9990
12	0.0040	0.9980
13	0.0070	0.9960
14	0.0120	0.9930
15	0.0180	0.9880
16	0.0270	0.9820
17	0.0380	0.9730
18	0.0529	0.9620
19	0.0709	0.9471
20	0.0939	0.9291
21	0.1199	0.9061
22	0.1518	0.8801
23	0.1868	0.8482
24	0.2268	0.8132
25	0.2697	0.7732
26	0.3177	0.7303
27	0.3666	0.6823
28	0.4196	0.6334
29	0.4725	0.5804
30	0.5275	0.5275
31	0.5804	0.4725
32	0.6334	0.4196
33	0.6823	0.3666
34	0.7303	0.3177
35	0.7732	0.2697
36	0.8132	0.2268
37	0.8482	0.1868
38	0.8801	0.1518
39	0.9061	0.1199
40	0.9291	0.0939
41	0.9471	0.0709
42	0.9620	0.0529
43	0.9730	0.0380
44	0.9820	0.0270
45	0.9880	0.0180
46	0.9930	0.0120
47	0.9960	0.0070
48	0.9980	0.0040
49	0.9990	0.0020
50	1.0000	0.0010

•m = 11, n = 4

10	0.0007	1.0000
11	0.0015	0.9993
12	0.0029	0.9985
13	0.0051	0.9971
14	0.0088	0.9949
15	0.0132	0.9912
16	0.0198	0.9868
17	0.0278	0.9802
18	0.0388	0.9722
19	0.0520	0.9612
20	0.0689	0.9480
21	0.0886	0.9311
22	0.1128	0.9114
23	0.1399	0.8872
24	0.1714	0.8601
25	0.2059	0.8286
26	0.2447	0.7941
27	0.2857	0.7553
28	0.3304	0.7143
29	0.3766	0.6696
30	0.4256	0.6234
31	0.4747	0.5744
32	0.5253	0.5253
33	0.5744	0.4747
34	0.6234	0.4256
35	0.6696	0.3766
36	0.7143	0.3304
37	0.7553	0.2857
38	0.7941	0.2447
39	0.8286	0.2059
40	0.8601	0.1714
41	0.8872	0.1399
42	0.9114	0.1128
43	0.9311	0.0886
44	0.9480	0.0689
45	0.9612	0.0520
46	0.9722	0.0388
47	0.9802	0.0278
48	0.9868	0.0198
49	0.9912	0.0132
50	0.9949	0.0088
51	0.9971	0.0051
52	0.9985	0.0029
53	0.9993	0.0015
54	1.0000	0.0007

•m = 12, n = 4

10	0.0005	1.0000
11	0.0011	0.9995
12	0.0022	0.9989
13	0.0038	0.9978
14	0.0066	0.9962
15	0.0099	0.9934
16	0.0148	0.9901
17	0.0209	0.9852
18	0.0291	0.9791
19	0.0390	0.9709
20	0.0516	0.9610
21	0.0665	0.9484
22	0.0852	0.9335
23	0.1060	0.9148
24	0.1308	0.8940
25	0.1582	0.8692
26	0.1896	0.8418
27	0.2231	0.8104
28	0.2604	0.7769
29	0.2995	0.7396
30	0.3418	0.7005
31	0.3852	0.6582
32	0.4308	0.6148
33	0.4764	0.5692
34	0.5236	0.5236
35	0.5692	0.4764
36	0.6148	0.4308
37	0.6582	0.3852
38	0.7005	0.3418
39	0.7396	0.2995
40	0.7769	0.2604
41	0.8104	0.2231
42	0.8418	0.1896
43	0.8692	0.1582
44	0.8940	0.1308
45	0.9148	0.1060
46	0.9335	0.0852
47	0.9484	0.0665
48	0.9610	0.0516
49	0.9709	0.0390
50	0.9791	0.0291
51	0.9852	0.0209
52	0.9901	0.0148
53	0.9934	0.0099
54	0.9962	0.0066
55	0.9978	0.0038
56	0.9989	0.0022
57	0.9995	0.0011
58	1.0000	0.0005

•m = 13, n = 4

10	0.0004	1.0000
11	0.0008	0.9996
12	0.0017	0.9992
13	0.0029	0.9983
14	0.0050	0.9971
15	0.0076	0.9950
16	0.0113	0.9924
17	0.0160	0.9887
18	0.0223	0.9840
19	0.0298	0.9777
20	0.0395	0.9702
21	0.0508	0.9605
22	0.0651	0.9492
23	0.0815	0.9349

표 7. (계속)

24	0.1008	0.9185
25	0.1227	0.8992
26	0.1479	0.8773
27	0.1752	0.8521
28	0.2059	0.8248
29	0.2387	0.7941
30	0.2744	0.7613
31	0.3118	0.7256
32	0.3517	0.6882
33	0.3924	0.6483
34	0.4353	0.6076
35	0.4782	0.5647
36	0.5218	0.5218
37	0.5647	0.4782
38	0.6076	0.4353
39	0.6483	0.3924
40	0.6882	0.3517
41	0.7256	0.3118
42	0.7613	0.2744
43	0.7941	0.2387
44	0.8248	0.2059
45	0.8521	0.1752
46	0.8773	0.1479
47	0.8992	0.1227
48	0.9185	0.1008
49	0.9349	0.0815
50	0.9492	0.0651
51	0.9605	0.0508
52	0.9702	0.0395
53	0.9777	0.0298
54	0.9840	0.0223
55	0.9887	0.0160
56	0.9924	0.0113
57	0.9950	0.0076
58	0.9971	0.0050
59	0.9983	0.0029
60	0.9992	0.0017
61	0.9996	0.0008
62	1.0000	0.0004

• $m = 14,\ n = 4$

10	0.0003	1.0000
11	0.0007	0.9997
12	0.0013	0.9993
13	0.0023	0.9987
14	0.0039	0.9977
15	0.0059	0.9961
16	0.0088	0.9941
17	0.0124	0.9912
18	0.0173	0.9876
19	0.0232	0.9827
20	0.0307	0.9768
21	0.0395	0.9693
22	0.0507	0.9605
23	0.0634	0.9493
24	0.0788	0.9366
25	0.0961	0.9212
26	0.1163	0.9039
27	0.1386	0.8837
28	0.1637	0.8614
29	0.1908	0.8363
30	0.2209	0.8092
31	0.2526	0.7791
32	0.2869	0.7474
33	0.3225	0.7131
34	0.3605	0.6775
35	0.3990	0.6395
36	0.4392	0.6010
37	0.4794	0.5608
38	0.5206	0.5206
39	0.5608	0.4794
40	0.6010	0.4392
41	0.6395	0.3990
42	0.6775	0.3605
43	0.7131	0.3225
44	0.7474	0.2869
45	0.7791	0.2526
46	0.8092	0.2209
47	0.8363	0.1908
48	0.8614	0.1637
49	0.8837	0.1386
50	0.9039	0.1163
51	0.9212	0.0961
52	0.9366	0.0788
53	0.9493	0.0634
54	0.9605	0.0507
55	0.9693	0.0395
56	0.9768	0.0307
57	0.9827	0.0232
58	0.9876	0.0173
59	0.9912	0.0124
60	0.9941	0.0088
61	0.9961	0.0059
62	0.9977	0.0039
63	0.9987	0.0023
64	0.9993	0.0013
65	0.9997	0.0007
66	1.0000	0.0003

• $m = 15,\ n = 4$

10	0.0003	1.0000
11	0.0005	0.9997
12	0.0010	0.9995
13	0.0018	0.9990
14	0.0031	0.9982
15	0.0046	0.9969
16	0.0070	0.9954
17	0.0098	0.9930
18	0.0137	0.9902
19	0.0183	0.9863
20	0.0243	0.9817
21	0.0312	0.9757
22	0.0400	0.9688
23	0.0501	0.9600
24	0.0622	0.9499
25	0.0761	0.9378
26	0.0924	0.9239
27	0.1104	0.9076
28	0.1311	0.8896
29	0.1535	0.8689
30	0.1785	0.8465
31	0.2054	0.8215
32	0.2345	0.7946
33	0.2652	0.7655
34	0.2982	0.7348
35	0.3323	0.7018
36	0.3682	0.6677
37	0.4048	0.6318
38	0.4427	0.5952
39	0.4807	0.5573
40	0.5193	0.5193
41	0.5573	0.4807
42	0.5952	0.4427
43	0.6318	0.4048
44	0.6677	0.3682
45	0.7018	0.3323
46	0.7348	0.2982
47	0.7655	0.2652
48	0.7946	0.2345
49	0.8215	0.2054
50	0.8465	0.1785
51	0.8689	0.1535
52	0.8896	0.1311
53	0.9076	0.1104
54	0.9239	0.0924
55	0.9378	0.0761
56	0.9499	0.0622
57	0.9600	0.0501
58	0.9688	0.0400
59	0.9757	0.0312
60	0.9817	0.0243
61	0.9863	0.0183
62	0.9902	0.0137
63	0.9930	0.0098
64	0.9954	0.0070
65	0.9969	0.0046
66	0.9982	0.0031
67	0.9990	0.0018
68	0.9995	0.0010
69	0.9997	0.0005
70	1.0000	0.0003

• $m = 16,\ n = 4$

10	0.0002	1.0000
11	0.0004	0.9998
12	0.0008	0.9996
13	0.0014	0.9992
14	0.0025	0.9986
15	0.0037	0.9975
16	0.0056	0.9963
17	0.0078	0.9944
18	0.0109	0.9922
19	0.0147	0.9891
20	0.0194	0.9853
21	0.0250	0.9806
22	0.0320	0.9750
23	0.0400	0.9680
24	0.0497	0.9600
25	0.0609	0.9503
26	0.0741	0.9391
27	0.0888	0.9259
28	0.1057	0.9112
29	0.1243	0.8943
30	0.1451	0.8757
31	0.1676	0.8549
32	0.1924	0.8324
33	0.2186	0.8076
34	0.2471	0.7814
35	0.2768	0.7529
36	0.3084	0.7232
37	0.3410	0.6916
38	0.3752	0.6590
39	0.4099	0.6248
40	0.4458	0.5901
41	0.4817	0.5542
42	0.5183	0.5183
43	0.5542	0.4817
44	0.5901	0.4458
45	0.6248	0.4099
46	0.6590	0.3752
47	0.6916	0.3410
48	0.7232	0.3084
49	0.7529	0.2768
50	0.7814	0.2471
51	0.8076	0.2186
52	0.8324	0.1924
53	0.8549	0.1676
54	0.8757	0.1451
55	0.8943	0.1243
56	0.9112	0.1057
57	0.9259	0.0888
58	0.9391	0.0741
59	0.9503	0.0609
60	0.9600	0.0497
61	0.9680	0.0400
62	0.9750	0.0320
63	0.9806	0.0250
64	0.9853	0.0194
65	0.9891	0.0147
66	0.9922	0.0109
67	0.9944	0.0078
68	0.9963	0.0056
69	0.9975	0.0037
70	0.9986	0.0025
71	0.9992	0.0014

표 7. (계속)

72	0.9996	0.0008
73	0.9998	0.0004
74	1.0000	0.0002

•m = 17, n = 4

10	0.0002	1.0000
11	0.0003	0.9998
12	0.0007	0.9997
13	0.0012	0.9993
14	0.0020	0.9988
15	0.0030	0.9980
16	0.0045	0.9970
17	0.0063	0.9955
18	0.0089	0.9937
19	0.0119	0.9911
20	0.0157	0.9881
21	0.0202	0.9843
22	0.0259	0.9798
23	0.0324	0.9741
24	0.0403	0.9676
25	0.0493	0.9597
26	0.0600	0.9507
27	0.0720	0.9400
28	0.0859	0.9280
29	0.1013	0.9141
30	0.1186	0.8987
31	0.1375	0.8814
32	0.1584	0.8625
33	0.1808	0.8416
34	0.2052	0.8192
35	0.2309	0.7948
36	0.2585	0.7691
37	0.2872	0.7415
38	0.3176	0.7128
39	0.3489	0.6824
40	0.3815	0.6511
41	0.4145	0.6185
42	0.4486	0.5855
43	0.4827	0.5514
44	0.5173	0.5173
45	0.5514	0.4827
46	0.5855	0.4486
47	0.6185	0.4145
48	0.6511	0.3815
49	0.6824	0.3489
50	0.7128	0.3176
51	0.7415	0.2872
52	0.7691	0.2585
53	0.7948	0.2309
54	0.8192	0.2052
55	0.8416	0.1808
56	0.8625	0.1584
57	0.8814	0.1375
58	0.8987	0.1186
59	0.9141	0.1013
60	0.9280	0.0859
61	0.9400	0.0720
62	0.9507	0.0600
63	0.9597	0.0493
64	0.9676	0.0403
65	0.9741	0.0324
66	0.9798	0.0259
67	0.9843	0.0202
68	0.9881	0.0157
69	0.9911	0.0119
70	0.9937	0.0089
71	0.9955	0.0063
72	0.9970	0.0045
73	0.9980	0.0030
74	0.9988	0.0020
75	0.9993	0.0012
76	0.9997	0.0007
77	0.9998	0.0003
78	1.0000	0.0002

•m = 18, n = 4

10	0.0001	1.0000
11	0.0003	0.9999
12	0.0005	0.9997
13	0.0010	0.9995
14	0.0016	0.9990
15	0.0025	0.9984
16	0.0037	0.9975
17	0.0052	0.9963
18	0.0072	0.9948
19	0.0097	0.9928
20	0.0129	0.9903
21	0.0165	0.9871
22	0.0212	0.9835
23	0.0265	0.9788
24	0.0329	0.9735
25	0.0403	0.9671
26	0.0491	0.9597
27	0.0589	0.9509
28	0.0704	0.9411
29	0.0831	0.9296
30	0.0976	0.9169
31	0.1135	0.9024
32	0.1311	0.8865
33	0.1501	0.8689
34	0.1710	0.8499
35	0.1932	0.8290
36	0.2171	0.8068
37	0.2422	0.7829
38	0.2690	0.7578
39	0.2968	0.7310
40	0.3260	0.7032
41	0.3560	0.6740
42	0.3871	0.6440
43	0.4187	0.6129
44	0.4511	0.5813
45	0.4835	0.5489
46	0.5165	0.5165
47	0.5489	0.4835
48	0.5813	0.4511
49	0.6129	0.4187
50	0.6440	0.3871
51	0.6740	0.3560
52	0.7032	0.3260
53	0.7310	0.2968
54	0.7578	0.2690
55	0.7829	0.2422
56	0.8068	0.2171
57	0.8290	0.1932
58	0.8499	0.1710
59	0.8689	0.1501
60	0.8865	0.1311
61	0.9024	0.1135
62	0.9169	0.0976
63	0.9296	0.0831
64	0.9411	0.0704
65	0.9509	0.0589
66	0.9597	0.0491
67	0.9671	0.0403
68	0.9735	0.0329
69	0.9788	0.0265
70	0.9835	0.0212
71	0.9871	0.0165
72	0.9903	0.0129
73	0.9928	0.0097
74	0.9948	0.0072
75	0.9963	0.0052
76	0.9975	0.0037
77	0.9984	0.0025
78	0.9990	0.0016
79	0.9995	0.0010
80	0.9997	0.0005
81	0.9999	0.0003
82	1.0000	0.0001

•m = 19, n = 4

10	0.0001	1.0000
11	0.0002	0.9999
12	0.0005	0.9998
13	0.0008	0.9995
14	0.0014	0.9992
15	0.0020	0.9986
16	0.0030	0.9980
17	0.0043	0.9970
18	0.0060	0.9957
19	0.0080	0.9940
20	0.0106	0.9920
21	0.0137	0.9894
22	0.0175	0.9863
23	0.0219	0.9825
24	0.0272	0.9781
25	0.0333	0.9728
26	0.0405	0.9667
27	0.0487	0.9595
28	0.0582	0.9513
29	0.0688	0.9418
30	0.0809	0.9312
31	0.0942	0.9191
32	0.1091	0.9058
33	0.1252	0.8909
34	0.1431	0.8748
35	0.1622	0.8569
36	0.1828	0.8378
37	0.2047	0.8172
38	0.2282	0.7953
39	0.2527	0.7718
40	0.2787	0.7473
41	0.3056	0.7213
42	0.3337	0.6944
43	0.3625	0.6663
44	0.3923	0.6375
45	0.4225	0.6077
46	0.4534	0.5775
47	0.4844	0.5466
48	0.5156	0.5156
49	0.5466	0.4844
50	0.5775	0.4534
51	0.6077	0.4225
52	0.6375	0.3923
53	0.6663	0.3625
54	0.6944	0.3337
55	0.7213	0.3056
56	0.7473	0.2787
57	0.7718	0.2527
58	0.7953	0.2282
59	0.8172	0.2047
60	0.8378	0.1828
61	0.8569	0.1622
62	0.8748	0.1431
63	0.8909	0.1252
64	0.9058	0.1091
65	0.9191	0.0942
66	0.9312	0.0809
67	0.9418	0.0688
68	0.9513	0.0582
69	0.9595	0.0487
70	0.9667	0.0405
71	0.9728	0.0333
72	0.9781	0.0272
73	0.9825	0.0219
74	0.9863	0.0175
75	0.9894	0.0137
76	0.9920	0.0106
77	0.9940	0.0080
78	0.9957	0.0060
79	0.9970	0.0043
80	0.9980	0.0030
81	0.9986	0.0020
82	0.9992	0.0014
83	0.9995	0.0008

표 7. (계속)

84	0.9998	0.0005
85	0.9999	0.0002
86	1.0000	0.0001

•m = 20, n = 4

10	0.0001	1.0000
11	0.0002	0.9999
12	0.0004	0.9998
13	0.0007	0.9996
14	0.0011	0.9993
15	0.0017	0.9989
16	0.0025	0.9983
17	0.0036	0.9975
18	0.0050	0.9964
19	0.0067	0.9950
20	0.0088	0.9933
21	0.0114	0.9912
22	0.0146	0.9886
23	0.0183	0.9854
24	0.0227	0.9817
25	0.0278	0.9773
26	0.0338	0.9722
27	0.0406	0.9662
28	0.0485	0.9594
29	0.0573	0.9515
30	0.0675	0.9427
31	0.0787	0.9325
32	0.0913	0.9213
33	0.1050	0.9087
34	0.1203	0.8950
35	0.1366	0.8797
36	0.1545	0.8634
37	0.1735	0.8455
38	0.1941	0.8265
39	0.2156	0.8059
40	0.2386	0.7844
41	0.2625	0.7614
42	0.2877	0.7375
43	0.3137	0.7123
44	0.3408	0.6863
45	0.3684	0.6592
46	0.3970	0.6316
47	0.4259	0.6030
48	0.4555	0.5741
49	0.4850	0.5445
50	0.5150	0.5150
51	0.5445	0.4850
52	0.5741	0.4555
53	0.6030	0.4259
54	0.6316	0.3970
55	0.6592	0.3684
56	0.6863	0.3408
57	0.7123	0.3137
58	0.7375	0.2877
59	0.7614	0.2625
60	0.7844	0.2386
61	0.8059	0.2156
62	0.8265	0.1941
63	0.8455	0.1735
64	0.8634	0.1545
65	0.8797	0.1366
66	0.8950	0.1203
67	0.9087	0.1050
68	0.9213	0.0913
69	0.9325	0.0787
70	0.9427	0.0675
71	0.9515	0.0573
72	0.9594	0.0485
73	0.9662	0.0406
74	0.9722	0.0338
75	0.9773	0.0278
76	0.9817	0.0227
77	0.9854	0.0183
78	0.9886	0.0146
79	0.9912	0.0114
80	0.9933	0.0088
81	0.9950	0.0067
82	0.9964	0.0050
83	0.9975	0.0036
84	0.9983	0.0025
85	0.9989	0.0017
86	0.9993	0.0011
87	0.9996	0.0007
88	0.9998	0.0004
89	0.9999	0.0002
90	1.0000	0.0001

▶ n = 5

•m = 3, n = 5

15	0.0179	1.0000
16	0.0357	0.9821
17	0.0714	0.9643
18	0.1250	0.9286
19	0.1964	0.8750
20	0.2857	0.8036
21	0.3929	0.7143
22	0.5000	0.6071
23	0.6071	0.5000
24	0.7143	0.3929
25	0.8036	0.2857
26	0.8750	0.1964
27	0.9286	0.1250
28	0.9643	0.0714
29	0.9821	0.0357
30	1.0000	0.0179

•m = 4, n = 5

15	0.0079	1.0000
16	0.0159	0.9921
17	0.0317	0.9841
18	0.0556	0.9683
19	0.0952	0.9444
20	0.1429	0.9048
21	0.2063	0.8571
22	0.2778	0.7937
23	0.3651	0.7222
24	0.4524	0.6349
25	0.5476	0.5476
26	0.6349	0.4524
27	0.7222	0.3651
28	0.7937	0.2778
29	0.8571	0.2063
30	0.9048	0.1429
31	0.9444	0.0952
32	0.9683	0.0556
33	0.9841	0.0317
34	0.9921	0.0159
35	1.0000	0.0079

•m = 5, n = 5

15	0.0040	1.0000
16	0.0079	0.9960
17	0.0159	0.9921
18	0.0278	0.9841
19	0.0476	0.9722
20	0.0754	0.9524
21	0.1111	0.9246
22	0.1548	0.8889
23	0.2103	0.8452
24	0.2738	0.7897
25	0.3452	0.7262
26	0.4206	0.6548
27	0.5000	0.5794
28	0.5794	0.5000
29	0.6548	0.4206
30	0.7262	0.3452
31	0.7897	0.2738
32	0.8452	0.2103
33	0.8889	0.1548
34	0.9246	0.1111
35	0.9524	0.0754
36	0.9722	0.0476
37	0.9841	0.0278
38	0.9921	0.0159
39	0.9960	0.0079
40	1.0000	0.0040

•m = 6, n = 5

15	0.0022	1.0000
16	0.0043	0.9978
17	0.0087	0.9957
18	0.0152	0.9913
19	0.0260	0.9848
20	0.0411	0.9740
21	0.0628	0.9589
22	0.0887	0.9372
23	0.1234	0.9113
24	0.1645	0.8766
25	0.2143	0.8355
26	0.2684	0.7857
27	0.3312	0.7316
28	0.3961	0.6688
29	0.4654	0.6039
30	0.5346	0.5346
31	0.6039	0.4654
32	0.6688	0.3961
33	0.7316	0.3312
34	0.7857	0.2684
35	0.8355	0.2143
36	0.8766	0.1645
37	0.9113	0.1234
38	0.9372	0.0887
39	0.9589	0.0628
40	0.9740	0.0411
41	0.9848	0.0260
42	0.9913	0.0152
43	0.9957	0.0087
44	0.9978	0.0043
45	1.0000	0.0022

•m = 7, n = 5

15	0.0013	1.0000
16	0.0025	0.9987
17	0.0051	0.9975
18	0.0088	0.9949
19	0.0152	0.9912
20	0.0240	0.9848
21	0.0366	0.9760
22	0.0530	0.9634
23	0.0745	0.9470
24	0.1010	0.9255
25	0.1338	0.8990
26	0.1717	0.8662
27	0.2159	0.8283
28	0.2652	0.7841
29	0.3194	0.7348
30	0.3775	0.6806
31	0.4381	0.6225
32	0.5000	0.5619
33	0.5619	0.5000
34	0.6225	0.4381
35	0.6806	0.3775
36	0.7348	0.3194
37	0.7841	0.2652
38	0.8283	0.2159
39	0.8662	0.1717
40	0.8990	0.1338
41	0.9255	0.1010
42	0.9470	0.0745
43	0.9634	0.0530
44	0.9760	0.0366

표 7. (계속)

45	0.9848	0.0240
46	0.9912	0.0152
47	0.9949	0.0088
48	0.9975	0.0051
49	0.9987	0.0025
50	1.0000	0.0013

•m = 8, n = 5

15	0.0008	1.0000
16	0.0016	0.9992
17	0.0031	0.9984
18	0.0054	0.9969
19	0.0093	0.9946
20	0.0148	0.9907
21	0.0225	0.9852
22	0.0326	0.9775
23	0.0466	0.9674
24	0.0637	0.9534
25	0.0855	0.9363
26	0.1111	0.9145
27	0.1422	0.8889
28	0.1772	0.8578
29	0.2176	0.8228
30	0.2618	0.7824
31	0.3108	0.7382
32	0.3621	0.6892
33	0.4165	0.6379
34	0.4716	0.5835
35	0.5284	0.5284
36	0.5835	0.4716
37	0.6379	0.4165
38	0.6892	0.3621
39	0.7382	0.3108
40	0.7824	0.2618
41	0.8228	0.2176
42	0.8578	0.1772
43	0.8889	0.1422
44	0.9145	0.1111
45	0.9363	0.0855
46	0.9534	0.0637
47	0.9674	0.0466
48	0.9775	0.0326
49	0.9852	0.0225
50	0.9907	0.0148
51	0.9946	0.0093
52	0.9969	0.0054
53	0.9984	0.0031
54	0.9992	0.0016
55	1.0000	0.0008

•m = 9, n = 5

15	0.0005	1.0000
16	0.0010	0.9995
17	0.0020	0.9990
18	0.0035	0.9980
19	0.0060	0.9965
20	0.0095	0.9940
21	0.0145	0.9905
22	0.0210	0.9855
23	0.0300	0.9790
24	0.0415	0.9700
25	0.0559	0.9585
26	0.0734	0.9441
27	0.0949	0.9266
28	0.1199	0.9051
29	0.1489	0.8801
30	0.1818	0.8511
31	0.2188	0.8182
32	0.2592	0.7812
33	0.3032	0.7408
34	0.3497	0.6968
35	0.3986	0.6503
36	0.4491	0.6014
37	0.5000	0.5509
38	0.5509	0.5000
39	0.6014	0.4491
40	0.6503	0.3986
41	0.6968	0.3497
42	0.7408	0.3032
43	0.7812	0.2592
44	0.8182	0.2188
45	0.8511	0.1818
46	0.8801	0.1489
47	0.9051	0.1199
48	0.9266	0.0949
49	0.9441	0.0734
50	0.9585	0.0559
51	0.9700	0.0415
52	0.9790	0.0300
53	0.9855	0.0210
54	0.9905	0.0145
55	0.9940	0.0095
56	0.9965	0.0060
57	0.9980	0.0035
58	0.9990	0.0020
59	0.9995	0.0010
60	1.0000	0.0005

•m = 10, n = 5

15	0.0003	1.0000
16	0.0007	0.9997
17	0.0013	0.9993
18	0.0023	0.9987
19	0.0040	0.9977
20	0.0063	0.9960
21	0.0097	0.9937
22	0.0140	0.9903
23	0.0200	0.9860
24	0.0276	0.9800
25	0.0376	0.9724
26	0.0496	0.9624
27	0.0646	0.9504
28	0.0823	0.9354
29	0.1032	0.9177
30	0.1272	0.8968
31	0.1548	0.8728
32	0.1855	0.8452
33	0.2198	0.8145
34	0.2567	0.7802
35	0.2970	0.7433
36	0.3393	0.7030
37	0.3839	0.6607
38	0.4296	0.6161
39	0.4765	0.5704
40	0.5235	0.5235
41	0.5704	0.4765
42	0.6161	0.4296
43	0.6607	0.3839
44	0.7030	0.3393
45	0.7433	0.2970
46	0.7802	0.2567
47	0.8145	0.2198
48	0.8452	0.1855
49	0.8728	0.1548
50	0.8968	0.1272
51	0.9177	0.1032
52	0.9354	0.0823
53	0.9504	0.0646
54	0.9624	0.0496
55	0.9724	0.0376
56	0.9800	0.0276
57	0.9860	0.0200
58	0.9903	0.0140
59	0.9937	0.0097
60	0.9960	0.0063
61	0.9977	0.0040
62	0.9987	0.0023
63	0.9993	0.0013
64	0.9997	0.0007
65	1.0000	0.0003

▶ n = 6

•m = 3, n = 6

21	0.0119	1.0000
22	0.0238	0.9881
23	0.0476	0.9762
24	0.0833	0.9524
25	0.1310	0.9167
26	0.1905	0.8690
27	0.2738	0.8095
28	0.3571	0.7262
29	0.4524	0.6429
30	0.5476	0.5476
31	0.6429	0.4524
32	0.7262	0.3571
33	0.8095	0.2738
34	0.8690	0.1905
35	0.9167	0.1310
36	0.9524	0.0833
37	0.9762	0.0476
38	0.9881	0.0238
39	1.0000	0.0119

•m = 4, n = 6

21	0.0048	1.0000
22	0.0095	0.9952
23	0.0190	0.9905
24	0.0333	0.9810
25	0.0571	0.9667
26	0.0857	0.9429
27	0.1286	0.9143
28	0.1762	0.8714
29	0.2381	0.8238
30	0.3048	0.7619
31	0.3810	0.6952
32	0.4571	0.6190
33	0.5429	0.5429
34	0.6190	0.4571
35	0.6952	0.3810
36	0.7619	0.3048
37	0.8238	0.2381
38	0.8714	0.1762
39	0.9143	0.1286
40	0.9429	0.0857
41	0.9667	0.0571
42	0.9810	0.0333
43	0.9905	0.0190
44	0.9952	0.0095
45	1.0000	0.0048

•m = 5, n = 6

21	0.0022	1.0000
22	0.0043	0.9978
23	0.0087	0.9957
24	0.0152	0.9913
25	0.0260	0.9848
26	0.0411	0.9740
27	0.0628	0.9589
28	0.0887	0.9372
29	0.1234	0.9113
30	0.1645	0.8766
31	0.2143	0.8355
32	0.2684	0.7857
33	0.3312	0.7316
34	0.3961	0.6688
35	0.4654	0.6039
36	0.5346	0.5346
37	0.6039	0.4654
38	0.6688	0.3961
39	0.7316	0.3312
40	0.7857	0.2684

표 7. (계속)

41	0.8355	0.2143
42	0.8766	0.1645
43	0.9113	0.1234
44	0.9372	0.0887
45	0.9589	0.0628
46	0.9740	0.0411
47	0.9848	0.0260
48	0.9913	0.0152
49	0.9957	0.0087
50	0.9978	0.0043
51	1.0000	0.0022

•m = 6, n = 6

21	0.0011	1.0000
22	0.0022	0.9989
23	0.0043	0.9978
24	0.0076	0.9957
25	0.0130	0.9924
26	0.0206	0.9870
27	0.0325	0.9794
28	0.0465	0.9675
29	0.0660	0.9535
30	0.0898	0.9340
31	0.1201	0.9102
32	0.1548	0.8799
33	0.1970	0.8452
34	0.2424	0.8030
35	0.2944	0.7576
36	0.3496	0.7056
37	0.4091	0.6504
38	0.4686	0.5909
39	0.5314	0.5314
40	0.5909	0.4686
41	0.6504	0.4091
42	0.7056	0.3496
43	0.7576	0.2944
44	0.8030	0.2424
45	0.8452	0.1970
46	0.8799	0.1548
47	0.9102	0.1201
48	0.9340	0.0898
49	0.9535	0.0660
50	0.9675	0.0465
51	0.9794	0.0325
52	0.9870	0.0206
53	0.9924	0.0130
54	0.9957	0.0076
55	0.9978	0.0043
56	0.9989	0.0022
57	1.0000	0.0011

•m = 7, n = 6

21	0.0006	1.0000
22	0.0012	0.9994
23	0.0023	0.9988
24	0.0041	0.9977
25	0.0070	0.9959
26	0.0111	0.9930
27	0.0175	0.9889
28	0.0256	0.9825
29	0.0367	0.9744
30	0.0507	0.9633
31	0.0688	0.9493
32	0.0903	0.9312
33	0.1171	0.9097
34	0.1474	0.8829
35	0.1830	0.8526
36	0.2226	0.8170
37	0.2669	0.7774
38	0.3141	0.7331
39	0.3654	0.6859
40	0.4178	0.6346
41	0.4726	0.5822
42	0.5274	0.5274
43	0.5822	0.4726
44	0.6346	0.4178
45	0.6859	0.3654
46	0.7331	0.3141
47	0.7774	0.2669
48	0.8170	0.2226
49	0.8526	0.1830
50	0.8829	0.1474
51	0.9097	0.1171
52	0.9312	0.0903
53	0.9493	0.0688
54	0.9633	0.0507
55	0.9744	0.0367
56	0.9825	0.0256
57	0.9889	0.0175
58	0.9930	0.0111
59	0.9959	0.0070
60	0.9977	0.0041
61	0.9988	0.0023
62	0.9994	0.0012
63	1.0000	0.0006

•m = 8, n = 6

21	0.0003	1.0000
22	0.0007	0.9997
23	0.0013	0.9993
24	0.0023	0.9987
25	0.0040	0.9977
26	0.0063	0.9960
27	0.0100	0.9937
28	0.0147	0.9900
29	0.0213	0.9853
30	0.0296	0.9787
31	0.0406	0.9704
32	0.0539	0.9594
33	0.0709	0.9461
34	0.0906	0.9291
35	0.1142	0.9094
36	0.1412	0.8858
37	0.1725	0.8588
38	0.2068	0.8275
39	0.2454	0.7932
40	0.2864	0.7546
41	0.3310	0.7136
42	0.3773	0.6690
43	0.4259	0.6227
44	0.4749	0.5741
45	0.5251	0.5251
46	0.5741	0.4749
47	0.6227	0.4259
48	0.6690	0.3773
49	0.7136	0.3310
50	0.7546	0.2864
51	0.7932	0.2454
52	0.8275	0.2068
53	0.8588	0.1725
54	0.8858	0.1412
55	0.9094	0.1142
56	0.9291	0.0906
57	0.9461	0.0709
58	0.9594	0.0539
59	0.9704	0.0406
60	0.9787	0.0296
61	0.9853	0.0213
62	0.9900	0.0147
63	0.9937	0.0100
64	0.9960	0.0063
65	0.9977	0.0040
66	0.9987	0.0023
67	0.9993	0.0013
68	0.9997	0.0007
69	1.0000	0.0003

•m = 9, n = 6

21	0.0002	1.0000
22	0.0004	0.9998
23	0.0008	0.9996
24	0.0014	0.9992
25	0.0024	0.9986
26	0.0038	0.9976
27	0.0060	0.9962
28	0.0088	0.9940
29	0.0128	0.9912
30	0.0180	0.9872
31	0.0248	0.9820
32	0.0332	0.9752
33	0.0440	0.9668
34	0.0567	0.9560
35	0.0723	0.9433
36	0.0905	0.9277
37	0.1119	0.9095
38	0.1361	0.8881
39	0.1638	0.8639
40	0.1942	0.8362
41	0.2280	0.8058
42	0.2643	0.7720
43	0.3035	0.7357
44	0.3445	0.6965
45	0.3878	0.6555
46	0.4320	0.6122
47	0.4773	0.5680
48	0.5227	0.5227
49	0.5680	0.4773
50	0.6122	0.4320
51	0.6555	0.3878
52	0.6965	0.3445
53	0.7357	0.3035
54	0.7720	0.2643
55	0.8058	0.2280
56	0.8362	0.1942
57	0.8639	0.1638
58	0.8881	0.1361
59	0.9095	0.1119
60	0.9277	0.0905
61	0.9433	0.0723
62	0.9560	0.0567
63	0.9668	0.0440
64	0.9752	0.0332
65	0.9820	0.0248
66	0.9872	0.0180
67	0.9912	0.0128
68	0.9940	0.0088
69	0.9962	0.0060
70	0.9976	0.0038
71	0.9986	0.0024
72	0.9992	0.0014
73	0.9996	0.0008
74	0.9998	0.0004
75	1.0000	0.0002

•m = 10, n = 6

21	0.0001	1.0000
22	0.0002	0.9999
23	0.0005	0.9998
24	0.0009	0.9995
25	0.0015	0.9991
26	0.0024	0.9985
27	0.0037	0.9976
28	0.0055	0.9963
29	0.0080	0.9945
30	0.0112	0.9920
31	0.0156	0.9888
32	0.0210	0.9844
33	0.0280	0.9790
34	0.0363	0.9720
35	0.0467	0.9637
36	0.0589	0.9533
37	0.0736	0.9411
38	0.0903	0.9264

표 7. (계속)

39	0.1099	0.9097
40	0.1317	0.8901
41	0.1566	0.8683
42	0.1838	0.8434
43	0.2139	0.8162
44	0.2461	0.7861
45	0.2811	0.7539
46	0.3177	0.7189
47	0.3564	0.6823
48	0.3962	0.6436
49	0.4374	0.6038
50	0.4789	0.5626
51	0.5211	0.5211
52	0.5626	0.4789
53	0.6038	0.4374
54	0.6436	0.3962
55	0.6823	0.3564
56	0.7189	0.3177
57	0.7539	0.2811
58	0.7861	0.2461
59	0.8162	0.2139
60	0.8434	0.1838
61	0.8683	0.1566
62	0.8901	0.1317
63	0.9097	0.1099
64	0.9264	0.0903
65	0.9411	0.0736
66	0.9533	0.0589
67	0.9637	0.0467
68	0.9720	0.0363
69	0.9790	0.0280
70	0.9844	0.0210
71	0.9888	0.0156
72	0.9920	0.0112
73	0.9945	0.0080
74	0.9963	0.0055
75	0.9976	0.0037
76	0.9985	0.0024
77	0.9991	0.0015
78	0.9995	0.0009
79	0.9998	0.0005
80	0.9999	0.0002
81	1.0000	0.0001

▶ n = 7

•m = 3, n = 7

28	0.0083	1.0000
29	0.0167	0.9917
30	0.0333	0.9833
31	0.0583	0.9667
32	0.0917	0.9417
33	0.1333	0.9083
34	0.1917	0.8667
35	0.2583	0.8083
36	0.3333	0.7417
37	0.4167	0.6667
38	0.5000	0.5833
39	0.5833	0.5000
40	0.6667	0.4167
41	0.7417	0.3333
42	0.8083	0.2583
43	0.8667	0.1917
44	0.9083	0.1333
45	0.9417	0.0917
46	0.9667	0.0583
47	0.9833	0.0333
48	0.9917	0.0167
49	1.0000	0.0083

•m = 4, n = 7

28	0.0030	1.0000
29	0.0061	0.9970
30	0.0121	0.9939
31	0.0212	0.9879
32	0.0364	0.9788
33	0.0545	0.9636
34	0.0818	0.9455
35	0.1152	0.9182
36	0.1576	0.8848
37	0.2061	0.8424
38	0.2636	0.7939
39	0.3242	0.7364
40	0.3939	0.6758
41	0.4636	0.6061
42	0.5364	0.5364
43	0.6061	0.4636
44	0.6758	0.3939
45	0.7364	0.3242
46	0.7939	0.2636
47	0.8424	0.2061
48	0.8848	0.1576
49	0.9182	0.1152
50	0.9455	0.0818
51	0.9636	0.0545
52	0.9788	0.0364
53	0.9879	0.0212
54	0.9939	0.0121
55	0.9970	0.0061
56	1.0000	0.0030

•m = 5, n = 7

28	0.0013	1.0000
29	0.0025	0.9987
30	0.0051	0.9975
31	0.0088	0.9949
32	0.0152	0.9912
33	0.0240	0.9848
34	0.0366	0.9760
35	0.0530	0.9634
36	0.0745	0.9470
37	0.1010	0.9255
38	0.1338	0.8990
39	0.1717	0.8662
40	0.2159	0.8283
41	0.2652	0.7841
42	0.3194	0.7348
43	0.3775	0.6806
44	0.4381	0.6225
45	0.5000	0.5619
46	0.5619	0.5000
47	0.6225	0.4381
48	0.6806	0.3775
49	0.7348	0.3194
50	0.7841	0.2652
51	0.8283	0.2159
52	0.8662	0.1717
53	0.8990	0.1338
54	0.9255	0.1010
55	0.9470	0.0745
56	0.9634	0.0530
57	0.9760	0.0366
58	0.9848	0.0240
59	0.9912	0.0152
60	0.9949	0.0088
61	0.9975	0.0051
62	0.9987	0.0025
63	1.0000	0.0013

•m = 6, n = 7

28	0.0006	1.0000
29	0.0012	0.9994
30	0.0023	0.9988
31	0.0041	0.9977
32	0.0070	0.9959
33	0.0111	0.9930
34	0.0175	0.9889
35	0.0256	0.9825
36	0.0367	0.9744
37	0.0507	0.9633
38	0.0688	0.9493
39	0.0903	0.9312
40	0.1171	0.9097
41	0.1474	0.8829
42	0.1830	0.8526
43	0.2226	0.8170
44	0.2669	0.7774
45	0.3141	0.7331
46	0.3654	0.6859
47	0.4178	0.6346
48	0.4726	0.5822
49	0.5274	0.5274
50	0.5822	0.4726
51	0.6346	0.4178
52	0.6859	0.3654
53	0.7331	0.3141
54	0.7774	0.2669
55	0.8170	0.2226
56	0.8526	0.1830
57	0.8829	0.1474
58	0.9097	0.1171
59	0.9312	0.0903
60	0.9493	0.0688
61	0.9633	0.0507
62	0.9744	0.0367
63	0.9825	0.0256
64	0.9889	0.0175
65	0.9930	0.0111
66	0.9959	0.0070
67	0.9977	0.0041
68	0.9988	0.0023
69	0.9994	0.0012
70	1.0000	0.0006

•m = 7, n = 7

28	0.0003	1.0000
29	0.0006	0.9997
30	0.0012	0.9994
31	0.0020	0.9988
32	0.0035	0.9980
33	0.0055	0.9965
34	0.0087	0.9945
35	0.0131	0.9913
36	0.0189	0.9869
37	0.0265	0.9811
38	0.0364	0.9735
39	0.0487	0.9636
40	0.0641	0.9513
41	0.0825	0.9359
42	0.1043	0.9175
43	0.1297	0.8957
44	0.1588	0.8703
45	0.1914	0.8412
46	0.2279	0.8086
47	0.2675	0.7721
48	0.3100	0.7325
49	0.3552	0.6900
50	0.4024	0.6448
51	0.4508	0.5976
52	0.5000	0.5492
53	0.5492	0.5000
54	0.5976	0.4508
55	0.6448	0.4024
56	0.6900	0.3552
57	0.7325	0.3100
58	0.7721	0.2675
59	0.8086	0.2279
60	0.8412	0.1914
61	0.8703	0.1588
62	0.8957	0.1297
63	0.9175	0.1043
64	0.9359	0.0825
65	0.9513	0.0641

표 7. (계속)

66 0.9636 0.0487
67 0.9735 0.0364
68 0.9811 0.0265
69 0.9869 0.0189
70 0.9913 0.0131
71 0.9945 0.0087
72 0.9965 0.0055
73 0.9980 0.0035
74 0.9988 0.0020
75 0.9994 0.0012
76 0.9997 0.0006
77 1.0000 0.0003

•m = 8, n = 7

28 0.0002 1.0000
29 0.0003 0.9998
30 0.0006 0.9997
31 0.0011 0.9994
32 0.0019 0.9989
33 0.0030 0.9981
34 0.0047 0.9970
35 0.0070 0.9953
36 0.0103 0.9930
37 0.0145 0.9897
38 0.0200 0.9855
39 0.0270 0.9800
40 0.0361 0.9730
41 0.0469 0.9639
42 0.0603 0.9531
43 0.0760 0.9397
44 0.0946 0.9240
45 0.1159 0.9054
46 0.1405 0.8841
47 0.1678 0.8595
48 0.1984 0.8322
49 0.2317 0.8016
50 0.2679 0.7683
51 0.3063 0.7321
52 0.3472 0.6937
53 0.3894 0.6528
54 0.4333 0.6106
55 0.4775 0.5667
56 0.5225 0.5225
57 0.5667 0.4775
58 0.6106 0.4333
59 0.6528 0.3894
60 0.6937 0.3472
61 0.7321 0.3063
62 0.7683 0.2679
63 0.8016 0.2317
64 0.8322 0.1984
65 0.8595 0.1678
66 0.8841 0.1405
67 0.9054 0.1159
68 0.9240 0.0946
69 0.9397 0.0760
70 0.9531 0.0603
71 0.9639 0.0469
72 0.9730 0.0361
73 0.9800 0.0270
74 0.9855 0.0200
75 0.9897 0.0145
76 0.9930 0.0103
77 0.9953 0.0070
78 0.9970 0.0047
79 0.9981 0.0030
80 0.9989 0.0019
81 0.9994 0.0011
82 0.9997 0.0006
83 0.9998 0.0003
84 1.0000 0.0002

•m = 9, n = 7

28 0.0001 1.0000
29 0.0002 0.9999
30 0.0003 0.9998
31 0.0006 0.9997
32 0.0010 0.9994
33 0.0017 0.9990
34 0.0026 0.9983
35 0.0039 0.9974
36 0.0058 0.9961
37 0.0082 0.9942
38 0.0115 0.9918
39 0.0156 0.9885
40 0.0209 0.9844
41 0.0274 0.9791
42 0.0356 0.9726
43 0.0454 0.9644
44 0.0571 0.9546
45 0.0708 0.9429
46 0.0869 0.9292
47 0.1052 0.9131
48 0.1261 0.8948
49 0.1496 0.8739
50 0.1755 0.8504
51 0.2039 0.8245
52 0.2349 0.7961
53 0.2680 0.7651
54 0.3032 0.7320
55 0.3403 0.6968
56 0.3788 0.6597
57 0.4185 0.6212
58 0.4591 0.5815
59 0.5000 0.5409
60 0.5409 0.5000
61 0.5815 0.4591
62 0.6212 0.4185
63 0.6597 0.3788
64 0.6968 0.3403
65 0.7320 0.3032
66 0.7651 0.2680
67 0.7961 0.2349
68 0.8245 0.2039
69 0.8504 0.1755
70 0.8739 0.1496
71 0.8948 0.1261
72 0.9131 0.1052
73 0.9292 0.0869
74 0.9429 0.0708
75 0.9546 0.0571
76 0.9644 0.0454
77 0.9726 0.0356
78 0.9791 0.0274
79 0.9844 0.0209
80 0.9885 0.0156
81 0.9918 0.0115
82 0.9942 0.0082
83 0.9961 0.0058
84 0.9974 0.0039
85 0.9983 0.0026
86 0.9990 0.0017
87 0.9994 0.0010
88 0.9997 0.0006
89 0.9998 0.0003
90 0.9999 0.0002
91 1.0000 0.0001

•m = 10, n = 7

28 0.0001 1.0000
29 0.0001 0.9999
30 0.0002 0.9999
31 0.0004 0.9998
32 0.0006 0.9996
33 0.0010 0.9994
34 0.0015 0.9990
35 0.0023 0.9985
36 0.0034 0.9977
37 0.0048 0.9966
38 0.0068 0.9952
39 0.0093 0.9932
40 0.0125 0.9907
41 0.0165 0.9875
42 0.0215 0.9835
43 0.0277 0.9785
44 0.0351 0.9723
45 0.0439 0.9649
46 0.0544 0.9561
47 0.0665 0.9456
48 0.0806 0.9335
49 0.0966 0.9194
50 0.1148 0.9034
51 0.1349 0.8852
52 0.1574 0.8651
53 0.1819 0.8426
54 0.2087 0.8181
55 0.2374 0.7913
56 0.2681 0.7626
57 0.3004 0.7319
58 0.3345 0.6996
59 0.3698 0.6655
60 0.4063 0.6302
61 0.4434 0.5937
62 0.4811 0.5566
63 0.5189 0.5189
64 0.5566 0.4811
65 0.5937 0.4434
66 0.6302 0.4063
67 0.6655 0.3698
68 0.6996 0.3345
69 0.7319 0.3004
70 0.7626 0.2681
71 0.7913 0.2374
72 0.8181 0.2087
73 0.8426 0.1819
74 0.8651 0.1574
75 0.8852 0.1349
76 0.9034 0.1148
77 0.9194 0.0966
78 0.9335 0.0806
79 0.9456 0.0665
80 0.9561 0.0544
81 0.9649 0.0439
82 0.9723 0.0351
83 0.9785 0.0277
84 0.9835 0.0215
85 0.9875 0.0165
86 0.9907 0.0125
87 0.9932 0.0093
88 0.9952 0.0068
89 0.9966 0.0048
90 0.9977 0.0034
91 0.9985 0.0023
92 0.9990 0.0015
93 0.9994 0.0010
94 0.9996 0.0006
95 0.9998 0.0004
96 0.9999 0.0002
97 0.9999 0.0001
98 1.0000 0.0001

▶ n = 8

•m = 3, n = 8

36 0.0061 1.0000
37 0.0121 0.9939
38 0.0242 0.9879
39 0.0424 0.9758
40 0.0667 0.9576
41 0.0970 0.9333
42 0.1394 0.9030
43 0.1879 0.8606
44 0.2485 0.8121
45 0.3152 0.7515

표 7. (계속)

46	0.3879	0.6848
47	0.4606	0.6121
48	0.5394	0.5394
49	0.6121	0.4606
50	0.6848	0.3879
51	0.7515	0.3152
52	0.8121	0.2485
53	0.8606	0.1879
54	0.9030	0.1394
55	0.9333	0.0970
56	0.9576	0.0667
57	0.9758	0.0424
58	0.9879	0.0242
59	0.9939	0.0121
60	1.0000	0.0061

•m = 4, n = 8

36	0.0020	1.0000
37	0.0040	0.9980
38	0.0081	0.9960
39	0.0141	0.9919
40	0.0242	0.9859
41	0.0364	0.9758
42	0.0545	0.9636
43	0.0768	0.9455
44	0.1071	0.9232
45	0.1414	0.8929
46	0.1838	0.8586
47	0.2303	0.8162
48	0.2848	0.7697
49	0.3414	0.7152
50	0.4040	0.6586
51	0.4667	0.5960
52	0.5333	0.5333
53	0.5960	0.4667
54	0.6586	0.4040
55	0.7152	0.3414
56	0.7697	0.2848
57	0.8162	0.2303
58	0.8586	0.1838
59	0.8929	0.1414
60	0.9232	0.1071
61	0.9455	0.0768
62	0.9636	0.0545
63	0.9758	0.0364
64	0.9859	0.0242
65	0.9919	0.0141
66	0.9960	0.0081
67	0.9980	0.0040
68	1.0000	0.0020

•m = 5, n = 8

36	0.0008	1.0000
37	0.0016	0.9992
38	0.0031	0.9984
39	0.0054	0.9969
40	0.0093	0.9946
41	0.0148	0.9907
42	0.0225	0.9852
43	0.0326	0.9775
44	0.0466	0.9674
45	0.0637	0.9534
46	0.0855	0.9363
47	0.1111	0.9145
48	0.1422	0.8889
49	0.1772	0.8578
50	0.2176	0.8228
51	0.2618	0.7824
52	0.3108	0.7382
53	0.3621	0.6892
54	0.4165	0.6379
55	0.4716	0.5835
56	0.5284	0.5284
57	0.5835	0.4716
58	0.6379	0.4165
59	0.6892	0.3621
60	0.7382	0.3108
61	0.7824	0.2618
62	0.8228	0.2176
63	0.8578	0.1772
64	0.8889	0.1422
65	0.9145	0.1111
66	0.9363	0.0855
67	0.9534	0.0637
68	0.9674	0.0466
69	0.9775	0.0326
70	0.9852	0.0225
71	0.9907	0.0148
72	0.9946	0.0093
73	0.9969	0.0054
74	0.9984	0.0031
75	0.9992	0.0016
76	1.0000	0.0008

•m = 6, n = 8

36	0.0003	1.0000
37	0.0007	0.9997
38	0.0013	0.9993
39	0.0023	0.9987
40	0.0040	0.9977
41	0.0063	0.9960
42	0.0100	0.9937
43	0.0147	0.9900
44	0.0213	0.9853
45	0.0296	0.9787
46	0.0406	0.9704
47	0.0539	0.9594
48	0.0709	0.9461
49	0.0906	0.9291
50	0.1142	0.9094
51	0.1412	0.8858
52	0.1725	0.8588
53	0.2068	0.8275
54	0.2454	0.7932
55	0.2864	0.7546
56	0.3310	0.7136
57	0.3773	0.6690
58	0.4259	0.6227
59	0.4749	0.5741
60	0.5251	0.5251
61	0.5741	0.4749
62	0.6227	0.4259
63	0.6690	0.3773
64	0.7136	0.3310
65	0.7546	0.2864
66	0.7932	0.2454
67	0.8275	0.2068
68	0.8588	0.1725
69	0.8858	0.1412
70	0.9094	0.1142
71	0.9291	0.0906
72	0.9461	0.0709
73	0.9594	0.0539
74	0.9704	0.0406
75	0.9787	0.0296
76	0.9853	0.0213
77	0.9900	0.0147
78	0.9937	0.0100
79	0.9960	0.0063
80	0.9977	0.0040
81	0.9987	0.0023
82	0.9993	0.0013
83	0.9997	0.0007
84	1.0000	0.0003

•m = 7, n = 8

36	0.0002	1.0000
37	0.0003	0.9998
38	0.0006	0.9997
39	0.0011	0.9994
40	0.0019	0.9989
41	0.0030	0.9981
42	0.0047	0.9970
43	0.0070	0.9953
44	0.0103	0.9930
45	0.0145	0.9897
46	0.0200	0.9855
47	0.0270	0.9800
48	0.0361	0.9730
49	0.0469	0.9639
50	0.0603	0.9531
51	0.0760	0.9397
52	0.0946	0.9240
53	0.1159	0.9054
54	0.1405	0.8841
55	0.1678	0.8595
56	0.1984	0.8322
57	0.2317	0.8016
58	0.2679	0.7683
59	0.3063	0.7321
60	0.3472	0.6937
61	0.3894	0.6528
62	0.4333	0.6106
63	0.4775	0.5667
64	0.5225	0.5225
65	0.5667	0.4775
66	0.6106	0.4333
67	0.6528	0.3894
68	0.6937	0.3472
69	0.7321	0.3063
70	0.7683	0.2679
71	0.8016	0.2317
72	0.8322	0.1984
73	0.8595	0.1678
74	0.8841	0.1405
75	0.9054	0.1159
76	0.9240	0.0946
77	0.9397	0.0760
78	0.9531	0.0603
79	0.9639	0.0469
80	0.9730	0.0361
81	0.9800	0.0270
82	0.9855	0.0200
83	0.9897	0.0145
84	0.9930	0.0103
85	0.9953	0.0070
86	0.9970	0.0047
87	0.9981	0.0030
88	0.9989	0.0019
89	0.9994	0.0011
90	0.9997	0.0006
91	0.9998	0.0003
92	1.0000	0.0002

•m = 8, n = 8

36	0.0001	1.0000
37	0.0002	0.9999
38	0.0003	0.9998
39	0.0005	0.9997
40	0.0009	0.9995
41	0.0015	0.9991
42	0.0023	0.9985
43	0.0035	0.9977
44	0.0052	0.9965
45	0.0074	0.9948
46	0.0103	0.9926
47	0.0141	0.9897
48	0.0190	0.9859
49	0.0249	0.9810
50	0.0325	0.9751
51	0.0415	0.9675
52	0.0524	0.9585
53	0.0652	0.9476

표 7. (계속)

54	0.0803	0.9348
55	0.0974	0.9197
56	0.1172	0.9026
57	0.1393	0.8828
58	0.1641	0.8607
59	0.1911	0.8359
60	0.2209	0.8089
61	0.2527	0.7791
62	0.2869	0.7473
63	0.3227	0.7131
64	0.3605	0.6773
65	0.3992	0.6395
66	0.4392	0.6008
67	0.4796	0.5608
68	0.5204	0.5204
69	0.5608	0.4796
70	0.6008	0.4392
71	0.6395	0.3992
72	0.6773	0.3605
73	0.7131	0.3227
74	0.7473	0.2869
75	0.7791	0.2527
76	0.8089	0.2209
77	0.8359	0.1911
78	0.8607	0.1641
79	0.8828	0.1393
80	0.9026	0.1172
81	0.9197	0.0974
82	0.9348	0.0803
83	0.9476	0.0652
84	0.9585	0.0524
85	0.9675	0.0415
86	0.9751	0.0325
87	0.9810	0.0249
88	0.9859	0.0190
89	0.9897	0.0141
90	0.9926	0.0103
91	0.9948	0.0074
92	0.9965	0.0052
93	0.9977	0.0035
94	0.9985	0.0023
95	0.9991	0.0015
96	0.9995	0.0009
97	0.9997	0.0005
98	0.9998	0.0003
99	0.9999	0.0002
100	1.0000	0.0001

•m = 9, n = 8

36	0.0000	1.0000
37	0.0001	1.0000
38	0.0002	0.9999
39	0.0003	0.9998
40	0.0005	0.9997
41	0.0008	0.9995
42	0.0012	0.9992
43	0.0019	0.9988
44	0.0028	0.9981
45	0.0039	0.9972
46	0.0056	0.9961
47	0.0076	0.9944
48	0.0103	0.9924
49	0.0137	0.9897
50	0.0180	0.9863
51	0.0232	0.9820
52	0.0296	0.9768
53	0.0372	0.9704
54	0.0464	0.9628
55	0.0570	0.9536
56	0.0694	0.9430
57	0.0836	0.9306
58	0.0998	0.9164
59	0.1179	0.9002
60	0.1383	0.8821
61	0.1606	0.8617
62	0.1852	0.8394
63	0.2117	0.8148
64	0.2404	0.7883
65	0.2707	0.7596
66	0.3029	0.7293
67	0.3365	0.6971
68	0.3715	0.6635
69	0.4074	0.6285
70	0.4442	0.5926
71	0.4813	0.5558
72	0.5187	0.5187
73	0.5558	0.4813
74	0.5926	0.4442
75	0.6285	0.4074
76	0.6635	0.3715
77	0.6971	0.3365
78	0.7293	0.3029
79	0.7596	0.2707
80	0.7883	0.2404
81	0.8148	0.2117
82	0.8394	0.1852
83	0.8617	0.1606
84	0.8821	0.1383
85	0.9002	0.1179
86	0.9164	0.0998
87	0.9306	0.0836
88	0.9430	0.0694
89	0.9536	0.0570
90	0.9628	0.0464
91	0.9704	0.0372
92	0.9768	0.0296
93	0.9820	0.0232
94	0.9863	0.0180
95	0.9897	0.0137
96	0.9924	0.0103
97	0.9944	0.0076
98	0.9961	0.0056
99	0.9972	0.0039
100	0.9981	0.0028
101	0.9988	0.0019
102	0.9992	0.0012
103	0.9995	0.0008
104	0.9997	0.0005
105	0.9998	0.0003
106	0.9999	0.0002
107	1.0000	0.0001
108	1.0000	0.0000

•m = 10, n = 8

36	0.0000	1.0000
37	0.0000	1.0000
38	0.0001	1.0000
39	0.0002	0.9999
40	0.0003	0.9998
41	0.0004	0.9997
42	0.0007	0.9996
43	0.0010	0.9993
44	0.0015	0.9990
45	0.0022	0.9985
46	0.0031	0.9978
47	0.0043	0.9969
48	0.0058	0.9957
49	0.0078	0.9942
50	0.0103	0.9922
51	0.0133	0.9897
52	0.0171	0.9867
53	0.0217	0.9829
54	0.0273	0.9783
55	0.0338	0.9727
56	0.0416	0.9662
57	0.0506	0.9584
58	0.0610	0.9494
59	0.0729	0.9390
60	0.0864	0.9271
61	0.1015	0.9136
62	0.1185	0.8985
63	0.1371	0.8815
64	0.1577	0.8629
65	0.1800	0.8423
66	0.2041	0.8200
67	0.2299	0.7959
68	0.2574	0.7701
69	0.2863	0.7426
70	0.3167	0.7137
71	0.3482	0.6833
72	0.3809	0.6518
73	0.4143	0.6191
74	0.4484	0.5857
75	0.4827	0.5516
76	0.5173	0.5173
77	0.5516	0.4827
78	0.5857	0.4484
79	0.6191	0.4143
80	0.6518	0.3809
81	0.6833	0.3482
82	0.7137	0.3167
83	0.7426	0.2863
84	0.7701	0.2574
85	0.7959	0.2299
86	0.8200	0.2041
87	0.8423	0.1800
88	0.8629	0.1577
89	0.8815	0.1371
90	0.8985	0.1185
91	0.9136	0.1015
92	0.9271	0.0864
93	0.9390	0.0729
94	0.9494	0.0610
95	0.9584	0.0506
96	0.9662	0.0416
97	0.9727	0.0338
98	0.9783	0.0273
99	0.9829	0.0217
100	0.9867	0.0171
101	0.9897	0.0133
102	0.9922	0.0103
103	0.9942	0.0078
104	0.9957	0.0058
105	0.9969	0.0043
106	0.9978	0.0031
107	0.9985	0.0022
108	0.9990	0.0015
109	0.9993	0.0010
110	0.9996	0.0007
111	0.9997	0.0004
112	0.9998	0.0003
113	0.9999	0.0002
114	1.0000	0.0001
115	1.0000	0.0000
116	1.0000	0.0000

▶ n = 9

•m = 3, n = 9

45	0.0045	1.0000
46	0.0091	0.9955
47	0.0182	0.9909
48	0.0318	0.9818
49	0.0500	0.9682
50	0.0727	0.9500
51	0.1045	0.9273
52	0.1409	0.8955
53	0.1864	0.8591
54	0.2409	0.8136
55	0.3000	0.7591
56	0.3636	0.7000
57	0.4318	0.6364
58	0.5000	0.5682
59	0.5682	0.5000
60	0.6364	0.4318

표 7. (계속)

61	0.7000	0.3636
62	0.7591	0.3000
63	0.8136	0.2409
64	0.8591	0.1864
65	0.8955	0.1409
66	0.9273	0.1045
67	0.9500	0.0727
68	0.9682	0.0500
69	0.9818	0.0318
70	0.9909	0.0182
71	0.9955	0.0091
72	1.0000	0.0045

•m = 4, n = 9

45	0.0014	1.0000
46	0.0028	0.9986
47	0.0056	0.9972
48	0.0098	0.9944
49	0.0168	0.9902
50	0.0252	0.9832
51	0.0378	0.9748
52	0.0531	0.9622
53	0.0741	0.9469
54	0.0993	0.9259
55	0.1301	0.9007
56	0.1650	0.8699
57	0.2070	0.8350
58	0.2517	0.7930
59	0.3021	0.7483
60	0.3552	0.6979
61	0.4126	0.6448
62	0.4699	0.5874
63	0.5301	0.5301
64	0.5874	0.4699
65	0.6448	0.4126
66	0.6979	0.3552
67	0.7483	0.3021
68	0.7930	0.2517
69	0.8350	0.2070
70	0.8699	0.1650
71	0.9007	0.1301
72	0.9259	0.0993
73	0.9469	0.0741
74	0.9622	0.0531
75	0.9748	0.0378
76	0.9832	0.0252
77	0.9902	0.0168
78	0.9944	0.0098
79	0.9972	0.0056
80	0.9986	0.0028
81	1.0000	0.0014

•m = 5, n = 9

45	0.0005	1.0000
46	0.0010	0.9995
47	0.0020	0.9990
48	0.0035	0.9980
49	0.0060	0.9965
50	0.0095	0.9940
51	0.0145	0.9905
52	0.0210	0.9855
53	0.0300	0.9790
54	0.0415	0.9700
55	0.0559	0.9585
56	0.0734	0.9441
57	0.0949	0.9266
58	0.1199	0.9051
59	0.1489	0.8801
60	0.1818	0.8511
61	0.2188	0.8182
62	0.2592	0.7812
63	0.3032	0.7408
64	0.3497	0.6968
65	0.3986	0.6503
66	0.4491	0.6014
67	0.5000	0.5509
68	0.5509	0.5000
69	0.6014	0.4491
70	0.6503	0.3986
71	0.6968	0.3497
72	0.7408	0.3032
73	0.7812	0.2592
74	0.8182	0.2188
75	0.8511	0.1818
76	0.8801	0.1489
77	0.9051	0.1199
78	0.9266	0.0949
79	0.9441	0.0734
80	0.9585	0.0559
81	0.9700	0.0415
82	0.9790	0.0300
83	0.9855	0.0210
84	0.9905	0.0145
85	0.9940	0.0095
86	0.9965	0.0060
87	0.9980	0.0035
88	0.9990	0.0020
89	0.9995	0.0010
90	1.0000	0.0005

•m = 6, n = 9

45	0.0002	1.0000
46	0.0004	0.9998
47	0.0008	0.9996
48	0.0014	0.9992
49	0.0024	0.9986
50	0.0038	0.9976
51	0.0060	0.9962
52	0.0088	0.9940
53	0.0128	0.9912
54	0.0180	0.9872
55	0.0248	0.9820
56	0.0332	0.9752
57	0.0440	0.9668
58	0.0567	0.9560
59	0.0723	0.9433
60	0.0905	0.9277
61	0.1119	0.9095
62	0.1361	0.8881
63	0.1638	0.8639
64	0.1942	0.8362
65	0.2280	0.8058
66	0.2643	0.7720
67	0.3035	0.7357
68	0.3445	0.6965
69	0.3878	0.6555
70	0.4320	0.6122
71	0.4773	0.5680
72	0.5227	0.5227
73	0.5680	0.4773
74	0.6122	0.4320
75	0.6555	0.3878
76	0.6965	0.3445
77	0.7357	0.3035
78	0.7720	0.2643
79	0.8058	0.2280
80	0.8362	0.1942
81	0.8639	0.1638
82	0.8881	0.1361
83	0.9095	0.1119
84	0.9277	0.0905
85	0.9433	0.0723
86	0.9560	0.0567
87	0.9668	0.0440
88	0.9752	0.0332
89	0.9820	0.0248
90	0.9872	0.0180
91	0.9912	0.0128
92	0.9940	0.0088
93	0.9962	0.0060
94	0.9976	0.0038
95	0.9986	0.0024
96	0.9992	0.0014
97	0.9996	0.0008
98	0.9998	0.0004
99	1.0000	0.0002

•m = 7, n = 9

45	0.0001	1.0000
46	0.0002	0.9999
47	0.0003	0.9998
48	0.0006	0.9997
49	0.0010	0.9994
50	0.0017	0.9990
51	0.0026	0.9983
52	0.0039	0.9974
53	0.0058	0.9961
54	0.0082	0.9942
55	0.0115	0.9918
56	0.0156	0.9885
57	0.0209	0.9844
58	0.0274	0.9791
59	0.0356	0.9726
60	0.0454	0.9644
61	0.0571	0.9546
62	0.0708	0.9429
63	0.0869	0.9292
64	0.1052	0.9131
65	0.1261	0.8948
66	0.1496	0.8739
67	0.1755	0.8504
68	0.2039	0.8245
69	0.2349	0.7961
70	0.2680	0.7651
71	0.3032	0.7320
72	0.3403	0.6968
73	0.3788	0.6597
74	0.4185	0.6212
75	0.4591	0.5815
76	0.5000	0.5409
77	0.5409	0.5000
78	0.5815	0.4591
79	0.6212	0.4185
80	0.6597	0.3788
81	0.6968	0.3403
82	0.7320	0.3032
83	0.7651	0.2680
84	0.7961	0.2349
85	0.8245	0.2039
86	0.8504	0.1755
87	0.8739	0.1496
88	0.8948	0.1261
89	0.9131	0.1052
90	0.9292	0.0869
91	0.9429	0.0708
92	0.9546	0.0571
93	0.9644	0.0454
94	0.9726	0.0356
95	0.9791	0.0274
96	0.9844	0.0209
97	0.9885	0.0156
98	0.9918	0.0115
99	0.9942	0.0082
100	0.9961	0.0058
101	0.9974	0.0039
102	0.9983	0.0026
103	0.9990	0.0017
104	0.9994	0.0010
105	0.9997	0.0006
106	0.9998	0.0003
107	0.9999	0.0002
108	1.0000	0.0001

표 7. (계속)

•m = 8, n = 9

45	0.0000	1.0000
46	0.0001	1.0000
47	0.0002	0.9999
48	0.0003	0.9998
49	0.0005	0.9997
50	0.0008	0.9995
51	0.0012	0.9992
52	0.0019	0.9988
53	0.0028	0.9981
54	0.0039	0.9972
55	0.0056	0.9961
56	0.0076	0.9944
57	0.0103	0.9924
58	0.0137	0.9897
59	0.0180	0.9863
60	0.0232	0.9820
61	0.0296	0.9768
62	0.0372	0.9704
63	0.0464	0.9628
64	0.0570	0.9536
65	0.0694	0.9430
66	0.0836	0.9306
67	0.0998	0.9164
68	0.1179	0.9002
69	0.1383	0.8821
70	0.1606	0.8617
71	0.1852	0.8394
72	0.2117	0.8148
73	0.2404	0.7883
74	0.2707	0.7596
75	0.3029	0.7293
76	0.3365	0.6971
77	0.3715	0.6635
78	0.4074	0.6285
79	0.4442	0.5926
80	0.4813	0.5558
81	0.5187	0.5187
82	0.5558	0.4813
83	0.5926	0.4442
84	0.6285	0.4074
85	0.6635	0.3715
86	0.6971	0.3365
87	0.7293	0.3029
88	0.7596	0.2707
89	0.7883	0.2404
90	0.8148	0.2117
91	0.8394	0.1852
92	0.8617	0.1606
93	0.8821	0.1383
94	0.9002	0.1179
95	0.9164	0.0998
96	0.9306	0.0836
97	0.9430	0.0694
98	0.9536	0.0570
99	0.9628	0.0464
100	0.9704	0.0372
101	0.9768	0.0296
102	0.9820	0.0232
103	0.9863	0.0180
104	0.9897	0.0137
105	0.9924	0.0103
106	0.9944	0.0076
107	0.9961	0.0056
108	0.9972	0.0039
109	0.9981	0.0028
110	0.9988	0.0019
111	0.9992	0.0012
112	0.9995	0.0008
113	0.9997	0.0005
114	0.9998	0.0003
115	0.9999	0.0002
116	1.0000	0.0001
117	1.0000	0.0000

•m = 9, n = 9

45	0.0000	1.0000
46	0.0000	1.0000
47	0.0001	1.0000
48	0.0001	0.9999
49	0.0002	0.9999
50	0.0004	0.9998
51	0.0006	0.9996
52	0.0009	0.9994
53	0.0014	0.9991
54	0.0020	0.9986
55	0.0028	0.9980
56	0.0039	0.9972
57	0.0053	0.9961
58	0.0071	0.9947
59	0.0094	0.9929
60	0.0122	0.9906
61	0.0157	0.9878
62	0.0200	0.9843
63	0.0252	0.9800
64	0.0313	0.9748
65	0.0385	0.9687
66	0.0470	0.9615
67	0.0567	0.9530
68	0.0680	0.9433
69	0.0807	0.9320
70	0.0951	0.9193
71	0.1112	0.9049
72	0.1290	0.8888
73	0.1487	0.8710
74	0.1701	0.8513
75	0.1933	0.8299
76	0.2181	0.8067
77	0.2447	0.7819
78	0.2729	0.7553
79	0.3024	0.7271
80	0.3332	0.6976
81	0.3652	0.6668
82	0.3981	0.6348
83	0.4317	0.6019
84	0.4657	0.5683
85	0.5000	0.5343
86	0.5343	0.5000
87	0.5683	0.4657
88	0.6019	0.4317
89	0.6348	0.3981
90	0.6668	0.3652
91	0.6976	0.3332
92	0.7271	0.3024
93	0.7553	0.2729
94	0.7819	0.2447
95	0.8067	0.2181
96	0.8299	0.1933
97	0.8513	0.1701
98	0.8710	0.1487
99	0.8888	0.1290
100	0.9049	0.1112
101	0.9193	0.0951
102	0.9320	0.0807
103	0.9433	0.0680
104	0.9530	0.0567
105	0.9615	0.0470
106	0.9687	0.0385
107	0.9748	0.0313
108	0.9800	0.0252
109	0.9843	0.0200
110	0.9878	0.0157
111	0.9906	0.0122
112	0.9929	0.0094
113	0.9947	0.0071
114	0.9961	0.0053
115	0.9972	0.0039
116	0.9980	0.0028
117	0.9986	0.0020
118	0.9991	0.0014
119	0.9994	0.0009
120	0.9996	0.0006
121	0.9998	0.0004
122	0.9999	0.0002
123	0.9999	0.0001
124	1.0000	0.0001
125	1.0000	0.0000
126	1.0000	0.0000

•m = 10, n = 9

45	0.0000	1.0000
46	0.0000	1.0000
47	0.0000	1.0000
48	0.0001	1.0000
49	0.0001	0.9999
50	0.0002	0.9999
51	0.0003	0.9998
52	0.0005	0.9997
53	0.0007	0.9995
54	0.0011	0.9993
55	0.0015	0.9989
56	0.0021	0.9985
57	0.0028	0.9979
58	0.0038	0.9972
59	0.0051	0.9962
60	0.0066	0.9949
61	0.0086	0.9934
62	0.0110	0.9914
63	0.0140	0.9890
64	0.0175	0.9860
65	0.0217	0.9825
66	0.0267	0.9783
67	0.0326	0.9733
68	0.0394	0.9674
69	0.0474	0.9606
70	0.0564	0.9526
71	0.0667	0.9436
72	0.0782	0.9333
73	0.0912	0.9218
74	0.1055	0.9088
75	0.1214	0.8945
76	0.1388	0.8786
77	0.1577	0.8612
78	0.1781	0.8423
79	0.2001	0.8219
80	0.2235	0.7999
81	0.2483	0.7765
82	0.2745	0.7517
83	0.3019	0.7255
84	0.3304	0.6981
85	0.3598	0.6696
86	0.3901	0.6402
87	0.4211	0.6099
88	0.4524	0.5789
89	0.4841	0.5476
90	0.5159	0.5159
91	0.5476	0.4841
92	0.5789	0.4524
93	0.6099	0.4211
94	0.6402	0.3901
95	0.6696	0.3598
96	0.6981	0.3304
97	0.7255	0.3019
98	0.7517	0.2745
99	0.7765	0.2483
100	0.7999	0.2235
101	0.8219	0.2001
102	0.8423	0.1781
103	0.8612	0.1577
104	0.8786	0.1388
105	0.8945	0.1214
106	0.9088	0.1055
107	0.9218	0.0912
108	0.9333	0.0782
109	0.9436	0.0667

표 7. (계속)

110	0.9526	0.0564
111	0.9606	0.0474
112	0.9674	0.0394
113	0.9733	0.0326
114	0.9783	0.0267
115	0.9825	0.0217
116	0.9860	0.0175
117	0.9890	0.0140
118	0.9914	0.0110
119	0.9934	0.0086
120	0.9949	0.0066
121	0.9962	0.0051
122	0.9972	0.0038
123	0.9979	0.0028
124	0.9985	0.0021
125	0.9989	0.0015
126	0.9993	0.0011
127	0.9995	0.0007
128	0.9997	0.0005
129	0.9998	0.0003
130	0.9999	0.0002
131	0.9999	0.0001
132	1.0000	0.0001
133	1.0000	0.0000
134	1.0000	0.0000
135	1.0000	0.0000

▶ n = 10

•m = 3, n = 10

55	0.0035	1.0000
56	0.0070	0.9965
57	0.0140	0.9930
58	0.0245	0.9860
59	0.0385	0.9755
60	0.0559	0.9615
61	0.0804	0.9441
62	0.1084	0.9196
63	0.1434	0.8916
64	0.1853	0.8566
65	0.2343	0.8147
66	0.2867	0.7657
67	0.3462	0.7133
68	0.4056	0.6538
69	0.4685	0.5944
70	0.5315	0.5315
71	0.5944	0.4685
72	0.6538	0.4056
73	0.7133	0.3462
74	0.7657	0.2867
75	0.8147	0.2343
76	0.8566	0.1853
77	0.8916	0.1434
78	0.9196	0.1084
79	0.9441	0.0804
80	0.9615	0.0559
81	0.9755	0.0385
82	0.9860	0.0245
83	0.9930	0.0140
84	0.9965	0.0070
85	1.0000	0.0035

•m = 4, n = 10

55	0.0010	1.0000
56	0.0020	0.9990
57	0.0040	0.9980
58	0.0070	0.9960
59	0.0120	0.9930
60	0.0180	0.9880
61	0.0270	0.9820
62	0.0380	0.9730
63	0.0529	0.9620
64	0.0709	0.9471
65	0.0939	0.9291
66	0.1199	0.9061
67	0.1518	0.8801
68	0.1868	0.8482
69	0.2268	0.8132
70	0.2697	0.7732
71	0.3177	0.7303
72	0.3666	0.6823
73	0.4196	0.6334
74	0.4725	0.5804
75	0.5275	0.5275
76	0.5804	0.4725
77	0.6334	0.4196
78	0.6823	0.3666
79	0.7303	0.3177
80	0.7732	0.2697
81	0.8132	0.2268
82	0.8482	0.1868
83	0.8801	0.1518
84	0.9061	0.1199
85	0.9291	0.0939
86	0.9471	0.0709
87	0.9620	0.0529
88	0.9730	0.0380
89	0.9820	0.0270
90	0.9880	0.0180
91	0.9930	0.0120
92	0.9960	0.0070
93	0.9980	0.0040
94	0.9990	0.0020
95	1.0000	0.0010

•m = 5, n = 10

55	0.0003	1.0000
56	0.0007	0.9997
57	0.0013	0.9993
58	0.0023	0.9987
59	0.0040	0.9977
60	0.0063	0.9960
61	0.0097	0.9937
62	0.0140	0.9903
63	0.0200	0.9860
64	0.0276	0.9800
65	0.0376	0.9724
66	0.0496	0.9624
67	0.0646	0.9504
68	0.0823	0.9354
69	0.1032	0.9177
70	0.1272	0.8968
71	0.1548	0.8728
72	0.1855	0.8452
73	0.2198	0.8145
74	0.2567	0.7802
75	0.2970	0.7433
76	0.3393	0.7030
77	0.3839	0.6607
78	0.4296	0.6161
79	0.4765	0.5704
80	0.5235	0.5235
81	0.5704	0.4765
82	0.6161	0.4296
83	0.6607	0.3839
84	0.7030	0.3393
85	0.7433	0.2970
86	0.7802	0.2567
87	0.8145	0.2198
88	0.8452	0.1855
89	0.8728	0.1548
90	0.8968	0.1272
91	0.9177	0.1032
92	0.9354	0.0823
93	0.9504	0.0646
94	0.9624	0.0496
95	0.9724	0.0376
96	0.9800	0.0276
97	0.9860	0.0200
98	0.9903	0.0140
99	0.9937	0.0097
100	0.9960	0.0063
101	0.9977	0.0040
102	0.9987	0.0023
103	0.9993	0.0013
104	0.9997	0.0007
105	1.0000	0.0003

•m = 6, n = 10

55	0.0001	1.0000
56	0.0002	0.9999
57	0.0005	0.9998
58	0.0009	0.9995
59	0.0015	0.9991
60	0.0024	0.9985
61	0.0037	0.9976
62	0.0055	0.9963
63	0.0080	0.9945
64	0.0112	0.9920
65	0.0156	0.9888
66	0.0210	0.9844
67	0.0280	0.9790
68	0.0363	0.9720
69	0.0467	0.9637
70	0.0589	0.9533
71	0.0736	0.9411
72	0.0903	0.9264
73	0.1099	0.9097
74	0.1317	0.8901
75	0.1566	0.8683
76	0.1838	0.8434
77	0.2139	0.8162
78	0.2461	0.7861
79	0.2811	0.7539
80	0.3177	0.7189
81	0.3564	0.6823
82	0.3962	0.6436
83	0.4374	0.6038
84	0.4789	0.5626
85	0.5211	0.5211
86	0.5626	0.4789
87	0.6038	0.4374
88	0.6436	0.3962
89	0.6823	0.3564
90	0.7189	0.3177
91	0.7539	0.2811
92	0.7861	0.2461
93	0.8162	0.2139
94	0.8434	0.1838
95	0.8683	0.1566
96	0.8901	0.1317
97	0.9097	0.1099
98	0.9264	0.0903
99	0.9411	0.0736
100	0.9533	0.0589
101	0.9637	0.0467
102	0.9720	0.0363
103	0.9790	0.0280
104	0.9844	0.0210
105	0.9888	0.0156
106	0.9920	0.0112
107	0.9945	0.0080
108	0.9963	0.0055
109	0.9976	0.0037
110	0.9985	0.0024
111	0.9991	0.0015
112	0.9995	0.0009
113	0.9998	0.0005
114	0.9999	0.0002
115	1.0000	0.0001

•m = 7, n = 10

55	0.0001	1.0000

표 7. (계속)

56	0.0001	0.9999
57	0.0002	0.9999
58	0.0004	0.9998
59	0.0006	0.9996
60	0.0010	0.9994
61	0.0015	0.9990
62	0.0023	0.9985
63	0.0034	0.9977
64	0.0048	0.9966
65	0.0068	0.9952
66	0.0093	0.9932
67	0.0125	0.9907
68	0.0165	0.9875
69	0.0215	0.9835
70	0.0277	0.9785
71	0.0351	0.9723
72	0.0439	0.9649
73	0.0544	0.9561
74	0.0665	0.9456
75	0.0806	0.9335
76	0.0966	0.9194
77	0.1148	0.9034
78	0.1349	0.8852
79	0.1574	0.8651
80	0.1819	0.8426
81	0.2087	0.8181
82	0.2374	0.7913
83	0.2681	0.7626
84	0.3004	0.7319
85	0.3345	0.6996
86	0.3698	0.6655
87	0.4063	0.6302
88	0.4434	0.5937
89	0.4811	0.5566
90	0.5189	0.5189
91	0.5566	0.4811
92	0.5937	0.4434
93	0.6302	0.4063
94	0.6655	0.3698
95	0.6996	0.3345
96	0.7319	0.3004
97	0.7626	0.2681
98	0.7913	0.2374
99	0.8181	0.2087
100	0.8426	0.1819
101	0.8651	0.1574
102	0.8852	0.1349
103	0.9034	0.1148
104	0.9194	0.0966
105	0.9335	0.0806
106	0.9456	0.0665
107	0.9561	0.0544
108	0.9649	0.0439
109	0.9723	0.0351
110	0.9785	0.0277
111	0.9835	0.0215
112	0.9875	0.0165
113	0.9907	0.0125
114	0.9932	0.0093
115	0.9952	0.0068
116	0.9966	0.0048
117	0.9977	0.0034
118	0.9985	0.0023
119	0.9990	0.0015
120	0.9994	0.0010
121	0.9996	0.0006
122	0.9998	0.0004
123	0.9999	0.0002
124	0.9999	0.0001
125	1.0000	0.0001

•m = 8, n = 10

55	0.0000	1.0000
56	0.0000	1.0000
57	0.0001	1.0000
58	0.0002	0.9999
59	0.0003	0.9998
60	0.0004	0.9997
61	0.0007	0.9996
62	0.0010	0.9993
63	0.0015	0.9990
64	0.0022	0.9985
65	0.0031	0.9978
66	0.0043	0.9969
67	0.0058	0.9957
68	0.0078	0.9942
69	0.0103	0.9922
70	0.0133	0.9897
71	0.0171	0.9867
72	0.0217	0.9829
73	0.0273	0.9783
74	0.0338	0.9727
75	0.0416	0.9662
76	0.0506	0.9584
77	0.0610	0.9494
78	0.0729	0.9390
79	0.0864	0.9271
80	0.1015	0.9136
81	0.1185	0.8985
82	0.1371	0.8815
83	0.1577	0.8629
84	0.1800	0.8423
85	0.2041	0.8200
86	0.2299	0.7959
87	0.2574	0.7701
88	0.2863	0.7426
89	0.3167	0.7137
90	0.3482	0.6833
91	0.3809	0.6518
92	0.4143	0.6191
93	0.4484	0.5857
94	0.4827	0.5516
95	0.5173	0.5173
96	0.5516	0.4827
97	0.5857	0.4484
98	0.6191	0.4143
99	0.6518	0.3809
100	0.6833	0.3482
101	0.7137	0.3167
102	0.7426	0.2863
103	0.7701	0.2574
104	0.7959	0.2299
105	0.8200	0.2041
106	0.8423	0.1800
107	0.8629	0.1577
108	0.8815	0.1371
109	0.8985	0.1185
110	0.9136	0.1015
111	0.9271	0.0864
112	0.9390	0.0729
113	0.9494	0.0610
114	0.9584	0.0506
115	0.9662	0.0416
116	0.9727	0.0338
117	0.9783	0.0273
118	0.9829	0.0217
119	0.9867	0.0171
120	0.9897	0.0133
121	0.9922	0.0103
122	0.9942	0.0078
123	0.9957	0.0058
124	0.9969	0.0043
125	0.9978	0.0031
126	0.9985	0.0022
127	0.9990	0.0015
128	0.9993	0.0010
129	0.9996	0.0007
130	0.9997	0.0004
131	0.9998	0.0003
132	0.9999	0.0002
133	1.0000	0.0001
134	1.0000	0.0000
135	1.0000	0.0000

•m = 9, n = 10

55	0.0000	1.0000
56	0.0000	1.0000
57	0.0000	1.0000
58	0.0001	1.0000
59	0.0001	0.9999
60	0.0002	0.9999
61	0.0003	0.9998
62	0.0005	0.9997
63	0.0007	0.9995
64	0.0011	0.9993
65	0.0015	0.9989
66	0.0021	0.9985
67	0.0028	0.9979
68	0.0038	0.9972
69	0.0051	0.9962
70	0.0066	0.9949
71	0.0086	0.9934
72	0.0110	0.9914
73	0.0140	0.9890
74	0.0175	0.9860
75	0.0217	0.9825
76	0.0267	0.9783
77	0.0326	0.9733
78	0.0394	0.9674
79	0.0474	0.9606
80	0.0564	0.9526
81	0.0667	0.9436
82	0.0782	0.9333
83	0.0912	0.9218
84	0.1055	0.9088
85	0.1214	0.8945
86	0.1388	0.8786
87	0.1577	0.8612
88	0.1781	0.8423
89	0.2001	0.8219
90	0.2235	0.7999
91	0.2483	0.7765
92	0.2745	0.7517
93	0.3019	0.7255
94	0.3304	0.6981
95	0.3598	0.6696
96	0.3901	0.6402
97	0.4211	0.6099
98	0.4524	0.5789
99	0.4841	0.5476
100	0.5159	0.5159
101	0.5476	0.4841
102	0.5789	0.4524
103	0.6099	0.4211
104	0.6402	0.3901
105	0.6696	0.3598
106	0.6981	0.3304
107	0.7255	0.3019
108	0.7517	0.2745
109	0.7765	0.2483
110	0.7999	0.2235
111	0.8219	0.2001
112	0.8423	0.1781
113	0.8612	0.1577
114	0.8786	0.1388
115	0.8945	0.1214
116	0.9088	0.1055
117	0.9218	0.0912
118	0.9333	0.0782
119	0.9436	0.0667
120	0.9526	0.0564
121	0.9606	0.0474
122	0.9674	0.0394
123	0.9733	0.0326
124	0.9783	0.0267
125	0.9825	0.0217

표 7. (계속)

126	0.9860	0.0175
127	0.9890	0.0140
128	0.9914	0.0110
129	0.9934	0.0086
130	0.9949	0.0066
131	0.9962	0.0051
132	0.9972	0.0038
133	0.9979	0.0028
134	0.9985	0.0021
135	0.9989	0.0015
136	0.9993	0.0011
137	0.9995	0.0007
138	0.9997	0.0005
139	0.9998	0.0003
140	0.9999	0.0002
141	0.9999	0.0001
142	1.0000	0.0001
143	1.0000	0.0000
144	1.0000	0.0000
145	1.0000	0.0000

•m = 10, n = 10

55	0.0000	1.0000
56	0.0000	1.0000
57	0.0000	1.0000
58	0.0000	1.0000
59	0.0001	1.0000
60	0.0001	0.9999
61	0.0002	0.9999
62	0.0002	0.9998
63	0.0004	0.9998
64	0.0005	0.9996
65	0.0008	0.9995
66	0.0010	0.9992
67	0.0014	0.9990
68	0.0019	0.9986
69	0.0026	0.9981
70	0.0034	0.9974
71	0.0045	0.9966
72	0.0057	0.9955
73	0.0073	0.9943
74	0.0093	0.9927
75	0.0116	0.9907
76	0.0144	0.9884
77	0.0177	0.9856
78	0.0216	0.9823
79	0.0262	0.9784
80	0.0315	0.9738
81	0.0376	0.9685
82	0.0446	0.9624
83	0.0526	0.9554
84	0.0615	0.9474
85	0.0716	0.9385
86	0.0827	0.9284
87	0.0952	0.9173
88	0.1088	0.9048
89	0.1237	0.8912
90	0.1399	0.8763
91	0.1575	0.8601
92	0.1763	0.8425
93	0.1965	0.8237
94	0.2179	0.8035
95	0.2406	0.7821
96	0.2644	0.7594
97	0.2894	0.7356
98	0.3153	0.7106
99	0.3421	0.6847
100	0.3697	0.6579
101	0.3980	0.6303
102	0.4267	0.6020
103	0.4559	0.5733
104	0.4853	0.5441
105	0.5147	0.5147
106	0.5441	0.4853
107	0.5733	0.4559
108	0.6020	0.4267
109	0.6303	0.3980
110	0.6579	0.3697
111	0.6847	0.3421
112	0.7106	0.3153
113	0.7356	0.2894
114	0.7594	0.2644
115	0.7821	0.2406
116	0.8035	0.2179
117	0.8237	0.1965
118	0.8425	0.1763
119	0.8601	0.1575
120	0.8763	0.1399
121	0.8912	0.1237
122	0.9048	0.1088
123	0.9173	0.0952
124	0.9284	0.0827
125	0.9385	0.0716
126	0.9474	0.0615
127	0.9554	0.0526
128	0.9624	0.0446
129	0.9685	0.0376
130	0.9738	0.0315
131	0.9784	0.0262
132	0.9823	0.0216
133	0.9856	0.0177
134	0.9884	0.0144
135	0.9907	0.0116
136	0.9927	0.0093
137	0.9943	0.0073
138	0.9955	0.0057
139	0.9966	0.0045
140	0.9974	0.0034
141	0.9981	0.0026
142	0.9986	0.0019
143	0.9990	0.0014
144	0.9992	0.0010
145	0.9995	0.0008
146	0.9996	0.0005
147	0.9998	0.0004
148	0.9998	0.0002
149	0.9999	0.0002
150	0.9999	0.0001
151	1.0000	0.0001
152	1.0000	0.0000
153	1.0000	0.0000
154	1.0000	0.0000
155	1.0000	0.0000

표 8. 앤서리-브래들리 통계량(T_{AB}) 분포표 : $P_0\{T_{AB} \geq x\}$

$P_0 \ \{T_{AB} \geq x\} = \alpha$ 이면 $t_{AB}(\alpha, m, n) = x$, $P_0(T_{AB} \leq x) = 1 - P_0(T_{AB} \geq x+1)$

$m = 2$

x	$n=2$	$n=3$	$n=4$	$n=5$	$n=6$	$n=7$	$n=8$	$n=9$	$n=10$
2	1.0000	1.0000	1.0000	1.0000	1.0000	1.0000	1.0000	1.0000	1.0000
3	.8333	.9000	.9333	.9524	.9643	.9722	.9778	.9818	.9848
4	.1667	.5000	.6667	.7619	.8214	.8611	.8889	.9091	.9242
5		.2000	.3333	.5238	.6429	.7222	.7778	.8182	.8485
6			.0667	.2381	.3571	.5000	.6000	.6727	.7273
7				.0952	.1786	.3056	.4000	.5091	.5909
8					.3057	.1389	.2222	.3273	.4091
9						.0556	.1111	.2000	.2727
10							.2222	.0909	.1515
11								.0364	.0758
12									.0152

$m = 2$

x	$n=11$	$n=12$	$n=13$	$n=14$	$n=15$	$n=16$	$n=17$	$n=18$
2	1.0000	1.0000	1.0000	1.0000	1.0000	1.0000	1.0000	1.0000
3	.9872	.9890	.9905	.9917	.9926	.9935	.9942	.9947
4	.9359	.9451	.9524	.9583	.9632	.9673	.9708	.9737
5	.8718	.8901	.9048	.9167	.9265	.9346	.9415	.9474
6	.7692	.8022	.8286	.8500	.8676	.8824	.8947	.9053
7	.6538	.7033	.7429	.7750	.8015	.8235	.8421	.8579
8	.5000	.5714	.6286	.6750	.7132	.7451	.7719	.7947
9	.3590	.4286	.5048	.5667	.6176	.6601	.6959	.7263
10	.2308	.2967	.3714	.4333	.5000	.5556	.6023	.6421
11	.1410	.1978	.2667	.3250	.3897	.4444	.5029	.5526
12	.0641	.1099	.1714	.2250	.2868	.3399	.3977	.4474
13	.0256	.0549	.1048	.1500	.2059	.2549	.3099	.3579
14		.0110	.0476	.0833	.1324	.1765	.2281	.2737
15			.0190	.0417	.0809	.1176	.1637	.2053
16				.0083	.0368	.0654	.1053	.1421
17					.0147	.0327	.0643	.0947
18						.0065	.0292	.0526
19							.0117	.0263
20								.0053

표 8. (계속)

$m=3$

x	$n=3$	$n=4$	$n=5$	$n=6$	$n=7$	$n=8$	$n=9$	$n=10$	$n=11$
4	1.0000	1.0000	1.0000	1.0000	1.0000	1.0000	1.0000	1.0000	1.0000
5	.9000	.9429	.9643	.9762	.9833	.9879	.9909	.9930	.9945
6	.7000	.8286	.8929	.9286	.9500	.9636	.9727	.9790	.9835
7	.3000	.5714	.7143	.8095	.8667	.9030	.9273	.9441	.9560
8	.1000	.3429	.5000	.6548	.7500	.8182	.8636	.8951	.9176
9		.1429	.2857	.4643	.5833	.6909	.7636	.8182	.8571
10		.0286	.1071	.2857	.4167	.5455	.6364	.7168	.7747
11			.0357	.1429	.2500	.3939	.5000	.5979	.6703
12				.0595	.1333	.2606	.3636	.4755	.5604
13				.0119	.0500	.1455	.2364	.3497	.4396
14					.0167	.0727	.1364	.2413	.3297
15						.0303	.0727	.1503	.2253
16						.0061	.0273	.0839	.1429
17							.0091	.0420	.0824
18								.0175	.0440
19								.0035	.0165
20									.0055

표 8. (계속)

$m=3$

x	$n=12$	$n=13$	$n=14$	$n=15$	$n=16$	$n=17$
4	1.0000	1.0000	1.0000	1.0000	1.0000	1.0000
5	.9956	.9964	.9971	.9975	.9979	.9982
6	.9868	.9893	.9912	.9926	.9938	.9947
7	.9648	.9714	.9765	.9804	.9835	.9860
8	.9341	.9464	.9559	.9632	.9690	.9737
9	.8857	.9071	.9235	.9363	.9463	.9544
10	.8198	.8536	.8794	.8995	.9154	.9281
11	.7341	.7821	.8206	.8505	.8741	.8930
12	.6374	.6964	.7485	.7892	.8225	.8491
13	.5297	.6000	.6632	.7132	.7575	.7930
14	.4242	.5000	.5735	.6324	.6852	.7281
15	.3209	.4000	.4794	.5441	.6058	.6561
16	.2286	.3036	.3868	.4559	.5232	.5789
17	.1516	.2179	.2985	.3676	.4396	.5000
18	.0945	.1464	.2206	.2868	.3591	.4211
19	.0527	.0929	.1529	.2108	.2817	.3439
20	.0264	.0536	.1015	.1495	.2136	.2719
21	.0110	.0286	.0632	.1005	.1548	.2070
22	.0022	.0107	.0353	.0637	.1073	.1509
23		.0036	.0176	.0368	.0712	.1070
24			.0074	.0196	.0444	.0719
25			.0015	.0074	.0248	.0456
26				.0025	.0124	.0263
27					.0052	.0140
28					.0010	.0053
29						.0018

표 8. (계속)

$m=4$

x	$n=4$	$n=5$	$n=6$	$n=7$	$n=8$	$n=9$	$n=10$	$n=11$	$n=12$
6	1.0000	1.0000	1.0000	1.0000	1.0000	1.0000	1.0000	1.0000	1.0000
7	.9857	.9921	.9952	.9970	.9980	.9986	.9990	.9993	.9995
8	.9286	.9603	.9762	.9848	.9899	.9930	.9950	.9963	.9973
9	.8000	.8889	.9333	.9576	.9717	.9804	.9860	.9897	.9923
10	.6286	.7778	.8571	.9091	.9394	.9580	.9700	.9780	.9835
11	.3714	.6032	.7333	.8242	.8788	.9161	.9401	.9560	.9670
12	.2000	.4286	.5810	.7152	.7980	.8573	.8961	.9238	.9429
13	.0714	.2619	.4190	.5818	.6889	.7762	.8342	.8769	.9066
14	.0143	.1349	.2667	.4424	.5677	.6783	.7542	.8154	.8582
15		.0476	.1429	.3030	.4323	.5650	.6593	.7385	.7951
16		.0159	.0667	.1939	.3111	.4503	.5554	.6520	.7225
17			.0238	.1061	.2020	.3357	.4446	.5546	.6374
18			.0048	.0515	.1212	.2378	.3407	.4564	.5473
19				.0182	.0606	.1538	.2458	.3590	.4527
20				.0061	.0283	.0923	.1658	.2711	.3626
21					.0101	.0490	.1039	.1934	.2775
22					.0020	.0238	.0599	.1319	.2049
23						.0084	.0300	.0821	.1418
24						.0028	.0140	.0484	.0934
25							.0050	.0256	.0571
26							.0010	.0125	.0330
27								.0044	.0165
28								.0015	.0077
29									.0027
30									.0005

표 8. (계속)

$m = 4$

x	$n=13$	$n=14$	$n=15$	$n=16$
6	1.0000	1.0000	1.0000	1.0000
7	.9996	.9997	.9997	.9998
8	.9979	.9984	.9987	.9990
9	.9941	.9954	.9964	.9971
10	.9874	.9902	.9923	.9938
11	.9748	.9804	.9845	.9876
12	.9563	.9660	.9732	.9785
13	.9286	.9444	.9561	.9649
14	.8908	.9144	.9324	.9459
15	.8408	.8742	.9002	.9197
16	.7811	.8245	.8599	.8867
17	.7101	.7647	.8101	.8448
18	.6319	.6967	.7528	.7961
19	.5471	.6209	.6873	.7391
20	.4613	.5412	.6166	.6764
21	.3761	.4588	.5413	.6078
22	.2979	.3791	.4654	.5368
23	.2261	.3033	.3896	.4632
24	.1655	.2353	.3189	.3922
25	.1151	.1755	.2531	.3236
26	.0765	.1258	.1953	.2609
27	.0471	.0856	.1450	.2039
28	.0277	.0556	.1042	.1552
29	.0147	.0340	.0712	.1133
30	.0071	.0196	.0470	.0803
31	.0025	.0098	.0289	.0541
32	.0008	.0046	.0170	.0351
33		.0016	.0090	.0215
34		.0003	.0044	.0124
35			.0015	.0062
36			.0005	.0029
37				.0010
38				.0002

표 8. (계속)

$m=5$

x	$n=5$	$n=6$	$n=7$	$n=8$	$n=9$	$n=10$	$n=11$
9	1.0000	1.0000	1.0000	1.0000	1.0000	1.0000	1.0000
10	.9921	.9957	.9975	.9984	.9990	.9993	.9995
11	.9762	.9870	.9924	.9953	.9970	.9980	.9986
12	.9286	.9610	.9773	.9860	.9910	.9940	.9959
13	.8492	.9156	.9495	.9689	.9800	.9867	.9908
14	.7302	.8420	.9015	.9386	.9600	.9734	.9817
15	.5873	.7446	.8333	.8936	.9291	.9524	.9670
16	.4127	.6147	.7374	.8275	.8821	.9197	.9437
17	.2698	.4805	.6237	.7451	.8212	.8761	.9116
18	.1508	.3463	.5000	.6457	.7423	.8182	.8681
19	.0714	.2294	.3763	.5385	.6523	.7483	.8132
20	.0238	.1342	.2626	.4266	.5514	.6663	.7468
21	.0079	.0693	.1667	.3209	.4486	.5771	.6708
22		.0303	.0985	.2269	.3477	.4832	.5870
23		.0108	.0505	.1507	.2577	.3916	.5000
24		.0022	.0227	.0917	.1788	.3044	.4130
25			.0076	.0513	.1179	.2268	.3292
26			.0025	.0249	.0709	.1608	.2532
27				.0109	.0400	.1086	.1868
28				.0039	.0200	.0686	.1319
29				.0008	.0090	.0406	.0884
30					.0030	.0220	.0563
31					.0010	.0107	.0330
32						.0047	.0183
33						.0017	.0092
34						.0003	.0041
35							.0014
36							.0005
37							
38							
39							

표 8. (계속)

$m=5$

x	$n=12$	$n=13$	$n=14$	$n=15$
9	1.0000	1.0000	1.0000	1.0000
10	.9997	.9998	.9998	.9999
11	.9990	.9993	.9995	.9996
12	.9971	.9979	.9985	.9988
13	.9935	.9953	.9966	.9974
14	.9871	.9907	.9931	.9948
15	.9767	.9832	.9876	.9907
16	.9601	.9711	.9787	.9840
17	.9368	.9538	.9659	.9743
18	.9047	.9295	.9476	.9604
19	.8633	.8978	.9235	.9417
20	.8116	.8569	.8920	.9171
21	.7508	.8079	.8533	.8861
22	.6810	.7498	.8067	.8483
23	.6054	.6846	.7530	.8038
24	.5254	.6130	.6923	.7523
25	.4449	.5383	.6267	.6950
26	.3662	.4617	.5572	.6329
27	.2928	.3870	.4864	.5673
28	.2262	.3154	.4157	.5000
29	.1690	.2502	.3478	.4327
30	.1214	.1921	.2840	.3671
31	.0835	.1431	.2262	.3050
32	.0546	.1022	.1751	.2477
33	.0339	.0705	.1318	.1962
34	.0197	.0462	.0960	.1517
35	.0107	.0289	.0675	.1139
36	.0052	.0168	.0455	.0829
37	.0023	.0093	.0294	.0583
38	.0008	.0047	.0181	.0396
39	.0002	.0021	.0105	.0257
40		.0007	.0057	.0160
41		.0002	.0028	.0093
42			.0012	.0052
43			.0004	.0026
44			0001	.0012
45				.0004
46				.0001

표 8. (계속)

$m=6$

x	$n=6$	$n=7$	$n=8$	$n=9$	$n=10$	$n=11$	$n=12$	$n=13$	$n=14$
12	1.0000	1.0000	1.0000	1.0000	1.0000	1.0000	1.0000	1.0000	1.0000
13	.9989	.9994	.9997	.9998	.9999	.9999	.9999	1.0000	1.0000
14	.9946	.9971	.9983	.9990	.9994	.9996	.9997	.9998	.9999
15	.9848	.9918	.9953	.9972	.9983	.9989	.9992	.9995	.9996
16	.9632	.9802	.9887	.9932	.9958	.9973	.9982	.9987	.9991
17	.9264	.9592	.9760	.9856	.9910	.9942	.9961	.9973	.9981
18	.8658	.9242	.9547	.9724	.9825	.9887	.9925	.9948	.9964
19	.7846	.8735	.9217	.9518	.9692	.9799	.9865	.9907	.9935
20	.6807	.8048	.8751	.9215	.9487	.9663	.9772	.9843	.9890
21	.5649	.7203	.8139	.8803	.9202	.9469	.9636	.9749	.9823
22	.4351	.6189	.7366	.8260	.8812	.9199	.9445	.9613	.9725
23	.3193	.5122	.6474	.7600	.8322	.8849	.9190	.9431	.9591
24	.2154	.4038	.5501	.6829	.7717	.8407	.8860	.9191	.9413
25	.1342	.3030	.4499	.5984	.7025	.7877	.8451	.8887	.9184
26	.0736	.2133	.3526	.5085	.6246	.7259	.7962	.8514	.8896
27	.0368	.1410	.2634	.4190	.5425	.6574	.7398	.8074	.8549
28	.0152	.0851	.1861	.3323	.4575	.5831	.6765	.7564	.8138
29	.0054	.0484	.1249	.2543	.3754	.5065	.6082	.6996	.7668
30	.0011	.0239	.0783	.1860	.2975	.4292	.5364	.6376	.7139
31		.0105	.0453	.1303	.2283	.3549	.4636	.5723	.6566
32		.0035	.0240	.0859	.1678	.2851	.3918	.5049	.5954
33		.0012	.0113	.0539	.1188	.2226	.3235	.4376	.5322
34			.0047	.0312	.0798	.1678	.2602	.3716	.4678
35			.0017	.0170	.0513	.1226	.2038	.3094	.4046
36			.0003	.0082	.0308	.0859	.1549	.2518	.3434
37				.0036	.0175	.0579	.1140	.2002	.2861
38				.0012	.0090	.0370	.0810	.1550	.2332
39				.0004	.0042	.0226	.0555	.1170	.1862
40					.0017	.0128	.0364	.0855	.1451
41					.0006	.0069	.0228	.0608	.1104
42					.0001	.0033	.0135	.0415	.0816
43						.0015	.0075	.0274	.0587
44						.0005	.0039	.0172	.0409
45						.0002	.0018	.0104	.0275
46							.0008	.0058	.0177
47							.0003	.0031	.0110
48							.0001	.0015	.0065

표 8. (계속)

$m = 6$

x	$n=6$	$n=7$	$n=8$	$n=9$	$n=10$	$n=11$	$n=12$	$n=13$	$n=14$
49								.0007	.0036
50								.0002	.0019
51								.0001	.0009
52									.0004
53									.0001
54									.0000

$m = 7$

x	$n=7$	$n=8$	$n=9$	$n=10$	$n=11$	$n=12$	$n=13$
16	1.0000	1.0000	1.0000	1.0000	1.0000	1.0000	1.0000
17	.9994	.9997	.9998	.9999	1.0000	1.0000	1.0000
18	.9983	.9991	.9995	.9997	.9998	.9999	.9999
19	.9948	.9972	.9984	.9991	.9994	.9996	.9998
20	.9878	.9935	.9963	.9978	.9987	.9992	.9995
21	.9744	.9862	.9921	.9954	.9972	.9982	.9988
22	.9534	.9744	.9851	.9912	.9946	.9966	.9978
23	.9196	.9549	.9734	.9841	.9901	.9937	.9959
24	.8730	.9270	.9559	.9734	.9833	.9893	.9930
25	.8106	.8878	.9306	.9574	.9729	.9826	.9885
26	.7348	.8375	.8965	.9354	.9583	.9730	.9820
27	.6463	.7748	.8523	.9059	.9381	.9595	.9727
28	.5507	.7021	.7981	.8685	.9118	.9415	.9602
29	.4493	.6194	.7336	.8221	.8782	.9181	.9435
30	.3537	.5324	.6608	.7676	.8374	.8889	.9223
31	.2652	.4435	.5820	.7052	.7887	.8532	.8958
32	.1894	.3577	.5000	.6368	.7333	.8111	.8637
33	.1270	.2777	.4180	.5637	.6714	.7626	.8258
34	.0804	.2075	.3392	.4888	.6050	.7085	.7822
35	.0466	.1478	.2664	.4139	.5353	.6494	.7332
36	.0256	.1005	.2019	.3421	.4647	.5869	.6795
37	.0122	.0648	.1477	.2753	.3950	.5220	.6219
38	.0052	.0393	.1035	.2154	.3286	.4568	.5616
39	.0017	.0221	.0694	.1633	.2667	.3925	.5000
40	.0006	.0115	.0441	.1199	.2113	.3311	.4384
41		.0053	.0266	.0847	.1626	.2735	.3781
42		.0022	.0149	.0576	.1218	.2213	.3205

표 8. (계속)

$m = 7$

x	$n=7$	$n=8$	$n=9$	$n=10$	$n=11$	$n=12$	$n=13$
43		.0008	.0079	.0375	.0882	.1749	.2668
44		.0002	.0037	.0233	.0619	.1350	.2178
45			.0016	.0136	.0417	.1014	.1742
46			.0005	.0075	.0271	.0742	.1363
47			.0002	.0038	.0167	.0526	.1042
48				.0017	.0099	.0361	.0777
49				.0007	.0054	.0239	.0565
50				.0003	.0028	.0152	.0398
51				.0001	.0013	.0092	.0273
52					.0006	.0053	.0180
53					.0002	.0029	.0115
54					.0001	.0015	.0070
55						.0007	.0041
56						.0003	.0022
57						.0001	.0012
58						.0000	.0005
59							.0002
60							.0001
61							.0000

$m = 8$

x	$n=8$	$n=9$	$n=10$	$n=11$	$n=12$
20	1.0000	1.0000	1.0000	1.0000	1.0000
21	.9999	1.0000	1.0000	1.0000	1.0000
22	.9996	.9998	.9999	.9999	1.0000
23	.9989	.9994	.9997	.9998	.9999
24	.9974	.9986	.9992	.9996	.9997
25	.9941	.9938	.9983	.9990	.9994
26	.9885	.9886	.9965	.9980	.9988
27	.9789	.9804	.9935	.9962	.9977
28	.9643	.9680	.9887	.9934	.9960
29	.9428	.9504	.9813	.9889	.9932
30	.9133	.9262	.9704	.9823	.9890
31	.8737	.8947	.9551	.9728	.9830
32	.8246	.8549	.9344	.9598	.9745
33	.7650	.8069	.9075	.9423	.9629

표 8. (계속)

$m = 8$

x	$n=8$	$n=9$	$n=10$	$n=11$	$n=12$
34	.6970	.8069	.8738	.9199	.9477
35	.6212	.7508	.8328	.8918	.9281
36	.5413	.6877	.7847	.8578	.9038
37	.4587	.6184	.7296	.8174	.8742
38	.3788	.5457	.6686	.7710	.8392
39	.3030	.4714	.6031	.7189	.7986
40	.2350	.3983	.5347	.6621	.7528
41	.1754	.3281	.4653	.6015	.7022
42	.1263	.2636	.3969	.5386	.6476
43	.0867	.2055	.3314	.4746	.5898
44	.0572	.1557	.2704	.4113	.5302
45	.0357	.1139	.2153	.3500	.4698
46	.0211	.0807	.1672	.2925	.4102
47	.0115	.0548	.1262	.2394	.3524
48	.0059	.0358	.0925	.1919	.2978
49	.0026	.0221	.0656	.1503	.2472
50	.0011	.0131	.0449	.1150	.2014
51	.0004	.0072	.0296	.0856	.1608
52	.0001	.0037	.0187	.0621	.1258
53		.0017	.0113	.0437	.0962
54		.0007	.0065	.0298	.0719
55		.0002	.0035	.0196	.0523
56		.0001	.0017	.0124	.0371
57			.0008	.0075	.0255
58			.0003	.0043	.0170
59			.0001	.0023	.0110
60			.0000	.0012	.0068
61				.0006	.0040
62				.0002	.0023
63				.0001	.0012
64				.0000	.0006
65					.0003
66					.0001
67					.0000
68					.0000

표 8. (계속)

$m=9$			
x	$n=9$	$n=10$	$n=11$
25	1.0000	1.0000	1.0000
26	1.0000	1.0000	1.0000
27	.9999	.9999	1.0000
28	.9996	.9998	.9999
29	.9991	.9995	.9997
30	.9981	.9990	.9995
31	.9963	.9980	.9989
32	.9932	.9964	.9980
33	.9882	.9937	.9964
34	.9805	.9894	.9940
35	.9695	.9831	.9903
36	.9540	.9741	.9849
37	.9332	.9618	.9773
38	.9062	.9453	.9669
39	.8724	.9240	.9532
40	.8313	.8972	.9355
41	.7833	.8646	.9133
42	.7283	.8259	.8862
43	.6677	.7813	.8538
44	.6025	.7310	.8160
45	.5346	.6759	.7731
46	.4654	.6166	.7251
47	.3975	.5548	.6729
48	.3323	.4916	.6173
49	.2717	.4287	.5593

$m=9$			
x	$n=9$	$n=10$	$n=11$
50	.2167	.3673	.5000
51	.1687	.3092	.4407
52	.1276	.2552	.3827
53	.0938	.2064	.3271
54	.0668	.1632	.2749
55	.0460	.1262	.2269
56	.0305	.0952	.1840
57	.0195	.0700	.1462
58	.0118	.0500	.1138
59	.0068	.0347	.0867
60	.0037	.0232	.0645
61	.0019	.0150	.0468
62	.0009	.0093	.0331
63	.0004	.0056	.0227
64	.0001	.0031	.0151
65	.0000	.0017	.0097
66		.0008	.0060
67		.0004	.0036
68		.0002	.0020
69		.0001	.0011
70		.0000	.0005
71			.0003
72			.0001
73			.0000
74			.0000

표 8. (계속)

$m=10$	
x	$n=10$
30	1.0000
31	1.0000
32	1.0000
33	.9999
34	.9998
35	.9996
36	.9992
37	.9984
38	.9971
39	.9951
40	.9920
41	.9874
42	.9808
43	.9718
44	.9597
45	.9440
46	.9239

$m=10$	
x	$n=10$
47	.8993
48	.8694
49	.8344
50	.7940
51	.7486
52	.6986
53	.6449
54	.5881
55	.5296
56	.4704
57	.4119
58	.3551
59	.3014
60	.2514
61	.2060
62	.1656
63	.1306

$m=10$	
x	$n=10$
64	.1007
65	.0761
66	.0560
67	.0403
68	.0282
69	.0192
70	.0126
71	.0080
72	.0049
73	.0029
74	.0016
75	.0008
76	.0004
77	.0002
78	.0001
79	.0000
80	.0000

표 9. 콜모고로프 통계량(D^+ 또는 D^-) 분포표: $d(\alpha,\ n)$

$P_0 D^+ > d(\alpha,n) = \alpha$를 만족하는 $d\ (\alpha,\ n)$값

	α=0.10	0.05	0.025	0.01	0.005		α=0.10	0.05	0.025	0.01	0.005
n=1	.900	.950	.975	.990	.995	n=21	.226	.259	.287	.321	.344
2	.684	.776	.842	.900	.929	22	.221	.253	.281	.314	.337
3	.565	.636	.708	.785	.829	23	.216	.247	.275	.307	.330
4	.493	.565	.624	.689	.734	24	.212	.242	.269	.301	.323
5	.447	.509	.563	.627	.669	25	.208	.238	.264	.295	.317
6	.410	.468	.519	.577	.617	26	.204	.233	.259	.290	.311
7	.381	.436	.483	.538	.576	27	.200	.229	.254	.284	.305
8	.358	.410	.454	.507	.542	28	.197	.225	.250	.279	.300
9	.339	.387	.430	.480	.513	29	.193	.221	.246	.275	.295
10	.323	.369	.409	.457	.489	30	.190	.218	.242	.270	.290
11	.308	.352	.391	.437	.468	31	.187	.214	.238	.266	.285
12	.296	.338	.375	.419	.449	32	.184	.211	.234	.262	.281
13	.285	.325	.361	.404	.432	33	.182	.208	.231	.258	.277
14	.275	.314	.349	.390	.418	34	.179	.205	.227	.254	.273
15	.266	.304	.338	.377	.404	35	.177	.202	.224	.251	.269
16	.258	.295	.327	.366	.392	36	.174	.199	.221	.247	.265
17	.250	.286	.318	.355	.381	37	.172	.196	.218	.244	.262
18	.244	.279	.309	.346	.371	38	.170	.194	.215	.241	.258
19	.237	.271	.301	.337	.361	39	.168	.191	.213	.238	.255
20	.232	.265	.294	.329	.352	40	.165	.189	.210	.235	.252
						$n > 40$일 때 근삿값	$\frac{1.07}{\sqrt{n}}$	$\frac{1.22}{\sqrt{n}}$	$\frac{1.36}{\sqrt{n}}$	$\frac{1.52}{\sqrt{n}}$	$\frac{1.63}{\sqrt{n}}$

표 10. 스미르노프 통계량(D_1^+ 또는 D_1^-) 분포표: $d_1(\alpha,m,n)$

$P_0\{D_1^+ > d_1(\alpha,m,n)\} = \alpha$를 만족하는 $d_1(\alpha,m,n)$ 값

(i) $m=n$일 때

	α=0.10	0.05	0.025	0.01	0.005		α=0.10	0.05	0.025	0.01	0.005
n=3	2/3	2/3				n=20	6/20	7/20	8/20	9/20	10/20
4	3/4	3/4	3/4			21	6/21	7/21	8/21	9/21	10/21
5	3/5	3/5	4/5	4/5	4/5	22	7/22	8/22	8/22	10/22	10/22
6	3/6	4/6	4/6	5/6	5/6	23	7/23	8/23	9/23	10/23	10/23
7	4/7	4/7	5/7	5/7	5/7	24	7/24	8/24	9/24	10/24	11/24
8	4/8	4/8	5/8	5/8	6/8	25	7/25	8/25	9/25	10/25	11/25
9	4/9	5/9	5/9	6/9	6/9	26	7/26	8/26	9/26	10/26	11/26
10	4/10	5/10	6/10	6/10	7/10	27	7/27	8/27	9/27	11/27	11/27
11	5/11	5/11	6/11	7/11	7/11	28	8/28	9/28	10/28	11/28	12/28
12	5/12	5/12	6/12	7/12	7/12	29	8/29	9/29	10/29	11/29	12/29
13	5/13	6/13	6/13	7/13	8/13	30	8/30	9/30	10/30	11/30	12/30
14	5/14	6/14	7/14	7/14	8/14	31	8/31	9/31	10/31	11/31	12/31
15	5/15	6/15	7/15	8/15	8/15	32	8/32	9/32	10/32	12/32	12/32
16	6/16	6/16	7/16	8/16	9/16	34	8/34	10/34	11/34	12/34	13/34
17	6/17	7/17	7/17	8/17	9/17	36	9/36	10/36	11/36	12/36	13/36
18	6/18	7/18	8/18	9/18	9/18	38	9/38	10/38	11/38	13/38	14/38
19	6/19	7/19	8/19	9/19	9/19	40	9/40	10/40	12/40	13/40	14/40
			$n>40$일 때 근삿값				$\frac{1.52}{\sqrt{n}}$	$\frac{1.73}{\sqrt{n}}$	$\frac{1.92}{\sqrt{n}}$	$\frac{2.15}{\sqrt{n}}$	$\frac{2.30}{\sqrt{n}}$

표 10. (계속)

(ii) $m < n$일 때

		α=0.10	0.05	0.025	0.01	0.005
m=1	n=9	17/18				
	10	9/10				
m=2	n=3	5/6				
	4	3/4				
	5	4/5	4/5			
	6	5/6	5/6			
	7	5/7	6/7			
	8	3/4	7/8	7/8		
	9	7/9	8/9	8/9		
	10	7/10	4/5	9/10		
m=3	n=4	3/4	3/4			
	5	2/3	4/5	4/5		
	6	2/3	2/3	5/6		
	7	2/3	5/7	6/7	6/7	
	8	5/8	3/4	3/4	7/8	
	9	2/3	2/3	7/9	8/9	8/9
	10	3/5	7/10	4/5	9/10	9/10
	12	7/12	2/3	3/4	5/6	11/12
m=4	n=5	3/5	3/4	4/5	4/5	
	6	7/12	2/3	3/4	5/6	5/6
	7	17/28	5/7	3/4	6/7	6/7
	8	5/8	5/8	3/4	7/8	7/8
	9	5/9	2/3	3/4	7/9	8/9
	10	11/20	13/20	7/10	4/5	4/5
	12	7/12	2/3	2/3	3/4	5/6
	16	9/16	5/8	11/16	3/4	13/16
m=5	n=6	3/5	2/3	2/3	5/6	5/6
	7	4/7	23/35	5/7	29/35	6/7
	8	11/20	5/8	27/40	4/5	4/5
	9	5/9	3/5	31/45	7/9	4/5
	10	1/2	3/5	7/10	7/10	4/5
	15	8/15	3/5	2/3	11/15	11/15
	20	1/2	11/20	3/5	7/10	3/4
m=6	n=7	23/42	4/7	29/42	5/7	5/6
	8	1/2	7/12	2/3	3/4	3/4
	9	1/2	5/9	2/3	13/18	7/9
	10	1/2	17/30	19/30	7/10	11/15
	12	1/2	7/12	7/12	2/3	3/4
	18	4/9	5/9	11/18	2/3	13/18
	24	11/24	1/2	7/12	5/8	2/3

표 10. (계속)

		α=0.10	0.05	0.025	0.01	0.005
m=7	n=8	27/56	33/56	5/8	41/56	3/4
	9	31/63	5/9	40/63	5/7	47/63
	10	33/70	39/70	43/70	7/10	5/7
	14	3/7	1/2	4/7	9/14	5/7
	28	3/7	13/28	15/28	17/28	9/14
m=8	n=9	4/9	13/24	5/8	2/3	3/4
	10	19/40	21/40	23/40	27/40	7/10
	12	11/24	1/2	7/12	5/8	2/3
	16	7/16	1/2	9/16	5/8	5/8
	32	13/32	7/16	1/2	9/16	19/32
m=9	n=10	7/15	1/2	26/45	2/3	31/45
	12	4/9	1/2	5/9	11/18	2/3
	15	19/45	22/45	8/15	3/5	29/45
	18	7/18	4/9	1/2	5/9	11/18
	36	13/36	5/12	17/36	19/36	5/9
m=10	n=15	2/5	7/15	1/2	17/30	19/30
	20	2/5	9/20	1/2	11/20	3/5
	40	7/20	2/5	9/20	1/2	
m=12	n=15	23/60	9/20	1/2	11/20	7/12
	16	3/8	7/16	23/48	13/24	7/12
	18	13/36	5/12	17/36	19/36	5/9
	20	11/30	5/12	7/15	31/60	17/30
m=15	n=20	7/20	2/5	13/30	29/60	31/60
m=16	n=20	27/80	31/80	17/40	19/40	41/80
대표본근사		$1.07\sqrt{\frac{m+n}{mn}}$	$1.22\sqrt{\frac{m+n}{mn}}$	$1.36\sqrt{\frac{m+n}{mn}}$	$1.52\sqrt{\frac{m+n}{mn}}$	$1.63\sqrt{\frac{m+n}{mn}}$

표 11. 크루스칼-왈리스 통계량(H) 분포표 : $P_0\{H \geq x\}$($k=3$일 때)

$P_0\{H \geq x\} = \alpha$ 이면 $h(\alpha, 3, (n_1, n_2, n_3)) = x$

$n_1=1, n_2=1, n_3=2$

x	$P_0\{H \geq x\}$
.300	1.000
1.800	.833
2.700	.500

$n_1=1, n_2=1, n_3=3$

x	$P_0\{H \geq x\}$
.533	1.000
.800	.800
2.133	.700
3.200	.300

$n_1=1, n_2=1, n_3=4$

x	$P_0\{H \geq x\}$
.143	1.000
.786	.933
1.000	.800
1.286	.667
2.143	.600
2.500	.467
3.571	.200

$n_1=1, n_2=1, n_3=5$

x	$P_0\{H \geq x\}$
.257	1.000
.429	.905
1.029	.857
1.114	.762
1.457	.667
1.714	.571

$n_1=1, n_2=1, n_3=5$

x	$P_0\{H \geq x\}$
2.314	.524
2.829	.333
3.857	.143

$n_1=1, n_2=2, n_3=2$

x	$P_0\{H \geq x\}$
.000	1.000
.400	.933
.600	.867
1.400	.733
2.000	.600
2.400	.467
3.000	.333
3.600	.200

$n_1=1, n_2=1, n_3=3$

x	$P_0\{H \geq x\}$
.095	1.000
.238	.933
.429	.900
.810	.833
.857	.800
1.238	.700
1.381	.600
1.952	.567
2.143	.533
2.381	.433
3.095	.267
3.524	.200
3.857	.133
4.286	.100

$n_1=1, n_2=2, n_3=4$

x	$P_0\{H \geq x\}$
.000	1.000
.161	.971
.268	.933
.321	.895
.536	.857
.643	.819
.696	.800
1.018	.781
1.071	.743
1.125	.705
1.286	.667
1.393	.629
1.446	.590
1.875	.533
2.036	.495
2.143	.476
2.250	.457
2.411	.400
2.571	.305
2.786	.286
2.893	.267
3.161	.190
3.696	.171
3.750	.133
4.018	.114
4.500	.076
4.821	.057

$n_1=1, n_2=2, n_3=5$

x	$P_0\{H \geq x\}$
.050	1.000
.133	.964
.200	.940
.450	.905
.467	.845

$n_1=1, n_2=2, n_3=5$

x	$P_0\{H \geq x\}$
.583	.821
.667	.798
.717	.774
1.000	.750
1.117	.738
1.200	.714
1.250	.655
1.383	.619
1.533	.583
1.783	.560
1.800	.536
1.917	.488
2.050	.464
2.333	.429
2.450	.393
2.717	.298
2.800	.286
2.867	.214
3.133	.202
3.333	.190
3.383	.179
3.783	.131
4.050	.119
4.200	.095
4.450	.071
5.000	.048
5.250	.036

$n_1=1, n_2=3, n_3=3$

x	$P_0\{H \geq x\}$
.000	1.000
.143	.986
.286	.957
.571	.871
1.000	.771

표 11. (계속)

$n_1=1, n_2=3, n_3=3$

x	$P_0\{H \geq x\}$
1.143	.743
1.286	.600
1.571	.571
2.000	.514
2.286	.486
2.571	.329
3.143	.243
3.286	.157
4.000	.129
4.571	.100
5.143	.043

$n_1=1, n_2=3, n_3=4$

x	$P_0\{H \geq x\}$
.056	1.000
.097	.971
.208	.950
.333	.921
.431	.900
.500	.871
.556	.843
.764	.786
.875	.743
1.097	.721
1.208	.707
1.222	.679
1.389	.629
1.431	.557
1.764	.536
1.833	.514
1.875	.471
2.097	.457
2.208	.443
2.333	.429
2.431	.371
2.722	.300
2.764	.229
3.000	.221
3.097	.214
3.208	.200
3.222	.157

$n_1=1, n_2=3, n_3=4$

x	$P_0\{H \geq x\}$
3.764	.136
3.889	.129
4.056	.093
4.097	.086
4.208	.079
4.764	.071
5.000	.057
5.208	.050
5.389	.036
5.833	.021

$n_1=1, n_2=3, n_3=5$

x	$P_0\{H \geq x\}$
.000	1.000
.071	.992
.160	.972
.178	.952
.284	.929
.338	.889
.551	.869
.604	.853
.640	.833
.711	.770
.818	.750
.960	.730
1.084	.694
1.138	.683
1.351	.651
1.404	.611
1.440	.591
1.511	.571
1.600	.560
1.671	.520
1.778	.488
1.884	.480
1.938	.468
2.044	.452
2.204	.437
2.400	.413
2.418	.405
2.560	.341

$n_1=1, n_2=3, n_3=5$

x	$P_0\{H \geq x\}$
2.844	.258
2.951	.218
3.040	.210
3.218	.190
3.271	.183
3.378	.143
3.484	.135
3.804	.131
3.840	.123
4.018	.095
4.284	.083
4.338	.079
4.551	.075
4.711	.056
4.871	.052
4.960	.048
5.404	.044
5.440	.036
5.760	.028
6.044	.020
6.400	.012

$n_1=1, n_2=4, n_3=4$

x	$P_0\{H \geq x\}$
.000	1.000
.067	.987
.167	.968
.267	.930
.300	.911
.567	.873
.600	.835
.667	.803
.867	.759
.967	.721
1.067	.689
1.200	.676
1.367	.644
1.500	.600
1.667	.537
1.767	.498
2.167	.460

$n_1=1, n_2=4, n_3=4$

x	$P_0\{H \geq x\}$
2.267	.410
2.400	.384
2.467	.349
2.667	.305
2.700	.260
2.967	.235
3.000	.222
3.267	.178
3.367	.171
3.467	.152
3.867	.121
3.900	.108
4.067	.102
4.167	.083
4.267	.070
4.800	.067
4.867	.054
4.967	.048
5.100	.041
5.667	.035
6.000	.029
6.167	.022
6.667	.010

$n_1=1, n_2=4, n_3=5$

x	$P_0\{H \geq x\}$
.033	1.000
.060	.983
.104	.968
.186	.952
.273	.938
.278	.922
.295	.906
.360	.890
.409	.875
.540	.848
.622	.821
.731	.806
.758	.794
.796	.778
.818	.762

표 11. (계속)

$n_1=1, n_2=4, n_3=5$

x	$P_0\{H \geq x\}$
.906	.730
.933	.719
.976	.690
1.151	.676
1.167	.665
1.195	.651
1.233	.640
1.342	.625
1.369	.614
1.495	.606
1.500	.589
1.587	.562
1.604	.535
1.669	.517
1.778	.498
1.806	.483
1.849	.468
1.931	.460
2.040	.441
2.067	.432
2.106	.419
2.242	.406
2.286	.400
2.455	.394
2.460	.354
2.504	.346
2.591	.300
2.651	.286
2.896	.251
2.913	.222
2.940	.216
3.000	.208
3.087	.194
3.158	.187
3.240	.183
3.349	.151
3.524	.146
3.595	.138
3.682	.132
3.813	.110
3.960	.102
3.987	.098
4.206	.095
4.222	.087

$n_1=1, n_2=4, n_3=5$

x	$P_0\{H \geq x\}$
4.287	.071
4.549	.067
4.636	.063
4.724	.060
4.833	.059
4.860	.056
4.986	.044
5.078	.041
5.160	.038
5.515	.037
5.558	.035
5.596	.033
5.733	.027
5.776	.025
5.858	.024
5.864	.022
5.967	.021
6.431	.019
6.578	.016
6.818	.013
6.840	.011
6.954	.008
7.364	.005

$n_1=1, n_2=5, n_3=5$

x	$P_0\{H \geq x\}$
.000	1.000
.036	.994
.109	.982
.146	.956
.182	.944
.327	.920
.400	.885
.436	.872
.546	.847
.582	.802
.727	.792
.836	.771
.909	.752
.982	.716
1.127	.669
1.200	.646

$n_1=1, n_2=5, n_3=5$

x	$P_0\{H \geq x\}$
1.309	.630
1.346	.605
1.600	.584
1.636	.571
1.709	.509
1.746	.493
1.782	.468
1.927	.462
2.000	.438
2.146	.422
2.182	.411
2.327	.379
2.436	.374
2.509	.361
2.582	.314
2.727	.286
2.909	.242
2.946	.227
3.236	.188
3.346	.168
3.382	.161
3.527	.141
3.600	.132
3.636	.116
3.927	.113
4.036	.105
4.109	.086
4.182	.082
4.400	.076
4.546	.074
4.800	.056
4.909	.053
5.127	.046
5.236	.039
5.636	.033
5.709	.030
5.782	.027
6.000	.022
6.146	.019
6.509	.018
6.546	.015
6.582	.014
6.727	.012
6.836	.011

$n_1=1, n_2=5, n_3=5$

x	$P_0\{H \geq x\}$
7.309	.009
7.527	.008
7.746	.005
8.182	.002

$n_1=2, n_2=2, n_3=2$

x	$P_0\{H \geq x\}$
.000	1.000
.286	.933
.857	.800
1.143	.667
2.000	.533
2.571	.400
3.429	.333
3.714	.200
4.571	.067

$n_1=2, n_2=2, n_3=3$

x	$P_0\{H \geq x\}$
.000	1.000
.179	.971
.214	.895
.500	.857
.607	.800
.714	.743
.857	.686
1.179	.657
1.357	.619
1.464	.562
1.607	.524
1.929	.467
2.000	.438
2.214	.419
2.429	.381
2.464	.362
2.750	.324
2.857	.286
3.179	.267
3.429	.248

표 11. (계속)

$n_1=2, n_2=2, n_3=3$

x	$P_0\{H \geq x\}$
3.607	.238
3.750	.219
3.929	.181
4.464	.105
4.500	.067
4.714	.048
5.357	.029

$n_1=2, n_2=2, n_3=4$

x	$P_0\{H \geq x\}$
.000	1.000
.125	.971
.167	.914
.333	.890
.458	.862
.500	.814
.667	.757
.792	.733
1.000	.695
1.125	.657
1.333	.581
1.500	.552
1.792	.514
1.833	.486
2.000	.448
2.125	.410
2.458	.362
2.667	.333
2.792	.314
2.833	.295
3.000	.276
3.125	.248
3.167	.229
3.458	.210
3.667	.190
4.000	.181
4.125	.152
4.167	.105
4.458	.100
4.500	.090
5.125	.052

$n_1=2, n_2=2, n_3=4$

x	$P_0\{H \geq x\}$
5.333	.033
5.500	.024
6.000	.014

$n_1=2, n_2=2, n_3=5$

x	$P_0\{H \geq x\}$
.000	1.000
.093	.984
.133	.937
.240	.913
.360	.881
.373	.844
.533	.807
.573	.791
.773	.759
.840	.722
.893	.685
.960	.653
1.093	.638
1.200	.606
1.373	.590
1.440	.563
1.493	.542
1.533	.516
1.693	.495
1.800	.474
2.133	.452
2.160	.444
2.173	.402
2.293	.381
2.333	.365
2.373	.344
2.693	.317
2.760	.296
2.973	.275
3.093	.265
3.133	.254
3.240	.238
3.333	.206
3.360	.196
3.573	.185

$n_1=2, n_2=2, n_3=5$

x	$P_0\{H \geq x\}$
3.773	.175
3.840	.164
3.973	.159
4.093	.148
4.200	.138
4.293	.122
4.373	.090
4.573	.085
4.800	.063
4.893	.061
5.040	.056
5.160	.034
5.693	.029
6.000	.019
6.133	.013
6.533	.008

$n_1=2, n_2=3, n_3=3$

x	$P_0\{H \geq x\}$
.028	1.000
.111	.968
.222	.946
.250	.896
.472	.864
.556	.807
.694	.757
1.000	.686
1.111	.671
1.139	.600
1.361	.564
1.444	.539
1.806	.511
1.889	.446
2.000	.425
2.028	.396
2.250	.368
2.472	.357
2.694	.329
2.778	.307
2.889	.286
3.139	.243

$n_1=2, n_2=3, n_3=3$

x	$P_0\{H \geq x\}$
3.222	.221
3.361	.207
3.778	.200
3.806	.179
4.028	.164
4.111	.129
4.250	.121
4.556	.100
4.694	.093
5.000	.075
5.139	.061
5.361	.032
5.556	.025
6.250	.011

$n_1=2, n_2=3, n_3=4$

x	$P_0\{H \geq x\}$
.000	1.000
.078	.987
.100	.965
.111	.944
.244	.922
.278	.902
.311	.881
.344	.862
.400	.844
.444	.829
.544	.811
.600	.794
.611	.770
.700	.756
.778	.722
.811	.703
.900	.689
.978	.673
1.000	.660
1.078	.627
1.111	.614
1.178	.602
1.244	.586
1.344	.571

표 11. (계속)

$n_1=2, n_2=3, n_3=4$

x	$P_0\{H \geq x\}$
1.378	.559
1.411	.548
1.500	.537
1.600	.511
1.611	.502
1.678	.478
1.711	.468
1.778	.457
1.844	.448
1.944	.437
2.144	.417
2.178	.406
2.200	.398
2.211	.376
2.244	.368
2.378	.357
2.400	.346
2.411	.338
2.444	.329
2.500	.321
2.778	.294
2.800	.284
2.911	.271
2.944	.262
3.011	.256
3.100	.251
3.111	.238
3.244	.232
3.278	.225
3.300	.216
3.311	.203
3.444	.197
3.478	.190
3.544	.184
3.600	.175
3.811	.168
3.844	.163
3.911	.159
3.978	.156
4.000	.149
4.078	.140
4.200	.137
4.278	.124
4.311	.108

$n_1=2, n_2=3, n_3=4$

x	$P_0\{H \geq x\}$
4.378	.105
4.444	.102
4.511	.098
4.544	.086
4.611	.083
4.711	.079
4.811	.076
4.878	.073
4.900	.071
4.978	.059
5.078	.057
5.144	.054
5.378	.052
5.400	.051
5.444	.046
5.500	.040
5.611	.032
5.800	.030
6.000	.024
6.111	.021
6.144	.014
6.300	.011
6.444	.008
7.000	.005

$n_1=2, n_2=3, n_3=5$

x	$P_0\{H \geq x\}$
.014	1.000
.069	.981
.113	.966
.131	.951
.142	.932
.273	.917
.276	.901
.306	.886
.331	.869
.364	.855
.451	.823
.549	.807
.567	.794
.622	.781
.636	.769

$n_1=2, n_2=3, n_3=5$

x	$P_0\{H \geq x\}$
.713	.743
.724	.714
.767	.703
.887	.692
.942	.680
1.014	.659
1.058	.648
1.091	.638
1.149	.616
1.178	.593
1.276	.579
1.324	.569
1.378	.537
1.451	.529
1.586	.519
1.596	.510
1.614	.502
1.713	.483
1.727	.474
1.760	.459
1.814	.451
1.858	.444
1.876	.429
2.022	.420
2.033	.403
2.076	.396
2.106	.389
2.196	.382
2.251	.375
2.294	.368
2.367	.362
2.454	.356
2.458	.350
2.469	.336
2.487	.330
2.546	.321
2.633	.294
2.749	.287
2.818	.279
2.894	.269
2.924	.263
2.949	.257
2.798	.252
3.022	.248

$n_1=2, n_2=3, n_3=5$

x	$P_0\{H \geq x\}$
3.069	.243
3.167	.237
3.186	.233
3.273	.222
3.331	.211
3.342	.206
3.386	.201
3.414	.193
3.506	.189
3.546	.183
3.604	.175
3.676	.171
3.767	.167
3.778	.159
3.822	.156
3.909	.152
3.942	.146
3.996	.139
4.058	.137
4.069	.132
4.204	.129
4.214	.125
4.233	.122
4.258	.120
4.331	.117
4.378	.113
4.494	.101
4.651	.091
4.694	.089
4.724	.087
4.727	.085
4.814	.071
4.869	.067
4.913	.063
4.942	.062
5.076	.060
5.087	.053
5.106	.052
5.251	.049
5.349	.046
5.513	.044
5.524	.043
5.542	.041
5.727	.037

표 11. (계속)

$n_1=2, n_2=3, n_3=5$

x	$P_0\{H \geq x\}$
5.742	.034
5.786	.033
5.804	.033
5.949	.026
6.004	.025
6.033	.024
6.091	.021
6.124	.020
6.294	.017
6.386	.016
6.414	.015
6.818	.012
6.822	.010
6.909	.009
6.949	.006
7.182	.004
7.636	.002

$n_1=2, n_2=4, n_3=4$

x	$P_0\{H \geq x\}$
.000	1.000
.054	.988
.082	.970
.191	.940
.218	.910
.273	.893
.327	.879
.409	.848
.491	.820
.627	.779
.736	.757
.764	.712
.873	.685
.954	.671
1.091	.651
1.146	.638
1.173	.596
1.282	.577
1.309	.559
1.364	.537
1.582	.526

$n_1=2, n_2=4, n_3=4$

x	$P_0\{H \geq x\}$
1.636	.510
1.718	.488
1.827	.441
1.964	.426
2.046	.400
2.236	.386
2.264	.375
2.373	.363
2.454	.338
2.509	.317
2.673	.301
2.809	.281
2.918	.272
2.946	.263
3.054	.239
3.136	.228
3.327	.220
3.354	.210
3.464	.192
3.491	.185
3.682	.180
3.764	.166
3.818	.152
4.009	.142
4.364	.125
4.418	.120
4.446	.103
4.554	.098
4.582	.094
4.691	.080
4.773	.075
4.854	.071
4.991	.065
5.127	.057
5.236	.052
5.454	.046
5.509	.044
5.536	.042
5.646	.039
5.727	.034
5.946	.028
6.082	.025
6.327	.024
6.409	.022

$n_1=2, n_2=4, n_3=4$

x	$P_0\{H \geq x\}$
6.546	.020
6.600	.017
6.627	.016
6.873	.011
7.036	.006
7.282	.004
7.854	.002

$n_1=2, n_2=4, n_3=5$

x	$P_0\{H \geq x\}$
.000	1.000
.041	.992
.064	.979
.068	.965
.141	.952
.154	.939
.164	.926
.223	.913
.254	.902
.273	.891
.300	.880
.323	.866
.368	.855
.404	.832
.504	.823
.518	.812
.541	.801
.564	.791
.573	.781
.614	.759
.618	.749
.654	.740
.723	.730
.791	.720
.841	.710
.864	.701
.891	.691
.904	.683
.914	.674
.950	.657
.954	.649
1.018	.640
1.023	.632

$n_1=2, n_2=4, n_3=5$

x	$P_0\{H \geq x\}$
1.050	.623
1.091	.614
1.200	.607
1.204	.599
1.268	.592
1.291	.576
1.314	.569
1.318	.562
1.391	.554
1.414	.537
1.450	.529
1.473	.521
1.518	.507
1.591	.499
1.618	.491
1.641	.485
1.664	.479
1.704	.472
1.750	.465
1.754	.459
1.814	.452
1.823	.432
1.973	.427
2.004	.420
2.018	.403
2.073	.398
2.114	.392
2.118	.387
2.141	.381
2.164	.375
2.223	.371
2.254	.366
2.291	.361
2.318	.351
2.323	.346
2.391	.335
2.454	.329
2.473	.324
2.504	.320
2.550	.315
2.618	.311
2.700	.306
2.723	.301
2.754	.296

표 11. (계속)

$n_1=2, n_2=4, n_3=5$

x	$P_0\{H \geq x\}$
2.768	.285
2.773	.273
2.868	.267
2.891	.262
2.904	.258
2.914	.249
2.973	.246
3.023	.237
3.050	.234
3.064	.231
3.118	.226
3.164	.221
3.268	.217
3.314	.214
3.341	.208
3.364	.200
3.414	.197
3.454	.193
3.523	.190
3.564	.187
3.568	.184
3.573	.181
3.618	.178
3.641	.175
3.654	.170
3.700	.164
3.704	.160
3.791	.157
3.800	.151
3.818	.148
3.823	.145
3.864	.143
4.041	.139
4.064	.135
4.073	.133
4.091	.130
4.141	.128
4.154	.126
4.200	.123
4.223	.121
4.250	.119
4.323	.116
4.364	.114
4.368	.112

$n_1=2, n_2=4, n_3=5$

x	$P_0\{H \geq x\}$
4.404	.110
4.500	.104
4.518	.101
4.541	.098
4.614	.090
4.664	.088
4.768	.079
4.791	.078
4.800	.076
4.818	.074
4.841	.072
4.868	.071
4.950	.063
5.073	.061
5.154	.059
5.164	.053
5.254	.052
5.268	.051
5.273	.049
5.300	.048
5.314	.046
5.414	.045
5.518	.043
5.523	.042
5.564	.038
5.641	.037
5.664	.036
5.754	.035
5.823	.034
5.891	.032
5.954	.030
5.973	.029
6.004	.026
6.041	.025
6.068	.025
6.118	.024
6.141	.023
6.223	.022
6.368	.021
6.391	.021
6.473	.020
6.504	.020
6.541	.017
6.550	.017

$n_1=2, n_2=4, n_3=5$

x	$P_0\{H \geq x\}$
6.564	.016
6.654	.016
6.723	.015
6.904	.014
6.914	.013
7.000	.013
7.018	.012
7.064	.012
7.118	.010
7.204	.009
7.254	.009
7.291	.008
7.450	.007
7.500	.007
7.568	.006
7.573	.005
7.773	.004
7.814	.003
8.018	.002
8.114	.001
8.591	.001

$n_1=2, n_2=5, n_3=5$

x	$P_0\{H \geq x\}$
.008	1.000
.046	.988
.069	.978
.077	.966
.169	.947
.192	.928
.254	.896
.323	.877
.377	.859
.415	.830
.446	.822
.538	.807
.562	.775
.623	.759
.692	.749
.746	.735
.808	.719
.815	.688

$n_1=2, n_2=5, n_3=5$

x	$P_0\{H \geq x\}$
.908	.674
.931	.661
1.115	.638
1.154	.611
1.185	.593
1.277	.569
1.300	.558
1.362	.552
1.431	.539
1.485	.528
1.523	.516
1.554	.506
1.646	.496
1.669	.486
1.731	.463
1.854	.445
1.915	.434
1.923	.424
2.015	.407
2.038	.398
2.223	.379
2.262	.374
2.285	.363
2.292	.353
2.385	.345
2.408	.330
2.469	.323
2.538	.315
2.592	.300
2.662	.292
2.754	.286
2.777	.279
2.908	.276
2.962	.270
3.023	.243
3.031	.234
3.123	.228
3.146	.218
3.331	.210
3.369	.203
3.392	.198
3.492	.190
3.515	.186
3.577	.181

표 11. (계속)

$n_1=2, n_2=5, n_3=5$

x	$P_0\{H \geq x\}$
3.646	.169
3.738	.165
3.769	.163
3.862	.150
3.885	.146
4.015	.136
4.069	.132
4.131	.130
4.138	.127
4.231	.124
4.254	.114
4.438	.106
4.477	.103
4.508	.100
4.623	.097
4.685	.092
4.754	.084
4.808	.081
4.846	.073
4.877	.068
4.992	.066
5.054	.060
5.177	.057
5.238	.054
5.246	.051
5.338	.047
5.546	.045
5.585	.041
5.608	.040
5.615	.039
5.708	.037
5.731	.036
5.792	.032
5.915	.030
5.985	.028
6.077	.027
6.231	.026
6.346	.025
6.354	.021
6.446	.020
6.469	.019
6.654	.017
6.692	.016
6.815	.015
6.838	.014

$n_1=2, n_2=5, n_3=5$

x	$P_0\{H \geq x\}$
6.969	.013
7.023	.013
7.185	.012
7.208	.011
7.269	.010
7.338	.010
7.392	.009
7.462	.008
7.577	.007
7.762	.007
7.923	.006
8.008	.006
8.077	.006
8.131	.005
8.169	.003
8.292	.003
8.377	.002
8.562	.002
8.685	.001
8.938	.001
9.423	.000

$n_1=2, n_2=3, n_3=3$

x	$P_0\{H \geq x\}$
.000	1.000
.089	.993
.267	.929
.356	.879
.622	.829
.800	.721
1.067	.664
1.156	.629
1.422	.543
1.689	.511
1.867	.439
2.222	.382
2.400	.361
2.489	.339
2.756	.296
3.200	.254
3.289	.232

$n_1=3, n_2=3, n_3=3$

x	$P_0\{H \geq x\}$
3.467	.196
3.822	.168
4.267	.139
4.356	.132
4.622	.100
5.067	.086
5.422	.071
5.600	.050
5.689	.029
5.956	.025
6.489	.011
7.200	.004

$n_1=3, n_2=3, n_3=4$

x	$P_0\{H \geq x\}$
.018	1.000
.046	.984
.118	.970
.164	.941
.200	.925
.336	.895
.346	.869
.409	.842
.454	.830
.482	.817
.636	.791
.700	.764
.746	.717
.891	.690
1.064	.656
1.073	.633
1.136	.611
1.182	.602
1.209	.582
1.427	.541
1.473	.523
1.573	.513
1.618	.497
1.654	.481
1.791	.447
1.800	.433

$n_1=3, n_2=3, n_3=4$

x	$P_0\{H \geq x\}$
1.864	.415
2.091	.402
2.200	.389
2.227	.368
2.300	.351
2.382	.326
2.518	.314
2.527	.303
2.664	.291
2.882	.281
2.927	.273
2.954	.253
3.027	.244
3.073	.234
3.109	.220
3.254	.212
3.364	.203
3.391	.196
3.609	.188
3.682	.180
3.754	.178
3.800	.165
3.836	.150
3.973	.143
4.046	.132
4.091	.126
4.273	.123
4.336	.117
4.382	.111
4.564	.106
4.700	.101
4.709	.092
4.818	.085
4.846	.081
5.000	.074
5.064	.070
5.109	.068
5.254	.064
5.436	.062
5.500	.056
5.573	.053
5.727	.050
5.791	.046
5.936	.036

표 11. (계속)

$n_1=3, n_2=3, n_3=4$

x	$P_0\{H \geq x\}$
5.982	.034
6.018	.027
6.154	.025
6.300	.023
6.564	.017
6.664	.014
6.709	.013
6.746	.010
7.000	.006
7.318	.004
7.436	.002
8.018	.001

$n_1=3, n_2=3, n_3=5$

x	$P_0\{H \geq x\}$
.000	1.000
.048	.994
.061	.970
.133	.958
.170	.948
.194	.926
.242	.902
.315	.890
.376	.868
.412	.847
.436	.826
.533	.804
.546	.794
.594	.783
.679	.765
.776	.725
.848	.686
.970	.668
1.042	.641
1.079	.624
1.103	.609
1.200	.594
1.212	.587
1.261	.571
1.442	.539
1.503	.526

$n_1=3, n_2=3, n_3=5$

x	$P_0\{H \geq x\}$
1.515	.512
1.527	.505
1.576	.491
1.648	.478
1.746	.450
1.770	.437
1.867	.425
2.012	.414
2.048	.403
2.061	.393
2.133	.382
2.170	.367
2.182	.358
2.194	.352
2.315	.342
2.376	.334
2.594	.315
2.667	.306
2.679	.298
2.715	.291
2.836	.267
2.861	.258
2.970	.242
3.079	.239
3.103	.232
3.333	.218
3.382	.215
3.394	.209
3.442	.196
3.467	.184
3.503	.179
3.576	.173
3.648	.167
3.709	.162
3.879	.156
3.927	.149
4.012	.144
4.048	.139
4.170	.135
4.194	.126
4.242	.122
4.303	.117
4.315	.113
4.412	.109

$n_1=3, n_2=3, n_3=5$

x	$P_0\{H \geq x\}$
4.533	.097
4.679	.094
4.776	.090
4.800	.087
4.848	.085
4.861	.082
4.909	.079
5.042	.077
5.079	.069
5.103	.067
5.212	.065
5.261	.062
5.346	.058
5.442	.055
5.503	.053
5.515	.051
5.648	.049
5.770	.047
5.867	.042
6.012	.040
6.061	.033
6.109	.032
6.194	.027
6.303	.026
6.315	.021
6.376	.020
6.533	.019
6.594	.019
6.715	.014
6.776	.013
6.861	.012
6.982	.011
7.079	.009
7.333	.008
7.467	.008
7.503	.006
7.515	.005
7.636	.004
7.879	.003
8.048	.002
8.242	.001
8.727	.001

$n_1=3, n_2=4, n_3=4$

x	$P_0\{H \geq x\}$
.000	1.000
.046	.993
.053	.981
.144	.959
.167	.937
.182	.925
.212	.913
.326	.890
.348	.870
.386	.850
.409	.829
.477	.819
.576	.799
.598	.779
.659	.761
.667	.742
.712	.731
.727	.713
.848	.704
.894	.685
.932	.668
.962	.651
1.053	.635
1.076	.620
1.136	.604
1.144	.597
1.296	.582
1.303	.568
1.326	.553
1.394	.539
1.417	.524
1.500	.510
1.546	.503
1.598	.490
1.636	.477
1.682	.470
1.750	.457
1.803	.444
1.909	.421
1.962	.409
2.053	.388
2.144	.378
2.227	.368
2.296	.354

표 11. (계속)

$n_1=3, n_2=4, n_3=4$

x	$P_0\{H \geq x\}$
2.303	.344
2.326	.334
3.394	.325
2.417	.315
2.598	.306
2.636	.290
2.667	.281
2.712	.276
2.848	.269
2.894	.261
2.909	.254
2.932	.250
2.962	.243
3.076	.230
3.136	.218
3.326	.212
3.386	.207
3.394	.201
3.417	.195
3.477	.190
3.576	.184
3.598	.178
3.659	.173
3.682	.162
3.727	.160
3.803	.154
3.848	.150
3.932	.145
3.962	.140
4.144	.135
4.167	.131
4.212	.129
4.296	.125
4.303	.121
4.326	.116
4.348	.113
4.409	.106
4.477	.102
4.546	.099
4.576	.097
4.598	.093
4.712	.090
4.750	.087
4.894	.084

$n_1=3, n_2=4, n_3=4$

x	$P_0\{H \geq x\}$
5.053	.078
5.144	.073
5.182	.068
5.212	.066
5.296	.063
5.303	.061
5.326	.058
5.386	.054
5.500	.052
5.576	.051
5.598	.049
5.667	.047
5.803	.045
5.932	.043
5.962	.041
6.000	.040
6.046	.039
6.053	.035
6.144	.032
6.167	.031
6.182	.030
6.348	.027
6.386	.026
6.394	.025
6.409	.023
6.417	.022
6.546	.021
6.659	.020
6.712	.019
6.727	.018
6.962	.017
7.000	.016
7.053	.014
7.076	.011
7.136	.011
7.144	.010
7.212	.009
7.477	.006
7.598	.004
7.636	.004
7.682	.003
7.848	.003
8.227	.002
8.326	.001

$n_1=3, n_2=4, n_3=4$

x	$P_0\{H \geq x\}$
8.909	.001

$n_1=3, n_2=4, n_3=5$

x	$P_0\{H \geq x\}$
.010	1.000
.030	.990
.060	.981
.081	.972
.092	.963
.118	.953
.138	.944
.173	.935
.180	.926
.214	.917
.241	.908
.256	.900
.265	.891
.276	.882
.323	.874
.337	.865
.368	.857
.426	.841
.430	.833
.462	.825
.491	.817
.503	.809
.542	.784
.549	.777
.626	.769
.645	.754
.692	.746
.727	.738
.737	.716
.799	.709
.830	.696
.831	.689
.856	.667
.953	.660
1.004	.654
1.041	.641
1.045	.628

$n_1=3, n_2=4, n_3=5$

x	$P_0\{H \geq x\}$
1.062	.621
1.103	.615
1.106	.609
1.118	.602
1.137	.590
1.164	.584
1.188	.578
1.241	.572
1.246	.566
1.260	.553
1.349	.548
1.414	.542
1.445	.537
1.465	.522
1.472	.516
1.487	.506
1.506	.495
1.558	.490
1.568	.479
1.599	.475
1.615	.465
1.718	.460
1.733	.455
1.753	.450
1.780	.446
1.814	.441
1.856	.437
1.906	.427
1.927	.423
1.938	.418
1.964	.400
1.968	.396
1.985	.391
2.019	.387
2.030	.383
2.060	.379
2.103	.375
2.112	.366
2.169	.358
2.272	.354
2.308	.350
2.337	.346
2.349	.343
2.368	.335

표 11. (계속)

$n_1=3, n_2=4, n_3=5$		$n_1=3, n_2=4, n_3=5$		$n_1=3, n_2=4, n_3=5$		$n_1=3, n_2=4, n_3=5$	
x	$P_0\{H \geq x\}$	x	$P_0\{H \geq x\}$	x	$P_0\{H \geq x\}$	x	$P_0\{H \geq x\}$
2.388	.332	3.753	.161	5.137	.068	6.580	.021
2.395	.321	3.773	.159	5.158	.067	6.635	.020
2.472	.318	3.785	.156	5.180	.065	6.676	.020
2.481	.311	3.810	.152	5.291	.063	6.703	.019
2.491	.307	3.831	.150	5.308	.062	6.780	.019
2.522	.301	3.865	.148	5.342	.061	6.785	.018
2.573	.294	3.876	.146	5.349	.061	6.799	.016
2.580	.291	3.958	.144	5.353	.059	6.830	.016
2.641	.288	4.015	.140	5.414	.058	6.891	.015
2.645	.284	4.030	.137	5.426	.057	7.004	.015
2.676	.281	4.060	.134	5.549	.054	7.010	.015
2.677	.278	4.122	.132	5.568	.052	7.096	.014
2.737	.271	4.154	.131	5.619	.051	7.106	.014
2.830	.266	4.180	.125	5.631	.050	7.188	.013
2.887	.263	4.195	.124	5.656	.049	7.195	.012
2.908	.260	4.235	.121	5.660	.048	7.256	.012
2.949	.251	4.241	.119	5.677	.047	7.260	.012
2.953	.248	4.276	.117	5.718	.046	7.272	.012
2.964	.240	4.318	.115	5.722	.045	7.291	.011
3.010	.238	4.327	.112	5.753	.044	7.318	.011
3.035	.235	4.368	.110	5.780	.043	7.395	.011
3.087	.232	4.419	.109	5.804	.041	7.445	.010
3.092	.222	4.426	.107	5.814	.040	7.465	.010
3.106	.219	4.487	.106	5.862	.040	7.477	.009
3.137	.216	4.522	.105	5.876	.039	7.523	.007
3.195	.214	4.523	.103	5.964	.038	7.568	.007
3.256	.209	4.549	.099	6.026	.038	7.641	.007
3.260	.206	4.564	.097	6.030	.037	7.708	.006
3.312	.204	4.645	.095	6.060	.037	7.753	.006
3.318	.199	4.676	.093	6.087	.035	7.810	.006
3.353	.197	4.754	.091	6.164	.035	7.876	.006
3.414	.194	4.789	.089	6.173	.034	7.887	.006
3.445	.192	4.810	.088	6.231	.033	7.906	.005
3.462	.190	4.830	.083	6.265	.032	7.927	.005
3.496	.188	4.856	.082	6.272	.030	8.030	.005
3.503	.183	4.881	.081	6.337	.030	8.060	.004
3.506	.181	4.891	.078	6.368	.029	8.077	.004
3.568	.179	4.939	.075	6.369	.029	8.118	.004
3.580	.177	4.953	.074	6.395	.026	8.122	.004
3.599	.173	4.983	.073	6.410	.025	8.215	.003
3.626	.169	5.041	.072	6.491	.025	8.256	.003
3.703	.165	5.045	.071	6.522	.024	8.430	.002
3.722	.163	5.106	.070	6.542	.023	8.446	.002

표 11. (계속)

$n_1=3, n_2=4, n_3=5$

x	$P_0\{H\geq x\}$
8.481	.002
8.503	.001
8.573	.001
8.626	.001
8.795	.001
9.035	.001
9.118	.001
9.199	.000
9.692	.000

$n_1=3, n_2=5, n_3=5$

x	$P_0\{H\geq x\}$
.000	1.000
.026	.996
.035	.989
.088	.974
.106	.959
.114	.951
.141	.944
.193	.930
.220	.916
.237	.902
.264	.895
.316	.880
.352	.866
.422	.840
.457	.819
.484	.813
.536	.800
.563	.788
.580	.763
.659	.751
.695	.745
.721	.733
.774	.721
.791	.698
.826	.686
.879	.675
.950	.653
1.029	.648

$n_1=3, n_2=5, n_3=5$

x	$P_0\{H\geq x\}$
1.037	.643
1.055	.632
1.064	.611
1.116	.602
1.134	.592
1.143	.583
1.248	.573
1.266	.563
1.292	.554
1.371	.550
1.407	.541
1.450	.514
1.459	.506
1.512	.497
1.565	.480
1.688	.472
1.723	.460
1.741	.453
1.750	.445
1.802	.438
1.829	.431
1.855	.420
1.934	.413
1.978	.393
2.066	.386
2.136	.380
2.145	.377
2.163	.370
2.198	.364
2.250	.351
2.321	.339
2.374	.327
2.409	.321
2.479	.315
2.488	.310
2.514	.305
2.593	.299
2.620	.294
2.637	.289
2.716	.276
2.752	.271
2.778	.267
2.848	.262

$n_1=3, n_2=5, n_3=5$

x	$P_0\{H\geq x\}$
2.857	.257
2.884	.255
2.936	.246
2.963	.241
3.094	.237
3.112	.224
3.121	.220
3.165	.216
3.191	.208
3.279	.206
3.306	.202
3.429	.195
3.464	.191
3.516	.187
3.622	.173
3.648	.167
3.666	.164
3.745	.161
3.780	.158
3.798	.152
3.807	.147
3.912	.144
3.965	.142
3.991	.139
4.114	.136
4.141	.135
4.150	.132
4.202	.127
4.220	.125
4.255	.117
4.308	.112
4.352	.110
4.378	.107
4.457	.105
4.466	.104
4.536	.102
4.545	.100
4.571	.098
4.694	.094
4.774	.092
4.826	.089
4.835	.088
4.888	.082

$n_1=3, n_2=5, n_3=5$

x	$P_0\{H\geq x\}$
4.914	.079
4.941	.077
4.993	.075
5.020	.072
5.064	.070
5.152	.067
5.169	.065
5.222	.065
5.284	.063
5.363	.062
5.407	.059
5.486	.057
5.494	.056
5.521	.055
5.574	.053
5.600	.051
5.626	.051
5.706	.046
5.802	.045
5.837	.042
5.934	.040
5.943	.039
6.022	.038
6.048	.037
6.198	.035
6.207	.034
6.250	.034
6.259	.033
6.286	.031
6.312	.030
6.365	.030
6.391	.028
6.435	.027
6.488	.025
6.550	.024
6.593	.024
6.655	.022
6.734	.022
6.752	.021
6.866	.019
6.892	.018
6.945	.018
6.963	.017

표 11. (계속)

$n_1 = 3, n_2 = 4, n_3 = 5$

x	$P_0\{H \geq x\}$
6.998	.015
7.050	.015
7.121	.014
7.209	.014
7.226	.012
7.288	.012
7.306	.012
7.314	.011
7.437	.011
7.543	.010
7.578	.010
7.622	.009
7.736	.009
7.763	.008
7.780	.008
7.859	.007
7.894	.007
7.912	.007
8.026	.006
8.079	.006
8.106	.006
8.237	.005
8.264	.005
8.316	.005
8.334	.005
8.545	.004
8.571	.004
8.580	.004
8.650	.003
8.659	.003
8.791	.002
8.809	.002
8.950	.002
9.002	.002
9.055	.001
9.284	.001
9.336	.001
9.398	.001
9.521	.000
9.635	.000
9.916	.000
10.057	.000
10.550	.000

$n_1 = 4, n_2 = 4, n_3 = 4$

x	$P_0\{H \geq x\}$
.000	1.000
.038	.994
.115	.968
.154	.941
.269	.913
.346	.864
.462	.840
.500	.815
.615	.770
.731	.746
.808	.706
.962	.667
1.038	.648
1.077	.630
1.192	.592
1.385	.557
1.423	.540
1.500	.510
1.654	.480
1.846	.452
1.885	.436
2.000	.397
2.192	.370
2.346	.348
2.423	.327
2.462	.307
2.577	.296
2.808	.277
2.885	.260
2.923	.252
3.038	.234
3.115	.219
3.231	.212
3.500	.197
3.577	.173
3.731	.162
3.846	.151
3.962	.145
4.154	.136
4.192	.131
4.269	.122
4.308	.114
4.500	.104

$n_1 = 4, n_2 = 4, n_3 = 4$

x	$P_0\{H \geq x\}$
4.654	.097
4.769	.094
4.885	.086
4.962	.080
5.115	.074
5.346	.063
5.538	.057
6.654	.055
5.692	.049
5.808	.044
6.000	.040
6.038	.037
6.269	.033
6.500	.030
6.577	.026
6.615	.024
6.731	.021
6.962	.019
7.038	.018
7.269	.016
7.385	.015
7.423	.013
7.538	.011
7.654	.008
7.731	.007
8.000	.005
8.115	.003
8.346	.002
8.654	.001
8.769	.001
9.269	.001
9.846	.000

$n_1 = 4, n_2 = 4, n_3 = 5$

x	$P_0\{H \geq x\}$
.000	1.000
.030	.996
.033	.981
.086	.974
.096	. 967

$n_1 = 4, n_2 = 4, n_3 = 5$

x	$P_0\{H \geq x\}$
.119	.952
.132	.937
.201	.930
.218	.916
.228	.903
.267	.889
.297	.875
.343	.869
.376	.862
.382	.849
.399	.836
.425	.823
.475	.811
.528	.798
.544	.792
.597	.780
.610	.768
.613	.757
.640	.745
.689	.734
.742	.723
.771	.711
.804	.706
.824	.695
.860	.690
.870	.679
.903	.668
.910	.658
.940	.647
1.019	.637
1.058	.627
1.068	.617
1.124	.607
1.167	.598
1.187	.589
1.190	.584
1.203	.574
1.256	.565
1.272	.556
1.299	.548
1.371	.539
1.404	.534
1.414	.526

표 11. (계속)

$n_1=4, n_2=4, n_3=5$		$n_1=4, n_2=4, n_3=5$		$n_1=4, n_2=4, n_3=5$		$n_1=4, n_2=4, n_3=5$	
x	$P_0\{H \geq x\}$	x	$P_0\{H \geq x\}$	x	$P_0\{H \geq x\}$	x	$P_0\{H \geq x\}$
1.454	.518	3.013	.228	4.701	.094	6.214	.034
1.503	.509	3.086	.224	4.711	.092	6.228	.033
1.530	.501	3.119	.221	4.728	.091	6.267	.032
1.533	.493	3.129	.217	4.747	.089	6.310	.031
1.586	.485	3.168	.214	4.760	.088	6.343	.030
1.596	.477	3.218	.210	4.813	.086	6.382	.029
1.615	.469	3.260	.206	4.830	.084	6.399	.028
1.668	.465	3.297	.202	4.833	.082	6.462	.027
1.701	.458	3.330	.200	4.896	.081	6.544	.027
1.718	.450	3.382	.197	4.975	.077	6.547	.026
1.744	.443	3.432	.190	5.014	.076	6.597	.026
1.810	.436	3.442	.187	5.024	.074	6.672	.024
1.876	.429	3.481	.183	5.028	.073	6.676	.024
1.899	.422	3.511	.180	5.090	.071	6.804	.023
1.929	.414	3.590	.176	5.172	.069	6.860	.022
1.942	.408	3.613	.170	5.196	.068	6.870	.022
1.958	.401	3.630	.167	5.225	.066	6.887	.021
2.047	.388	3.640	.164	5.344	.065	6.890	.021
2.110	.375	3.656	.160	5.360	.063	6.943	.020
2.140	.371	3.696	.157	5.370	.062	6.953	.020
2.143	.365	3.758	.154	5.387	.061	6.976	.019
2.176	.362	3.828	.151	5.410	.060	7.058	.018
2.196	.356	3.910	.146	5.440	.059	7.075	.017
2.275	.344	3.986	.143	5.476	.057	7.101	.017
2.387	.338	3.989	.141	5.486	.056	7.124	.016
2.390	.332	4.025	.139	5.489	.056	7.190	.016
2.403	.327	4.042	.134	5.519	.054	7.203	.015
2.440	.316	4.068	.132	5.568	.052	7.233	.015
2.443	.310	4.075	.130	5.571	.051	7.240	.014
2.453	.305	4.118	.127	5.618	.050	7.256	.014
2.558	.299	4.170	.125	5.657	.049	7.418	.014
2.575	.293	4.200	.122	5.687	.048	7.467	.013
2.601	.288	4.233	.121	5.756	.047	7.470	.013
2.667	.283	4.253	.119	5.782	.046	7.497	.013
2.670	.279	4.272	.117	5.815	.045	7.503	.012
2.733	.271	4.289	.114	5.819	.043	7.586	.012
2.756	.267	4.332	.112	5.914	.042	7.596	.012
2.799	.262	4.381	.108	6.003	.042	7.714	.011
2.881	.257	4.447	.106	6.013	.041	7.744	.011
2.904	.253	4.497	.104	6.030	.040	7.760	.009
2.918	.249	4.553	.102	6.096	.039	7.767	.009
2.967	.245	4.619	.100	6.119	.038	7.797	.009
2.987	.240	4.668	.098	6.132	.037	7.810	.009
2.997	.236	4.685	.096	6.201	.036	7.833	.008

표 11. (계속)

$n_1 = 4, n_2 = 4, n_3 = 5$

x	$P_0\{H \geq x\}$
7.942	.007
7.981	.007
8.047	.006
8.113	.006
8.130	.006
8.140	.005
8.156	.005
8.189	.005
8.403	.004
8.440	.004
8.456	.004
8.525	.003
8.558	.003
8.571	.003
8.604	.003
8.703	.003
8.733	.003
8.782	.002
8.868	.002
8.997	.002
9.053	.001
9.099	.001
9.129	.001
9.168	.001
9.396	.001
9.528	.001
9.590	.001
9.613	.000
9.758	.000
10.118	.000
10.187	.000
10.681	.000

$n_1 = 4, n_2 = 5, n_3 = 5$

x	$P_0\{H \geq x\}$
.006	1.000
.020	.994
.043	.988
.051	.976
.086	970

$n_1 = 4, n_2 = 5, n_3 = 5$

x	$P_0\{H \geq x\}$
.111	.958
.131	.946
.143	.935
.180	.929
.203	.923
.223	.912
.226	.901
.271	.890
.280	.879
.326	.874
.360	.863
.371	.852
.386	.841
.463	.821
.500	.805
.523	.800
.543	.790
.546	.781
.591	.771
.600	.752
.691	.742
.706	.738
.726	.729
.751	.720
.771	.711
.783	.693
.843	.684
.863	.675
.866	.667
.966	.658
.980	.654
1.000	.650
1.003	.642
1.011	.626
1.046	.617
1.071	.610
1.140	.594
1.183	.587
1.186	.579
1.286	.572
1.300	.553
1.323	.547
1.331	.540
1.346	.532

$n_1 = 4, n_2 = 5, n_3 = 5$

x	$P_0\{H \geq x\}$
1.366	.525
1.411	.518
1.423	.512
1.483	.505
1.551	.498
1.560	.492
1.606	.485
1.620	.479
1.643	.470
1.651	.458
1.686	.455
1.711	.449
1.731	.443
1.743	.437
1.803	.431
1.826	.425
1.871	.420
1.963	.414
1.971	.409
1.986	.398
2.006	.393
2.031	.382
2.051	.377
2.063	.372
2.100	.369
2.143	.364
2.191	.354
2.246	.349
2.280	.344
2.306	.339
2.351	.335
2.371	.330
2.383	.326
2.420	.322
2.443	.319
2.463	.307
2.466	.302
2.511	.298
2.520	.294
2.566	.292
2.600	.288
2.626	.284
2.691	.280
2.740	.276

$n_1 = 4, n_2 = 5, n_3 = 5$

x	$P_0\{H \geq x\}$
2.783	.272
2.786	.268
2.831	.257
2.840	.254
2.886	.250
2.931	.246
2.946	.239
2.966	.236
2.991	.232
3.023	.229
3.083	.224
3.103	.221
3.160	.218
3.240	.215
3.243	.211
3.266	.209
3.286	.203
3.311	.200
3.343	.197
3.380	.188
3.403	.187
3.471	.184
3.540	.176
3.571	.174
3.586	.170
3.651	.167
3.743	.162
3.746	.160
3.791	.155
3.800	.153
3.846	.151
3.883	.148
3.891	.144
3.906	.142
3.926	.140
3.951	.137
3.971	.135
4.043	.133
4.063	.131
4.166	.127
4.200	.124
4.203	.122
4.246	.120
4.271	.118

표 11. (계속)

$n_1=4, n_2=4, n_3=5$

x	$P_0\{H \geq x\}$
4.291	.115
4.303	.113
4.363	.111
4.383	.110
4.386	.108
4.486	.106
4.500	.105
4.520	.101
4.523	.099
4.531	.098
4.591	.096
4.611	.095
4.660	.093
4.706	.092
4.806	.089
4.843	.088
4.851	.086
4.866	.084
4.886	.083
4.911	.079
4.943	.078
4.980	.076
5.023	.075
5.071	.074
5.126	.073
5.163	.070
5.171	.069
5.186	.068
5.206	.067
5.231	.066
5.263	.064
5.323	.063
5.400	.061
5.446	.059
5.460	.058
5.483	.057
5.491	.056
5.526	.056
5.571	.055
5.583	.052
5.620	.051
5.643	.050
5.666	.049

$n_1=4, n_2=4, n_3=5$

x	$P_0\{H \geq x\}$
5.711	.048
5.780	.048
5.803	.047
5.811	.046
5.871	.045
5.903	.043
5.963	.042
5.983	.042
5.986	.041
6.031	.040
6.086	.040
6.100	.038
6.123	.037
6.146	.037
6.166	.035
6.211	.035
6.223	.034
6.283	.034
6.303	.033
6.351	.032
6.406	.031
6.440	.030
6.451	.029
6.486	.029
6.531	.028
6.543	.028
6.603	.027
6.623	.026
6.626	.026
6.671	.025
6.760	.025
6.763	.024
6.771	.024
6.786	.023
6.806	.022
6.831	.022
6.900	.021
6.943	.020
7.000	.019
7.046	.019
7.080	.018
7.106	.018
7.171	.018

$n_1=4, n_2=4, n_3=5$

x	$P_0\{H \geq x\}$
7.183	.017
7.220	.017
7.243	.017
7.266	.016
7.311	.015
7.320	.015
7.426	.015
7.446	.014
7.471	.014
7.491	.014
7.503	.013
7.563	.013
7.586	.012
7.631	.012
7.640	.011
7.686	.011
7.720	.011
7.766	.010
7.791	.010
7.823	.010
7.860	.010
7.903	.009
7.906	.009
8.006	.009
8.043	.009
8.051	.008
8.066	.008
8.086	.008
8.131	.008
8.143	.007
8.223	.007
8.226	.007
8.271	.006
8.280	.006
8.340	.006
8.363	.006
8.371	.005
8.386	.005
8.431	.005
8.463	.005
8.523	.005
8.543	.005
8.546	.004

$n_1=4, n_2=4, n_3=5$

x	$P_0\{H \geq x\}$
8.683	.004
8.691	.004
8.726	.004
8.751	.004
8.771	.004
8.969	.003
8.980	.003
9.000	.003
9.011	.003
9.026	.003
9.071	.002
9.103	.002
9.163	.002
9.231	.002
9.286	.002
9.323	.001
9.411	.001
9.503	.001
9.506	.001
9.606	.001
9.643	.001
9.651	.001
9.686	.001
9.926	.001
9.986	.000
10.051	.000
10.063	.000
10.100	.000
10.260	.000
10.511	.000
10.520	.000
10.566	.000
10.646	.000
11.023	.000
11.083	.000
11.571	.000

$n_1=5, n_2=5, n_3=5$

x	$P_0\{H \geq x\}$
.000	1.000
.020	.998

표 11. (계속)

$n_1=5, n_2=5, n_3=5$		$n_1=5, n_2=5, n_3=5$		$n_1=5, n_2=5, n_3=5$		$n_1=5, n_2=5, n_3=5$	
x	$P_0\{H \geq x\}$	x	$P_0\{H \geq x\}$	x	$P_0\{H \geq x\}$	x	$P_0\{H \geq x\}$
.060	.983	2.340	.330	5.120	.072	8.000	.009
.080	.968	2.420	.319	5.180	.070	8.060	.009
.140	.954	2.480	.314	5.360	.065	8.180	.008
.180	.925	2.540	.304	5.420	.063	8.240	.008
.240	.911	2.580	.294	5.460	.060	8.340	.007
.260	.898	2.660	.284	5.540	.055	8.420	.007
.320	.871	2.780	.265	5.580	.053	8.540	.006
.380	.858	2.880	.256	5.660	.051	8.640	.006
.420	.832	2.940	.252	5.780	.049	8.660	.006
.500	.807	2.960	.239	5.820	.048	8.720	.005
.540	.794	3.020	.231	5.840	.046	8.780	.005
.560	.783	3.120	.223	6.000	.044	8.820	.005
.620	.759	3.140	.216	6.020	.043	8.880	.004
.720	.736	3.260	.208	6.080	.040	8.960	.004
.740	.725	3.380	.201	6.140	.038	9.060	.004
.780	.703	3.420	.190	6.180	.036	9.140	.003
.860	.681	3.440	.184	6.260	.035	9.260	.003
.960	.660	3.500	1.77	6.320	.033	9.360	.003
.980	.650	3.620	.171	6.480	.032	9.380	.003
1.040	.620	3.660	.165	6.500	.031	9.420	.002
1.140	.601	3.780	.159	6.540	.030	9.500	.002
1.220	.582	3.840	.153	6.620	.028	9.620	.002
1.260	.564	3.760	.150	6.660	.027	9.680	.001
1.280	.547	3.920	.145	6.720	.026	9.740	.001
1.340	.538	3.980	.137	6.740	.025	9.780	.001
1.460	.521	4.020	.132	6.860	.024	9.920	.001
1.500	.505	4.160	.127	6.980	.021	9.980	.001
1.520	.497	4.220	.123	7.020	.020	10.140	.001
1.580	.481	4.340	.118	7.220	.019	10.220	.001
1.620	.466	.4380	.110	7.260	.018	10.260	.000
1.680	.459	4.460	.105	7.280	.018	10.500	.000
1.820	.444	4.500	.102	7.340	.016	10.580	.000
1.860	.416	4.560	.100	7.440	.015	10.640	.000
1.940	.403	4.580	.096	7.460	.015	10.820	.000
2.000	.390	4.740	.092	7.580	.014	11.060	.000
2.060	.383	4.820	.089	7.620	.013	11.180	.000
2.160	.371	4.860	.085	7.740	.012	11.520	.000
2.180	.365	4.880	.084	7.760	.012	11.580	.000
2.220	.353	4.940	.081	7.940	.011	12.020	.000
2.240	.342	5.040	.075	7.980	.011	12.500	.000

표 12. 존키어 통계량(J) 분포표 : $j(\alpha,k,(n_1,\cdots,n_k))$

$P_0\{J \geq j(\alpha,k,(n_1,\cdots,n_k)\}=\alpha$를 만족하는 $j(\alpha,k,(n_1,\cdots,n_k))$ 값

$k=3$

$n_1\ n_2\ n_3$	α	$j(\alpha,3,(n_1,n_2,n_3))$
2 2 2	.5778	6
	.4222	7
	.2889	8
	.1667	9
	.0889	10
	.0333	11
	.0111	12
2 2 3	.5619	8
	.4381	9
	.2191	11
	.1381	12
	.0762	13
	.0381	14
	.0143	15
	.0048	16
2 2 4	.5524	10
	.4476	11
	.2571	13
	.1810	14
	.1167	15
	.0714	16
	.0381	17
	.0191	18
	.0071	19
	.0024	20
2 2 5	.5450	12
	.4550	13
	.2156	16
	.1534	17
	.1045	18
	.0661	19
	.0397	20
	.0212	21
	.0106	22
	.0040	23

$k=3$

$n_1\ n_2\ n_3$	α	$j(\alpha,3,(n_1,n_2,n_3))$
2 2 6	.5397	14
	.4603	15
	.2444	18
	.1849	19
	.1357	20
	.0944	21
	.0635	22
	.0397	23
	.0238	24
	.0127	25
	.0064	26
	.0024	27
2 2 7	.5354	16
	.4647	17
	.2121	21
	.1636	22
	.1217	23
	.0879	24
	.0606	25
	.0404	26
	.0253	27
	.0152	28
	.0081	29
	.0040	30
2 2 8	.5320	18
	.4680	19
	.2354	23
	.1886	24
	.1118	26
	.0822	27
	.0589	28
	.0404	29
	.0269	30
	.0168	31
	.0101	32
	.0054	33
	.0027	34

표 12. (계속)

$k=3$		
n_1 n_2 n_3	α	$j(\alpha,3,(n_1,n_2,n_3))$
2 3 3	.5000	11
	.4000	12
	.2214	14
	.1518	15
	.0964	16
	.0571	17
	.0304	18
	.0143	19
	.0054	20
	.0018	21
2 3 4	.5429	13
	.4571	14
	.2222	17
	.1619	18
	.1119	19
	.0738	20
	.0452	21
	.0262	22
	.0135	23
	.0064	24
	.0024	25
2 3 5	.5000	16
	.4250	17
	.2230	20
	.1694	21
	.1242	22
	.0877	23
	.0591	24
	.0381	25
	.0230	26
	.0131	27
	.0068	28
	.0032	29
2 3 6	.5336	18
	.4665	19
	.2234	23
	.1755	24
	.1340	25
	.0996	26
	.0714	27
	.0496	28

$k=3$		
n_1 n_2 n_3	α	$j(\alpha,3,(n_1,n_2,n_3))$
2 3 6	.0329	29
	.0210	30
	.0126	31
	.0071	32
	.0037	33
2 3 7	.5000	21
	.4400	22
	.2237	26
	.1803	27
	.1096	29
	.0823	30
	.0602	31
	.0427	32
	.0293	33
	.0193	34
	.0123	35
	.0073	36
	.0042	37
2 3 8	.5273	23
	.4727	24
	.2239	29
	.1843	30
	.1183	32
	.0919	33
	.0520	35
	.0377	36
	.0265	37
	.0181	38
	.0119	9
	.0075	40
	.0045	41
2 4 4	.5375	16
	.4625	17
	.2559	20
	.1981	21
	.1079	23
	.0756	24
	.0502	25
	.0321	26
	.0191	27
	.0108	28

표 12. (계속)

$k=3$

n_1 n_2 n_3	α	$j(\alpha,3,(n_1,n_2,n_3))$
2 4 4	.0054	29
	.0025	30
2 4 5	.5326	19
	.4674	20
	.2287	24
	.1810	25
	.1049	27
	.0766	28
	.0540	29
	.0368	30
	.0240	31
	.0150	32
	.0088	33
	.0049	34
2 4 6	.5293	22
	.4707	23
	.2086	28
	.1680	29
	.1025	31
	.0774	32
	.0569	33
	.0408	34
	.0282	35
	.0190	36
	.0122	37
	.0076	38
	.0044	39
2 4 7	.5263	25
	.4737	26
	.2321	31
	.1931	32
	.1005	35
	.0780	36
	.0592	37
	.0441	38
	.0319	39
	.0226	40
	.0103	42
	.0066	43
	.0041	44

$k=3$

n_1 n_2 n_3	α	$j(\alpha,3,(n_1,n_2,n_3))$
2 4 8	.5241	28
	.4759	29
	.2150	35
	.1808	36
	.1227	38
	.0988	39
	.0611	41
	.0469	42
	.0259	44
	.0186	45
	.0131	46
	.0089	47
	.0059	48
	.0038	49
2 5 5	.5000	23
	.4423	24
	.2327	28
	.1900	29
	.1194	31
	.0916	32
	.0501	34
	.0357	35
	.0245	36
	.0105	38
	.0064	39
	.0037	40
2 5 6	.5260	26
	.4740	27
	.2360	32
	.1971	33
	.1046	36
	.0818	37
	.0628	38
	.0472	39
	.0347	40
	.0249	41
	.0118	43
	.0078	44
	.0049	45

표 12. (계속)

$k=3$		
n_1 n_2 n_3	α	$j(\alpha,3,(n_1,n_2,n_3))$
2 5 7	.5000	30
	.4530	31
	.2029	37
	.1706	38
	.1159	40
	.0936	41
	.0582	43
	.0448	44
	.0251	46
	.0182	47
	.0129	48
	.0089	49
	.0060	50
	.0039	51
2 5 8	.5215	33
	.4785	34
	.2077	41
	.1776	42
	.1040	45
	.0850	46
	.0546	48
	.0428	49
	.0252	51
	.0189	52
	.0138	53
	.0100	54
	.0070	55
	.0048	56
2 6 6	.5234	30
	.4766	31
	.2220	37
	.1882	38
	.1061	41
	.0853	42
	.0526	44
	.0403	45
	.0303	46
	.0224	47
	.0114	49
	.0079	50
	.0053	51
	.0034	52

$k=3$		
n_1 n_2 n_3	α	$j(\alpha,3,(n_1,n_2,n_3))$
2 6 7	.5213	34
	.4788	35
	.2109	42
	.1809	43
	.1072	46
	.0880	47
	.0572	49
	.0452	50
	.0270	52
	.0204	53
	.0110	55
	.0079	56
	.0055	57
	.0038	58
2 6 8	.5195	38
	.4805	39
	.2018	47
	.1749	48
	.1080	51
	.0903	52
	.0612	54
	.0495	55
	.0314	57
	.0245	58
	.0107	61
	.0079	62
	.0057	63
	.0040	64
2 7 7	.5000	39
	.4613	40
	.2174	47
	.1895	48
	.1003	52
	.0836	53
	.0563	55
	.0454	56
	.0286	58
	.0223	59
	.0129	61
	.0096	62
	.0051	64
	.0036	65

표 12. (계속)

$k=3$

n_1 n_2 n_3	α	$j(\alpha,3,(n_1,n_2,n_3))$
2 7 8	.5178	43
	.4822	44
	.2229	52
	.1968	53
	.1113	57
	.0947	58
	.0554	61
	.0456	62
	.0299	64
	.0238	65
	.0113	68
	.0086	69
	.0064	70
	.0047	71
2 8 8	.5164	48
	.4836	49
	.2162	58
	.1925	59
	.1139	63
	.0983	64
	.0509	68
	.0423	69
	.0286	71
	.0232	72
	.0117	75
	.0091	76
	.0054	78
	.0040	79
3 3 3	.5000	14
	.4155	15
	.2595	17
	.1941	18
	.1387	19
	.0946	20
	.0613	21
	.0369	22
	.0208	23
	.0107	24
	.0048	25

$k=3$

n_1 n_2 n_3	α	$j(\alpha,3,(n_1,n_2,n_3))$
3 3 4	.5000	17
	.4267	18
	.2283	21
	.1750	22
	.1300	23
	.0931	24
	.0641	25
	.0421	26
	.0264	27
	.0155	28
	.0086	29
	.0043	30
3 3 5	.5000	20
	.4353	21
	.2058	25
	.1615	26
	.1235	27
	.0918	28
	.0662	29
	.0462	30
	.0311	31
	.0200	32
	.0123	33
	.0071	34
	.0039	35
3 3 6	.5000	23
	.4421	24
	.2319	28
	.1891	29
	.1185	31
	.0908	32
	.0679	33
	.0495	34
	.0351	35
	.0241	36
	.0102	38
	.0062	39
	.0036	40

표 12. (계속)

n_1 n_2 n_3	α	$j(\alpha,3,(n_1,n_2,n_3))$
3 3 7	.5000	26
	.4476	27
	.2132	32
	.1762	33
	.1145	35
	.0899	36
	.0522	38
	.0385	39
	.0277	40
	.0194	41
	.0132	42
	.0087	43
	.0055	44
	.0034	45
3 3 8	.5000	29
	.4522	30
	.2343	35
	.1984	36
	.1113	39
	.0891	40
	.0545	42
	.0414	43
	.0309	44
	.0226	45
	.0112	47
	.0076	48
	.0050	49
3 4 4	.5322	20
	.4678	21
	.2325	25
	.1853	26
	.1093	28
	.0804	29
	.0576	30
	.0397	31
	.0265	32
	.0169	33
	.0103	34
	.0059	35
	.0032	36

n_1 n_2 n_3	α	$j(\alpha,3,(n_1,n_2,n_3))$
3 4 5	.5000	24
	.4430	25
	.2358	29
	.1933	30
	.1227	32
	.0948	33
	.0528	35
	.0379	36
	.0265	37
	.0179	38
	.0117	39
	.0073	40
	.0044	41
3 4 6	.5257	27
	.4743	28
	.2383	33
	.1997	34
	.1072	37
	.0843	38
	.0651	39
	.0492	40
	.0264	42
	.0187	43
	.0128	44
	.0086	45
	.0055	46
	.0034	47
3 4 7	.5000	31
	.4534	32
	.2050	38
	.1728	39
	.1181	41
	.0957	42
	.0600	44
	.0464	45
	.0263	47
	.0193	48
	.0138	49
	.0096	50
	.0066	51
	.0044	52

표 12. (계속)

$k=3$

n_1 n_2 n_3	α	$j(\alpha,3,(n_1,n_2,n_3))$
3 4 8	.5214	34
	.4786	35
	.2095	42
	.1795	43
	.1058	46
	.0867	47
	.0561	49
	.0442	50
	.0262	52
	.0197	53
	.0106	55
	.0075	56
	.0052	57
	.0035	58
3 5 5	.5000	28
	.4491	29
	.2203	34
	.1837	35
	.1220	37
	.0971	38
	.0582	40
	.0438	41
	.0323	42
	.0232	43
	.0112	45
	.0074	46
	.0048	47
3 5 6	.5000	32
	.4541	33
	.2082	39
	.1761	40
	.1214	42
	.0988	43
	.0628	45
	.0489	46
	.0282	48
	.0209	49
	.0107	51
	.0074	52
	.0050	53
	.0033	54

$k=3$

n_1 n_2 n_3	α	$j(\alpha,3,(n_1,n_2,n_3))$
3 5 7	.5000	36
	.4581	37
	.2296	43
	.1985	44
	.1002	48
	.0822	49
	.0533	51
	.0421	52
	.0252	54
	.0190	55
	.0103	57
	.0074	58
	.0052	59
	.0036	60
3 5 8	.5000	40
	.4615	41
	.2184	48
	.1906	49
	.1014	53
	.0846	54
	.0572	56
	.0463	57
	.0293	59
	.0228	60
	.0100	63
	.0074	64
	.0053	65
	.0038	66
3 6 6	.5209	36
	.4791	37
	.2151	44
	.1853	45
	.1116	48
	.0923	49
	.0609	51
	.0486	52
	.0297	54
	.0227	55
	.0126	57
	.0092	58
	.0066	59
	.0046	60

표 12. (계속)

$k=3$

n_1 n_2 n_3	α	$j(\alpha,3,(n_1,n_2,n_3))$
3 6 7	.5000	41
	.4619	42
	.2209	49
	.1932	50
	.1039	54
	.0870	55
	.0593	57
	.0482	58
	.0308	60
	.0242	61
	.0109	64
	.0081	65
	.0059	66
	.0043	67
3 6 8	.5176	45
	.4824	46
	.2258	54
	.1998	55
	.1144	59
	.0977	60
	.0580	63
	.0479	64
	.0255	67
	.0203	68
	.0124	70
	.0095	71
	.0054	73
	.0040	74
3 7 7	.5000	46
	.4650	47
	.2137	55
	.1887	56
	.1070	60
	.0911	61
	.0537	64
	.0442	65
	.0292	67
	.0234	68
	.0113	71
	.0086	72
	.0065	73
	.0049	74

$k=3$

n_1 n_2 n_3	α	$j(\alpha,3,(n_1,n_2,n_3))$
3 7 8	.5000	51
	.4677	52
	.2077	61
	.1849	62
	.1095	66
	.0946	67
	.0585	70
	.0492	71
	.0278	74
	.0227	75
	.0116	78
	.0091	79
	.0054	81
	.0041	82
3 8 8	.5150	56
	.4850	57
	.2144	67
	.1929	68
	.1054	73
	.0920	74
	.0502	78
	.0425	79
	.0299	81
	.0248	82
	.0109	86
	.0087	87
	.0054	89
	.0042	90
4 4 4	.5284	24
	.4716	25
	.2157	30
	.1756	31
	.1099	33
	.0844	34
	.0632	35
	.0463	36
	.0330	37
	.0229	38
	.0153	39
	.0099	40
	.0062	41
	.0037	42

표 12. (계속)

n_1 n_2 n_3 ($k=3$)	α	$j(\alpha,3,(n_1,n_2,n_3))$
4 4 5	.5254	28
	.4747	29
	.2029	35
	.1683	36
	.1105	38
	.0874	39
	.0518	41
	.0387	42
	.0283	43
	.0203	44
	.0141	45
	.0096	46
	.0063	47
	.0040	48
4 4 6	.5229	32
	.4771	33
	.2265	39
	.1929	40
	.1109	43
	.0898	44
	.0565	46
	.0438	47
	.0334	48
	.0250	49
	.0132	51
	.0093	52
	.0064	53
	.0043	54
4 4 7	.5209	36
	.4791	37
	.2147	44
	.1849	45
	.1112	48
	.0918	49
	.0605	51
	.0482	52
	.0294	54
	.0224	55
	.0125	57
	.0091	58
	.0065	59
	.0045	60

n_1 n_2 n_3 ($k=3$)	α	$j(\alpha,3,(n_1,n_2,n_3))$
4 4 8	.5192	40
	.4808	41
	.2050	49
	.1783	50
	.1114	53
	.0935	54
	.0522	57
	.0420	58
	.0264	60
	.0205	61
	.0119	63
	.0089	64
	.0065	65
	.0047	66
4 5 5	.5000	33
	.4545	34
	.2107	40
	.1787	41
	.1014	44
	.0818	45
	.0509	47
	.0393	48
	.0298	49
	.0222	50
	.0116	52
	.0082	53
	.0056	54
	.0037	55
4 5 6	.5207	37
	.4793	38
	.2172	45
	.1875	46
	.1138	49
	.0944	50
	.0502	53
	.0397	54
	.0310	55
	.0238	56
	.0135	58
	.0099	59
	.0050	61
	.0035	62

표 12. (계속)

$k=3$

n_1 n_2 n_3	α	$j(\alpha,3,(n_1,n_2,n_3))$
4 5 7	.5000	42
	.4622	43
	.2226	50
	.1949	51
	.1057	55
	.0888	56
	.0608	58
	.0496	59
	.0252	62
	.0196	63
	.0115	65
	.0086	66
	.0063	67
	.0046	68
4 5 8	.5175	46
	.4825	47
	.2013	56
	.1772	57
	.1159	60
	.0992	61
	.0592	64
	.0491	65
	.0264	68
	.0210	69
	.0129	71
	.0100	72
	.0057	74
	.0043	75
4 6 6	.5189	42
	.4811	43
	.2097	51
	.1831	52
	.1161	55
	.0981	56
	.0559	59
	.0455	60
	.0291	62
	.0229	63
	.0103	66
	.0077	67
	.0057	68
	.0041	69

$k=3$

n_1 n_2 n_3	α	$j(\alpha,3,(n_1,n_2,n_3))$
4 6 7	.5173	47
	.4827	48
	.2034	57
	.1794	58
	.1013	62
	.0862	63
	.0507	66
	.0417	67
	.0276	69
	.0221	70
	.0107	73
	.0082	74
	.0062	75
	.0046	76
4 6 8	.5160	52
	.4840	53
	.2217	62
	.1982	63
	.1040	68
	.0897	69
	.0554	72
	.0465	73
	.0263	76
	.0214	77
	.0110	80
	.0086	81
	.0051	83
	.0039	84
4 7 7	.5000	53
	.4681	54
	.2107	63
	.1880	64
	.1126	68
	.0976	69
	.0515	73
	.0432	74
	.0296	76
	.0243	77
	.0100	81
	.0078	82
	.0061	83
	.0047	84

표 12. (계속)

$k=3$

n_1 n_2 n_3	α	$j(\alpha,3,(n_1,n_2,n_3))$
4 7 8	.5148	58
	.4852	59
	.2170	69
	.1955	70
	.1081	75
	.0945	76
	.0523	80
	.0444	81
	.0262	84
	.0217	85
	.0118	88
	.0095	89
	.0060	91
	.0047	92
4 8 8	.5138	64
	.4862	65
	.2129	76
	.1932	77
	.1116	82
	.0987	83
	.0575	87
	.0497	88
	.0261	92
	.0219	93
	.0102	97
	.0083	98
	.0054	100
	.0043	101
5 5 5	.5000	38
	.4589	39
	.2032	46
	.1748	47
	.1049	50
	.0867	51
	.0572	53
	.0456	54
	.0279	56
	.0214	57
	.0120	59
	.0087	60
	.0063	61
	.0044	62

$k=3$

n_1 n_2 n_3	α	$j(\alpha,3,(n_1,n_2,n_3))$
5 5 6	.5000	43
	.4625	44
	.2246	51
	.1971	52
	.1078	56
	.0908	57
	.0512	60
	.0415	61
	.0264	63
	.0207	64
	.0122	66
	.0092	67
	.0050	69
	.0036	70
5 5 7	.5000	48
	.4655	49
	.2169	57
	.1920	58
	.1103	62
	.0943	63
	.0563	66
	.0467	67
	.0251	70
	.0201	71
	.0124	73
	.0096	74
	.0055	76
	.0041	77
5 5 8	.5000	53
	.4681	54
	.2104	63
	.1877	64
	.1124	68
	.0973	69
	.0514	73
	.0430	74
	.0295	76
	.0241	77
	.0126	80
	.0099	81
	.0060	83
	.0046	84

표 12. (계속)

$k=3$		
n_1 n_2 n_3	α	$j(\alpha,3,(n_1,n_2,n_3))$
5 6 6	.5172	48
	.4828	49
	.2052	58
	.1812	59
	.1030	63
	.0879	64
	.0521	67
	.0430	68
	.0286	70
	.0230	71
	.0113	74
	.0087	75
	.0066	76
	.0050	77
5 6 7	.5000	54
	.4683	55
	.2122	64
	.1895	65
	.1141	69
	.0991	70
	.0527	74
	.0443	75
	.0251	78
	.0204	79
	.0105	82
	.0082	83
	.0064	84
	.0049	85
5 6 8	.5147	59
	.4853	60
	.2182	70
	.1968	71
	.1094	76
	.0958	77
	.0533	81
	.0454	82
	.0269	85
	.0224	86
	.0122	89
	.0099	90
	.0062	92
	.0049	93

$k=3$		
n_1 n_2 n_3	α	$j(\alpha,3,(n_1,n_2,n_3))$
5 7 7	.5000	60
	.4707	61
	.2081	71
	.1874	72
	.1032	77
	.0902	78
	.0583	81
	.0498	82
	.0300	85
	.0250	86
	.0113	90
	.0090	91
	.0057	93
	.0045	94
5 7 8	.5000	66
	.4727	67
	.2047	78
	.1856	79
	.1068	84
	.0944	85
	.0549	89
	.0474	90
	.0295	93
	.0249	94
	.0119	98
	.0098	99
	.0052	102
	.0041	103
5 8 8	.5127	72
	.4873	73
	.2117	85
	.1934	86
	.1046	92
	.0932	93
	.0564	97
	.0492	98
	.0272	102
	.0232	103
	.0117	107
	.0097	108
	.0054	111
	.0043	112

표 12. (계속)

$k=3$

n_1 n_2 n_3	α	$j(\alpha,3,(n_1,n_2,n_3))$
6 6 6	.5158	54
	.4842	55
	.2015	65
	.1796	66
	.1072	70
	.0929	71
	.0581	74
	.0490	75
	.0282	78
	.0231	79
	.0121	82
	.0095	83
	.0058	85
	.0045	86
6 6 7	.5146	60
	.4854	61
	.2196	71
	.1983	72
	.1108	77
	.0972	78
	.0545	82
	.0465	83
	.0278	86
	.0231	87
	.0103	91
	.0083	92
	.0052	94
	.0041	95
6 6 8	.5136	66
	.4864	67
	.2153	78
	.1956	79
	.1010	85
	.0891	86
	.0515	90
	.0444	91
	.0275	94
	.0231	95
	.0110	99
	.0090	100
	.0059	102
	.0047	103

$k=3$

n_1 n_2 n_3	α	$j(\alpha,3,(n_1,n_2,n_3))$
6 7 7	.5000	67
	.4729	68
	.2060	79
	.1869	80
	.1081	85
	.0956	86
	.0560	90
	.0484	91
	.0256	95
	.0215	96
	.0102	100
	.0083	101
	.0054	103
	.0043	104
6 7 8	.5127	73
	.4873	74
	.2127	86
	.1946	87
	.1057	93
	.0943	94
	.0500	99
	.0435	100
	.0279	103
	.0238	104
	.0100	109
	.0083	110
	.0056	112
	.0045	113
6 8 8	.5118	80
	.4882	81
	.2106	94
	.1936	95
	.1099	101
	.0989	102
	.0553	107
	.0487	108
	.0282	112
	.0244	113
	.0110	118
	.0092	119
	.0053	122
	.0044	123

표 12. (계속)

$k=3$

n_1 n_2 n_3	α	$j(\alpha,3,(n_1,n_2,n_3))$
7 7 7	.5000	74
	.4747	75
	.2041	87
	.1864	88
	.1005	94
	.0894	95
	.0540	99
	.0471	100
	.0261	104
	.0223	105
	.0112	109
	.0093	110
	.0052	113
	.0042	114
7 7 8	.5000	81
	.4764	82
	.2025	95
	.1860	96
	.1048	102
	.0941	103
	.0524	108
	.0461	109
	.0265	113
	.0229	114
	.0102	119
	.0086	120
	.0060	122
	.0049	123
7 8 8	.5111	88
	.4889	89
	.2096	103
	.1938	104
	.1039	111
	.0940	112
	.0544	117
	.0483	118
	.0254	123
	.0221	124
	.0104	129
	.0089	130
	.0053	133
	.0044	134

$k=3$

n_1 n_2 n_3	α	$j(\alpha,3,(n_1,n_2,n_3))$
8 8 8	.5104	96
	.4896	97
	.2087	112
	.1939	113
	.1085	120
	.0989	121
	.0537	127
	.0480	128
	.0263	133
	.0231	134
	.0115	139
	.0099	140
	.0053	144
	.0045	145

$k=4$

n_1 n_2 n_3 n_4	α	$j(\alpha,4,(n_1,\cdots,n_4))$
2 2 2 2	.5492	12
	.4508	13
	.2683	15
	.1929	16
	.1302	17
	.0829	18
	.0484	19
	.0262	20
	.0123	21
	.0052	22
	.0016	23
3 3 3 3	.5276	27
	.4724	28
	.2220	33
	.1823	34
	.1166	36
	.0907	37
	.0515	39
	.0374	40
	.0266	41
	.0183	42
	.0123	43
	.0080	44
	.0050	45

표 12. (계속)

$k=4$		
$n_1\ n_2\ n_3\ n_4$	α	$j(\alpha,4,(n_1,\cdots,n_4))$
4 4 4 4	.5183	48
	.4817	49
	.2172	57
	.1910	58
	.1058	62
	.0895	63
	.0514	66
	.0420	67
	.0272	69
	.0215	70
	.0130	72
	.0100	73
	.0056	75
	.0041	76
5 5 5 5	.5132	75
	.4868	76
	.2030	88
	.1846	89
	.1083	94
	.0962	95
	.0574	99
	.0498	100
	.0271	104
	.0230	105
	.0113	109
	.0093	110
	.0050	113
	.0040	114
6 6 6 6	.5101	108
	.4899	109
	.2004	125
	.1863	126
	.1052	133
	.0961	134
	.0529	140
	.0474	141
	.0265	146
	.0234	147
	.0104	153
	.0089	154
	.0057	157
	.0048	158

$k=4$		
$n_1\ n_2\ n_3\ n_4$	α	$j(\alpha,4,(n_1,\cdots,n_4))$
2 2 2 2 2	.5353	20
	.4647	21
	.2110	25
	.1625	26
	.1213	27
	.0878	28
	.0613	29
	.0412	30
	.0265	31
	.0162	32
	.0094	33
	.0051	34
	.0026	35
3 3 3 3 3	.5198	45
	.4802	46
	.2274	53
	.1982	54
	.1049	58
	.0874	59
	.0588	61
	.0475	62
	.0300	64
	.0234	65
	.0102	68
	.0076	69
	.0055	70
	.0039	71
4 4 4 4 4	.5131	80
	.4870	81
	.2059	93
	.1876	94
	.1113	99
	.0991	100
	.0521	105
	.0452	106
	.0288	109
	.0245	110
	.0102	115
	.0084	116
	.0056	118
	.0046	119

표 12. (계속)

$k=5$

$n_1n_2n_3n_4n_5$	α	$j(\alpha,5,(n_1,\cdots,n_5))$
5 5 5 5 5	.5094	125
	.4906	126
	.2035	143
	.1903	144
	.1039	152
	.0954	153
	.0549	159
	.0497	160
	.0260	166
	.0232	167
	.0110	173
	.0096	174
	.0055	178
	.0047	179
6 6 6 6 6	.5072	180
	.4928	181
	.2075	203
	.1972	204
	.1049	215
	.0984	216
	.0523	225
	.0484	226
	.0251	234
	.0229	235
	.0107	243
	.0097	244
	.0051	250
	.0046	251

$k=6$

$n_1n_2n_3n_4n_5n_6$	α	$j(\alpha,6,(n_1,\cdots,n_6))$
2 2 2 2 2 2	.5271	30
	.4729	31
	.2265	36
	.1871	37
	.1215	39
	.0953	40
	.0553	42
	.0408	43
	.0294	44
	.0207	45

$k=6$

$n_1n_2n_3n_4n_5n_6$	α	$j(\alpha,6,(n_1,\cdots,n_6))$
2 2 2 2 2 2	.0142	46
	.0094	47
	.0061	48
	.0038	49
3 3 3 3 3 3	.5000	68
	.4698	69
	.2015	79
	.1806	80
	.1109	84
	.0969	85
	.0533	89
	.0452	90
	.0266	93
	.0220	94
	.0119	97
	.0096	98
	.0060	100
	.0047	101
4 4 4 4 4 4	.5099	120
	.4901	121
	.2049	137
	.1909	138
	.1005	146
	.0918	147
	.0508	153
	.0457	154
	.0257	159
	.0227	160
	.0103	166
	.0089	167
	.0057	170
	.0049	171
5 5 5 5 5 5	.5000	188
	.4857	189
	.2039	211
	.1938	212
	.1032	223
	.0968	224
	.0515	233
	.0478	234
	.0270	241

표 12. (계속)

$k=6$		
$n_1n_2n_3n_4n_5n_6$	α	$j(\alpha,6,(n_1,\cdots,n_6))$
5 5 5 5 5 5	.0248	242
	.0107	251
	.0096	252
	.0051	258
	.0046	259
6 6 6 6 6 6	.5055	270
	.4945	271
	.2007	301
	.1930	302

$k=6$		
$n_1n_2n_3n_4n_5n_6$	α	$j(\alpha,6,(n_1,\cdots,n_6))$
6 6 6 6 6 6	.1048	316
	.0998	317
	.0529	329
	.0499	330
	.0252	341
	.0236	342
	.0108	353
	.0100	354
	.0053	362
	.0049	363

표 13. 튜키의 전체처리비교 기각값 : $q(\alpha,k,v)$

$\alpha = .05$

v \ k	2	3	4	5	6	7	8	9	10
1	17.97	26.98	32.82	37.08	40.41	43.12	45.40	47.36	49.07
2	6.085	8.331	9.798	10.88	11.74	12.44	13.03	13.54	13.99
3	4.501	5.910	6.825	7.502	8.037	8.478	8.853	9.177	9.462
4	3.927	5.040	5.757	6.287	6.707	7.053	7.347	7.602	7.826
5	3.635	4.602	5.218	5.673	6.033	6.330	6.582	6.802	6.995
6	3.461	4.339	4.896	5.305	5.628	5.895	6.122	6.319	6.493
7	3.344	4.165	4.681	5.060	5.359	5.606	5.815	5.998	6.158
8	3.261	4.041	4.529	4.886	5.167	5.399	5.597	5.767	5.918
9	3.199	3.949	4.415	4.756	5.024	5.244	5.432	5.595	5.739
10	3.151	3.877	4.327	4.654	4.912	5.124	5.305	5.461	5.599
11	3.113	3.820	4.256	4.574	4.823	5.028	5.202	5.353	5.487
12	3.082	3.773	4.199	4.508	4.751	4.950	5.119	5.265	5.395
13	3.055	3.735	4.151	4.453	4.690	4.885	5.049	5.192	5.318
14	3.033	3.702	4.111	4.407	4.639	4.829	4.990	5.131	5.254
15	3.014	3.674	4.076	4.367	4.595	4.782	4.940	5.077	5.198
16	2.998	3.649	4.046	4.333	4.557	4.741	4.897	5.031	5.150
17	2.984	3.628	4.020	4.303	4.524	4.705	4.858	4.991	5.108
18	2.971	3.609	3.997	4.277	4.495	4.673	4.824	4.956	5.071
19	2.960	3.593	3.977	4.253	4.469	4.645	4.794	4.924	5.038
20	2.950	3.578	3.958	4.232	4.445	4.620	4.768	4.896	5.008
24	2.919	3.532	3.901	4.166	4.373	4.541	4.684	4.807	4.915
30	2.888	3.486	3.845	4.102	4.302	4.464	4.602	4.720	4.824
40	2.858	3.442	3.791	4.039	4.232	4.389	4.521	4.635	4.735
60	2.829	3.399	3.737	3.977	4.163	4.314	4.441	4.550	4.646
120	2.800	3.356	3.685	3.917	4.096	4.241	4.363	4.468	4.560
∞	2.772	3.314	3.633	3.858	4.030	4.170	4.286	4.387	4.474

표 13. (계속)

v \ k	11	12	13	14	15	16	17	18	19
	α = .05								
1	50.59	51.96	53.20	54.33	55.36	56.32	57.22	58.04	58.83
2	14.39	14.75	15.08	15.38	15.65	15.91	16.14	16.37	16.57
3	9.717	9.946	10.15	10.35	10.53	10.69	10.84	10.98	11.11
4	8.027	8.208	8.373	8.525	8.664	8.794	8.914	9.028	9.134
5	7.168	7.324	7.466	7.596	7.717	7.828	7.932	8.030	8.122
6	6.649	6.789	6.917	7.034	7.143	7.244	7.338	7.426	7.508
7	6.302	6.431	6.550	6.658	6.759	6.852	6.939	7.020	7.097
8	6.054	6.175	6.287	6.389	6.483	6.571	6.653	6.729	6.802
9	5.867	5.983	6.089	6.186	6.276	6.359	6.437	6.510	6.579
10	5.722	5.833	5.935	6.028	6.114	6.194	6.269	6.339	6.405
11	5.605	5.713	5.811	5.901	5.984	6.062	6.134	6.202	6.265
12	5.511	5.615	5.710	5.798	5.878	5.953	6.023	6.089	6.151
13	5.431	5.533	5.625	5.711	5.789	5.862	5.931	5.995	6.055
14	5.364	5.463	5.554	5.637	5.714	5.786	5.852	5.915	5.974
15	5.306	5.404	5.493	5.574	5.649	5.720	5.785	5.846	5.904
16	5.256	5.352	5.439	5.520	5.593	5.662	5.727	5.786	5.843
17	5.212	5.307	5.392	5.471	5.544	5.612	5.675	5.734	5.790
18	5.174	5.267	5.352	5.429	5.501	5.568	5.630	5.688	5.743
19	5.140	5.231	5.315	5.391	5.462	5.528	5.589	5.647	5.701
20	5.108	5.199	5.282	5.357	5.427	5.493	5.553	5.610	5.663
24	5.012	5.099	5.179	5.251	5.319	5.381	5.439	5.494	5.545
30	4.917	5.001	5.077	5.147	5.211	5.271	5.327	5.379	5.429
40	4.824	4.904	4.977	5.044	5.106	5.163	5.216	5.266	5.313
60	4.732	4.808	4.878	4.942	5.001	5.056	5.107	5.154	5.199
120	4.641	4.714	4.781	4.842	4.898	4.950	4.998	5.044	5.086
∞	4.552	4.622	4.685	4.743	4.796	4.845	4.891	4.934	4.974

표 13. (계속)

v \ k	20	22	24	26	28	30	32	34	36
					$\alpha=.05$				
1	59.56	60.91	62.12	63.22	64.23	65.15	66.01	66.81	67.56
2	16.77	17.13	17.45	17.75	18.02	18.27	18.50	18.72	18.92
3	11.24	11.47	11.68	11.87	12.05	12.21	12.36	12.50	12.63
4	9.233	9.418	9.584	9.736	9.875	10.00	10.12	10.23	10.34
5	8.208	8.368	8.512	8.643	8.764	8.875	8.979	9.075	9.165
6	7.587	7.730	7.861	7.979	8.088	8.189	8.283	8.370	8.452
7	7.170	7.303	7.423	7.533	7.634	7.728	7.814	7.895	7.972
8	6.870	6.995	7.109	7.212	7.307	7.395	7.477	7.554	7.625
9	6.644	6.763	6.871	6.970	7.061	7.145	7.222	7.295	7.363
10	6.467	6.582	6.686	6.781	6.868	6.948	7.023	7.093	7.159
11	6.326	6.436	6.536	6.628	6.712	6.790	6.863	6.930	6.994
12	6.209	6.317	6.414	6.503	6.585	6.660	6.731	6.796	6.858
13	6.112	6.217	6.312	6.398	6.478	6.551	6.620	6.684	6.744
14	6.029	6.132	6.224	6.309	6.387	6.459	6.526	6.588	6.647
15	5.958	6.059	6.149	6.233	6.309	6.379	6.445	6.506	6.564
16	5.897	5.995	6.084	6.166	6.241	6.310	6.374	6.434	6.491
17	5.842	5.940	6.027	6.107	6.181	6.249	6.313	6.372	6.427
18	5.794	5.890	5.977	6.055	6.128	6.195	6.258	6.316	6.371
19	5.752	5.846	5.932	6.009	6.081	6.147	6.209	6.267	6.321
20	5.714	5.807	5.891	5.968	6.039	6.104	6.165	6.222	6.275
24	5.594	5.683	5.764	5.838	5.906	5.968	6.027	6.081	6.132
30	5.475	5.561	5.638	5.709	5.774	5.833	5.889	5.941	5.990
40	5.358	5.439	5.513	5.581	5.642	5.700	5.753	5.803	5.849
60	5.241	5.319	5.389	5.453	5.512	5.566	5.617	5.664	5.708
120	5.126	5.200	5.266	5.327	5.382	5.434	5.481	5.526	5.568
∞	5.012	5.081	5.144	5.201	5.253	5.301	5.346	5.388	5.427

표 13. (계속)

v \ k	38	40	50	60	70	80	90	100
				α = .05				
1	66.26	68.92	71.73	73.97	75.82	77.40	78.77	79.98
2	19.11	19.28	20.05	20.66	21.16	21.59	21.96	22.29
3	12.75	12.87	13.36	13.76	14.08	14.36	14.61	14.82
4	10.44	10.53	10.93	11.24	11.51	11.73	11.92	12.09
5	9.250	9.330	9.674	9.949	10.18	10.38	10.54	10.69
6	8.529	8.601	8.913	9.163	9.370	9.548	9.702	9.839
7	8.043	8.110	8.400	8.632	8.824	8.989	9.133	9.261
8	7.693	7.756	8.029	8.248	8.430	8.586	8.722	8.843
9	7.428	7.488	7.749	7.958	8.132	8.281	8.410	8.526
10	7.220	7.279	7.529	7.730	7.897	8.041	8.166	8.276
11	7.053	7.110	7.352	7.546	7.708	7.847	7.968	8.075
12	6.916	6.970	7.205	7.394	7.552	7.687	7.804	7.909
13	6.800	6.854	7.083	7.267	7.421	7.552	7.667	7.769
14	6.702	6.754	6.979	7.159	7.309	7.438	7.550	7.650
15	6.618	6.669	6.888	7.065	7.212	7.339	7.449	7.546
16	6.544	6.594	6.810	6.984	7.128	7.252	7.360	7.457
17	6.479	6.529	6.741	6.912	7.054	7.176	7.283	7.377
18	6.422	6.471	6.680	6.848	6.989	7.109	7.213	7.307
19	6.371	6.419	6.626	6.792	6.930	7.048	7.152	7.244
20	6.325	6.373	6.576	6.740	6.877	6.994	7.097	7.187
24	6.181	6.226	6.421	6.579	6.710	6.822	6.920	7.008
30	6.037	6.080	6.267	6.417	6.543	6.650	6.744	6.827
40	5.893	5.934	6.112	6.255	6.375	6.477	6.566	6.645
60	5.750	5.789	5.958	6.093	6.206	6.303	6.387	6.462
120	5.607	5.644	5.802	5.929	6.035	6.126	6.205	6.275
∞	5.463	5.498	5.646	5.764	5.863	5.947	6.020	6.085

표 13. (계속)

α = .01

v \ k	2	3	4	5	6	7	8	9	10
1	90.03	135.0	164.3	185.6	202.2	215.8	227.2	237.0	245.6
2	14.04	19.02	22.29	24.72	26.63	28.20	29.53	30.68	31.69
3	8.261	10.62	12.17	13.33	14.24	15.00	15.64	16.20	16.69
4	6.512	8.120	9.173	9.958	10.58	11.1	11.55	11.93	12.27
5	5.702	6.976	7.804	8.421	8.913	9.321	9.669	9.972	10.24
6	5.243	6.331	7.033	7.556	7.973	8.318	8.613	8.869	9.097
7	4.949	5.919	6.543	7.005	7.373	7.679	7.939	8.166	8.368
8	4.746	5.635	6.204	6.625	6.960	7.237	7.474	7.681	7.863
9	4.596	5.428	5.957	6.348	6.658	6.915	7.134	7.325	7.495
10	4.482	5.270	5.769	6.136	6.428	6.669	6.875	7.055	7.213
11	4.392	5.146	5.621	5.970	6.247	6.476	6.672	6.842	6.992
12	4.320	5.046	5.502	5.836	6.101	6.321	6.507	6.670	6.814
13	4.260	4.964	5.404	5.727	5.981	6.192	6.372	6.528	6.667
14	4.210	4.895	5.322	5.634	5.881	6.085	6.258	6.409	6.543
15	4.168	4.836	5.252	5.556	5.796	5.994	6.162	6.309	6.439
16	4.131	4.786	5.192	5.489	5.722	5.915	6.079	6.222	6.349
17	4.099	4.742	5.140	5.430	5.659	5.847	6.007	6.147	6.270
18	4.071	4.703	5.094	5.379	5.603	5.788	5.944	6.081	6.201
19	4.046	4.670	5.054	5.334	5.554	5.735	5.889	6.022	6.141
20	4.024	4.639	5.018	5.294	5.510	5.688	5.839	5.970	6.087
24	3.956	4.546	4.907	5.168	5.374	5.542	5.685	5.809	5.919
30	3.889	4.455	4.799	5.048	5.242	5.401	5.536	5.653	5.756
40	3.825	4.367	4.696	4.931	5.114	5.265	5.392	5.502	5.599
60	3.762	4.282	4.595	4.818	4.991	5.133	5.253	5.356	5.447
120	3.702	4.200	4.497	4.709	4.872	5.005	5.118	5.214	5.299
∞	3.643	4.120	4.403	4.603	4.757	4.882	4.987	5.078	5.157

표 13. (계속)

α = .01									
v \ k	11	12	13	14	15	16	17	18	19
1	253.2	260.0	266.2	271.8	277.0	281.8	286.3	290.4	294.3
2	32.59	33.40	34.13	34.81	35.43	36.00	36.53	37.03	37.50
3	17.13	17.53	17.89	18.22	18.52	18.81	19.07	19.32	19.55
4	12.57	12.84	13.09	13.32	13.53	13.73	13.91	14.08	14.24
5	10.48	10.70	10.89	11.08	11.24	11.40	11.55	11.68	11.81
6	9.301	9.485	9.653	9.808	9.951	10.08	10.21	10.32	10.43
7	8.548	8.711	8.860	8.997	9.124	9.242	9.353	9.456	9.554
8	8.027	8.176	8.312	8.436	8.552	8.659	8.760	8.854	8.943
9	7.647	7.784	7.910	8.025	8.132	8.232	8.325	8.412	8.495
10	7.356	7.485	7.603	7.712	7.812	7.906	7.993	8.076	8.153
11	7.128	7.250	7.362	7.465	7.560	7.649	7.732	7.809	7.883
12	6.943	7.060	7.167	7.265	7.356	7.441	7.520	7.594	7.665
13	6.791	6.903	7.006	7.101	7.188	7.269	7.345	7.417	7.485
14	6.664	6.772	6.871	6.962	7.047	7.126	7.199	7.268	7.333
15	6.555	6.660	6.757	6.845	6.927	7.003	7.074	7.142	7.204
16	6.462	6.564	6.658	6.744	6.823	6.898	6.967	7.032	7.093
17	6.381	6.480	6.572	6.656	6.734	6.806	6.873	6.937	6.997
18	6.310	6.407	6.497	6.579	6.655	6.725	6.792	6.854	6.912
19	6.247	6.342	6.430	6.510	6.585	6.654	6.719	6.780	6.837
20	6.191	6.285	6.371	6.450	6.523	6.591	6.654	6.714	6.771
24	6.017	6.106	6.186	6.261	6.330	6.394	6.453	6.510	6.563
30	5.849	5.932	6.008	6.078	6.143	6.203	6.259	6.311	6.361
40	5.686	5.764	5.835	5.900	5.961	6.017	6.069	6.119	6.165
60	5.528	5.601	5.667	5.728	5.785	5.837	5.886	5.931	5.974
120	5.375	5.443	5.505	5.562	5.614	5.662	5.708	5.750	5.790
∞	5.227	5.290	5.348	5.400	5.448	5.493	5.535	5.574	5.611

표 13. (계속)

α = .01

v \ k	20	22	24	26	28	30	32	34	36
1	298.0	304.7	310.8	316.3	321.3	326.0	330.3	334.3	338.0
2	37.95	38.76	39.49	40.15	40.76	41.32	41.84	42.33	42.78
3	19.77	20.17	20.53	20.86	21.16	21.44	21.70	21.95	22.17
4	14.40	14.68	14.93	15.16	15.37	15.57	15.75	15.92	16.08
5	11.93	12.16	12.36	12.54	12.71	12.87	13.02	13.15	13.28
6	10.54	10.73	10.91	11.06	11.21	11.34	11.47	11.58	11.69
7	9.646	9.815	9.970	10.11	10.24	10.36	10.47	10.58	10.67
8	9.027	9.182	9.322	9.450	9.569	9.678	9.779	9.874	9.964
9	8.573	8.717	8.847	8.966	9.075	9.177	9.271	9.360	9.443
10	8.226	8.361	8.483	8.595	8.698	8.794	8.883	8.966	9.044
11	7.952	8.080	8.196	8.303	8.400	8.491	8.575	8.654	8.728
12	7.731	7.853	7.964	8.066	8.159	8.246	8.327	8.402	8.473
13	7.548	7.665	7.772	7.870	7.960	8.043	8.121	8.193	8.262
14	7.395	7.508	7.611	7.705	7.792	7.873	7.948	8.018	8.084
15	7.264	7.374	7.474	7.566	7.650	7.728	7.800	7.869	7.932
16	7.152	7.258	7.356	7.445	7.527	7.602	7.673	7.739	7.802
17	7.053	7.158	7.253	7.340	7.420	7.493	7.563	7.627	7.687
18	6.968	7.070	7.163	7.247	7.325	7.398	7.465	7.528	7.587
19	6.891	6.992	7.082	7.166	7.242	7.313	7.379	7.440	7.498
20	6.823	6.922	7.011	7.092	7.168	7.237	7.302	7.362	7.419
24	6.612	6.705	6.789	6.865	6.936	7.001	7.062	7.119	7.173
30	6.407	6.494	6.572	6.644	6.710	6.772	6.828	6.881	6.932
40	6.209	6.289	6.362	6.429	6.490	6.547	6.600	6.650	6.697
60	6.015	6.090	6.158	6.220	6.277	6.330	6.378	6.424	6.467
120	5.827	5.897	5.959	6.016	6.069	6.117	6.162	6.204	6.244
∞	5.645	5.709	5.766	5.818	5.866	5.911	5.952	5.990	6.026

표 13. (계속)

v \ k	38	40	50	60	70	80	90	100
				α = .01				
1	341.5	344.8	358.9	370.1	379.4	387.3	394.1	400.1
2	43.21	43.61	45.33	46.70	47.83	48.80	49.64	50.38
3	22.39	22.59	23.45	24.13	24.71	25.19	25.62	25.99
4	16.23	16.37	16.98	17.46	17.86	18.20	18.50	18.77
5	13.40	13.52	14.00	14.39	14.72	14.99	15.23	15.45
6	11.80	11.90	12.31	12.65	12.92	13.16	13.37	13.55
7	10.77	10.85	11.23	11.52	11.77	11.99	12.17	12.34
8	10.05	10.13	10.47	10.75	10.97	11.17	11.34	11.49
9	9.521	9.594	9.912	10.17	10.38	10.57	10.73	10.87
10	9.117	9.187	9.486	9.726	9.927	10.10	10.25	10.39
11	8.798	8.864	9.148	9.377	9.568	9.732	9.875	10.00
12	8.539	8.603	8.875	9.094	9.277	9.434	9.571	9.693
13	8.326	8.387	8.648	8.859	9.035	9.187	9.318	9.436
14	8.146	8.204	8.457	8.661	8.832	8.978	9.106	9.219
15	7.992	8.049	8.295	8.492	8.658	8.800	8.924	9.035
16	7.860	7.916	8.154	8.347	8.507	8.646	8.767	8.874
17	7.745	7.799	8.031	8.219	8.377	8.511	8.630	8.735
18	7.643	7.696	7.924	8.107	8.261	8.393	8.508	8.611
19	7.553	7.605	7.828	8.008	8.159	8.288	8.401	8.502
20	7.473	7.523	7.742	7.919	8.067	8.194	8.305	8.404
24	7.223	7.270	7.476	7.642	7.780	7.900	8.004	8.097
30	6.978	7.023	7.215	7.370	7.500	7.611	7.709	7.796
40	6.740	6.782	6.960	7.104	7.225	7.328	7.419	7.500
60	6.507	6.546	6.710	6.843	6.954	7.050	7.133	7.207
120	6.281	6.316	6.467	6.588	6.689	6.776	6.852	6.919
∞	6.060	6.092	6.228	6.338	6.429	6.507	6.575	6.636

표 14. 던넷의 다대일 t 통계량 기각값 – 양쪽절차 : $\bar{d}(\alpha,k,v)$

α = .05

v \ k	1	2	3	4	5	6	7	8	9	10	11	12	15	20
5	2.57	3.03	3.29	3.48	3.62	3.73	3.82	3.90	3.97	4.03	4.09	4.14	4.26	4.42
6	2.45	2.86	3.10	3.26	3.39	3.49	3.57	3.64	3.71	3.76	3.81	3.86	3.97	4.11
7	2.36	2.75	2.97	3.12	3.24	3.33	3.41	3.47	3.53	3.58	3.63	3.67	3.78	3.91
8	2.31	2.67	2.88	3.02	3.13	3.22	3.29	3.35	3.41	3.46	3.50	3.54	3.64	3.76
9	2.26	2.61	2.81	2.95	3.05	3.14	3.20	3.26	3.32	3.36	3.40	3.44	3.53	3.65
10	2.23	2.57	2.76	2.89	2.99	3.07	3.14	3.19	3.24	3.29	3.33	3.36	3.45	3.57
11	2.20	2.53	2.72	2.84	2.94	3.02	3.08	3.14	3.19	3.23	3.27	3.30	3.39	3.50
12	2.18	2.50	2.68	2.81	2.90	2.98	3.04	3.09	3.14	3.18	3.22	3.25	3.34	3.45
13	2.16	2.48	2.65	2.78	2.87	2.94	3.00	3.06	3.10	3.14	3.18	3.21	3.29	3.40
14	2.14	2.46	2.63	2.75	2.84	2.91	2.97	3.02	3.07	3.11	3.14	3.18	3.26	3.36
15	2.13	2.44	2.61	2.73	2.82	2.89	2.95	3.00	3.04	3.08	3.12	3.15	3.23	3.33
16	2.12	2.42	2.59	2.71	2.80	2.87	2.92	2.97	3.02	3.06	3.09	3.12	3.20	3.30
17	2.11	2.41	2.58	2.69	2.78	2.85	2.90	2.95	3.00	3.03	3.07	3.10	3.18	3.27
18	2.10	2.40	2.56	2.68	2.76	2.83	2.89	2.94	2.98	3.01	3.05	3.08	3.16	3.25
19	2.09	2.39	2.55	2.66	2.75	2.81	2.87	2.92	2.96	3.00	3.03	3.06	3.14	3.23
20	2.09	2.38	2.54	2.65	2.73	2.80	2.86	2.90	2.95	2.98	3.02	3.05	3.12	3.22
24	2.06	2.35	2.51	2.61	2.70	2.76	2.81	2.86	2.90	2.94	2.97	3.00	3.07	3.16
30	2.04	2.32	2.47	2.58	2.66	2.72	2.77	2.82	2.86	2.89	2.92	2.95	3.02	3.11
40	2.02	2.29	2.44	2.54	2.62	2.68	2.73	2.77	2.81	2.85	2.87	2.90	2.97	3.06
60	2.00	2.27	2.41	2.51	2.58	2.64	2.69	2.73	2.77	2.80	2.83	2.86	2.92	3.00
120	1.98	2.24	2.38	2.47	2.55	2.60	2.65	2.69	2.73	2.76	2.79	2.81	2.87	2.95
∞	1.96	2.21	2.35	2.44	2.51	2.57	2.61	2.65	2.69	2.72	2.74	2.77	2.83	2.91

표 14. (계속)

α = .01

v \ k	1	2	3	4	5	6	7	8	9	10	11	12	15	20
5	4.03	4.63	4.98	5.22	5.41	5.56	5.69	5.80	5.89	5.98	6.05	6.12	6.30	6.52
6	3.71	4.21	4.51	4.71	4.87	5.00	5.10	5.20	5.28	5.35	5.41	5.47	5.62	5.81
7	3.50	3.95	4.21	4.39	4.53	4.64	4.74	4.82	4.89	4.95	5.01	5.06	5.19	5.36
8	3.36	3.77	4.00	4.17	4.29	4.40	4.48	4.56	4.62	4.68	4.73	4.78	4.90	5.05
9	3.25	3.63	3.85	4.01	4.12	4.22	4.30	4.37	4.43	4.48	4.53	4.57	4.68	4.82
10	3.17	3.53	3.74	3.88	3.99	4.08	4.16	4.22	4.28	4.33	4.37	4.42	4.52	4.65
11	3.11	3.45	3.65	3.79	3.89	3.98	4.05	4.11	4.16	4.21	4.25	4.29	4.39	4.52
12	3.05	3.39	3.58	3.71	3.81	3.89	3.96	4.02	4.07	4.12	4.16	4.19	4.29	4.41
13	3.01	3.33	3.52	3.65	3.74	3.82	3.89	3.94	3.99	4.04	4.08	4.11	4.20	4.32
14	2.98	3.29	3.47	3.59	3.69	3.76	3.83	3.88	3.93	3.97	4.01	4.05	4.13	4.24
15	2.95	3.25	3.43	3.55	3.64	3.71	3.78	3.83	3.88	3.92	3.95	3.99	4.07	4.18
16	2.92	3.22	3.39	3.51	3.60	3.67	3.73	3.78	3.83	3.87	3.91	3.94	4.02	4.13
17	2.90	3.19	3.36	3.47	3.56	3.63	3.69	3.74	3.79	3.83	3.86	3.90	3.98	4.08
18	2.88	3.17	3.33	3.44	3.53	3.60	3.66	3.71	3.75	3.79	3.83	3.86	3.94	4.04
19	2.86	3.15	3.31	3.42	3.50	3.57	3.63	3.68	3.72	3.76	3.79	3.83	3.90	4.00
20	2.85	3.13	3.29	3.40	3.48	3.55	3.60	3.65	3.69	3.73	3.77	3.80	3.87	3.97
24	2.80	3.07	3.22	3.32	3.40	3.47	3.52	3.57	3.61	3.64	3.68	3.70	3.78	3.87
30	2.75	3.01	3.15	3.25	3.33	3.39	3.44	3.49	3.52	3.56	3.59	3.62	3.69	3.78
40	2.70	2.95	3.09	3.19	3.26	3.32	3.37	3.41	3.44	3.48	3.51	3.53	3.60	3.68
60	2.66	2.90	3.03	3.12	3.19	3.25	3.29	3.33	3.37	3.40	3.42	3.45	3.51	3.59
120	2.62	2.85	2.97	3.06	3.12	3.18	3.22	3.26	3.29	3.32	3.35	3.37	3.43	3.51
∞	2.58	2.79	2.92	3.00	3.06	3.11	3.15	3.19	3.22	3.25	3.27	3.29	3.35	3.42

표 15. 크루스칼-왈리스 순위합에 기초한 전체처리비교 기각값 : $y(\alpha,k,n)$

	n									
	2		3		4		5		6	
k	$y(\alpha,k,2)$	α	$y(\alpha,k,3)$	α	$y(\alpha,k,4)$	α	$y(\alpha,k,5)$	α	$y(\alpha,k,6)$	α
3	8	.067	15 *	.064	24 *	.045	33 *	.048	43 *	.049
			16	.029	25	.031	35	.031	51 *	.011
			17 *	.011	27 *	.011	39 *	.009		
4	12	.029	22	.043	34	.049				
			23	.023	36	.026				
			24	.012	38	.012				
5	15	.048	28	.060	44	.056				
	16	.016	30	.023	46	.033				
			32	.007	50	.010				
6	19	.030	35	.055						
	20	.010	37	.024						
			39	.009						
7	22	.056	42	.054						
	23	.021	44	.026						
	24	.007	46	.012						
8	26	.041	49	.055						
	28	.005	51	.029						
			54	.010						
9	29	.063								
	30	.031								
	31	.012								
10	33	.050								
	34	.025								
	35	.009								
11	37	.040								
	38	.020								
	39	.008								

	$n=2$	
k	$y(\alpha,k,2)$	α
12	40	.062
	41	.033
	43	.006
13	44	.052
	45	.028
	46	.014
14	48	.044
	49	.024
	50	.012
15	52	.038
	54	.010

표 16. 크루스칼-왈리스 순위합에 기초한 처리-대조비교 기각값-한쪽절차: $y*(\alpha,k-1,n)$, $k=3$일 때 $P_0\{(R_u-R_1)<x, u=2,3\}$ 값

$k=3$

x	$n=2$	$n=3$	$n=4$	$n=5$	$n=6$
1	.4222	.3571	.3541	.3471	.3442
2	.4889	.4179	.3896	.3745	.3649
3	.6000	.4810	.4317	.4038	.3873
4	.6889	.5429	.4711	.4331	.4093
5	.7778	.5976	.5118	.4615	.4313
6	.8444	.6619	.5530	.4921	.4543
7	.9333	.7179	.5942	.5217	.4772
8	.9778	.7702	.6316	.5507	.4995
9		.8179	.6717	.5807	.5230
10		.8560	.7071	.6099	.5457
11		.8869	.7419	.6357	.5680
12		.9190	.7748	.6661	.5908
13		.9429	.8068	.6930	.6131
14		.9631	.8342	.7188	.6345
15		.9786	.8612	.7442	.6564
16		.9905	.8836	.7681	.6773
17		.9964	.9044	.7902	.3979
18		.9988	.9221	.8122	.7178
19			.9378	.8323	.7372
20			.9505	.8509	.7555
21			.9621	.8686	.7738
22			.9710	.8848	.7910
23			.9787	.8993	.8073
24			.9849	.9130	.8232
25			.9898	.9252	.8382
26			.9935	.9361	.8522
27			.9962	.9460	.8657
28			.9978	.9547	.8782
29			.9990	.9621	.8899
30			.9995	.9688	.9010
31			.9998	.9744	.9112
32			.9999	.9793	.9205
33				.9834	.9293
34				.9869	.9373

표 16. (계속)

$k=3$

x	$n=2$	$n=3$	$n=4$	$n=5$	$n=6$
35				.9898	.9446
36				.9922	.9514
37				.9941	.9574
38				.9956	.9629
39				.9969	.9679
40				.9979	.9723
41				.9986	.9762
42				.9991	.9797
43				.9994	.9828
44				.9997	.9854
45				.9998	.9878
46				.9999	.9898
47				1.0000	.9916
48					.9931
49					.9944
50					.9954
51					.9964
52					.9971
53					.9977
54					.9983
55					.9986
56					.9990
57					.9993
58					.9995
59					.9996
60					.9997
61					.9998
62					.9999
63					.9999
64					1.0000

표 17. 크루스칼-왈리스 순위합에 기초한 처리-대조비교 기각값-양쪽절차 :

$y^{**}(\alpha, k-1, n)$, $k=3$일 때

$k=3$

x	$n=2$	$n=3$	$n=4$	$n=5$	$n=6$
1	.0667	.0071	.0055	.0024	.0015
2	.1111	.0286	.0145	.0074	.0045
3	.2444	.0881	.0417	.0222	.0133
4	.4000	.0571	.0763	.0414	.0249
5	.5556	.2369	.1191	.0647	.0393
6	.6889	.3440	.1733	.0967	.0589
7	.8667	.4440	.2330	.1315	.0808
8	.9556	.5429	.2924	.1692	.1047
9		.6369	.3608	.2127	.1332
10		.7119	.4248	.2577	.1629
11		.7738	.4894	.3027	.1940
12		.8381	.5524	.3517	.2282
13		.8857	.6147	.3995	.2631
14		.9262	.6689	.4465	.2980
15		.9571	.7226	.4942	.3352
16		.9810	.7672	.5399	.3718
17		.9929	.8087	.5827	.4080
18		.9976	.8443	.6257	.4451
19			.8757	.6652	.4812
20			.9011	.7022	.5160
21			.9243	.7373	.5511
22			.9419	.7697	.5843
23			.9574	.7986	.6163
24			.9698	.8261	.6475
25			.9796	.8504	.6771
26			.9870	.8722	.7047
27			.9924	.8919	.7317
28			.9956	.9093	.7566
29			.9979	.9243	.7799
30			.9991	.9375	.8019
31			.9997	.9489	.8224
32			.9999	.9585	.8410
33				.9668	.8587
34				.9738	.8746
35				.9795	.8893

표 17. (계속)

$k=3$

x	$n=2$	$n=3$	$n=4$	$n=5$	$n=6$
36				.9843	.9027
37				.9882	.9149
38				.9913	.9258
39				.9938	.9357
40				.9957	.9445
41				.9971	.9524
42				.9981	.9594
43				.9988	.9655
44				.9993	.9709
45				.9996	.9756
46				.9998	.9797
47				.9999	.9832
48				1.0000	.9862
49					.9887
50					.9909
51					.9927
52					.9943
53					.9955
54					.9966
55					.9974
56					.9981
57					.9986
58					.9990
59					.9993
60					.9995
61					.9997
62					.9998
63					.9998
64					.9999
65					.9999
66					1.0000

표 18. 프리드만 통계량(S) 분포표 : $P_0\{S \geq x\}$

$P_0\{S \geq x\} = \alpha$ 이면 $s(\alpha, k, n) = x$

$k=3, n=2$

x	$P_0\{S \geq x\}$
0	1.000
1	.833
3	.500
4	.167

$k=3, n=3$

x	$P_0\{S \geq x\}$
.000	1.000
.667	.944
2.000	.528
2.667	.361
4.667	.194
6.000	.028

$k=3, n=4$

x	$P_0\{S \geq x\}$
.0	1.000
.5	.931
1.5	.653
2.0	.431
3.5	.273
4.5	.125
6.0	.069
6.5	.042
8.0	.005

$k=3, n=5$

x	$P_0\{S \geq x\}$
.0	1.000
.4	.954
1.2	.691
1.6	.522
2.8	.367
3.6	.182
4.8	.124
5.2	.093
6.4	.039
7.6	.024
8.4	.008
10.0	.001

$k=3, n=6$

x	$P_0\{S \geq x\}$
.000	1.000
.333	.956
1.000	.740
1.333	.570
2.333	.430
3.000	.252
4.000	.184
4.333	.142
5.333	.072
6.333	.052
7.000	.029
8.333	.012
9.000	.008
9.333	.006
10.333	.002
12.000	.000

$k=3, n=7$

x	$P_0\{S \geq x\}$
.000	1.000
.286	.964
.857	.768
1.143	.620
2.000	.486
2.571	.305
3.429	.237
3.714	.192
4.571	.112
5.429	.085
6.000	.051
7.143	.027
7.714	.021
8.000	.016
8.857	.008
10.286	.004
10.571	.003
11.143	.001
12.286	.000

$k=3, n=8$

x	$P_0\{S \geq x\}$
.00	1.000
.25	.967
.75	.794
1.00	.654
1.75	.531
2.25	.355
3.00	.285
3.25	.236
4.00	.149
4.75	.120

$k=3, n=8$

x	$P_0\{S \geq x\}$
5.25	.079
6.25	.047
6.75	.038
7.00	.030
7.75	.018
9.00	.010
9.25	.008
9.75	.005
10.75	.002
12.00	.001
12.25	.001
13.00	.000

$k=3, n=9$

x	$P_0\{S \geq x\}$
.000	1.000
.222	.971
.667	.814
.889	.685
1.556	.569
2.000	.398
2.667	.328
2.889	.278
3.556	.187
4.222	.154
4.667	.107
5.556	.069
6.000	.057
6.222	.048
6.889	.031
8.000	.019

표 18. (계속)

$k=3, n=9$

x	$P_0\{S \geq x\}$
8.222	.016
8.667	.010
9.556	.006
10.667	.004
10.889	.003
11.556	.001
12.667	.001
13.556	.000

$k=3, n=10$

x	$P_0\{S \geq x\}$
.0	1.000
.2	.974
.6	.830
.8	.710
1.4	.601
1.8	.436
2.4	.368
2.6	.316
3.2	.222
3.8	.187
4.2	.135
5.0	.092
5.4	.078
5.6	.066
6.2	.046
7.2	.030
7.4	.026
7.8	.018
8.6	.012
9.6	.007
9.8	.006
10.4	.003
11.4	.002
12.2	.001
12.6	.001
12.8	.001
13.4	.000

$k=3, n=11$

x	$P_0\{S \geq x\}$
.000	1.000
.182	.976
.545	.844
.727	.732
1.273	.629
1.636	.470
2.182	.403
2.364	.351
2.909	.256
3.455	.219
3.818	.163
4.545	.116
4.909	.100
5.091	.087
5.636	.062
6.545	.043
6.727	.038
7.091	.027
7.818	.019
8.727	.013
8.909	.011
9.455	.006
10.364	.004
11.091	.003
11.455	.002
11.636	.001
12.182	.001
13.273	.001
13.636	.000

$k=3, n=12$

x	$P_0\{S \geq x\}$
.000	1.000
.167	.978
.500	.856
.667	.751

$k=3, n=12$

x	$P_0\{S \geq x\}$
1.167	.654
1.500	.500
2.000	.434
2.167	.383
2.667	.287
3.167	.249
3.500	.191
4.167	.141
4.500	.123
4.667	.108
5.167	.080
6.000	.058
6.167	.051
6.500	.038
7.167	.027
8.000	.020
8.167	.017
8.667	.011
9.500	.007
10.167	.005
10.500	.004
10.667	.003
11.167	.002
12.167	.002
12.500	.001
12.667	.001
13.167	.001
13.500	.000

$k=3, n=13$

x	$P_0\{S \geq x\}$
.000	1.000
.154	.980
.462	.866
.615	.767
1.077	.675

$k=3, n=13$

x	$P_0\{S \geq x\}$
1.385	.527
1.846	.463
2.000	.412
2.462	.316
2.923	.278
3.231	.217
3.846	.165
4.154	.145
4.308	.129
4.769	.098
5.538	.073
5.692	.065
6.000	.050
6.615	.037
7.385	.028
7.538	.025
8.000	.016
8.769	.012
9.385	.009
9.692	.007
9.846	.005
10.308	.004
11.231	.003
11.538	.002
11.692	.002
12.154	.001
12.462	.001
12.923	.001
14.000	.001
14.308	.000

$k=4, n=2$

x	$P_0\{S \geq x\}$
.0	1.000
.6	.958
1.2	.833

표 18. (계속)

$k=4, n=2$

x	$P_0\{S \geq x\}$
1.8	.792
2.4	.625
3.0	.542
3.6	.458
4.2	.375
4.8	.208
5.4	.167
6.0	.042

$k=4, n=3$

x	$P_0\{S \geq x\}$
.2	1.000
.6	.958
1.0	.910
1.8	.727
2.2	.608
2.6	.524
3.4	.446
3.8	.342
4.2	.300
5.0	.207
5.4	.175
5.8	.148
6.6	.075
7.0	.054
7.4	.033
8.2	.017
9.0	.002

$k=4, n=4$

x	$P_0\{S \geq x\}$
.0	1.000
.3	.992
.6	.928
.9	.900
1.2	.800
1.5	.754
1.8	.677
2.1	.649
2.4	.524
2.7	.508
3.0	.432
3.3	.389
3.6	.355
3.9	.324
4.5	.242
4.8	.200
5.1	.190
5.4	.158
5.7	.141
6.0	.105
6.3	.094
6.6	.077
6.9	.068
7.2	.054
7.5	.052
7.8	.036
8.1	.033
8.4	.019
8.7	.014
9.3	.012
9.6	.007
9.9	.006
10.2	.003
10.8	.002
11.1	.001
12.0	.000

$k=4, n=5$

x	$P_0\{S \geq x\}$
.12	1.000
.36	.975
.60	.944
1.08	.857
1.32	.771
1.56	.709
2.04	.652
2.28	.561
2.52	.521
3.00	.445
3.24	.408
3.48	.372
3.96	.298
4.20	.260
4.44	.226
4.92	.210
5.16	.162
5.40	.151
5.88	.123
6.12	.107
6.36	.093
6.84	.075
7.08	.067
7.32	.055
7.80	.044
8.04	.034
8.28	.031
8.76	.023
9.00	.020
9.24	.017
9.72	.012
9.96	.009
10.20	.007
10.68	.005
10.92	.003
11.16	.002
11.64	.002
11.88	.002
12.12	.001
12.60	.001
12.84	.000

$k=4, n=6$

x	$P_0\{S \geq x\}$
.0	1.000
.2	.996
.4	.957
.6	.940
.8	.874
1.0	.844
1.2	.789
1.4	.772
1.6	.679
1.8	.668
2.0	.609
2.2	.574
2.4	.541
2.6	.512
3.0	.431
3.2	.386
3.4	.375
3.6	.338
3.8	.317
4.0	.270
4.2	.256
4.4	.230
4.6	.218
4.8	.197
5.0	.194
5.2	.163
5.4	.155
5.6	.127
5.8	.114
6.2	.108
6.4	.089
6.6	.088
6.8	.073
7.0	.066
7.2	.060
7.4	.056
7.6	.043
7.8	.041
8.0	.037
8.2	.035
8.4	.032
8.6	.029
8.8	.023
9.0	.022
9.4	.017
9.6	.014
9.8	.013
10.0	.010
10.2	.010
10.4	.009
10.6	.007

표 18. (계속)

$k=4, n=6$

x	$P_0\{S \geq x\}$
10.8	.006
11.0	.006
11.4	.004
11.6	.003
11.8	.003
12.0	.002
12.2	.002
12.6	.001
12.8	.001
13.0	.001
13.2	.001
13.4	.001
13.6	.000

$k=4, n=7$

x	$P_0\{S \geq x\}$
.086	1.000
.257	.984
.429	.963
.771	.906
.943	.845
1.114	.800
1.457	.757
1.629	.685
1.800	.652
2.143	.590
2.314	.557
2.486	.524
2.829	.456
3.000	.418
3.171	.382
3.514	.366
3.686	.310
3.857	.297
4.200	.262
4.371	.239
4.543	.220
4.886	.195
5.057	.180

$k=4, n=7$

x	$P_0\{S \geq x\}$
5.229	.161
5.571	.143
5.743	.122
5.914	.118
6.257	.100
6.429	.093
6.600	.085
6.943	.073
7.114	.063
7.286	.056
7.629	.052
7.800	.041
7.971	.038
8.314	.035
8.486	.033
8.657	.030
9.000	.023
9.171	.020
9.343	.017
9.686	.015
9.857	.013
10.029	.012
10.371	.010
10.543	.009
10.714	.008
11.057	.007
11.229	.005
11.400	.004
11.743	.004
11.914	.003
12.086	.003
12.429	.002
12.600	.002
12.771	.002
13.114	.001
13.286	.001
13.457	.001
13.800	.001
13.971	.001
14.143	.001
14.486	.000

$k=4, n=8$

x	$P_0\{S \geq x\}$
.00	1.000
.15	.998
.30	.971
.45	.959
.60	.912
.75	.890
.90	.849
1.05	.837
1.20	.765
1.35	.757
1.50	.710
1.65	.681
1.80	.654
1.95	.629
2.25	.558
2.40	.517
2.55	.507
2.70	.471
2.85	.450
3.00	.404
3.15	.389
3.30	.362
3.45	.350
3.60	.326
3.75	.323
3.90	.287
4.05	.278
4.20	.242
4.35	.226
4.65	.219
4.80	.193
4.95	.191
5.10	.168
5.25	.158
5.40	.148
5.55	.141
5.70	.121
5.85	.117
6.00	.110
6.15	.106
6.30	.100
6.45	.094

$k=4, n=9$

x	$P_0\{S \geq x\}$
6.60	.081
6.75	.079
7.05	.068
7.20	.060
7.35	.058
7.50	.051
7.65	.049
7.80	.046
7.95	.042
8.10	.038
8.25	.037
8.55	.031
8.70	.028
8.85	.025
9.00	.023
9.15	.022
9.45	.019
9.60	.016
9.75	.015
9.90	.014
10.05	.014
10.20	.011
10.35	.011
10.50	.009
10.65	.009
10.80	.008
10.95	.008
11.10	.006
11.25	.006
11.40	.005
11.55	.005
11.85	.004
12.00	.004
12.15	.004
12.30	.003
12.45	.003
12.60	.002
12.75	.002
12.90	.002
13.05	.002
13.20	.002
13.35	.001
13.50	.001

표 18. (계속)

$k=4, n=8$

x	$P_0\{S \geq x\}$
13.65	.001
13.80	.001
13.95	.001
14.25	.001
14.40	.001
14.55	.001
14.70	.001
14.85	.000

$k=5, n=3$

x	$P_0\{S \geq x\}$
.000	1.000
.267	1.000
.533	.988
.800	.972
1.067	.941
1.333	.914
1.600	.845
1.867	.831
2.133	.768
2.400	.720
2.667	.682
2.933	.649
3.200	.595
3.467	.559
3.733	.493
4.000	.475
4.267	.432
4.533	.406
4.800	.347
5.067	.326
5.333	.291
5.600	.253
5.867	.236
6.133	.213
6.400	.172
6.667	.163
6.933	.127
7.200	.117
7.467	.096
7.733	.080

$k=5, n=3$

x	$P_0\{S \geq x\}$
8.000	.063
8.267	.056
8.533	.045
8.800	.038
9.067	.028
9.333	.026
9.600	.017
9.867	.015
10.133	.008
10.400	.005
10.667	.004
10.933	.003
11.467	.001
12.000	.000

$k=5, n=4$

x	$P_0\{S \geq x\}$
.0	1.000
.2	.999
.4	.991
.6	.980
.8	.959
1.0	.940
1.2	.906
1.4	.895
1.6	.850
1.8	.815
2.0	.785
2.2	.759
2.4	.715
2.6	.685
2.8	.630
3.0	.612
3.2	.579
3.4	.552
3.6	.500
3.8	.479
4.0	.442
4.2	.413
4.4	.395
4.6	.370

$k=5, n=4$

x	$P_0\{S \geq x\}$
4.8	.329
5.0	.317
5.2	.286
5.4	.275
5.6	.249
5.8	.227
6.0	.205
6.2	.197
6.4	.178
6.6	.161
6.8	.143
7.0	.136
7.2	.121
7.4	.113
7.6	.095
7.8	.086
8.0	.080
8.2	.072
8.4	.063
8.6	.060
8.8	.049
9.0	.043
9.2	.038
9.4	.035
9.6	.028
9.8	.025
10.0	.021
10.2	.019
10.4	.017
10.6	.014
10.8	.011
11.0	.010
11.2	.008
11.4	.007
11.6	.006
11.8	.005
12.0	.004
12.2	.004
12.4	.003
12.6	.002
12.8	.002
13.0	.001
13.2	.001
13.4	.001

$k=5, n=4$

x	$P_0\{S \geq x\}$
13.6	.001
13.8	.000

$k=5, n=5$

x	$P_0\{S \geq x\}$
.00	1.000
.16	1.000
.32	.994
.48	.986
.64	.972
.80	.958
.96	.932
1.12	.925
1.28	.891
1.44	.865
1.60	.842
1.76	.823
1.92	.789
2.08	.765
2.24	.721
2.40	.707
2.56	.679
2.72	.657
2.88	.613
3.04	.594
3.20	.562
3.36	.535
3.52	.518
3.68	.494
3.84	.454
4.00	.443
4.16	.410
4.32	.398
4.48	.371
4.64	.349
4.80	.325
4.96	.316
5.12	.295
5.28	.275
5.44	.255
5.60	.246

표 18. (계속)

$k=5, n=5$	
x	$P_0\{S \geq x\}$
5.76	.227
5.92	.218
6.08	.195
6.24	.183
6.40	.174
6.56	.164
6.72	.151
6.88	.146
7.04	.130
7.20	.121
7.36	.112
7.52	.107
7.68	.094
7.84	.089
8.00	.082

$k=5, n=5$	
x	$P_0\{S \geq x\}$
8.16	.077
8.32	.073
8.48	.066
8.64	.058
8.80	.056
8.96	.049
9.12	.046
9.28	.042
9.44	.038
9.60	.035
9.76	.032
9.92	.029
10.08	.026
10.24	.024
10.40	.022

$k=5, n=5$	
x	$P_0\{S \geq x\}$
10.56	.019
10.72	.018
10.88	.015
11.04	.013
11.20	.012
11.36	.012
11.52	.010
11.68	.009
11.84	.008
12.00	.007
12.16	.006
12.32	.006
12.48	.005
12.64	.004
12.80	.004

$k=5, n=5$	
x	$P_0\{S \geq x\}$
12.96	.003
13.12	.003
13.28	.003
13.44	.002
13.60	.002
13.76	.002
13.92	.002
14.08	.001
14.24	.001
14.40	.001
14.56	.001
14.72	.001
14.88	.001
15.04	.000

표 19. 페이지 통계량(L) 분포표 : $\ell(\alpha,k,n)$

$P_0\{L \geq \ell(\alpha,k,n)\} \approx \alpha$를 만족하는 $\ell(\alpha,k,n)$값

	k								
	3			4			5		
	α			α			α		
n	.001	.01	.05	.001	.01	.05	.001	.01	.05
2			28		60	58	109	106	103
3		42	41	89	87	84	160	155	150
4	56	55	54	117	114	111	210	204	197
5	70	68	66	145	141	137	259	251	244
6	83	81	79	172	167	163	307	299	291
7	96	93	91	198	193	189	355	346	338
8	109	106	104	225	220	214	403	393	384
9	121	119	116	252	246	240	451	441	431
10	134	131	128	278	272	266	499	487	477
11	147	144	141	305	298	292	546	534	523
12	160	156	153	331	324	317	593	581	570
13	172	169	165						
14	185	181	178						
15	197	194	190						
16	210	206	202						
17	223	218	215						
18	235	231	227						
19	248	243	239						
20	260	256	251						

	k								
	6			7			8		
	α			α			α		
n	.001	.01	.05	.001	.01	.05	.001	.01	.05
2	178	173	166	269	261	252	388	376	362
3	260	252	244	394	382	370	567	549	532
4	341	331	321	516	501	487	743	722	701
5	420	409	397	637	620	603	917	893	869
6	499	486	474	757	737	719	1,090	1,063	1,037
7	577	563	550	876	855	835	1,262	1,232	1,204
8	655	640	625	994	972	950	1,433	1,401	1,371
9	733	717	701	1,113	1,065	1,065	1,603	1,569	1,537
10	811	793	777	1,230	1,180	1,180	1,773	1,736	1,703
11	888	869	852	1,348	1,295	1,295	1,943	1,905	1,868
12	965	946	928	1,465	1,410	1,410	2,112	2,072	2,035

표 20. 프리드만 순위합에 기초한 전체처리비교 기각값 : $r(\alpha,k,n)$

$k=3$

n	$r(\alpha,3,n)$	α
3	6 *	.028
4	7 *	.042
	8 *	.005
5	8 *	.039
	9 *	.008
6	9 *	.029
	10 *	.009
7	9 *	.051
	10	.023
	11 *	.008
8	10 *	.039
	11	.018
	12 *	.007
9	10 *	.048
	11	.026
	12 *	.013
10	11 *	.037
	12	.019
	13 *	.010
11	11 *	.049
	12	.028
	14 *	.008
12	12 *	.038
	13	.022
	14 *	.012
13	12 *	.049
	13	.030
	15 *	.009
14	13 *	.038
	14	.023
	16 *	.007
15	13 *	.047
	14	.028
	16 *	.010

$k=4$

n	$r(\alpha,4,n)$	α
2	6 *	.083
3	8 *	.049
	9 *	.007
4	10 *	.026
	11 *	.005
5	11 *	.037
	12 *	.013
6	12 *	.037
	13	.018
	14 *	.006
7	13 *	.037
	14	.020
	15 *	.008
8	14 *	.034
	15	.019
	16 *	.009
9	15	.032
	17 *	.010
10	15 *	.046
	16	.029
	18 *	.010
11	16	.041
	17	.026
	19	.009
12	17	.038
	18	.023
	20	.008
13	18	.032
	19	.021
	21	.008
14	18	.042
	19	.028
	21	.011
15	19	.037
	20	.024
	22	.010

$k=5$

n	$r(\alpha,5,n)$	α
2	8	.050
3	10	.067
	11	.018
	12	.002
4	12	.054
	13	.020
	14	.006

표 20. (계속)

$k=5$		
n	$r(\alpha,5,n)$	α
5	14	.040
	16	.006
6	15	.049
	16	.028
	17	.013
7	16	.052
	17	.033
	19	.009
8	18	.036
	19	.022
	20	.012
9	19	.037
	20	.024
	22	.008
10	20	.038
	21	.025
	23	.009
11	21	.038
	22	.028
	24	.010
12	22	.038
	23	.025
	25	.011
13	23	.035
	24	.024
	26	.011
14	24	.034
	25	.024
	27	.011
15	24	.045
	26	.022
	28	.010

$k=6$		
n	$r(\alpha,6,n)$	α
2	10	.033
3	13	.030
	14	.008
4	15	.047
	16	.018
	17	.006
5	17	.047
	18	.022
	19	.010
6	19	.040
	20	.021
	21	.010
7	20	.049
	21	.032
	23	.010
8	22	.039
	23	.026
	25	.008
9	23	.043
	24	.030
	26	.012
10	24	.047
	26	.023
	28	.009
11	26	.036
	27	.026
	29	.012
12	27	.039
	28	.028
	31	.009

$k=6$		
n	$r(\alpha,6,n)$	α
13	28	.039
	29	.028
	32	.010
14	29	.040
	30	.030
	33	.011
15	30	.040
	32	.023
	34	.012

$k=7$		
n	$r(\alpha,7,n)$	α
2	12	.024
3	15	.048
	16	.016
4	18	.040
	20	.007
5	20	.052
	21	.028
	22	.014
6	22	.050
	23	.032
	25	.009
7	24	.047
	25	.032
	27	.011
8	26	.041
	27	.030
	29	.011

표 20. (계속)

	$k=7$	
n	$r(\alpha,7,n)$	α
9	27	.050
	29	.026
	31	.011
10	29	.042
	30	.031
	33	.010
11	30	.049
	32	.027
	35	.009
12	32	.040
	33	.030
	36	.011
13	33	.043
	35	.025
	38	.009
14	34	.047
	36	.028
	39	.011
15	36	.038
	37	.030
	41	.009

	$k=8$	
n	$r(\alpha,8,n)$	α
2	14	.018
3	17	.067
	18	.027
	19	.009
4	21	.036
	23	.007

	$k=8$	
n	$r(\alpha,8,n)$	α
5	23	.057
	24	.034
	26	.009
6	26	.045
	27	.027
	29	.009
7	28	.048
	29	.032
	31	.012
8	30	.046
	31	.033
	34	.009
9	32	.043
	33	.032
	36	.010
10	34	.040
	35	.031
	38	.010
11	35	.048
	37	.028
	40	.010
12	37	.042
	39	.026
	42	.010
13	39	.039
	40	.030
	44	.009
14	40	.042
	42	.027
	45	.012
15	42	.037
	43	.030
	47	.011

	$k=9$	
n	$r(\alpha,9,n)$	α
2	15	.069
	16	.014
3	20	.041
	22	.005
4	23	.064
	24	.034
	26	.008
5	27	.040
	28	.023
	29	.013
6	29	.058
	30	.038
	33	.008
7	32	.046
	33	.032
	36	.008
8	34	.049
	36	.026
	38	.012
9	36	.050
	38	.030
	41	.010
10	38	.050
	40	.031
	43	.011
11	40	.048
	42	.030
	46	.009
12	42	.046
	44	.029
	48	.009

표 20. (계속)

$k=9$

n	$r(\alpha,9,n)$	α
13	44	.042
	46	.027
	50	.009
14	46	.041
	48	.026
	52	.009
15	47	.046
	50	.025
	54	.009

$k=10$

n	$r(\alpha,10,n)$	α
2	17	.056
	18	.011
3	22	.057
	23	.026
	24	.010
4	26	.060
	27	.033
	29	.009
5	30	.047
	31	.029
	33	.010
6	33	.051
	34	.033
	37	.008
7	36	.047
	37	.033
	40	.010
8	38	.052
	40	.031
	43	.010

$k=10$

n	$r(\alpha,10,n)$	α
9	41	.046
	43	.027
	46	.009
10	43	.047
	45	.030
	49	.009
11	45	.049
	47	.032
	51	.010
12	48	.040
	50	.027
	54	.009
13	50	.039
	52	.026
	56	.009
14	52	.039
	54	.026
	58	.010
15	53	.045
	56	.026
	60	.010

$k=11$

n	$r(\alpha,11,n)$	α
2	19	.045
	20	.009
3	25	.038
	27	.007
4	29	.057
	30	.033
	32	.010

$k=11$

n	$r(\alpha,11,n)$	α
5	33	.055
	34	.035
	37	.008
6	37	.045
	38	.030
	41	.008
7	40	.049
	41	.035
	44	.011
8	43	.046
	44	.035
	48	.009
9	46	.043
	47	.034
	51	.009
10	48	.047
	50	.031
	54	.009
11	51	.040
	53	.027
	57	.009
12	53	.043
	55	.029
	59	.011
13	55	.046
	57	.031
	62	.010
14	57	.045
	60	.026
	64	.011
15	59	.046
	62	.027
	67	.009

표 20. (계속)

$k=12$

n	$r(\alpha,10,n)$	α
2	21	.038
	22	.008
3	27	.053
	28	.027
	29	.012
4	32	.055
	33	.033
	35	.011
5	37	.042
	38	.027
	40	.011
6	40	.059
	42	.028
	45	.008
7	44	.050
	46	.026
	49	.009
8	47	.050
	49	.030
	52	.011
9	50	.048
	52	.032
	56	.010
10	53	.047
	55	.032
	59	.010
11	56	.043
	58	.029
	62	.011
12	58	.048
	61	.027
	65	.011

$k=12$

n	$r(\alpha,10,n)$	α
13	61	.043
	63	.030
	68	.010
14	63	.046
	66	.027
	71	.009
15	66	.040
	68	.028
	73	.011

$k=13$

n	$r(\alpha,13,n)$	α
2	23	.032
	24	.006
3	30	.038
	32	.009
4	35	.054
	36	.033
	38	.012
5	40	.049
	41	.033
	44	.009
6	44	.054
	46	.027
	49	.009
7	48	.051
	50	.028
	53	.010
8	52	.046
	53	.035
	57	.010

$k=13$

n	$r(\alpha,13,n)$	α
9	55	.048
	57	.030
	61	.010
10	58	.047
	60	.032
	65	.009
11	61	.046
	63	.032
	68	.010
12	64	.045
	66	.032
	71	.010
13	67	.041
	69	.030
	74	.011
14	69	.046
	72	.028
	77	.010
15	72	.040
	74	.030
	80	.010

$k=14$

n	$r(\alpha,14,n)$	α
2	25	.027
	26	.005
3	32	.052
	33	.028
	35	.006
4	38	.053
	39	.034
	41	.013

표 20. (계속)

$k=14$		
n	$r(\alpha,14,n)$	α
5	43	.057
	45	.027
	47	.012
6	48	.050
	50	.026
	53	.009
7	52	.053
	54	.030
	57	.012
8	56	.051
	58	.031
	62	.010
9	60	.047
	62	.029
	66	.010
10	63	.048
	65	.033
	70	.010
11	66	.049
	69	.029
	74	.009
12	69	.048
	72	.030
	77	.010
13	72	.047
	75	.030
	80	.011
14	75	.045
	78	.028
	84	.009
15	78	.043
	81	.028
	87	.010

$k=15$		
n	$r(\alpha,15,n)$	α
2	26	.071
	27	.024
	28	.005
3	35	.039
	37	.010
4	41	.053
	42	.035
	45	.008
5	47	.046
	48	.033
	51	.010
6	52	.047
	53	.035
	57	.009
7	56	.055
	58	.032
	62	.010
8	60	.056
	63	.027
	67	.009
9	64	.052
	67	.028
	71	.011
10	68	.049
	71	.028
	75	.011
11	72	.043
	74	.032
	79	.011
12	75	.045
	78	.028
	83	.010
13	78	.046
	81	.030
	87	.009
14	81	.046
	84	.030
	90	.010
15	84	.043
	87	.029
	94	.009

표 21. 프리드만 순위합에 기초한 처리-대조비교 기각값-양쪽절차 : $r^{**}(\alpha, k-1, n)$

$k=3$

x	$n=2$	$n=3$	$n=4$	$n=5$	$n=6$	$n=7$	$n=8$	$n=9$	$n=10$
1	.1667	.0556	.0695	.0463	.0437	.0360	.0326	.0288	.0263
2	.2778	.1944	.1620	.1337	.1157	.1013	.0903	.0814	.0741
3	.5556	.5278	.3997	.3601	.3067	.2763	.2469	.2253	.2061
4	.8889	.7037	.6404	.5491	.4992	.4475	.4104	.3765	.3489
5		.8704	.7963	.7189	.6589	.6058	.5612	.5222	.4883
6		.9815	.9074	.8606	.8017	.7556	.7099	.6708	.6343
7			.9722	.9326	.8952	.8543	.8173	.7809	.7475
8			.9969	.9738	.9498	.9205	.8912	.8615	.8327
9				.9943	.9799	.9634	.9428	.9216	.8991
10				.9995	.9937	.9844	.9722	.9576	.9417
11					.9989	.9944	.9878	.9789	.9682
12					.9999	.9986	.9955	.9908	.9844
13						.9998	.9986	.9963	.9929
14						1.0000	.9997	.9987	.9971
15							1.0000	.9997	.9989
16								.9999	.9997
17								1.0000	.9999
18									1.0000

$k=3$

x	$n=11$	$n=12$	$n=13$	$n=14$	$n=15$	$n=16$	$n=17$	$n=18$
1	.0239	.0220	.0204	.0190	.0178	.0167	.0157	.0149
2	.0680	.0628	.0584	.0545	.0512	.0482	.0455	.0432
3	.1904	.1768	.1650	.1547	.1456	.1375	.1303	.1238
4	.3245	.3036	.2851	.2688	.2542	.2411	.2293	.2186
5	.4584	.4320	.4084	.3873	.3682	.3509	.3351	.3207
6	.6019	.5722	.5454	.5207	.4982	.4775	.4584	.4408
7	.7160	.6868	.6596	.6342	.6106	.5886	.5680	.5488
8	.8048	.7780	.7526	.7284	.7054	.6837	.6630	.6435
9	.8767	.8543	.8324	.8110	.7902	.7701	.7508	.7321
10	.9246	.9071	.8893	.8714	.8537	.8362	.8190	.8022
11	.9562	.9432	.9295	.9153	.9008	.8862	.8716	.8570
12	.9768	.9679	.9582	.9477	.9367	.9252	.9135	.9016

표 21. (계속)

$k=3$

x	$n=11$	$n=12$	$n=13$	$n=14$	$n=15$	$n=16$	$n=17$	$n=18$
13	.9883	.9827	.9761	.9687	.9607	.9521	.9430	.9336
14	.9945	.9912	.9870	.9821	.9764	.9702	.9635	.9563
15	.9977	.9959	.9934	.9904	.9867	.9825	.9778	.9727
16	.9991	.9982	.9969	.9951	.9928	.9901	.9869	.9833
17	.9997	.9993	.9987	.9976	.9963	.9946	.9926	.9901
18	.9999	.9998	.9994	.9989	.9982	.9972	.9960	.9945
19	1.0000	.9999	.9998	.9996	.9992	.9986	.9979	.9970
20		1.0000	.9999	.9998	.9997	.9994	.9990	.9984
21			1.0000	.9999	.9999	.9997	.9995	.9992
22				1.0000	1.0000	.9999	.9998	.9996
23						1.0000	.9999	.9998
24							1.0000	.9999
25								1.0000

$k=4$

x	$n=2$	$n=3$	$n=4$	$n=5$
1	.0417	.0000	.0076	.0000
2	.1042	.0417	.0397	.0254
3	.2917	.2023	.1477	.1153
4	.5417	.4288	.3182	.2578
5	.8125	.6241	.5155	.4277
6	.9583	.7908	.6870	.5932
7		.9080	.8165	.7332
8		.9757	.9039	.8392
9		.9965	.9590	.9107
10			.9871	.9556
11			.9974	.9811
12			.9997	.9936
13				.9984
14				.9997
15				1.0000

표 22. 스피어만 순위상관계수(r_s) 분포표 : $r_s(\alpha,n)$

$P_0\{r_s \geq r_s(\alpha,n)\}=\alpha$를 만족하는 $r_s(\alpha,n)$ 값

	α					
n	.001	.005	.010	.025	.050	.100
4					.8000	.8000
5			.9000	.9000	.8000	.7000
6		.9429	.8857	.8286	.7714	.6000
7	.9643	.8929	.8571	.7450	.6786	.5357
8	.9286	.8571	.8095	.7143	.6190	.5000
9	.9000	.8167	.7667	.6833	.5833	.4667
10	.8667	.7818	.7333	.6364	.5515	.4424
11	.8364	.7545	.7000	.6091	.5273	.4182
12	.8182	.7273	.6713	.5804	.4965	.3986
13	.7912	.6978	.6429	.5549	.4780	.3791
14	.7670	.6747	.6220	.5341	.4593	.3626
15	.7464	.6536	.6000	.5179	.4429	.3500
16	.7265	.6324	.5824	.5000	.4265	.3382
17	.7083	.6152	.5637	.4853	.4118	.3260
18	.6904	.5975	.5480	.4716	.3994	.3148
19	.6737	.5825	.5333	.4579	.3895	.3070
20	.6586	.5684	.5203	.4451	.3789	.2977
21	.6455	.5545	.5078	.4351	.3688	.2909
22	.6318	.5426	.4963	.4241	.3597	.2829
23	.6186	.5306	.4852	.4150	.3518	.2767
24	.6070	.5200	.4748	.4061	.3435	.2704
25	.5962	.5100	.4654	.3977	.3362	.2646
26	.5856	.5002	.4564	.3894	.3299	.2588
27	.5757	.4915	.4481	.3822	.3236	.2540
28	.5660	.4828	.4401	.3749	.3175	.2490
29	.5567	.4744	.4320	.3685	.3113	.2443
30	.5479	.4665	.4251	.3620	.3059	.2400

표 23. 켄달 통계량(K) 분포표 : $P_0\{K \geq x\}$

$P_0\{K \geq x\} = \alpha$ 이면 $k(\alpha, n) = x$

x	n = 4	5	8	9	12	13	16	17	20
0	.625	.592	.548	.540	.527	.524	.518	.516	.513
2	.375	.408	.452	.460	.473	.476	.482	.484	.487
4	.167	.242	.360	.381	.420	.429	.447	.452	.462
6	.042	.117	.274	.306	.369	.383	.412	.420	.436
8		.042	.199	.238	.319	.338	.378	.388	.411
10		.008	.138	.179	.273	.295	.345	.358	.387
12			.089	.130	.230	.255	.313	.328	.362
14			.054	.090	.190	.218	.282	.299	.339
16			.031	.060	.155	.184	.253	.271	.315
18			.016	.038	.125	.153	.225	.245	.293
20			.007	.022	.098	.126	.199	.220	.271
22			.002	.012	.076	.102	.175	.196	.250
24			.001	.006	.058	.082	.153	.174	.230
26			.000	.003	.043	.064	.133	.154	.211
28				.001	.031	.050	.114	.135	.193
30				.000	.022	.038	.097	.118	.176
32					.016	.029	.083	.102	.159
34					.010	.021	.070	.088	.144
36					.007	.015	.058	.076	.130
38					.004	.011	.048	.064	.117
40					.003	.007	.039	.054	.104
42					.002	.005	.032	.046	.093
44					.001	.003	.026	.038	.082
46					.000	.002	.021	.032	.073
48						.001	.016	.026	.064
50						.001	.013	.021	.056
52						.000	.010	.017	.049
54							.008	.014	.043
56							.006	.011	.037
58							.004	.009	.032
60							.003	.007	.027
62							.002	.005	.023
64							.002	.004	.020
66							.001	.003	.017
68							.001	.002	.014
70							.001	.002	.012

표 23. (계속)

x	n = 4	5	8	9	12	13	16	17	20
72							.000	.001	.010
74								.001	.008
76								.001	.007
78								.000	.006
80									.005
82									.004
84									.003
86									.002
88									.002
90									.002
92									.001
94									.001
96									.001
98									.001
100									.000

x	n = 21	24	25	28	29	32	33	36	37	40
0	.512	.510	.509	.508	.507	.506	.506	.505	.505	.505
2	.488	.490	.491	.492	.493	.494	.494	.495	.495	.495
4	.464	.471	.472	.477	.478	.481	.482	.484	.484	.486
6	.441	.451	.454	.461	.463	.468	.469	.473	.474	.477
8	.417	.432	.436	.446	.448	.455	.457	.462	.464	.468
10	.394	.413	.418	.430	.434	.442	.445	.452	.453	.459
12	.371	.394	.400	.415	.419	.430	.433	.441	.443	.449
14	.349	.375	.382	.400	.405	.417	.421	.430	.433	.440
16	.327	.356	.364	.385	.390	.405	.409	.420	.423	.431
18	.306	.338	.347	.370	.376	.392	.397	.409	.413	.422
20	.285	.320	.330	.355	.362	.380	.385	.399	.403	.413
22	.265	.303	.314	.341	.348	.368	.373	.388	.393	.404
24	.246	.286	.297	.326	.334	.356	.362	.378	.383	.395
26	.228	.270	.282	.312	.321	.344	.350	.368	.373	.386
28	.210	.254	.266	.298	.308	.332	.339	.358	.363	.377
30	.193	.238	.251	.285	.295	.320	.328	.347	.353	.369
35	.177	.223	.237	.272	.282	.309	.317	.338	.344	.360
34	.162	.209	.222	.259	.270	.298	.306	.328	.334	.351
36	.147	.195	.209	.246	.257	.287	.295	.318	.325	.343
38	.134	.181	.196	.234	.246	.276	.285	.308	.315	.334
40	.121	.169	.183	.222	.234	.265	.274	.299	.306	.326
42	.109	.156	.171	.211	.223	.255	.264	.290	.297	.318
44	.098	.145	.159	.200	.212	.244	.254	.280	.288	.309

표 23. (계속)

	n									
x	21	24	25	28	29	32	33	36	37	40
46	.088	.134	.148	.189	.201	.234	.244	.271	.279	.301
48	.079	.123	.138	.178	.191	.224	.235	.262	.271	.293
50	.070	.113	.128	.168	.181	.215	.225	.254	.262	.285
52	.062	.104	.118	.158	.171	.206	.216	.245	.254	.277
54	.055	.095	.109	.149	.162	.197	.207	.237	.245	.270
56	.049	.087	.101	.140	.153	.188	.199	.228	.237	.262
58	.043	.079	.093	.131	.144	.179	.190	.220	.229	.255
60	.037	.072	.085	.123	.136	.171	.182	.212	.222	.247
62	.032	.066	.078	.115	.128	.163	.174	.204	.214	.240
64	.028	.059	.071	.108	.120	.155	.166	.197	.206	.233
66	.024	.054	.065	.101	.112	.147	.158	.189	.199	.226
68	.021	.048	.059	.094	.105	.140	.151	.182	.192	.219
70	.018	.044	.054	.087	.099	.133	.144	.175	.185	.212
72	.015	.039	.049	.081	.092	.126	.137	.168	.178	.205
74	.013	.035	.044	.075	.086	.119	.130	.161	.171	.199
76	.011	.031	.040	.070	.080	.113	.124	.155	.165	.192
78	.009	.028	.036	.065	.075	.107	.117	.148	.158	.186
80	.008	.025	.032	.060	.070	.101	.111	.142	.152	.180
82	.007	.022	.029	.055	.065	.095	.106	.136	.146	.174
84	.005	.019	.026	.051	.060	.090	.100	.130	.140	.168
86	.005	.017	.023	.047	.056	.085	.095	.124	.134	.162
88	.004	.015	.021	.043	.052	.080	.090	.119	.129	.156
90	.003	.013	.018	.039	.048	.075	.085	.114	.123	.151
92	.002	.011	.016	.036	.044	.070	.080	.108	.118	.146
94	.002	.010	.014	.033	.041	.066	.075	.103	.113	.140
96	.002	.009	.013	.030	.037	.062	.071	.099	.108	.135
98	.001	.007	.011	.027	.034	.058	.067	.094	.103	.130
100	.001	.006	.010	.025	.031	.054	.063	.089	.098	.125
102	.001	.006	.009	.023	.029	.051	.059	.085	.094	.121
104	.001	.005	.008	.021	.026	.048	.055	.081	.090	.116
106	.001	.004	.007	.019	.024	.044	.052	.077	.085	.111
108	.000	.003	.006	.017	.022	.041	.049	.073	.081	.107
110		.003	.005	.015	.020	.039	.046	.069	.077	.103
112		.003	.004	.014	.018	.036	.043	.066	.074	.099
114		.002	.004	.012	.017	.033	.040	.062	.070	.095
116		.002	.003	.011	.015	.031	.037	.059	.067	.091
118		.001	.003	.010	.014	.029	.035	.056	.063	.087
120		.001	.002	.009	.012	.027	.032	.053	.060	.083
122		.001	.002	.008	.011	.025	.030	.050	.057	.080
124		.001	.002	.007	.010	.023	.028	.047	.054	.076
126		.001	.001	.006	.009	.021	.026	.044	.051	.073
128		.001	.001	.006	.008	.019	.024	.042	.048	.070
130		.000	.001	.005	.007	.018	.023	.039	.046	.067
132			.001	.004	.007	.016	.021	.037	.043	.064

표 23. (계속)

					n					
x	21	24	25	28	29	32	33	36	37	40
134			.001	.004	.006	.015	.019	.035	.041	.061
136			.001	.003	.005	.014	.018	.033	.039	.058
138			.000	.003	.005	.013	.017	.031	.037	.055
140				.003	.004	.012	.015	.029	.034	.053
142				.002	.004	.011	.014	.027	.032	.050
144				.002	.003	.010	.013	.025	.031	.048
146				.002	.003	.009	.012	.024	.029	.046
148				.002	.003	.008	.011	.022	.027	.043
150				.001	.002	.007	.010	.021	.025	.041
152				.001	.002	.007	.009	.020	.024	.039
154				.001	.002	.006	.008	.018	.022	.037
156				.001	.002	.006	.008	.017	.021	.035
158				.001	.001	.005	.007	.016	.020	.034
160				.001	.001	.005	.006	.015	.018	.032
162				.001	.001	.004	.006	.014	.017	.030
164				.000	.001	.004	.005	.013	.016	.029
166					.001	.003	.005	.012	.015	.027
168					.001	.003	.004	.011	.014	.026
170					.001	.003	.004	.010	.013	.024
172					.001	.002	.004	.010	.012	.023
174					.000	.002	.003	.009	.011	.022
176						.002	.003	.008	.011	.020
178						.002	.003	.008	.010	.019
180						.002	.002	.007	.009	.018
182						.001	.002	.006	.009	.017
184						.001	.002	.006	.008	.016
186						.001	.002	.006	.007	.015
188						.001	.002	.005	.007	.014
190						.001	.001	.005	.006	.014
192						.001	.001	.004	.006	.013
194						.001	.001	.004	.005	.012
196						.001	.001	.004	.005	.011
198						.001	.001	.003	.005	.011
200						.000	.001	.003	.004	.010
202							.001	.003	.004	.009
204							.001	.003	.004	.009
206							.001	.002	.003	.008
208							.001	.002	.003	.008
210							.000	.002	.003	.007
212								.002	.003	.007
214								.002	.002	.006
216								.001	.002	.006
218								.001	.002	.005
220								.001	.002	.005

표 23. (계속)

x	n 21	24	25	28	29	32	33	36	37	40
222								.001	.002	.005
224								.001	.002	.004
226								.001	.001	.004
228								.001	.001	.004
230								.001	.001	.004
232								.001	.001	.003
234								.001	.001	.003
236								.001	.001	.003
238								.000	.001	.003
240									.001	.002
242									.001	.002
244									.001	.002
246									.001	.002
248									.000	.002
250										.002
252										.002
254										.001
256										.001
258										.001
260										.001
262										.001
264										.001
266										.001
268										.001
270										.001
272										.001
274										.001
276										.001
278										.001
280										.000

표 23. (계속)

x	n = 6	7	10	11	14	15	18	19	22
1	.500	.500	.500	.500	.500	.500	.500	.500	.500
3	.360	.386	.431	.440	.457	.461	.470	.473	.478
5	.235	.281	.364	.381	.415	.423	.441	.445	.456
7	.136	.191	.300	.324	.374	.385	.411	.418	.434
9	.068	.119	.242	.271	.334	.349	.383	.391	.412
11	.028	.068	.190	.223	.295	.313	.354	.365	.390
13	.008	.035	.146	.179	.259	.279	.327	.339	.369
15	.001	.015	.108	.141	.225	.248	.300	.314	.348
17		.005	.078	.109	.194	.218	.275	.290	.328
19		.001	.054	.082	.165	.190	.250	.267	.308
21		.000	.036	.060	.140	.164	.227	.245	.289
23			.023	.043	.117	.141	.205	.223	.270
25			.014	.030	.096	.120	.184	.203	.252
27			.008	.020	.079	.101	.165	.184	.234
29			.005	.013	.063	.084	.147	.166	.217
31			.002	.008	.050	.070	.130	.149	.201
33			.001	.005	.040	.057	.115	.133	.186
35			.000	.003	.031	.046	.100	.119	.171
37				.002	.024	.037	.088	.105	.157
39				.001	.018	.029	.076	.093	.144
41				.000	.013	.023	.066	.082	.131
43					.010	.018	.056	.072	.120
45					.007	.014	.048	.062	.109
47					.005	.010	.041	.054	.099
49					.003	.008	.034	.047	.089
51					.002	.006	.029	.040	.080
53					.002	.004	.024	.034	.072
55					.001	.003	.020	.029	.064
57					.001	.002	.016	.025	.058
59					.000	.001	.013	.021	.051
61						.001	.011	.017	.045
63						.001	.009	.014	.040
65						.000	.007	.012	.035
67							.005	.010	.031
69							.004	.008	.027
71							.003	.006	.024
73							.003	.005	.021
75							.002	.004	.018
77							.001	.003	.015
79							.001	.003	.013
81							.001	.002	.011
83							.001	.002	.010
85							.000	.001	.008
87								.001	.007

표 23. (계속)

x	n = 6	7	10	11	14	15	18	19	22
89								.001	.006
91								.001	.005
93								.000	.004
95									.003
97									.003
99									.002
101									.002
103									.002
105									.001
107									.001
109									.001
111									.001
113									.001
115									.000

x	n = 23	26	27	30	31	34	35	38	39
1	.500	.500	.500	.500	.500	.500	.500	.500	.500
3	.479	.483	.484	.486	.487	.488	.489	.490	.490
5	.458	.465	.467	.472	.473	.477	.478	.480	.481
7	.438	.448	.451	.458	.460	.465	.466	.470	.472
9	.417	.431	.434	.444	.446	.453	.455	.460	.462
11	.397	.414	.418	.430	.433	.442	.444	.450	.452
13	.377	.397	.402	.416	.420	.430	.433	.440	.443
15	.357	.380	.386	.402	.407	.418	.422	.431	.433
17	.338	.363	.371	.389	.394	.407	.411	.421	.424
19	.319	.347	.355	.375	.381	.396	.400	.411	.414
21	.301	.331	.340	.362	.368	.384	.389	.401	.405
23	.283	.316	.325	.349	.355	.373	.378	.392	.396
25	.265	.300	.310	.336	.343	.362	.368	.382	.387
27	.248	.285	.296	.323	.331	.351	.357	.373	.377
29	.232	.270	.281	.310	.318	.340	.347	.363	.368
31	.216	.256	.268	.298	.306	.329	.336	.354	.359
33	.201	.242	.254	.286	.295	.319	.326	.345	.350
35	.187	.229	.241	.274	.283	.308	.316	.336	.341
37	.173	.216	.228	.262	.272	.298	.306	.327	.333
39	.160	.203	.216	.251	.261	.288	.296	.318	.324
41	.147	.191	.204	.239	.250	.278	.286	.309	.315
43	.135	.179	.192	.228	.239	.268	.277	.300	.307
45	.124	.168	.181	.218	.229	.259	.267	.291	.298
47	.114	.157	.170	.208	.219	.249	.258	.283	.290

표 23. (계속)

x	n = 23	26	27	30	31	34	35	38	39
49	.104	.147	.160	.198	.209	.240	.249	.274	.282
51	.094	.137	.150	.188	.199	.231	.240	.266	.274
53	.086	.127	.141	.178	.190	.222	.232	.258	.266
55	.078	.118	.132	.169	.181	.213	.223	.250	.258
57	.070	.110	.123	.160	.172	.205	.215	.242	.250
59	.063	.102	.115	.152	.164	.196	.206	.234	.243
61	.057	.094	.107	.144	.155	.188	.198	.227	.235
63	.051	.087	.099	.136	.147	.180	.191	.219	.228
65	.046	.080	.092	.128	.140	.173	.183	.212	.221
67	.041	.073	.085	.121	.132	.165	.176	.205	.214
69	.036	.067	.079	.114	.125	.158	.168	.198	.207
71	.032	.062	.073	.107	.118	.151	.161	.191	.200
73	.028	.057	.067	.100	.112	.144	.154	.184	.193
75	.025	.052	.062	.094	.105	.137	.148	.177	.187
77	.022	.047	.057	.088	.099	.131	.141	.171	.180
79	.019	.043	.052	.083	.093	.125	.135	.165	.174
81	.017	.039	.048	.077	.088	.119	.129	.158	.168
83	.015	.035	.044	.072	.082	.113	.123	.152	.162
85	.013	.032	.040	.067	.077	.107	.117	.147	.156
87	.011	.029	.036	.063	.072	.102	.112	.141	.150
89	.009	.026	.033	.059	.068	.097	.107	.135	.145
91	.008	.023	.030	.054	.063	.092	.101	.130	.139
93	.007	.021	.027	.051	.059	.087	.096	.125	.134
95	.006	.019	.025	.047	.055	.082	.092	.120	.129
97	.005	.017	.022	.043	.052	.078	.087	.115	.124
99	.004	.015	.020	.040	.048	.074	.083	.110	.119
101	.004	.013	.018	.037	.045	.070	078	.105	.114
103	.003	.012	.016	.034	.041	.066	.074	.101	.109
105	.003	.010	.015	.032	.038	.062	.070	.096	.105
107	.002	.009	.013	.029	.036	.058	.066	.092	.101
109	.002	.008	.012	.027	.033	.055	.063	.088	.096
111	.001	.007	.010	.025	.031	.052	.059	.084	.092
113	.001	.006	.009	.023	.028	.049	.056	.080	.088
115	.001	.005	.008	.021	.026	.046	.053	.076	.084
117	.001	.005	.007	.019	.024	.043	.050	.073	.081
119	.001	.004	.006	.017	.022	.040	.047	.069	.077
121	.000	.004	.006	.016	.020	.038	.044	.066	.074
123		.003	.005	.014	.019	.035	.042	.063	.070
125		.003	.004	.013	.017	.033	.039	.060	.067
127		.002	.004	.012	.016	.031	.037	.057	.064
129		.002	.003	.011	.014	.029	.034	.054	.061
131		.002	.003	.010	.013	.027	.032	.051	.058
133		.001	.003	.009	.012	.025	.030	.049	.055
135		.001	.002	.008	.011	.023	.028	.046	.053

표 23. (계속)

x	n 23	26	27	30	31	34	35	38	39
137		.001	.002	.007	.010	.022	.026	.044	.050
139		.001	.002	.006	.009	.020	.025	.041	.048
141		.001	.001	.006	.008	.019	.023	.039	.045
143		.001	.001	.005	.007	.017	.022	.037	.043
145		.001	.001	.005	.007	.016	.020	.035	.041
147		.000	.001	.004	.006	.015	.019	.033	.039
149			.001	.004	.006	.014	.017	.031	.037
151			.001	.003	.005	.013	.016	.029	.035
153			.001	.003	.004	.012	.015	.028	.033
155			.000	.003	.004	.011	.014	.026	.031
157				.002	.004	.010	.013	.025	.029
159				.002	.003	.009	.012	.023	.028
161				.002	.003	.008	.011	.022	.026
163				.002	.003	.008	.010	.021	.025
165				.001	.002	.007	.010	.019	.023
167				.001	.002	.007	.009	.018	.022
169				.001	.002	.006	.008	.017	.021
171				.001	.002	.005	.007	.016	.020
173				.001	.001	.005	.007	.015	.018
175				.001	.001	.005	.006	.014	.017
177				.001	.001	.004	.006	.013	.016
179				.001	.001	.004	.005	.012	.015
181				.000	.001	.003	.005	.011	.014
183					.001	.003	.005	.011	.014
185					.001	.003	.004	.010	.013
187					.001	.003	.004	.009	.012
189					.001	.002	.003	.009	.011
191					.000	.002	.003	.008	.010
193						.002	.003	.008	.010
195						.002	.003	.007	.009
197						.002	.002	.007	.009
199						.001	.002	.006	.008
201						.001	.002	.006	.007
203						.001	.002	.005	.007
205						.001	.002	.005	.006
207						.001	.001	.004	.006
209						.001	.001	.004	.006
211						.001	.001	.004	.005
213						.001	.001	.004	.005
215						.001	.001	.003	.004
217						.001	.001	.003	.004
219						.000	.001	.003	.004
221							.001	.003	.004
223							.001	.002	.003

표 23. (계속)

	n								
x	23	26	27	30	31	34	35	38	39
225							.001	.002	.003
227							.001	.002	.003
229							.000	.002	.003
231								.002	.002
233								.002	.002
235								.001	.002
237								.001	.002
239								.001	.002
241								.001	.002
243								.001	.001
245								.001	.001
247								.001	.001
249								.001	.001
251								.001	.001
253								.001	.001
255								.001	.001
257								.001	.001
259								.000	.001
261									.001
263									.001
265									.001
267									.001
269									.000

찾아보기

| 저자 소개 |

김성호

미국 Iowa State University 통계학 박사

현 : 안양대학교 정보통계학과 교수

E-mail : shkim@anyang.ac.kr

SAS를 활용한 **비모수통계학**

| 저　자 김성호
| 펴 낸 이 주정희
| 펴 낸 곳 자유아카데미
| 주　소 경기도 파주시 회동길 37-42 파주출판도시
| 전　화 031-955-1321
| F A X 031-955-1322
| 홈페이지 www.freeaca.com
| 전자우편 main@freeaca.com(대표) editor@freeaca.com(편집)
| 등　록 제406-2003-017호, 1980. 7. 12
| 제1판1쇄 2014년 12월 31일 발행
| 정　가 25,000원

저자와의 협의하에 인지생략

ISBN 978-89-7338-817-2 93310